표준 발음법 영향 평가

국립국어원

주관연구기관	서울대학교 산학협력단
책임연구원	김성규(서울대학교)
공동연구원	한재영(한신대학교) 강재형(문화방송) 한성우(인하대학교) 김현(서울대학교) 이진호(전남대학교) 김한샘(국립국어원)

2015년 1월 20일 1판 1쇄 인쇄
2015년 1월 20일 1판 1쇄 발행

지 은 이	국립국어원
발 행 인	이헌숙
표 지	김학용
발 행 처	생각심표 & 주)휴먼컬처아리랑 서울특별시 영등포구 여의도동 45-13 코오롱포레스텔 309
전 화	070) 8866 - 2220 FAX • 02) 784-4111
등록번호	제 2009 - 000008호
등록일자	2009년 12월 29일

www.휴먼컬처아리랑.kr
ISBN 979-11-5565-237-4

표준 발음법 영향 평가

국립국어원

국문초록

이 연구는 국어기본법의 제12조에 의거하여 표준 발음법이 국민의 국어의 사용에 미치는 영향과 표준 발음법의 현실성 및 합리성을 평가하여 국어 정책 수립에 반영하는 데에 목적을 두고 있다. 이 연구의 구체적인 내용은 다음과 같다.

① 외국의 표준 발음 관련 정책 조사
② 현행 표준 발음법에 대한 일반인 의식 조사
③ 전문가 심층 면담
④ 표준 발음법의 개별 항목에 대한 실태 조사 및 자료 구축
⑤ 표준 발음법 관리 방법 개선 방안 도출

연구①에서는 미국, 일본, 중국, 독일, 프랑스, 스페인, 영국 등 외국에서의 표준 발음과 관련한 정책과 제도 및 법과 시행령 등을 살피고, 각 국가의 발음 교육 관련 내용을 아울러 살펴보았다. 국가 차원에서 남북한과 같은 표준 발음법을 제정하여 그것을 기준으로 표준 발음을 정하고 보급하는 국가는 없었다. 이러한 점을 고려하여 표준 발음법 자체의 사회적 의미에 대한 재고가 필요하다. 즉 일반인에게 표준 발음법 자체를 전파하는 교육 및 홍보는 지양되어야 한다.

연구②는 전국의 남녀노소 505명을 대상으로 진행하였다. 조사 결과는 다음과 같다. 첫째, 일반인은 대개 표준 발음이 사용되고 있다는 것은 알고 있지만 그것이 규정에 의한 것이라는 점을 잘 인지하지 못하고 있다. 표준 발음법 자체에 대한 교육과 홍보를 확대하는 것보다는 현실적으로 일반인이 자신의 발음과 표준 발음을 병행해서 사용할 수 있도록 교육하는 방식을 채택해야 할 것이다. 둘째, 일반인의 경우 표준 발음을 사용할 의향이 상대적으로 낮다. 이러한 점을 고려하여 표준 발음은 표준어를 사용하는 공적 상황의 발음에 대한 기준이라는 사실을 교육하고 홍보할 필요가 있다.

연구③은 총 70명의 전문가(교수와 교사 45명, 한국어 교육 전문가 5명, 아나운서, 기자, 연기자, 성우 20명)를 대상으로 진행하였다. 전문가들은 표준 발음법은 규정이 표준 발음을 정하는 기준의 역할을 하므로 필요하지만, '표준 발음 사전'도 필요하다는 견해를 제시하였다. 그러나 표준 발음법의 규정에 쓰이는 용어나 서술을 쉽게 바꾸고, 가능하면 예외에 대한 서술을 줄여야 한다는 의견이 많았으며, 논란이 많은 발음에 대해서는 현실 발음을 어느 정도는 반영하여야 하고 복수의 표준 발음도 적극적으로 인정하자는 의견이 많았다.

연구④는 전국의 남녀노소 505명을 대상으로 진행하였다. 조사 대상자들은 대체적으로 단모음 'ㅔ' 'ㅐ'의 구별, 장모음과 단모음의 구별을 못하고 있는 것으로 나타났다.

각종 음운 현상은 전반적으로 표준 발음법대로 발음되는 경우가 많았으나, 'ㄹ'로 시작하는 자음군의 단순화나 조음 위치의 동화는 표준 발음이 제대로 지켜지지 못하는 경우가 매우 많았다. 체언의 어간말 자음도 많은 변화를 겪었음을 알 수 있다.

연구⑤의 결과는 다음과 같다. 표준 발음법은 고시이기 때문에 일반인에 대한 대외적 구속력이 없지만, 이를 통해 표준 발음 등에 관한 원칙을 밝히는 것은 필요하므로 표준 발음법을 현재와 같이 '고시' 수준으로 제시하는 방법은 적절하다. 그러나 표준 발음법의 규정은 큰 원칙을 제시하면서도 쉽고 명확해야 하며, 표준 발음법 규정의 내적인 충돌이 없도록 개정되어야 할 것이다. 아울러 외래어 표준 발음의 문제를 해결하는 방안도 시급히 마련되어야 한다.

주요어: 고시, 국어기본법, 국어 정책, 음운 현상, 표준 발음, 표준 발음법

목 차

I. 서론 ··· 1
  1. 연구의 배경 ·· 1
  2. 연구 내용 및 방법 ·· 3
  3. 연구 개요 ·· 5
    1) 연구 일반 현황 ·· 5
    2) 연구 내용 개관 ·· 5
    3) 연구진 ·· 7
  4. 기대 효과 ·· 8

II. 각국의 표준 발음 정책 ·· 10
  1. 각국의 표준 발음 정책 조사 개요 ·· 10
    1) 표준 발음 정책의 어제와 오늘 ·· 10
    2) 외국의 표준 발음 관련 정책, 제도, 법 조사 ···························· 10
    3) 외국의 표준 발음 관련 정책의 효과, 변화 방향 등 조사 ········· 11
    4) 북한의 표준 발음법과의 비교 ·· 11
  2. 우리의 표준 발음, 어제와 오늘 ·· 11
    1) 문교부 표준말안(1979. 12.) ·· 12
    2) 국어연구소 표준 발음법(1987. 4.) ·· 12
    3) 국어연구소 표준 발음법(1987. 9.) ·· 14
  3. 외국의 표준 발음 정책 ·· 14
    1) 표준 발음 관련 규정의 존재 양상 ··· 14
    2) 표준 발음을 정하는 절차와 기준 ·· 18
    3) 표준 발음 관련 교육 현황 ·· 31
      (1) 일반인들을 대상으로 하는 표준 발음 관련 교육 홍보 방법 ······ 31
      (2) 표준 발음에 대한 학교 교육과정과 교육방법 ························· 35
      (3) 일반인들의 표준 발음 관련 의문 해결 방법 ··························· 39
    4) 표준 발음 관련 정책의 장단점 ·· 40
  4. 북한의 표준 발음 정책 ·· 43
    1) 조선어 철자법(1954)의 표준 발음법 ··· 43
    2) 조선어 문법(1960)의 표준 발음법 ·· 45
    3) '조선말규범집'(1966)의 '표준 발음법' ······································· 46
    4) '조선말규범집'(1987)의 문화어 발음법 ···································· 46
    5) '조선말규범집'(2010)의 문화어 발음법 ···································· 58
  5. 요약 ··· 62

Ⅲ. 표준 발음에 대한 일반인 의식 조사 ··············· 67
1. 일반인 설문 조사 개요 ························· 67
1) 조사의 개요 ······························ 67
2) 조사 과정 ······························· 68
3) 조사 내용 ······························· 69
4) 설문지 ································· 71
5) 조사 대상 ······························· 77
2. 일반인 설문 결과 분석 ························ 82
1) 표준 발음 및 표준 발음법 인지도 ················ 82
2) 표준 발음 및 표준 발음법 이해도 ················ 86
3) 표준 발음 및 표준 발음법 수용도 ················ 95
4) 표준 발음법의 세부 규정 수용도 ················ 102
5) 표준 발음법 개정의 필요성 및 방식 ·············· 108
6) 개별 표준 발음 ··························· 117
  (1) 경음화 ······························· 117
  (2) 자음군 ······························· 121
  (3) ㄴ첨가 ······························· 125
  (4) ㄴㄹ 연쇄의 발음 ······················· 129
  (5) ㅢ ··································· 133
  (6) 받침의 발음 ··························· 137
  (7) 기타 ································· 141
3. 요약 ·································· 146

Ⅳ. 표준 발음에 대한 전문가 의식 조사 ··············· 152
1. 전문가 심층면담 개요 ························· 152
1) 면담 대상 선정 ··························· 152
2) 면담 내용 및 방법 ······················· 154
2. 표준 발음법에 대한 전문가 의식 ················ 155
1) 표준 발음법과 표준 발음 사전 ················· 155
  (1) 표준 발음법의 존재에 대하여 ················ 155
  (2) 표준 발음 사전의 필요성 ··················· 156
  (3) 표준 발음법과 표준 발음 사전의 관계 ·········· 156
2) 표준 발음법 규정의 개정 ···················· 157
  (1) 표준 발음법의 개정 필요성 ················· 157
  (2) 문제가 되는 표현이나 항목 ················· 158
  (3) 전통성과 합리성 ························· 158
3) 논란이 많은 발음 ························· 159
  (1) 장단 ································· 159
  (2) 단모음 '외, 위' ························· 160
  (3) 경음화 ······························· 161
  (4) 겹받침 ······························· 162
  (5) 유음화와 치조비음화 ····················· 163
  (6) 'ㄴ' 첨가 ······························· 163

- (7) 재구조화된 단어의 발음 ··· 163
- (8) 'ㅐ/ㅔ'의 혼동 ··· 163
- (9) 기타 현실 발음 ··· 164
- 4) 표준 발음 결정 절차 ·· 164
- 5) 표준 발음과 현실 발음 ··· 165
- 6) 복수 표준 발음 ··· 165
- 7) 외래어의 발음 ·· 166
- 3. 전문가 면담 녹취록 요약 ·· 167
- 4. 요약 ·· 206

V. 일반인 발음 실태 조사 ··· 210

- 1. 일반인 발음 실태 조사 개요 ·· 210
  - 1) 조사 목적 ··· 210
  - 2) 조사 방법 ··· 210
  - 3) 조사 내용 ··· 213
- 2. 일반인 발음 실태 조사 결과 분석 ··· 219
  - 1) 단모음의 발음 ·· 219
    - (1) 'ㅔ'와 'ㅐ'의 구별 ··· 219
    - (2) 'ㅚ'의 발음 ··· 223
    - (3) 'ㅟ'의 발음 ··· 227
  - 2) 이중 모음의 발음 ··· 230
    - (1) 'ㅖ'의 발음 ··· 231
    - (2) 'ㅢ'의 발음 ··· 235
  - 3) 음의 길이 ··· 240
    - (1) 어두 장음의 발음 ··· 240
    - (2) 어두 단음의 발음 ··· 245
  - 4) 홑받침의 발음 ·· 246
    - (1) 'ㄷㅆ' 연쇄의 발음 ·· 247
  - 5) 겹받침의 발음 ·· 248
    - (1) 자음군 단순화 ·· 249
  - 6) 어간말 'ㅎ'의 발음 ··· 255
    - (1) 어간말 'ㅎ'의 발음 ··· 256
    - (2) 초성 'ㅎ'의 축약 ··· 257
  - 7) 연음 ·· 261
    - (1) 체언 어간말 자음의 변화 ··· 261
    - (2) 체언 어간말 자음군의 변화 ··· 267
  - 8) 절음 ·· 269
    - (1) 합성어 경계에서의 절음 현상 ······································· 270
  - 9) 구개음화 ·· 270
  - 10) 유음화 ··· 272
  - 11) 조음 위치 동화 ·· 278
  - 12) 활음 첨가 ·· 282
  - 13) 경음화 ··· 284

(1) 용언에서의 경음화 ·· 285
   (2) 한자어에서의 경음화 ·· 287
   (3) 관형사형 어미 뒤에서의 경음화 ································ 287
   (4) 합성어에서의 경음화 ··· 288
  14) 음의 첨가 ··· 292
  15) 사이시옷의 발음 ·· 296
  16) 모음 연쇄의 발음 ·· 297
  17) 외래어의 경음화 ·· 299
 3. 요약 ·· 301

VI. 표준 발음법의 내적·외적 문제점 ·················· 311
 1. 표준 발음법의 법적 지위 ··· 311
  1) 고시의 법규로서의 효력 ··· 311
  2) '국어의 로마자표기법' 관련 헌법재판소 결정 ·············· 312
  3) '표준 발음법'의 법적 구속력 ··· 314
 2. 표준 발음법 규정 내의 문제 ·· 317
  1) 표준 발음법의 용어 문제 ··· 317
  2) 표준 발음법 규정 내의 충돌 ··· 317

VII. 요약 및 제언 ··· 320
 1. 표준 발음 및 표준 발음법에 대한 인지도 및 수용도 ········· 320
  1) 인지도 ··· 320
  2) 수용도 ··· 320
 2. 표준 발음법 및 표준 발음 ·· 320
  1) 각국의 표준 발음법 및 표준 발음 정책 ························ 320
  2) 표준 발음법의 필요성 ·· 322
  3) 표준 발음 사전의 필요성 ··· 322
 3. 표준 발음법 규정의 개정 ·· 323
  1) 표준 발음법의 법적 지위 ··· 323
  2) 표준 발음법 규정 개정의 필요성 ·································· 324
  3) 표준 발음법 규정 개정 방향 ··· 324
  4) 논란이 많은 표준 발음 ·· 326
   (1) 장단 ··· 326
   (2) 단모음 'ㅚ, ㅟ' ··· 326
   (3) 경음화 ··· 326
   (4) 겹받침 발음 ·· 327
   (5) 유음화와 치조비음화 ··· 327
   (6) 'ㄴ' 첨가 ··· 328
   (7) 재구조화된 단어의 발음 ··· 328
   (8) 'ㅐ/ㅔ'의 혼동 ·· 329
   (9) 기타 발음 ·· 329
 4. 표준 발음 및 현실 발음의 관계 ······································· 330

        1) 현실 발음의 반영 …………………………………………………… 330
        2) 복수 표준 발음의 필요성 ………………………………………… 330
        3) 외국의 현실 발음 반영 사례 …………………………………… 330
    5. 외래어의 발음 …………………………………………………………… 331
        1) 외래어 발음의 문제점 …………………………………………… 331
        2) 외래어 발음의 실태 ……………………………………………… 331
        3) 외래어 발음 문제의 해결 방안 ………………………………… 332
            (1) 외래어 표기법에 따라 발음하는 방안 ………………… 332
            (2) 외래어 발음법을 제정하는 방안 ……………………… 332
            (3) 단어에 따라 발음 정보를 달리 제시하는 방안 ……… 332
    6. 표준 발음법 개정 및 표준 발음 결정 절차 ………………………… 333
        1) 표준 발음법 개정 ………………………………………………… 333
        2) 표준 발음 결정 …………………………………………………… 333
    7. 향후 조사를 위한 제언 ………………………………………………… 335

▪ 표준 발음 관련 참고논저 ……………………………………………… 337
▪ 표준 발음 관련 신문기사 ……………………………………………… 350

    Abstract ……………………………………………………………………… 352

<별책부록>
1. 각국의 표준 발음 정책 자료
2. 설문 조사 및 발음 실태 조사 통계 자료
3. 전문가 심층 면담 녹취록

I. 서론

1. 연구의 배경
1) 어문 규범 영향 평가제의 도입

표준 발음법 영향 평가의 제도적인 배경으로는 2005년 공포된 국어기본법의 제12조에 따라 어문규범 영향평가제가 도입된 것을 들 수 있다. 조항의 구체적인 내용은 다음과 같다.

> 제12조(어문규범의 영향평가)
> ① 문화체육관광부장관은 어문규범이 국민의 국어 사용에 미치는 영향과 어문규범의 현실성 및 합리성 등을 평가하여 정책에 반영하여야 한다.
> ② 제1항에 따른 평가의 항목·방법 및 시기에 관한 사항은 대통령령으로 정한다.

이에 근거하여 표준어 규정이 국민들에게 미치는 영향이나 적절성 등을 평가할 필요가 생겼다. 표준어 규정은 제1부 표준어 사정 원칙과 제2부 표준 발음법으로 이루어졌으며, **2011년에 제1부와 관련된 '표준어 규범 영향 평가'가 이루어졌고 이것의 후속 작업으로 제2부인 표준 발음법과 관련된 영향 평가가 이루어지는 것이다.**

2) 표준어 개념에 대한 성찰의 필요

국어기본법의 제정 이외에도 최근 몇 년 동안 우리 사회에서는 현재의 표준어 정책에 대한 비판이 끊임없이 이어졌다는 점을 표준 발음법 영향 평가의 배경으로 들 수 있다. 표준어 정책이 행복추구권과 평등권, 교육권을 침해한다면서 헌법소원을 내는가 하면 다원화 사회에서 표준어만을 획일적으로 강요하는 것이 올바른가에 대한 의문이 계속되었다. 이러한 사회적 분위기를 고려할 때 표준어와 표준 발음에 대한 성찰의 필요성이 제기된다고 하겠다.

3) 표준 발음법의 필요성에 대한 근본적 검토

1980년대 후반에 표준 발음법이 최초로 제정되어 시행된 이후 표준 발음법의 필요성에 대해 의구심을 제기하는 경우가 적지 않았다. 현재의 표준 발음법은 한글 맞춤법에 의거한 표기와 그 발음이 일치하지 않는 경우에 한해 그 발음을 규정해 준 것에 불과하다는 사실을 지적하면서, 표준 발음을 잘 구현해 내는 것이 중요할 뿐 현재와 같은 법조문 형식의 표준 발음법은 필요하지 않다는 주장이 몇 편의 공식 논문으로 발표된 것이다. 그리하여 표준 발음 사전이 표준 발음법을 대체해야 한다는 주장으로 이어지기도 했다. 그러나 다른 한편으로 표준 발음법의 존재 의의를 거론하면서 그 필요성에 찬성하는 논의도 맞서고 있다. 이러한 논란의 바람직한 해결을 위해서라도 표준 발음법과 관련된 여러 측면들을 평가하는 작업이 필요하다.

4) 국민에 대한 표준 발음 교육의 필요

1989년에 표준 발음법을 포함한 표준어 규정이 공포된 이후 20여 년이 지났지만 아직까지 표준 발음의 교육이 본격화되지 못하고 있다. 1990년 이후로 나온 중등학교 문법 교과서의 음운론 부분은 표준 발음법의 내용을 점차 반영하여 내용을 수정해 왔지만 정작 표준 발음 자체에 대한 교육은 아직도 제대로 이루어지지 못했다. 이 사업을 통해 표준 발음법에 대한 인식 및 발음 실태를 조사한다면 그 결과를 일반 국민을 위한 표준 발음 교육에 활용할 수 있으리라 생각한다.

5) 한국어 교육을 위한 표준 발음의 정립

한류 열풍과 더불어 전 세계적으로 일고 있는 한국어 교육 열풍도 무시할 수 없다. 외국어 교육에서 일차적으로 중요한 것은 표준적인 발음의 규정이다. 현재의 표준 발음법에서 규정하는 표준 발음은 현실 발음과 동떨어진 측면이 있으므로 표준 발음법에만 의지해서는 효율적인 한국어 교육을 하기 어렵다. 외국인을 위한 한국어 교육이 매우 중요한 분야가 된 현실에서, 한국어의 표준 발음 문제는 내국인뿐만 아니라 한국어를 배우는 외국인을 위해서도 필요하다. 그러므로 표준 발음법과 관련된 여러 측면의 연구를 통해 한국어 교육을 위한 표준 발음의 정립에도 신경을 써야 할 것이다.

2. 연구 내용 및 방법

1) 외국의 표준 발음 관련 정책 조사

외국의 표준 발음 관련 정책을 조사와 동시에 표준 발음 관련 정책의 어제와 오늘을 점검할 필요가 있다. 이와 함께 국외에서 이루어지는 한국어 발음 교육의 현황도 이 기회에 점검할 것이다. **대상 국가는 미국, 일본, 프랑스, 중국, 독일, 스페인, 영국이다.** 그리고 북한에 대한 조사도 아울러 수행할 것이다.

㉠ 표준 발음 관련 정책의 어제와 오늘
㉡ 문제점에 주목하여 외국의 표준 발음 관련 정책, 제도, 법 조사
㉢ 관련 정책 등의 효과, 변화 방향 등 조사 및 비교 연구
㉣ 우리나라에 적합한 적용 방안 모색

2) 현행 표준 발음법에 대한 일반인 의식 조사

조사 대상 인원 505명을 선정하여(전국 16개 시도 거주, 만 13세 이상 남녀), **표준어 규정에 대한 인지도, 이해도, 수용도, 선호도와 표준 발음의 개정 및 표준 발음 선정 원칙의 선호도의 영역을 나누어 의식 조사**를 실시하였으며, 조사 대상은 인구비례를 고려하되 각 지역별로 유의미한 숫자가 되도록 조정하였다. 연령별, 성별 동수로 하였다. 그리고 조사는 구조화된 질문지를 이용한 1:1 개별면접조사로 실시하였으며, 조사는 연구원과 각 지역의 방언 전문가가 담당하였다.

㉠ 인지도 : 표준 발음법을 정하는 원칙과 개별 표준 발음에 대한 규정이 존재한다는 사실을 알고 있는가를 조사한다.
㉡ 이해도 : 표준 발음법을 정하는 원칙이 어떻게 정해졌고 이 원칙이 어떻게 적용되는가에 대해 알고 있는가를 조사한다.
㉢ 수용도 : 표준 발음법을 정하는 원칙과 이에 따라 정해진 개별 표준 발음을 받아들일 수 있는가를 조사한다.
㉣ 선호도 : 표준 발음법을 개정한다고 할 때 어떤 방향을 선호하는가를 조사한다.

3) 전문가 심층 면담

국어학 전공 교수, 일선 국어 교사, 방송 등을 비롯하여 언어 관련 전문 종사자 70명을 대상으로 표준 발음법에 대한 의식 조사를 실시하였다.

㉠ 문제점 파악: 학문적, 교육적, 실용적 차원에서 현행 규정의 문제점이 무엇인가를 조사한다.
㉡ 개선 방안 수렴: 학문적, 교육적, 실용적 차원에서 현행 규정을 개선할 수 있는 방안이 무엇인가를 조사한다.
㉢ 개별 항목의 발음에 대한 의견 수렴: 학문적, 교육적, 실용적 차원에서 개별 항목의 표준 발음을 어떻게 정해야 할 것인가에 대한 의견을 수렴한다.

4) 표준 발음법의 개별 항목에 대한 실태 조사 및 자료 구축

이 조사는 표준 발음법 제정과 관련된 주요 항목에 대해 현재의 발음 실태를 조사하여 음성 자료를 구축하고 이를 분석하여 표준 발음법 전반 및 개별 항목의 표준 발음을 정하는 데 활용할 수 있도록 하는 것을 목적으로 한다.

이 조사에서는 **지역별, 성별, 연령별 변수를 고려하여 총 505명의 국민을 대상으로 직접 대면 조사를 통해 발음 실태를 녹음하고 그것을 전산화하였다.**

이 조사는 다음의 세 단계를 거쳐 이루어진다.

㉠ 실태 조사: 표준 발음법에서 규정한 발음을 충분히 반영할 수 있도록 25개의 단어와 24개의 문장에 대한 발음을 녹음하여 전사는 방법으로 진행하였다.
㉡ 자료 구축: 녹음 전사 및 청음에 의한 자료는 코딩하여 통계 처리가 가능하도록 하고, 녹음된 음성 자료는 적절한 기준에 따라 분절하여 음성 DB를 구축한다.
㉢ 결과 분석: 정량 및 정성적인 분석 방법에 따라 표준 발음의 실태를 파악한다.

5) 표준 발음법 관리 방법 개선 방안 도출

㉠ 표준 발음법의 법적 지위 개선

표준 발음법의 법적 지위를 바람직한 방향으로 개선하는 대안을 제시하기 위하여 표준 발음법에 대한 국민 의식 조사를 수행하고, 외국의 표준 발음 관련 정책과 우리나라의 정책을 비교한 후, 전문가 의견 및 자문위원의 자문 의견을 청취한다.

㉡ 표준 발음법 관련 정책 개선 방안 마련

표준 발음법과 관련한 각종 정책을 개선하여 표준 발음법을 효율적으로 관리하고 운용하며 표준 발음을 효과적으로 교육하고 확산시키기 위한 방안을 도출하기 위하여 일반인 및 전문가를 상대로 설문조사를 진행하며, 자문위원의 자문 의견을 청취한다. 또한 발음에 대한 실태 조사를 통해 일반인들에게 영향을 미치는 표준 발음법과 그렇지 않은 표준 발음법을 분류하고 각각의 규정이 영향력을 미치는 정도가 다른 이유를 확인한다. 이러한 조사와 연구 결과를 통해 바람직한 표준 발음법 관련 정책을 제시할 것이다.

㉢ 표준 발음 선정 절차 제시

실태 조사를 통해 현재 표준 발음법에서 제시하고 있는 개별 어휘들의 표준 발음의 타당성을 검증하고, 일반 국민의 발음과의 차이를 확인한다. 또한 이러한 결과와 전문가 집단의 실태 조사의 결과를 비교 분석하여 개별 어휘의 표준 발음 선정 절차 및 조사 집단의 유형과 크기를 제시할 것이다. 이 경우 역시 외국의 사례와 전문가 집단의 의견 및 자문 의견이 참조될 것이다.

3. 연구 개요

1) 연구 일반 현황

* 지원기관: 국립국어원
* 지원사업: 연구용역
* 과제명: 표준 발음법 영향 평가
* 책임자: 김성규(서울대학교 인문대학 국어국문학과)
* 관리기관: 서울대학교 인문학연구원

2) 연구 내용 개관

(1) 일반인 설문 조사 및 발음 실태 조사

① 일반인 설문 조사
㉠ 조사 대상: 일반인 505명
㉡ 조사 내용: '표준 발음' 및 '표준 발음법' 인지도, '표준 발음법' 이해도, '표준 발음법' 수용도, '표준 발음법' 개정 및 선정 원칙(이상 25문항) 개별 표준 발음 선호도(20 단어)

② 일반인 발음 실태 조사
㉠ 조사 대상: 일반인 505명
㉡ 조사 내용: 표준 발음법 조항 관련 25단어 24문장

③ 일반인 대상 지역 조사 책임자
서울: 김현(서울대학교 교수, 공동연구원)
경기: 이상신(아주대학교 교수, 의뢰)
인천: 한성우(인하대학교 교수, 공동연구원)
강원: 김세환(인하대학교 강사, 의뢰)
충북, 충남, 대전: 한성우(인하대학교 교수, 공동연구원)
경북, 울산: 김세환(인하대학교 강사, 의뢰)
경남, 부산: 김봉국(부산교육대학교 교수, 의뢰)
전북: 임석규(원광대학교 교수, 의뢰)
전남: 이진호(전남대학교 교수. 공동연구원)
제주: 한성우(인하대학교 교수, 공동연구원)

④ 조사 대상 일반인 현황

지역		인원	비율
중부 방언	서울	85	16.8
	인천	40	7.9
	대전	25	5.0
	경기	40	7.9
	강원	40	7.9
	충북	40	7.9
	충남	25	5.0
	계	295	58.4
동남 방언	부산	24	4.8
	대구	32	6.3
	울산	21	4.2
	경북	18	3.6
	경남	5	1.0
	계	100	19.9
서남 방언	광주	24	4.8
	전북	40	7.9
	전남	26	5.1
	계	90	17.8
제주 방언	제주	20	4.0
전체		505	100

구분	빈도	비율
19세 이하	128	25.3
20~39세	126	25.0
40~59세	127	25.1
60세 이상	124	24.6
전체	505	100.0

(2) 전문가 심층 면담

교수, 교사, 한국어교육전문가, 아나운서, 기자, 연기자, 성우 총 70명

분야(명)		인원(명)
한국어 교육 전문가(5)		5
교사 및 교수(45)	서울·경인	교사(5), 교수(5)
	충청	교사(3), 교수(4)
	강원	교사(3), 교수(3)
	전라	교사(4), 교수(4)
	경상	교사(4), 교수(4)
	제주	교사(3), 교수(3)
현업 종사자(20)		아나운서(12)
		기자(3)
		연기자(2)
		성우(3)

(3) 외국 사례 조사

미국, 일본, 프랑스, 중국, 독일, 스페인, 영국, 북한

<국가별 조사 의뢰자 명단>

이름	소속	국가
김혜영	서울대학교	미국
남윤진	동경외국어대학교	일본
김수영	서울대학교	프랑스
노미라	한신대학교	중국
전춘명	한신대학교	독일
이만기	서울대학교	스페인
김조은	영국 공영 방송 발음 연구부(BBC Pronunciation Unit)	영국

(4) 자료 구축 및 통계 분석 의뢰

구분	이름	소속
자료 구축	홍명덕	인하대학교 컴퓨터공학과 박사과정
	이지애	인하대학교 한국학과 박사과정
통계 분석	고유정	고려대학교 교육학과 박사과정

3) 연구진

담당	이름	소속 및 직위
책임연구원	김성규	서울대학교 국어국문학과 교수
공동연구원	한재영	한신대학교 국어국문학과 교수
공동연구원	강재형	문화방송 아나운서국 부장
공동연구원	이진호	전남대학교 국어국문학과 교수
공동연구원	한성우	인하대학교 한국어문학전공 교수
공동연구원	김현	서울대학교 국어국문학과 교수
공동연구원	김한샘	국립국어원 학예연구관
연구보조원	김아름	서울대학교 국어국문학과 박사과정
연구보조원	이연정	고려대학교 국어국문학과 박사과정
연구보조원	오승훈	문화방송 아나운서국 아나운서
연구보조원	김민형	전남대학교 국어국문학과 석사과정
연구보조원	은려려	인하대학교 한국학과 박사과정
연구보조원	장은지	인하대학교 한국학과 박사과정
연구보조원	이영환	서울대학교 국어국문학과 석사과정
연구보조원	최보람	서울대학교 국어국문학과 석사과정 수료

4. 기대 효과

1) 표준 발음에 대한 국민의 인식 확인 및 정책 반영

설문 조사를 통해 표준 발음에 대한 국민들의 인지도나 이해 정도 등을 알아보고 그 결과를 발음 관련 정책에 반영함으로써, 규범의 내용이 국민들의 생각이나 삶과 유리되지 않고 밀접하게 관련을 맺을 수 있게 된다.

2) 언어 현실을 반영한 발음 정책 수립

언어규범의 내용이 언어 현실과 일치하기란 이론적으로 불가능하지만 그렇다고 해서 실제 언어 현실과 지나치게 동떨어지면 곤란하다. 현실 발음 자료를 조사하고 분석함으로써 언어 현실을 반영한 발음 정책의 수립에 기여할 수 있다.

3) 어문규범에 대한 국민들의 관심 고조

어문규범에 대한 국민들의 인식 및 실제 현실 발음 자료의 분석 결과를 활용함으로써 이 부분에 대한 국민들의 관심을 높일 수 있다. 아울러 발음에 관심 있는 일반인에게 학술적으로나 실용적으로 도움을 줄 수도 있다.

4) 표준 발음법 개정에 일조

향후 표준 발음법의 개정 작업이 이루어진다면 이 조사의 결과가 크게 활용될 수 있다. 근본적으로는 표준 발음을 규정하는 방법의 문제로부터 작게는 현실과 동떨어진 조항의 수정에 이르기까지 많은 측면에서 이 조사 결과를 참고할 수 있다.

5) 한국어 발음 교육에 도움

현재 매우 활발하게 이루어지고 있는 (외국인을 위한) 한국어 교육에도 도움을 줄 수 있다. 현실 생활에서의 한국어 발음 상태가 어떤지에 대한 구체적인 정보를 제공할 수 있으므로, 한국어 교육에서 매우 중요한 발음 교육을 효율적으로 하는 데 적지 않은 기여를 할 것으로 기대한다.

6) 현대국어의 변화를 연구하는 데 기초 자료 제공

현대국어도 변화를 하고 있다는 점에서 국어사 연구의 대상이 된다. 현실 발음 자료가 많이 구축된다면 이 방면의 연구자들에게도 기초 자료를 제공할 수 있을 것이다.

7) 표준국어대사전의 발음 정보 보완

현재의 『표준국어대사전』에 있는 발음 정보는 기본적으로 표준 발음법에 근거하고 있다. 그러나 일부 표준 발음법 조항의 미비점 때문에 발음 정보가 불완전하게 제시된 것도 없지 않다.

이 조사를 통해 표준 발음법 조항의 문제점이 구체화된다면 『표준국어대사전』의 발음 정보를 보완하는 데도 도움이 될 것이다.

Ⅱ. 각국의 표준 발음 정책

1. 각국의 표준 발음 정책 조사 개요

표준 발음을 어떻게 규정할 것인지에 대해서는 논란이 많다. 현재와 같이 표준 발음법이라는 규범 조항을 통해 표준 발음을 규정해야 한다는 의견도 있지만 표준 발음법보다는 표준 발음 사전의 편찬이 더 필요하다는 의견도 있다. 또한 표준 발음법이라는 조항이 필요하다고 해도 그 구성이나 내용에 있어서는 다른 견해들이 있을 수 있다. 이 문제에 대한 논의는 표준 발음법과 관련된 가장 근본적인 것이라고 할 수 있다.

그에 대한 답을 찾기 위하여 우리는 먼저 언어 정책의 역사가 오래된 여러 나라들에서 표준 발음을 어떤 식으로 규정하고 보급하는지를 검토하기로 하였다. 이 조사는 미국, 일본, 중국, 독일, 프랑스, 스페인, 영국 등 외국에서의 표준 발음과 관련한 정책과 제도 및 법과 시행령 등을 살피고, 그들의 발음 교육 관련 내용을 아울러 살펴, 그 나라들의 표준 발음 정책이 가지고 있는 장점과 단점을 파악하는 데에 일차적인 목적을 둔 것이었다. 외국에서의 표준 발음과 관련한 정책과 제도 및 법과 시행령 등을 살피는 과정에서 각국이 처한 언어적인 환경에도 주목하였다. 이러한 작업이 가지는 의의는 자명하다고 하겠다. 우리나라의 표준 발음 정책에 적합한 방안을 찾아가는 기초적인 작업이라 할 수 있기 때문이다. 각국의 표준 발음 정책 조사는 다음과 같은 내용으로 진행하였다.

1) 표준 발음 정책의 어제와 오늘

문제점 도출을 위한 과정이다. 그간의 표준 발음 정책 전반을 되돌아보아 그가 가지고 있는 보다 근본적인 문제를 인식하는 것이 문제 해결을 위한 첫 단계라 판단한 것이다. 특히 한국어의 저변이 급격히 확대되고 있는 현실을 고려할 때 발음 문제가 가지고 있는 정확한 현실을 파악하는 것으로부터 작업이 출발하여야 할 것이기 때문이다. 발음 문제가 가지고 있는 문제는 단순한 발음에 관한 규정의 유무를 넘어, 발음 교육에 관한 그간의 우리의 관심과 교육 현황을 아우른다. 한국어의 세계화와 다문화사회로의 급격한 변화를 경험하고 있는 우리 사회의 현실은 표준 발음에 대한 보다 근본적인 검토를 요구하고 있기 때문이다.

남한의 발음법(1988년 표준어 규정)은 '표준어의 실제 발음을 따르되, 국어의 전통성과 합리성을 고려하여 정함'이라 하여 근본 원칙과 더불어 조건을 함께 명시하고 있다. 여기서 '표준어'란 '교양 있는 사람들이 두루 쓰는 현대 서울말'이며 '전통성'이란 역사적인 발음을 중시한다는 것, '합리성'이란 국어의 법칙에 맞게 발음을 정한다는 것이다. 따라서 남한의 발음은 이념이나 사상과는 거리가 먼 순수한 언어적 내용을 견지하고 있다고 할 수 있다.

하지만 우리의 발음 현실은 표준 발음과 관련한 규정과는 어느 정도 거리를 두고 있어, 그를 극복하기 위한 그간의 노력을 살피는 것은 표준 발음의 새로운 정립을 위하여서도 필요한 작업으로 보인다.

2) 외국의 표준 발음 관련 정책, 제도, 법 조사

외국의 표준 발음 관련 정책, 제도, 법 조사를 위한 대상 국가는 일단 다음의 6개국으로 한

정하기로 한다. 다문화사회로서의 경험을 가지고 있는 나라들로서, 표준어(공용어) 문제에 관한 현실적인 문제를 그 나라 나름대로의 방법으로 극복을 하고 있는 나라라는 공통점을 가지는 나라들이다.

이들 국가의 표준 발음 관련 정책과 제도 그리고 관련법을 조사하기 위하여서는 현지 사정에 정통한 학자들에게 조사를 의뢰하였다. 국가별 조사 의뢰자 명단은 다음과 같다.

<국가별 조사 의뢰자 명단>

이름	소속	특기사항
김혜영	서울대학교	미국
남윤진	동경외국어대학교	일본
김수영	서울대학교	프랑스
노미라	한신대학교	중국
전춘명	한신대학교	독일
이만기	서울대학교	스페인
김조은	영국 공영 방송 발음 연구부(BBC Pronunciation Unit)	영국

3) 외국의 표준 발음 관련 정책의 효과, 변화 방향 등 조사

외국의 표준 발음 관련 정책과 제도 그리고 관련법의 조사 결과를 바탕으로, 그들이 가지고 있는 조건을 고려하여 각국의 표준 발음 정책이 가지고 있는 강점과 약점을 살펴보았다. 그를 위하여 각국의 언어정책을 홍보하고 교육하며, 일반인들의 발음 관련 의문을 해소하는 절차 마련의 현황도 조사하였다.

아울러 각국의 정책들 사이의 차이에도 주목하여 그 까닭이 가지는 의미도 살펴보았다. 그들 사이의 차이가 가지고 있는 변수는 정책의 결정과 시행 방향에도 영향을 미치게 되기 때문이다.

4) 북한의 표준 발음법과의 비교

북한의 '규범집'(1966년 조선말 규범집)에서는 '현대 조선말의 여러 가지 발음들 가운데서 조선말 발달에 맞는 것을 가려 잡음'을 기본원칙으로 하고 있다. 여기서 '조선말 발달에 맞는 것'의 의미는 '북한말의 주체적 발전에 맞는 문화어의 발음'을 의미한다. 다시 이것은 1988년 개정된 <조선말 규범집>에서 "조선말 발음법은 혁명의 수도 평양을 중심지로 하고 평양말을 토대로 하여 이룩된 문화어의 발음에 기준한다."라고 하여 평양말을 기본으로 하고 있음을 명문화하여 좀 더 구체적으로 표준어 발음을 제시하고 있음을 알 수 있다. 우리의 표준 발음과의 차이를 인식하고 그러한 차이를 해소하여 갈 방안을 모색하는 것은 표준 발음을 다루는 자리에서 아울러 고려하여야 할 내용이다.

2. 우리의 표준 발음, 어제와 오늘

우리의 표준 발음법은 문자 표준어 제정에 비하여 뒤늦게 이루어졌으며, 북한과 달리 민간 주도의 소극적인 정책을 폈다고 할 수 있다. 표준 발음법에 대하여 1970년부터 논의를 시작하여 비로소 1988년에 이르러 표준 발음법이 제정되었다. 즉, 표준어 규정의 제2부 7장 30항의 '표준 발음법'은 문교부 고시 제88-2호(1988. 1. 19.) 발표 후 1989년 3월 1일부터 시행되었고,

문화부 공고 제36호로 발표된 '표준어 모음'의 발음 부분에서 장단, 경음 등의 문제가 있는 단어들에 대한 표준 발음의 미비점을 보완함으로써 오늘에 이르고 있다.

현행 '표준 발음법'이 제정되기까지 세 차례에 걸친 표준 발음법 시안이 있었으며, 이 시안들과 현행 표준 발음법과의 비교를 통해 표준 발음법의 역사를 살피고자 한다.

1) 문교부 표준말안(1979. 12.)

1970년 4월, '국어 조사 연구 위원회'가 발족되고 그 안에 '표준말 사정 위원회'를 구성함으로써 표준어 재사정 작업이 시작되었다. 이 '표준말 사정 위원회'는 1973~1977년에 걸쳐 표준말 사정 작업을 벌인 결과를 문교부에 제출 하였고, 문교부는 이를 토대로 '국어 심의회 한글 분과 위원회'의 심의를 통해 1979년 12월에 '표준말안'을 발표하였는데, 이것이 곧 '문교부 표준말안'이다. 이 문교부안의 4~5장은 표준 발음 제정을 위해 새롭게 사정한 것으로서 '된소리되기, ㄴ·ㄹ소리의 첨가, 겹받침의 발음, ㄴㄹㄹ의 동화, 장단음'의 내용으로 구성되어 있다. 다음은 표준 발음으로 사정한 내용 가운데 현행 표준 발음법과 차이를 보이는 것을 표로 정리한 것이다.

<표 1> 문교부안과 현행 표준 발음법의 차이(권인한, 1993:159)

문교부안	표준 발음법	표준어 모음
경-스승		경스승(經-)[-쓰-]
국수-분		국숫분
날-장구	날장구[-짱-]	
불-세 : 출	불세출[불쎄출]	
홈 : -집		홈 : 집[-찝]
금융[-늉]	금융[금늉/그뮹]	
이죽-이죽	이죽-이죽[이중니죽/이주기죽]	
일긋-일긋		일긋-일긋[일근닐귿/일그딜귿]
일렁-일렁		일렁-일렁[일렁닐렁/일렁일렁]
기슭[-슬]	기슭[-슥]	
조약-돌 :	조약돌	
종달-새 :	종달새	
글-짓 : 기	글짓기	

그러나 이 문교부안의 내용이 상당 부분 서울말의 현실 발음에 어긋남이 학계의 비판을 받았고, 이는 다시 학술원의 검토를 받아 1984년 12월 표준어 개정안이 발표되었다. 그러나 4~5장에 대한 심의가 충분히 이루어지지 못한 불안정안 개정안이라는 점으로 인해 1985년 2월 5일 국어연구소의 학술원안에 대한 검토가 다시 이루어졌다.

2) 국어연구소 표준 발음법(1987. 4.)

국어연구소는 1985년 2월 11일 표준어 심의 위원회를 구성, 1987년 3월 까지 59차의 회의 끝에 '표준어 사정 원칙'과 '표준 발음법'에 대한 심의를 통해 '표준어 개정안'을 발표하였으며, 이로써 '표준어 발음법(국어연구소 1차안)'이 빛을 보게 되었다. 문교부안과 달리 최초로 명문화된 발음 규정을 마련했다는 점에서 '표준 발음법'으로 불리기에 마땅하다고 하겠다. 이 안은 7장 31항의 체제로 현행 표준 발음법과 큰 차이가 없으며, 현행 발음법의 근간이 된다고 할 수 있다. 다음은 현행 표준 발음법과의 차이를 표로 정리한 것이다.

<표 2> 국어연구소 1차안과 현행 표준 발음법의 차이(권인한, 1993:161)

국어연구소 1차안	표준 발음법
제1항 표준 발음법은 현대 국어의 실제 발음을 따르되, 국어의 전통성과 합리성을 고려하여 정함	제1항 표준 발음법은 표준어의 실제 발음을 따르되, 국어의 전통성과 합리성을 고려하여 정함을 원칙으로 함
제2항 표준 발음법은 표준어의 맞춤법을 따르되, 환경에 따라 달라지는 발음을 규정함	제5항 다만 2. '예, 례'이외의 'ㅖ'는 [ㅔ]로도 발음한다.
제3항 표준 발음법은, 효율적인 발음 교육을 위하여 미세한 음성차는 고려하지 않고서 가능한 한 원칙을 세워 규정함	제10항 반신반의[반 : 신 바 : 늬/반 : 신바 : 니]
제7항 다만 2. 'ㅖ'는 '예, -례'이외에는 [ㅔ]로 발음함	제10항 밟게[밥 : 께] 밟고[밥 : 꼬]
제8항 반신반의[반 : 신바늬]	제15항 다만, '맛있다, 멋있다'는 [마신따], [머신따]로도 발음할 수 있음
(붙임1) 두 단어를 이어서 한 마디로 발음할 경우에도, 첫머리 음절에서만 긴 소리를 인정함	제22항 다음과 같은 용언의 어미는 [어]로도 발음함을 원칙으로 하되, [여]로 발음함을 허용한다. 되어[되어/되여] 피어[피어/피여]
제12항 (붙임) 밟게[발 : 께] 밟고[발 : 꼬]	[붙임] '이오, 아니오'도 이에 준하여 [이요, 아니요]로 발음함도 허용함
제30항 이죽-이죽[이중니죽] 율랑-율랑[율랑놀랑] (붙임1) 검열[검 : 녈] 금융[금늉]	제29항 이죽-이죽[이중니죽/이주기죽] 율랑-율랑[율랑놀랑/율랑율랑] 검열[검 : 녈/거 : 멸] 금융[금늉/그뮹]
제31항 냇가[낻 : 까/내 : 까]	제30항 냇가[내 : 까/낻 : 까]

국어연구소에서 규정한 표준 발음법(1987. 4)의 내용을 문교부의 표준말안(1979)의 내용과 비교하면 다음과 같은 특징을 갖는다.

첫째, 국어 발음의 전반적인 내용을 모두 다루었다. 음운체계와 중요한 음운 현상을 대부분 포함시킴으로써 국어의 올바른 발음에 대한 총체적 규정으로서의 자격을 갖추었다.

둘째, 예측 가능한 발음을 중심으로 규정의 내용을 구성하였다. 이는 문교부의 표준말안이 예측이 어려운 표준 발음을 규정하는 것에 초점을 맞춘 것과 대조된다.

셋째, 예측이 어려운 발음을 대폭 간소화했다. 문교부의 표준말안에서 다루었던 된소리나 장음에 관한 부분을 간소화하고 발음에 대한 원칙을 담은 규정집으로서의 성격을 갖추게 되었다.

3) 국어연구소 표준 발음법(1987. 9.)

국어연구소 1차안 발표 이후, 1987년 9월 21일 국어연구소가 '표준어 규정안'을 문교부에 보고하였는데, 이것이 국어연구소 '표준어 규정안' 제2부 '표준 발음법'이다. 본안은 7장 29항으로 되어 있으며, 현행 표준 발음법의 제22항이 없는 것을 제외하고는 정확히 일치한다. 1987년 10~12월에 개최된 '국어 심의회'에서 제22항이 신설, 통과되었으며, 1988년 1월 19일 문교부 고시 제88-2호로 공표되어 오늘에 이른다.

국어연구소의 표준 발음법(1987. 9)은 표준 발음법(1987. 4)의 기본 성격을 그대로 유지하되 세부적인 몇 가지 내용만 수정되었다. 달라진 내용을 소개하면 다음과 같다1).

우선 1장 총칙의 2, 3항이 삭제되었고, 2장 '자음과 모음'에서는 이중모음 '의'의 현실 발음을 인정하여 첫음절 이외의 '의'나 조사 '의'가 각각 '[이]', '[에]'로 발음하는 것을 허용하였다. 3장인 '음의 길이' 부분에서는 장음을 첫음절에서만 인정하는 데서 벗어나 예외적으로 둘째 음절 이하에서도 인정하였다. 4장 <u>'받침의 발음'에서 '밟-'의 받침 발음을 'ㄱ'앞에서 '발'로 발음된다고 했던 규정을 '[밥]'으로 발음하도록 하였다. 7장에서는 '야금야금, 욜랑욜랑, 이죽이죽, 검열, 금융' 등에 'ㄴ'을 첨가하여 발음토록 했던 규정을 'ㄴ'을 첨가하지 않은 발음도 허용하는 것으로 변경하였다.</u> 또한 사이시옷이 표기된 경음화는 사이시옷을 발음하지 않는 것을 원칙으로 하되 '[ㄷ]'으로 발음하는 것도 인정하였다.

두 표준 발음법(1987. 4/1987. 9)을 비교한 결과 전반적으로 현실 발음을 유연하게 수용하는 쪽으로 발음의 폭을 넓힌 것을 알 수 있다. 표준 발음법(1987. 9)는 국어심의회의 최종 심의 결과 '되어, 피어, 이오, 아니오'의 발음은 표기를 원칙으로 하되 '[되여, 피여, 이요, 아니요]'도 허용하는 조항이 5장에 추가되었다.

3. 외국의 표준 발음 정책
1) 표준 발음 관련 규정의 존재 양상
(1) 일본

일본의 어문 정책은 주로 표기법을 중심으로 추진되어 왔으며, 표준어의 제정 및 보급과 관련하여서는 명시적인 원칙이나 규범이 정해지지 않은 상황이다. 따라서 표준 발음에 대해서도 명시적인 규정이 존재하지 않는 것은 당연한 일이라 할 수 있다. 그럼에도 불구하고 학교 교육이나 공공 방송 등에서의 표준에 대한 요구는 절실하며, 이러한 요구들이 어떻게 수용되었는지 방송의 경우를 중심으로 살펴보도록 한다.

일본에서 방송이 시작된 것은 1925년인데 이와 더불어 방송 언어의 표준화에 대한 요구가 생겨나게 되었다. 이에 1934년에는 「방송용어위원회(放送用語委員會)」가 발족되어 방송 뉴스의 용어 및 발음의 표준화, 유행어 및 신어의 조사 작업 등이 이루어졌고 그 결과 「방송용어(放送用語)」가 결정되었다. 그 내용은 당시 사회에 널리 보급된 교과서 혹은 신문, 잡지 및 소설의 지문에 쓰여진 말을 「방송용어(放送用語)」로 도입하는 것이었다. 당시의 교과서 및 신문 잡지 소설 지문의 언어는 동경 방언 가운데 품위 없고 속된 말을 제외하여 체계화한 것이

---
1) 이진호(2008: 197-198)을 참고하였음. 이진호(2008). 국어 표준 발음법의 제정 과정. 국어학 100(173-203).

었기 때문에 이를 받아들인 '방송용어'가 아나운서를 통해 전국에 방송된다는 것은 그때까지 문어로만 확산되고 있었던 이들 용어가 구어로서도 보급됨을 뜻하는 것이다. 이처럼 동경방언을 바탕으로 한 '방송용어'가 일본 전역에 확산됨에 따라 그 기반이 되는 동경방언은 '공통어'로서 자리 잡게 되었다.

세계 2차 대전 후, 1946년에는 「방송문화연구소(放送文化硏究所)」가 설립되어 문제되는 어구 및 방송 원고를 검토하여 그 결과를 간행물에 발표하였으며, 국립국어연구소와 공동연구를 진행하기도 하였다. 이 시기에 발표된 결과물로는 『라디오 뉴스 작성법(ラジオニュースの書き方)』, 『外國音樂家이름 읽기』, 『外國地名 읽기』, 『日本語액센트辭典』 등이 있다.

한편 1961년 텔레비전 방송이 시작되면서 방송언어를 구어에 좀 더 가깝게 하려는 논의가 활성화되었고, 사회적으로 일정한 기준이 없는 언어 사항들에 대한 여론 조사를 바탕으로 '방송용어위원회'에서는 새로운 기준을 만들기 시작하였다. 그 결과 『NHK용자용어사전(NHK用字用語辭典)』, 『NHK일본어 발음 액센트 사전(NHK日本語發音アクセント辭典)』, 『NHK방송언어 핸드북(NHK放送のことばハンドブック)』, 『NHK언어 핸드북(NHKことばのハンドブック)』 등이 출판되었다. 이들 출판물은 방송업무를 위한 지침으로서뿐만 아니라, 표준어와 관련하여 명문화된 어문 규정이 없다고 할 수 있는 일본 사회의 언어생활에 많은 영향을 미치고 있다고 할 수 있다.

(2) 중국

중국은 언어문자 통합 사업으로 중국 전체가 공용으로 사용할 표준어를 지정하여 '보통화(普通話)'로 명명하였으며, 번거롭고 어려운 한자를 쉽게 익히고 접할 수 있도록 번체자를 간체화로 바꾸는 작업을 착수, 중국어의 발음 통일과 쉬운 읽기방법으로 한어병음(漢語拼音)표기 방안을 마련하는 등 표준어 정착에 꾸준한 노력을 기울여오고 있다. 중국은 표준어인 보통화(普通話)를 다음과 같이 정의[2]하고 있다.

"보통화(普通話)는 북경어음을 표준음으로 하고, 북방어를 기초어[3]로 하며, 전형적인 현대백화(白話)로 쓰여진 저작을 어법의 기준으로 한다."

이는 1955년의 전국문자개혁회의(全國文字改革會議)와 현대한어범문제학술대회의(現代漢語規範問題學術會議)에서 확정된 내용으로 '보편(普遍)'과 '공통(共通)'의 함의를 뜻하는 '보통화'라 칭하였으며, 실질적인 '발음, 어휘, 어법' 세 가지 방면으로 표준어의 기준을 제시하고 있다.

1949년 중화인민공화국의 수립 후 오늘날까지 중국정부는 국가 문자개혁기구로 1954년 12월 중국문자개혁위원회(中國文字改革委員會)를 조직하여 중국문자의 규범화와 표준화를 위한 임무를 맡기었으며, 1985년 12월 16일 중국문자개혁위원회를 '국가언어문자공작위원회(國家語言文字工作委員會;國家語委)'로 명칭을 바꾸어 오늘에 이르고 있다. 국가언어문자공작위원회에서는 언어문자 사업의 방침과 정책 초안을 세우고, 언어문자 사업의 중·장기 계획을 세우며, 중국어와 소수민족 언어 문자의 규범 및 기준을 정하고 그 시행을 감독하며, 표준어 보급을 지도하는 임무를 맡고 있다.

---

2) 普通話是 "以北京語音爲標准音, 以北方話爲基础方言, 以典范的 現代白話文著作爲語法規范"的現代漢民族共同語。這是在1955年的全國文字改革會議和現代漢語規范問題學術會議上确定的。這个定義實質上從語音、詞匯、語法三个方面提出了普通話的標准。http://baike. baidu. com/view/4591. htm 참고.
3) 중국의 한족은 총인구의 97%를 차지하고 있다. 그 중 70%에 달하는 한족이 사용했던 언어가 北方話였으며 주요 7개 방언 중 분포지역도 가장 넓었다.

이러한 모든 정책은 '국가언어문자공작위원회'를 중심으로 진행되고 있으며, 대표 인터넷사이트인 '中國語言文字網(www.china-language.gov.cn)'을 통하여 언어문자 관련, 시행된 법규와 규범에 관한 모든 공지내용을 열람할 수 있도록 하고 있다.4)

(3) 미국

미국의 경우 지정된 공식어가 없는 것처럼, 미국 영어의 표준 발음 역시 공식적으로 규정되어 있지 않다. 또한 프랑스나 스페인처럼 규범에 맞는 언어 형태를 정하거나 총괄하는 기관이 없고, 이런 종류의 기관을 세우려는 시도가 종종 실패하곤 했다. 따라서 '표준 영어', '올바른 영어', '맞는 영어'라는 개념이 사용되기는 하지만 모호성을 배제하기 어렵다. 대신 미국에서는 사람들이 표준 형태를 정하도록 문법책이나 활용서, 사전 등이 그 역할을 담당하고, 학교도 표준 규범을 정한다. 그래서 미국인들은 표준어 여부에 대한 질문을 받으면 보통 활용 가이드를 통해 의문을 해결하며, 학교는 그 표준형을 영속시키는 역할을 하게 된다.

미국인들은 특정 미국 영어 방언에 한정해서 그것이 가장 좋은 방언이라고 평가하지는 않는다. 그들은 좋은 평가를 받는 방언을 기준으로 그 방언과 평가가 좋지 않은 방언 간의 차이를 보기보다는, 부정적인 평가를 받는 방언을 기준으로 그 방언과 부정적으로 평가 받지 않는 방언 사이의 차이를 유의해서 본다. 특이한 것은 미국인들이 영국 방언에 긍정적인 평가를 함에도 불구하고 실제 미국과 캐나다에서 그 방언이 널리 사용되지는 않는다는 점이다. 북미인들은 미국 영어의 다른 방언에 대해 언급할 때 "저 사람은 진짜 표준어를 쓰네."와 같이 방언의 표준적 요소에 대해 말하지 않고 "저 사람은 틀린 영어를 쓰네."와 같이 그 방언이 가지는 비표준적인 요소에 대해 말하는 것이 보통이다.

비공식적인 영어는 미국 사회에 실재하는 개념으로 Wolfram, W. & Schilling-Estes(1998)에서는 ① 비표준 영어(nonstandard English), ② 비공식 표준 영어(informal standard English), ③ 극표준 영어(Superstandard English)의 예를 제시하고 있다(Wolfram, W. & Schilling-Estes, 1998).

미국 영어의 방언은 크게 ① Northern Dialect, ② Midland Dialect, ③ Southern Dialect로 나뉜다. 중부 방언(Midland Dialect)은 흔히 '일반 영어(General American)'로 불리는데 서부 개척의 결과 이 방언이 대표적 미국 영어의 위상을 차지하게 되었기 때문이다. 이 방언은 미국 국토의 중북부 지역을 가로지르는 광대한 지역의 방언으로 대체로 북쪽 North Dakoda주에서 남쪽 Texas주를 연결하는 선에서 서쪽으로 전개되는 광대한 지역을 통합하고 미국 영토의 3분의 2, 미국 인구의 5분의 4가 사용하는 대표적인 방언으로 미국 영어의 통일성을 지탱하는 핵심적 역할을 한다5).

(4) 프랑스

프랑스에서는 단일 공용어인 프랑스어를 사용하며 프랑스 정부는 공화국 내 프랑스어 사용을 감독하고 유럽연합과 국제기구인 '국제 프랑스어 사용 기구(La Francophonie)'를 통해 프랑스어와 언어적 다양성을 위해 노력하고 있다.

프랑스 헌법 제2조에는 "공화국의 언어는 프랑스어이다."라고 명시되어 있으며, 이외에도 프랑스어 사용에 관한 법률은 다양한 영역에서 적용되는 '프랑스어에 대한 권리'를 창출하고 있

---

4) 國家語言文字工作委員會의 각 조직의 연혁 및 관련 업무에 관한 사항은 2011년 오옥매,《중국의 어문정책에 대하여》pp. 7~8에서 상세히 소개되어 있어 이곳에서 중복 설명을 피했다.
5) Hot, pass, grass 등에서 'flat a[æ]'가 있고 강한 [r]음을 보인다(김명숙 외, 2006: 238-245).

다. 반면에 표준 발음에 관한 규정은 언어학자들의 연구에 국한되어 있을 뿐, 관련 법률이 따로 명시되어 있지는 않다.

(5) 스페인

우리나라의 국립국어원에 해당하는 스페인 한림원(Real Academia Española)을 중심으로 구성된 스페인어권 21개국의 스페인어 한림원 연합회(Asociación de Academias de la Lengua Española)는 스페인어에 관한 표준 발음에 대해서는 규정을 별도로 명시하고 있지 않다. 이는 철자 그대로 발음하면 될 만큼 스페인어의 발음이 단순하고 명료한 편이기 때문이기도 하다.

그러나 이렇게 스페인어의 철자와 발음 간의 규칙적 대응관계와 발음의 단순명료함에도 불구하고, 몇몇 음소의 경우 지역별로, 또는 국가별로 서로 다르게 발음되는 것이 사실이다. 그 대표적인 예가 바로 [θ]를 [s]로 발음하는 'seseo 현상'과 [ʎ]를 [y]로 발음하는 'yeísmo 현상'이다. 이들 발음은 주로 스페인 남부지방과 중남미 대부분의 지역에서 나타나는 지역적 발음의 변이형태로서, 표준 스페인어라고 알려져 있는 스페인 중북부지방의 발음법과는 다소 차이가 있다.6) 스페인 한림원(Real Academia Española)에서는 스페인어 발음의 지역별 변이형을 그대로 인정하는 동시에 철자법 규정에도 이를 명시하고 있다. 즉, 특정 지역의 발음만을 표준 발음으로 규정하고 있지 않은 점이 주목할 만하다.

(6) 독일

독일은 헌법에서 독일어에 공식어로서의 지위를 부여하지 않고 있음은 물론 표준어를 총괄하는 기관도 없다. 일반적으로 독일중앙방송국 ARD의 뉴스방송에서 사용되는 발음이나 표현을 표준어로 준용하고 있는 것이 사회적 통념이다. 일반적으로 통칭되는 '표준 독일어(Hochdeutsch)'는 공식적으로는 사용되고 있으나 실제 언어생활에서 표준 독일어를 사용하는 지역은 상당히 적다.

독일은 도시들의 권력 기능이 분산되어 있던 역사적 배경으로 말미암아 오늘날까지도 지방분권적인 강한 성격을 드러내고 있다. 이러한 독일의 특성7)은 언어에서도 나타나는데, 대표적으로 '사투리 또는 방언(Dialekt, dialect)'을 명명하는 과정에서 알 수 있다. 독일인들은 '사투리'라고 부르지 않고 해당 지역 이름을 붙여 '바이에른어(Bayerisch)', '잘란트어(Saarländisch)'

---

6) 예를 들어, 남부 지역의 스페인어(Español meridional o andaluz)에서는 [ʎ]를 [y]로 발음하는 Yeísmo가 있어 'halla'(찾아내다)와 'haya'(have 조동사의 접속법 형태)는 동음이의어가 된다. 또한 [θ]를 [s]로 발음하는 seseo 현상으로 인하여 'caza'(사냥)와 'casa'(집)는 동일하게 [ká-sa]로 발음되며, 'cocer'(삶다)와 'coser'(바느질하다)도 모두 [ko-sér]로 발음상으로는 구분할 수 없게 된다. 또한 연구개 파열음 [x]를 기식음 [h](우리말의 'ㅎ'에 가까움)로 발음하여 'jaleo'를 [ha-lé-o]로, 'paja'를 [pá-ha]로 발음하는 경향이 강하다고 한다. 이러한 남부 지역의 스페인어는 중남미 스페인어에 지대한 영향을 미치게 된다. 아마도 16세기 동안 스페인 남부 지역 출신들이 중남미 지역으로 건너왔기 때문일 것이다. 비록 남부 지역 이외에도 스페인의 여러 지역 출신들이 신대륙으로 건너왔을지라도, 다양한 지역 방언들을 구사하던 화자들은 신대륙 아메리카로의 출항을 기다리며 세비야(Sevilla)에서 상당 기간 머물렀기 때문에 결국은 단일화된 안달루시아 지역의 스페인어를 구사하게 되었을 것이다. 이는 언어적 합체(convergencia lingüística)의 한 과정으로서, 여러 언어나 방언이 결합하여 생긴 공통의 언어인 코이네(Koiné)의 한 예라고 볼 수 있겠다.

7) 독일이 우리나라 일본 등과 비교해 상당히 지방분권적이라는 사실은 방송매체를 통해 쉽게 찾아볼 수 있다. 텔레비전에서 특정 분야에 관한 뉴스가 방송될 때 정치 분야는 언제나 '베를린(Berlin)', 경제 분야의 경우 '프랑크푸르트(Frankfurt)', 방송·연예 분야의 경우 '쾰른(Köln)'이라고 지역이 먼저 언급된 후 기사가 전달된다. 이는 곧 지역에 따라 담당하는 역할이 확실하게 정해져 있다는 의미를 갖으며, 과거 봉건시대부터 황제가 사는 도시와 제후들이 모여 회의하는 도시, 선제후들이 모여 투표하는 도시 등 도시들의 권력 기능이 분산되어 있었던 역사적 배경에 기인한 것이라 할 수 있다.

또는 '슈바벤어(Schwäbisch)' 등으로 표현함으로써 지역 언어에 대한 자부심을 언어적으로 보여주고 있다. 따라서 지역에 대한 언어우월성(Sprachloyalität)을 가지고 있는 대부분의 독일인들은 '표준 독일어(Standarddeutsch, Hochdeutsch)' 및 '표준 발음(Standardaussprache)'에 대한 규범관념이 상대적으로 적은 편이다.

독일어는 크게 알프스에 근접한 독일남부지역의 '고지 독일어'와 북해와 인접한 독일 북부지역의 '저지 독일어'로 분류되며, 다시 지역에 따라 다양한 방언으로 나뉘어져 있다. 이처럼 여러 지역 방언들과 지방분권적 성격으로 말미암아 특정 지역의 언어를 공식어로 지정할 수 없어서 다양한 지역의 독일어들을 모아 제정한 것이 바로 '표준 독일어'이다. 오늘날 독일어의 표준으로 인식되고 발음은 독일어는 하노버(Hannover)지역의 독일어로서 이 지역 인구는 3백만 정도로 독일 전체 인구 8천 만 명에 비교하면 매우 적은 규모이다.

(7) 영국

영국의 공용어인 '영어'는 모국어로서의 사용 인구가 95% 이상임에도 불구하고 한국의 한국어나 프랑스의 불어와는 달리 법적으로 영국의 공식 언어로 지정되어 있지 않다. 반면에 영국에서 쓰이는 언어들 중 웨일스어, 아일랜드어, 영국식 수화(BSL), 스코틀랜드 게일어와 콘월어는 지역 정부나 유럽 기관들을 통해 공식적으로 소수 언어로 지정된 상태이다. 법적으로가 아니라 관례적으로 영어가 영국의 공용어로 쓰이고 있는 현실인 만큼, 영국에는 프랑스의 *L'Académie française*, 한국의 국립국어원, 스페인의 *Real Academia Española* 와 같은 공식적인 언어 관리 기관이 존재하지 않는다.

BBC 영어는 아나운서들이 유지하는 영어의 표준 악센트로서, BBC 영어는 영국 영어의 대표적인 표준 악센트인 RP(Received Pronunciation)와 밀접한 관련이 있다. BBC 방송을 지원하는 BBC 발음부는 방송인들을 대상으로 영어 발음에 대한 자문을 제공하며, 표준을 규정하기보다는 국민들이 현재 구사하는 살아있는 언어를 반영한다.

2) 표준 발음을 정하는 절차와 기준

(1) 일본

1950년대까지는 표준어에 대한 논의가 많았지만 그 이후에는 거의 없고, 표준어라는 용어 자체를 피하여 그 대신에 '공통어'라는 용어를 쓰는 경우가 많아졌다. 그 후 국어심의회 및 문화심의회 국어분과회의 활동으로는 주로 표기법에 관한 논의가 많았다. 따라서 가나 표기법이나 한자어 및 외래어의 표기 그리고 한자 표준화와 관련하여 많은 논의와 규범이 정해졌지만 표준어 및 표준 발음과 관련하여서는 명시적인 기준을 정하지 못하고 있음을 알 수 있다. 표준어라는 규범적인 사고에 대한 근본적인 문제가 활발히 제기된 것이 현실이라 할 수 있으며 규범적인 개념어로서의 표준어가 아니라 동경 방언을 기본으로 하면서도 각 방언이나 외래적 요소를 수용한 공통어를 기준으로 한 언어생활의 규범을 세우려는 노력이 각 방면에서 이루어졌다.

정부 주도의 표준어 제정 작업이 난항을 겪는 과정에서 방송의 표준을 정하고자 하는 방송계의 노력의 결과, 동경 방언을 근간으로 하는 '방송용어'가 보급되게 되었고, 결과적으로 이들이 일본어 발음의 실질적인 표준으로서 자리 잡음으로써 공통어가 성립되었다. 이 공통어를 대상으로 표준 발음을 정하는 데 지표가 되는 사항들을 살펴보고, 이들 사항이 어떻게 표준화되고 있는지 사회적 영향력이 높다고 판단되는 『NHK日本語發音アクセント辭典(NHK일본어 발

음 악센트 사전)』을 중심으로 살펴보도록 한다.

① 모음의 무성화

일본어의 공통어에는 모음의 무성음화 현상이 일어난다. 유성음인 모음이 무성음화한다는 것은, 모음을 발음할 때 입모양은 유지하면서 성대를 진동 시키지 않고 숨만으로 발음하는 것을 가리킨다. 모음의 무성화는 다음과 같은 일반적인 규칙이 있다.

[규칙Ⅰ] 모음 /i/, /u/가 무성자음 사이에 놓이게 될 경우 무성화한다. 즉, <ki, ku, si, su, ci, cu, hi, hu, pi, pu, shu> 등이 <ka, sa, ta, ha, pa> 등의 바로 앞에 오는 경우 앞 박의 모음이 무성화된다. (이하, 무성화된 모음은 밑줄을 치고 빨강색 문자로 표기한다)
예) きく(菊) kiku, たしかめる(확인하다) tasikameru がくしゃ(學者) gakusya

[규칙Ⅱ] 모음 /i/, /u/가 휴지부의 직전에 오며 해당 박의 악센트가 저조인 경우. 즉 <ki, ku, si, su, ci, cu, hi, hu, pi, pu, shu>로 끝나고 이들이 저조인 경우
예)あき(秋) aki , たしかめる(확인하다) からす(烏)karasu あります(있습니다) arimasu

위의 두 경우처럼 일반적인 것은 아니지만 다음과 같은 경향도 지적할 수 있다.

 1) 저조의 <ka, ko> 다음에 고조의 <ka, ko>가 연속될 때
예) かかし(허수아비) kakasi(LHH) , こころ(心) kokoro(LHH)
 2) 어두의 저조 <ha, ho> 다음에 /a/ 또는 /o/를 포함하는 박이 연속될 때
예) ほこり(埃) hokori(LHH) , はか(墓) haka(LH)

이와 같은 규칙과 경향이 존재하지만 실제 발음에 있어서 모음의 무성화가 반드시 지켜지는 것은 아니어서 개인에 따라 상당한 차이가 있는 것이 사실이다. 한편 규칙 Ⅰ, Ⅱ에는 다음과 같은 예외가 있다.

[예외Ⅰ]
① 무성화 하는 모음을 가진 박이 고조이고 저조의 박이 후속할 때 무성화는 일어나지 않는다.
예) しそん(子孫) sison(HLL)
② 무성화 하는 모음을 가진 박이 두 개 연속될 때 어느 한 쪽이 무성화되지 않는다.
예) れきしてき(歷史的) rekisiteki
③ 무성화 하는 모음을 가진 박이 셋 연속될 때 가운데 박은 무성화되지 않는다.
예) ききすてる(흘려듣다) kikisuteru

[예외Ⅱ]
① 무성화하는 모음을 가진 박 다음에 유성자음을 가진 박이 후속할 때 무성화는 일어나지 않는다.
예) あきが(가을이) akiga からすは(까마귀는) karasuha

[기타]
① 무성화하는 모음을 가진 박이 악센트의 전환점(고조에서 저조로 바뀌는 지점)이 될 경우 다음과 같은 두 가지 경우가 있다.
- 그대로 무성화가 일어나는 경우 예) ガラス器(유리그릇) garasuki(LHHL)
- 악센트 전환점이 한 박 뒤로 밀리는 경우 예) つく(붙다) cuku (HL→LH)

② 무성화하는 모음을 가진 박 다음에 /s/ /h/ /sy/로 시작하는 박이 오면 악센트와 관계 없이 무성화가 일어나기 어려우며 무성화하지 않더라도 부자연스럽게 들리지 않는다.
예) すし(초밥)susi(LH), くはい(苦杯) kuhai(LHH), しゅしょく(主食) syusyoku(LHH)

③ 무성화하는 모음을 가진 박 다음에 /s/ /h/로 시작하는 박이 오며 의미의 경계가 있으면 무성화가 일어나지 않는 경우가 있다.
예) きょーあくはんにん (凶惡犯人) kyouakuhanniin

④ 어말에서도 악센트에 관계 없이 무성화가 일어나지 않는 경우가 있다.
예) スパイク (spike) supaiku(LHLL) すべらかし(垂髪) suberakasi (LHHHH)

② 비음화 ([g] →[ŋ]：鼻濁音)

파열음 [g]는 어두에서는 그대로 발음되지만 그 이외의 환경에서는 かがみ (鏡) kaŋami의 [ŋ]처럼 비음화한다. 비음화에는 다음과 같은 규칙이 있다.

[규칙Ⅰ] 어두에서는 비음화가 일어나지 않고 파열음 [g]로 발음된다.
예) がいこく(外國) gaikoku, ぎり(義理) giri げんき(元氣) genki ごはん (밥) gohan 단, 조사 がga ぐらい(位) gurai ごとし(如し) gotosi 의 [g]는 단독으로 발음되어도 [ŋ]으로 비음화한다.

[규칙Ⅱ] 어두 이외의 [g]는 원칙상 비음 [ŋ]으로 발음된다.
예) あがる (오르다) aŋaru かぎ(열쇠) kaŋi, やぐら(노) yaŋura, にげる(도망가다) niŋeru, あご(턱) aŋo

[예외]
① 반복 복합어인 의성의태어에서는 비음화가 일어나지 않는다.
예) ゴトゴト (부글부글) gotogoto, ガラガラ(딸랑딸랑)garagara, ギーギ(끼익끼익) giigii
② 숫자 5 go는 비음화가 일어나지 않는다.
예) じゅーご(15)jyuugo
단, 숙어화한 경우는 [ŋ]으로 발음한다.
예) じゅーごや(十五夜) jyuuŋoya
③ 접두사 뒤의 [g]는 비음화하지 않는다.
예) おぎり(お義理) ogiri, おげんき(お元氣) ogenki, 단 존경 접사 이외의 접사 뒤에서는 [g] 와 [ŋ] 양쪽 다 가능하다 예) ふごーり(不合理) hugouri～huŋouri

④ 복합어에서 뒤에 오는 요소가 [g]로 시작할 경우 두 단어로 구성되었다는 의식의 정도에 따라 비음화의 경향이 다르다.
· 복합의 정도가 낮고 두 단어 의식이 어느 정도 있으면 강하면 [g]와 [ŋ] 양쪽 다 가능하다.
예) きょーいくがくぶ(教育學部) kyouikugakubu ～ kyouikuŋakubu   せいけいがくぶ(政経學部) seikaigakubu ～seikaiŋakubu
· 복합의 정도가 아주 낮아서 두 단어 의식이 강하면 비음화가 일어나지 않는다.
예) びょーがっこー(美容學校) biyougakkou, せかいぎんこー(世界銀行) sekaiginnkou , おもてげんかん(表玄關) omotegenkan, みみがくもん(耳學問) mimigakumon
⑤ 복합어에서 뒤에 오는 요소의 [g]가 원래의 것이 아니라 복합어 형성 과정에서의 유성음화에 의해 생긴 [g]일 경우 비음화가 일어난다.
예)よこがき(橫書) yokoŋaki, ゆきぐに(雪國) yukiŋuni

③ 복합어 형성과 유성음화(連濁)

 일본어의 공통어에는 둘 이상의 요소가 결합하여 복합어 혹은 그에 준하는 구성을 이룰 때 뒤에 오는 요소의 어두 자음이 탁음(濁音) 즉 유성음으로 바뀌는 현상이 있다. 이를 일본어학에서는 렌다쿠(連濁) 라 부른다. 이 유성음화(連濁) 는 매우 일반적인 현상이지만 그 규칙을 찾아내기가 매우 어렵다. 가령 むぎ (麥) mugi+はたけ(畑)hatake→むぎばたけugibatake이지만 た(田) ta+はた(畑) hata→ たはた(田畑) tahata 가 되는 것이 그러하다.
 또 いき(息) iki+くるしい(힘들다) kurusii→ いきぐるしい(숨 쉬기 힘들다) ikigurusii 명사와 형용사가 결합하면 유성음화(連濁) 가 일어나지만 いき(가서) iki+かかる(들르다) kakaru→ いきかかる(가다가 들르다) ikikakaru에서 보이는 것처럼 동사와 동사가 결합하면 유성음화(連濁) 가 일어나지 않는다. 이 현상은 점차 일어나지 않게 되어 가고 있는 것으로 생각되는데 그 구체적인 경우를 살펴보면 다음과 같다.
예) こーする (항해하다/저항하다) kousuru

* 동사와 동사가 연결될 때는 유성음화(連濁) 하지 않는다.
예) きき (듣다/묻다) kiki+こむ(들이다) komu → ききこむ(잘 듣다) kikikomu

* 문법적으로 두 단어인 경우는 유성음화(連濁) 하지 않는다.
예) ほしとり(별따기) hositori(목적어+동사) , うえした(上下) uesita (대등관계)

* 그러나 부사+동사의 구조에서는 유성음화(連濁) 가 일어난다.
예) たてがき(縱書) tategaki
* 의성어, 의태어는 유성음화(連濁) 하지 않는다.
예) かんかん(쨍쨍) kankan, さんさん(엄청) sansan、くんくん (킁킁) kunkun

* 앞뒤의 음에 따라 유성음화(連濁) 하기 어려운 경우가 있다.
① 앞의 음이 촉음이면 유성음화하지 않는다 예) とって(손잡이) totte
② 뒷부분의 2박째가 탁음, 비탁음이면 유성음화하지 않는다. おおかぜ（大風）ookaze

④ 악센트

    음절구조가 비교적 단순하기 때문에 동음이의어가 많다는 일본어의 음성·음운적 특성을 생각할 때, 악센트의 일차적인 기능으로 생각할 수 있는 것이 동음이의어의 구별이다. 또한 악센트는 하나의 발음 단위에 놓이게 되므로 악센트는 발화의 단위를 끊어 주는 기능을 하기 때문에 단어의 연속체 간의 호웅 및 연결 관계를 표시해 주는 기능을 하게 된다.
    현재의 공통어는 동경 방언의 악센트 체계를 그대로 수용한 것이다. 악센트에는 규칙이 있는데 이들 규칙을 정하는 요인으로는 명사, 동사, 형용사 등의 품사, 단일어, 파생어 혹은 복합어 등 단어형성의 유형과 2박어, 3박어 등 박수, 고유어, 한자어, 외래어 등의 어종 등이 있다. 매우 복잡한 체계가 되겠지만 동경 방언의 악센트는 다른 방언에 비하여 비교적 단순하고 규칙적인 악센트 유형을 보이고 있다.
    기본적인 유형은 고조의 유무 및 위치에 따라 '평판형, 어두고조형, 어말고조형, 어중 고저형'으로 나눌 수 있으며 '어중 고조형'은 박수에 따라 몇 가지로 나뉜다. 단순 명사의 경우에 한하여 악센트 유형을 살펴보면 다음과 같다.
① 명사의 악센트 유형은 [박수+1]개인데 1박어와 2박어는 어두고조형이 많고, 특히 한자어, 외래어 사용 빈도가 적은 단어 및 신조어 등은 대부분이 이 유형이다.
② 3박어에는 평판형이 많지만 한자어나 외래어의 경우는 어두고조형도 많이 나타난다.
③ 4박어도 평판형이 많은데 복합어의 경우 어중고조형(LHHL, LHLL)도 많이 보인다.
④ 5박어는 어중고조형(LHHLL)이 가장 많고 평판형이 그 뒤를 잇는다.

    이 외에도 전성명사 및 복합명사의 악센트 유형, 단순동사, 복합동사, 전성동사, 동사+조동사 혹은 조사 및 명사, 단순형용사, 복합형용사, 전성형용사, 형용사+조동사 혹은 조사 및 명사, 기타 그룹 등으로 나누어 악센트 유형을 세밀하게 정리하여 제시하고 있다.

(2) 중국

    중국의 표준 발음에 관한 통일된 규정 확립의 일환으로 '한어병음방안(漢語拼音方案)'은 중요한 위치를 차지한다. 한어병음(Chinese phonetic alphabet, Chinese Pinyin)은 중화인민공화국 수립 후 이전의 여러 한어주음방법을 기초로 각 방면의 의견을 수렴하여 설계·제정되었다. 표의문자인 한자의 특성상 문자 자체만으로는 여러 가지 다른 발음으로 말하거나 읽게 되며, 한자의 발음 표기가 주어지지 않을 경우 발음 방법 문제에 당면하게 된다.
    보통화의 발음을 기록하는 음성기호인 '한어병음'은 보통화를 누구든지 같은 발음으로 읽을 수 있도록 돕는 한자의 발음 보조도구로서, 발음을 통합·일치시키는 역할을 한다. 이전에 채용되었던 여러 발음표기 수단[8] 중 가장 간단한, 국제통용문자인 라틴문자를 채택함으로써 중

---

[8] 중국의 고대 拼音이 없었을 당시 反切이라는 방법을 사용하여 발음을 표기했다. 이는 이미 알고 있는 두 개의 쉬운 한자를 이용하여 하나는 성모의 발음을 취하고, 또 하나는 운모의 발음을 취한 후 병합하여 발음하였던 방식으로 많은 한계점을 지니고 있었다. 상하의 두 개의 한자 모두 여러 성분을 지니고 있어 합쳐 발음했을 시에도 문제점을 지니고 있었으며, 반절에 사용하는 기본 한자라고 해도 그 수가 많아 사용하는 이들이 그 발음을 익히는데 한계가 있었다. 또한 음운을 표현할 수 있는 방법이 협소해 다른 비슷한 음으로 대체 사용할 경우 조성된 발음이 부정확하다는 문제를 지니고 있었다. http://baike.baidu.com/view/129724.htm 참고. 이밖에 漢語注音符號, 國語羅馬字, 北方話拉丁化新文字 등 많은 注音 방법이 채용되어 사용되었다. http://baike.baidu.

국어 보급의 편의 및 국제화에 기여한다. 또한 한어병음을 사용하여 중국지명 로마자표기법의 국제표준으로 삼을 것을 결정하고, 1982년 국제표준화조직에 '국제표준 ISO 7098(중문의 로마자표기법)'을 제출하였다. 오늘날 컴퓨터가 보급된 이후, 한어병음을 이용한 중국어 글자 입력법도 널리 확대·사용되고 있다.

2000년 공표된 중화인민공화국 국가통용언어문자법(中華人民共和國國家通用語言文字法) 제 18조에 의하면 "국가통용 언어문자는 '한어병음방안'을 맞춤법과 발음의 수단으로 한다. 한어병음방안은 중국의 인명, 지명, 중문 문헌 로마자 표기법의 통일규범으로써 한자로 표기하기 어렵거나 불가능한 분야에 사용된다. 초등 교육에서는 한어병음 교육을 진행해야 한다."고 명시하고 있다.

이와 같이 '한어병음방안'은 보통화 보급 및 확산의 주역으로 초등 공교육에서 한어병음과 한자를 함께 읽고 배우는 방법으로서 전국적으로 확산·보급되고 있는 중국어 발음표기 수단이라 할 수 있다. 중국의 언어문자 정책 중 중국의 발음규정에 관한 중요 자료인 《표준어 異讀詞 심음표(普通話异讀詞9)審音表)》의 내용은 다음과 같다.

《표준어 異讀詞 심음표》의 통지(1985월 12월 27일)

표준어심음위원회(普通話審音委員會)는 1957년에서 1962년까지 세 차례에 걸쳐 《표준어 異讀詞 심음표 초고》를 발표하였으며, 1963년 《표준어 異讀詞 3차 심음 총괄표 초고》(이하 《초고》라 간략히 칭함)를 편집 완성하였다.

《초고》가 공표됨에 따라 문학, 교육, 출판, 방송 등의 부문에서 널리 중시되었으며, 현대중국어의 어음 규범과 표준어의 확장에 커다란 영향을 주었다. 그러나 《초고》에서 이미 심의 되었던 일부 단어의 독음은 언어의 발전에 따라 다시 심의 확정해야 했으며, 동시에 언어규범화의 표준인 《초고》도 확정지어야 할 필요가 있었다. 이에 1982년 6월, 표준어심의위원회를 다시 조직하여 수정 작업을 진행하였다.

이번 수정과정에서는 표준어의 어음 발전 법칙과의 부합을 원칙으로, 대중의 표준어 학습의 편리성에 착안점을 두었으며, 일상에서 약속되어지고, 현실에 부합된 내용을 취하는 태도로 임하였다. 특히 《초고》의 발음 부분의 수정에 심혈을 기울였다. 수정본은 國家語言文字工作委員會, 國家敎育委員會, 방송위원회의 심의를 통과하여 《普通話異讀詞審音表》의 명칭으로 공표하기로 결정하였다. 공표한 날을 기점으로 문화교육, 출판, 방송등 부문과 전국 기타 부문, 각 업계에 보급된 普通話異讀詞의 독음과 표음은 이 표를 기준으로 한다.

《심음표 설명》
1. 본 표는 주로 표준어 중 혼용하여 발음하는 단어와 혼용하여 발음하는 '어소'를 지닌 글자를 다루었다. 多音多義字의 모든 독음과 모든 뜻을 열거하지 않았으며, 자전과 사전의 형식과는 다르다. 예를 들면 "和"자는 여러 가지 뜻과 음을 가지고 있으나, 본 표에서는 원래 혼용하여 읽는 여덟 가지 단어를 열거하였으며, hè와 huo의 두 가지 독음으로 분리하였다. (여러 독음을 지닌 단어는 비교적 자주 사용하는 단어를 앞에 열거하였으며, 이하 동) 그 밖의 혼용하여 읽지 않는 독음과 뜻은 언급하지 않았다.
2. 글자 뒤에 "統讀"이라 명한 것은 이 글자가 어떤 단어중에 사용되어도 한 가지 음으로만 발음한다는 것을 뜻한다. (경성으로 변하여 읽혀지는 것은 이 제한을 받지 아니함) 본 표에서 단어의 예를 열거하지 않았다. 예를 들어 "閥"자는 "fá"로 통일하여 읽으며, 기존표의 "軍閥", "學閥", "財閥"의 단어와 기존표에 없는 "閥門"등의 단어도 균일하게 재열거하지 않았다.
3. 글자 뒤에 "統讀"이라 명하지 않은 것은 그 글자가 여러 독음을 지니고 있음을 뜻하며, 본

---

com/view/22308. htm 참고.
9) 異讀詞: 의미가 같거나, 또는 기본적인 의미는 똑같으나 습관상 두 개 또는 그 이상의 음을 지닌 단어를 지칭, 多音詞와 의미가 어느 면에서는 일맥상통하나 의미상 미묘한 차이를 보이고 있다. 趙賢德,《普通話異讀詞審音表》指瑕 에서도 異讀詞의 정의에 대한 모호성을 언급하고 있다. 따라서 異讀詞를 多音語라 번역하지 않았으며, 그대로 異讀詞라 표기하여 다음어 와의 혼동을 막고자 하였다.

표에서는 단지 그중 달리 읽히는 독음의 단어의 발음만을 심의하여 다루었다. 예를 들어 "艾"자는 ài와 yì의 두 가지 음을 지니고 있다. 본 표에서는 단지 "自怨自艾"의 단어만을 예시했으며, 이 단어에서 yì라고 발음한다. ài의 발음과 뜻에 있어서는 달리 혼용되어 발음되는 현상이 없으므로 그 예를 들지 않았다.

4. 구어와 서면어상 다른 독음을 보이는 글자에 대해서는 본 표에 "文"과"語"로 주를 달았다. 전자는 일반적으로 書面語에 해당하며 다음절어와 문언상의 성어 중에 사용한다. 후자는 口語 중의 단음절어와 일부 일상생활의 사물을 나타내는 다음절어 중 많이 사용된다. 이런 상황일 경우 필요시 예를 들어 명시하였다.

예) "杉"자에 다음과 같이 주를 달아 명시함
　　(一) shān (文) : 紫~、紅~、水~ ;
　　(二) shā (語) : ~篙、~木

5. 일부 글자는 단어의 예시 이외에 간단한 설명을 첨가하여 독자의 분별을 용이하게 하였다. 설명 또는 구체적인 글자의 의미 또는 "동사적 의미", "명사적 의미"등의 구분에 따라 명시하였다.

예) "畜"자에 다음과 같이 주를 달아 명시함
　　(一) chù (명사적 의미) : ~力、家~、牲~、幼~
　　(二) xù (동사적 의미) : ~産、~牧、~養

6. 일부 글자의 여러 독음 중 사용빈도가 적은 발음과 사용빈도가 많은 발음이 있을 경우, ××(비교적 적게 사용되는 단어)는 (가)로 발음하며, 그 밖의 단어는 (나)로 발음한다로 표기하여, 예를 든 단어 중 단어의 누락으로 야기될 수 있는 문제를 없애도록 하였다.

예) "結"자는 '~了个果子', '開花~果', '~巴', '~實'에서는 jiē로 발음하는 것 외에 기타 모든 단어에서 jié로 읽는다.

7. 輕聲발음 문제는 비교적 복잡하므로, 《初稿》에서 언급한 일부 경성어휘 외에 본 표에서는 심의하지 않았으며, 일부 심의했던 경성어휘도 삭제하였다. 예를 들면 "廊刀 (dao)", "容易 (yi)"등의 단어이다.

8. 본 표에 첨가된 소량의 달리 발음하는 글자와 단어는 심의하여 수정하였다.

9. 제2, 6, 7조의 설명에서 열거한 원인으로 삭제된 단어 이외에 본 표에서 일부 단어를 삭제하였다. 그 원인은 아래와 같다.
　1) 현재 이미 달리 발음하는 현상이 없어진 경우 (예 "隊伍", "理會")
　2) 드물게 사용되는 어휘 (예 "俵分", "仔密")
　3) 사투리 말 (예 "歸里包堆 [zuī]"、"告送 [song]")
　4) 상용하지 않는 문어체 단어 (예 "猲獢"、"氍毹")
　5) 음변현상 (예 "胡里八涂 [tū]", "毛毛騰騰 [tēngtēng]")
　6) 중복되고 번거로운 어휘 (예 원표상의 "色"자와 관련된 단어는 23개 조항에 달할 만큼 많음), 삭제되었던 조항은 재편입하지 않음

10. 인명, 지명의 혼용발음의 심의 수정은 기존 표에서 이미 언급한 일부 단어를 제외하고는 보류하여 재심한다.

　《표준어 異讀詞 심음표》는 1985년에 공표된 표준 발음에 관련된 규범 중 하나로 중화인민공화국의 수립 이후 세 차례에 걸쳐 정리·수정10)되었다. 異讀은 하나의 단어이나 둘 이상의 다른 讀音현상을 보이는 말로서 예를 들어 '机械'는 [jīxiè] 또는 [jíjièè] 라고도 발음되었다. 이는 의미상의 변화 없이 습관상 두 가지로 발음하는 異讀현상으로 《표준어 異讀詞 심음표》에서는 'xiè'로 통일해서 읽을 것을 명시하였다. 이처럼 《표준어 異讀詞 심음표》에서는 <u>일반적으로 의미상의 변화 없이 두 가지 이상의 발음을 지닌 단어는 하나의 보편화된 발음으로 통일</u>시켰으며, 하나의 글자에 둘 이상의 뜻을 지니고 있어 다르게 발음되는 글자에 대해서도 기준을 세워 발음을 정리하였다.

---

10) 1957년 《普通話异讀詞審音表初稿》을 시작으로, 1963년 《普通話异讀詞三次審音總表初稿》에 이어 1985년 《普通話异讀詞審音表》를 공표하였다.

이렇게 중국어에 많은 異讀詞가 존재하는 원인은 고대 중국 사회에서부터 현존해 온 서면의 발음과 구어의 발음을 달리 했던 습관(文白異讀)에 기인하며, 광대한 국토와 인구로 인한 여러 지역의 민족어와 방언의 독음 영향, 北京音 내부의 역사변천의 영향, 表意문자의 특성 상 발음의 誤讀으로 인한 원인 등을 들 수 있다[11]. 특히 중국의 '문백이독현상'은 중국어 방언 중 일종의 특이현상이다. 예를 들어 '熟'은 책을 읽을 때는 [shóu]라 발음하고, 구어에서는 [shú]라 발음하며, 《표준어 異讀詞 심음표》상에서도 이를 명기하여 표시하고 있다.

글자의 정확한 발음이 없다는 것은 학습의 부담 뿐 만 아니라 표준어의 교육 및 보급·확산에 있어서 커다란 장애요인이 된다. 여러 차례에 걸친 異讀詞의 심음표 작업은 발음의 혼용으로 인해 야기되는 문제를 없애고, 문자와 언어의 통일된 발음기준을 마련함으로써 통일된 표준어를 보급하려는 중국 정부의 노력을 보여주는 것이라 할 수 있다.

《표준어 異讀詞 심음표》의 가장 큰 성과는 다르게 발음되는 수많은 글자를 하나의 발음으로 규정해 놓음으로써 소통상의 혼란과 번거로움을 없앴다는 점이다. 1800여개에 달하는 異讀詞의 표준 발음을 審音하였으며, 1000여개에 달하는 글자의 표준 발음을 審音하여 후에 출판된 자전은 모두 《표준어 異讀詞 심음표》를 근거로 하여 발음을 달았다[12].

그러나 중국의 여러 논문에서 제기했듯이 또 다른 여러 문제점을 안고 있다[13]. 그 중 가장 큰 문제점은 바로 1988년 《표준어 異讀詞 심음표》가 나온 이후 20여년이 지난 지금까지 수정보완작업이 이루어지지 않고 있다는 점이다. 급속한 사회 발전에 따라 언어의 발전 속도도 급속도로 빨라지고 있는 만큼 현 시대에 새로운 신조어나 외래어, 인명, 지명 등의 발음문제가 지속적으로 나타나는 상황이다. 물론 지속적인 언어 관련 공표를 통해 많은 부분의 문제들이 수정·보완되고는 있으나, 《표준어 異讀詞 심음표》가 널리 확산·보급될 만큼의 위치를 확보하지 못하는 실정이다.

(3) 미국

암묵적으로 인정되는 미국 표준 영어(Standard American English)에 대하여 말하기 위해서는 영어 방언(English dialects)에 대한 언급을 피하기 어렵다. 소위 말하는 표준적 방언의 개념이 중요하기는 하지만 영어에서 그것을 정확히 정의하는 것은 쉽지 않다.

미국 표준 발음을 알기 위해서는 미국인들이 가지고 있는 인식과 표준 발음 사용 환경을 조성해 주는 방언형에 대한 연구를 살펴보는 것이 필요하다. 방언형을 살피려는 것은 미국 사회에서 각 방언형이 가지는 독특한 특징을 보이지 않는 발음을 '표준 발음', 미국에서는 이를 '일반 영어(General American)'라고 지칭하기 때문인데 이를 파악해야만 미국 영어의 표준 발음을 하는 것이 가능해진다. 그러므로 다음에서는 미국에서의 방언형 연구를 연대순으로 기술하여 미국의 방언의 종류와 그 특징을 간단히 살펴볼 것이다.

먼저 Krapp(1919)은 발음에 대한 표준 규정은 없다고 밝히면서, 실제 사용되고 있는 발음을 틀린 것이라고 낙인을 찍고 여러 발음 중 하나만을 사전에 싣는 것은 어리석은 일이라고 보았다. 또한 미국 표준 발화(American Standard Speech)를 정확히 정의하는 일은 매우 어려운 일이며, 미국의 교양 있는 발화는 상당히 혼재되어 있다고 판단하였다.

Keynyon, J. S. & Knott, T. A. (1953)에서는 '실제적이고 교양 있는 언어의 발음'을 표준어

---

11) 駱小所, 《現代漢語引論》, P59 云南大學出版社.
12) 駱小所, 《現代漢語引論》, p. 23 云南大學出版社
13) 趙賢德, 《普通話異讀詞審音表》指瑕 [첨부자료 03참고].

(Standard Speech)로 간주하는데 표준어는 명확하지 않고 다양하며 다소 모호하게 정의된다고 보았다. 본서에서는 미국 영어는 영국 방언에서 온 것이 아니라 17세기 표준 영국 영어로부터 온 것임을 강조하고 있다. 영국 북부 지역 언어와 일반 영어(GA)가 특징적으로 놀라울 만큼 유사성을 보이는 것은 이를 입증한다고 한다. 이런 자질들은 17세기 남부 영국 영어의 자질이어서 이는 영국 영어의 방언과 GA가 유사하다는 것을 뜻하며, 즉 영국 영어 방언이 표준 영국 영어에서는 사라졌지만 GA에는 남아있음을 의미한다.

Kurath, H. & MacDavid Jr, R. I.(1961)은 LANE(Linguistic Atlas of New England)[14]연구에 뒤이은 미국의 영어 발음 연구로, 이는 Kurath(1949)에서 관찰되었던 음운의 음성적 실현 형태를 피조사자에게 질문하여 기록한 것이다. 저자들은 교양 있는 사람들과 하류층이나 서민을 모두 인터뷰했는데, 사회적, 문화적 엘리트이면서 중상류층 그룹의 사람들을 '교양있는'이라고 표현하였다.

Wilson, K. G.(1993)에서는 고정적이고 변하지 않는 코드인 표준은 없으며, 발음에 있어 표준으로 보는 것을 모두 표기하였으나 그 표준의 기준이 무엇인지는 밝히지 않고 있다.

Merriam-Webster(2005) 사전에서는 정확한 발음의 표준을 말하기는 어려우며, 다만 표준 발음이 사려 깊고 교육받은 영어 화자의 사용법이라고 유추가 가능할 뿐이라고 밝히고 있다. 그리고 그런 화자들 사이에서도 발음의 다양한 변이음을 들을 수 있으며, 그러므로 사전에서는 교육 받은 화자가 쓰는 다양한 발음의 변이음을 실을 것이라고 강조하고 있다. 이 사전의 발음은 'Merriam-Webster pronounciation file'의 자료를 바탕으로 영국과 미국의 발음, 미국의 북부, 남부, 중부 방언 사이의 차이, 캐나다의 발음, 지역 방언의 예측 불가능한 변이의 영역까지 포함하며, 지역 대신 사회 계층, 민족, 성이 될 수도 있다. 본 파일은 제한적으로 사용되는 글자나 상징, 지역적 표지를 제외하고 일반적으로 수용되는 변이 영역 안에서 기록되어 있다.

Labov, W. & Ash, S., & Boberg, C.(2006)는 1992년부터 1999년까지 미국과 캐나다의 지역 방언에 대한 조사기록이다. 이는 북미대륙 전체에 걸쳐 영어 발음과 음운에 대해 포괄적으로 개관한 첫 작업으로 전화 조사 방법에 의해 영어 사용 북미 인구의 68%가 조사에 반영되었다. 이 연구는 지역의 모음 체계, 그 체계 내의 모음 결합, 분리, 연쇄적 이동에 관한 조사 결과라고 볼 수 있다.

Millward(1996:352)와 김명숙 외(2006:257-261)가 제시하는 표준 영어(General American)의 발음상 특징은 다음과 같다.

① 음절 끝, 자음 앞 /r/ 발음, 즉 자음 바로 앞 /r/의 유지 및 감입적 /r/의 결여
　예) barn, park
② 강세 뒤 모음 간 /t/의 유성음화-/ɾ/로 발음
　예) latter, butter
③ 전형적인 영국 표준 발음(RP: Received Pronunciation)보다 더 탁한(연구개화된) /l/
④ bath, dance, class와 같은 단어에서 /æ/ 사용,
　예) father, calm, 그러나 단어에 따라서 예외가 많다.

---

14) 1931년 9명의 조사원에 의해 현지조사를 한 것을 토대로 1949년에 Hans Kurath에 의해 'A Word Geography of the Eastern United States'로 정리되어 출간되었다. Kurath는 사람들이 어휘적 대체물에 대한 친근도를 기초로 방언을 구별하는 등어선을 설정하였으며, 단어 사용을 기초로 설정한 지역 방언의 패턴이 발음 패턴 분석에 의해 강화된다고 보았다. 본 연구는 미국 동부 방언에 대한 조사로 조사방법의 보수성으로 인해 큰 도시의 언어 변화를 인지하지 못하게 하는 한계점을 안고 있다.

⑤ tot 와 taught에서 음소적으로 다른 모음 사용
⑥ /ɑɪ/와 /ɔɪ/ 의 명백히 이중화된 발음
⑦ cloudy 와 shiny와 같은 단어에서 마지막의 강세 없는 모음으로 /i/ 사용
⑧ 강세 없는 음절 안에서 모음 유지와 RP보다 더 많이 두 번째 강세 사용
⑨ RP의 /ɑ/, /ɒ/, /ɔ/ 구분의 결여
⑩ RP와 비교하여 중성적 발화에서 더 좁아진 음의 고저의 영역
⑪ /n/ 다음에 오는 /t/의 발음이 약하게 발음되거나 탈락되기도 한다.
　예) twenty, dentist
⑫ 어두의 <wh>를 [hw]로 발음 (cf. RP에서는 [w]로 발음)

(4) 스페인

　스페인 한림원과 스페인어 한림원 연합회에서 공동 출판한 "Diccionario panhispánico de dudas"에 언급된 표준어 관련 내용을 보면, 언어규범에 관하여 다음과 같이 언급하고 있다.

　"규범이란 화자들 간에 암묵적으로 합의되어 한 언어의 공동체에서 바람직한 모델로 선호된 것들의 집합체이다. 만약 이러한 공통의 선호체가 존재하지 않는다면, 각각의 화자들은 개별적으로 원하는 말투로 언어를 사용할 것이며, 그렇게 된다면 의사소통은 어려워져서 결국에는 불가능하게 될 것이다. 따라서 규범이란 의사소통의 수단으로서 언어의 효율성을 유지하기 위해 언어공동체에서 받아들여진 코드를 뜻하며, 이러한 언어규범에는 정치권력의 어떠한 언어적 결정에 의해서도 영향을 받을 수는 없는 것이다."

　이러한 정의를 보더라도, 언어 정책적으로 특정 지역의 스페인어를 표준 스페인어라고 명명하지는 않고 있다. 즉, 지역별, 국가별, 계층별, 또는 담화 상황별로 스페인어가 다양하게 사용되고 있음을 인정하고, 이를 언어문화 유산으로 간주하고 있음을 알 수 있다.
　스페인어권인 중남미 중에서도 스페인의 부왕청(virreinato)이 있었던 멕시코시티, 리마, 보고타, 키토와 같은 스페인의 관료들이 머물던 곳에서는 비교적 보수적인 언어 변이를 보이는 반면, 스페인 선원들이 안착한 항구, 해안 지역이나 카리브해 연안 같은 곳에서는 다음과 같은 스페인 남부 지역의 음성학적 특징이 즉각 반영되고 있다.

① a. 모음 사이의 /d/ 생략: comprado > comprao
　 b. 어말음 /d/의 생략: verdad > verdá
　 c. 유음 /r/과 /l/의 중화: puerto > puelto, calma > carma
　 d. 어말음 /n/의 연구개음화: pan [paŋ]

　중남미 전 지역에 걸쳐 나타나는 공통적 현상은 스페인 남부 지역의 특징인 'seseo'와 'yeísmo'이다. [θ]를 [s]로 발음하는 'seseo' 현상으로 인하여 실제로 엘리트 계층의 멕시코 인들도 철자법(ortografía)을 틀리는 경우가 있다고 하는데, 예를 들면, 'ácido'를 'ásido'로 잘못 쓰는 경우이다. 또한 앞서 언급했듯이, /y/의 발음에도 다양한 차이가 존재한다. 아르헨티나와 우루과이 같은 곳에서는 zheísmo(halla, haya: [á-ʒa])나 sheísmo(halla, haya: [á-ʃa])가 존재한

다. 또한 반도 남부 지역의 스페인어와 마찬가지로 중남미에서는 다음과 같은 음성학적 특징이 나타난다.

② /x/와 /s/의 기식음화와 /s/의 탈락 현상
  a. caja [ka-ha], gente [hen-te]
  b. te acuerdas [ta-kuer-da(h)], esta casa [e(h)-ta-ka-sa]
③ /l/과 /r/의 중화 현상
  a. Lambdacismo: arma [al-ma], puerto [puel-to]
  b. Rotacismo: calma [kar-ma], el [er]
④ 어말음 /n/의 연구개음화
  a. ¿Hay pan? [ai-paŋ]
  b. Ven! [beŋ]

<u>스페인 한림원 사전에서는 각국, 각 지역의 모든 어휘와 음성적 다양성을 인정하는 반면, 철자법의 경우에는 다소 엄격한 표준정책을 취하고 있다.</u> 철자법이 각 지역, 각 국가별로 서로 다르면 스페인어의 단일성을 유지하는 데 문제가 발생하기 때문이다.

예를 들어, 스페인어 발음 중에 'seseo'가 있는데 이는 /θ/를 /s/로 발음하는 것으로 이 발음은 스페인의 안달루시아 지역 그리고 중남미 전 지역에 걸쳐 펴져있는 일반적 현상이다. 이에 의하면 'casar(결혼하다)'와 'cazar(사냥하다)'가 동일하게 발음된다. 만약, 철자법이 없다면 'seseo'로 발음하는 해당 지역에서는 두 어휘를 동일한 철자인 'casar'로 표기하여 혼란을 초래하게 될 것이다. 또한 yeísmo 현상도 마찬가지이다. 이 현상은 /ll/ 발음을 /y/로 발음하는 것인데, 역시 중남미와 스페인의 남부지방에서 흔히 나타나는 발음 현상이다.

한림원에서는 이들 발음현상을 인정하고 있으며 두 발음을 구분해야 한다는 표준 발음을 규정하고 있지 않다. 그러나 철자법에서는 해당 어휘를 구분할 것을 요구한다. 예를 들어, 'calló (조용히 했다)'와 'cayó(떨어졌다)'라는 두 어휘는 분명히 서로 의미가 다른 것이나, yeísmo로 발음하는 화자들은 두 어휘를 공히 'cayó'로 발음할 것이다. 발음이 이렇게 동일하게 나더라도, 이 두 어휘의 철자법은 서로 다른 알파벳인 'll'와 'y'로 구분하여 표기하여야 한다.

이들 'seseo'와 'yeísmo' 현상은 발음의 다양성은 인정하되, 철자법만은 구분하여야 한다는 한림원의 취지를 이해할 수 있는 대목이다. 따라서 스페인 한림원 연합회에서는 최근 편찬된 철자법을 통하여 전 스페인어권 국가의 화자들이 신규 철자법에 의거하여 스페인어를 쓰도록 지침을 내리고 있다. 이러한 점은 우리나라 국어국립원에서의 표준어 표기법과 일맥상통하다고 볼 수 있겠다. 결론적으로 말하자면, 발음과 어휘의 측면에서는 다양한 언어 사용법을 인정하면서도 표기법만은 통일해야 한다는 것이 스페인 한림원의 일관된 정책이라고 볼 수 있다.

(5) 독일

독일어의 <u>표준 발음(Standardaussprache)은 1974년을 기점으로 DUDEN 편집진에 의해 정립된 명칭으로서 독일어의 표준어를 뜻하는 Standardsprache(Hochsprache, Hochdeutsch)에 대한 표준적인 발음을 의미한다.</u> 이 명칭 정립과 더불어 독일 자뷔르켄(Saarbrücken)대학 음성학과 교수인 막스 망골트(Max Mangold)의 주도하에 DUDEN 편집진은 『DUDEN: Das

Aussprachewörterbuch」이란 발음 사전을 편찬하였다. 여기에서의 표준 발음이란 ① 초지역적이며, ② 통일적이고, ③ 문자에 가깝고, ④ 서로 다른 음성들을 명확히 구분시켜줄 수 있으며, ⑤ 실제 음성에 가까운 발성의 실용규범이 되는 발음이라고 규정하고 있다(DUDEN: Das Aussprachewörterbuch, 2005: 5).

'DUDEN 발음 사전'이 발간되기 전까지의 과정을 살펴보면 다음과 같다. 독일어 발달사적인 관점에서 무수한 방언으로 분포되어 있는 독일어는 마르틴 루터(Martin Luther)의 성서번역을 기반으로 문어상의 통일을 마련할 수 있는 계기가 되었고 이후 점진적으로 통일된 문어가 본격적으로 형성되었다. 이를 기반으로 문어상의 통일은 확산·정립되어 나갔지만 구어적 특수성을 갖는 일치되기 어려운 발음은 지역에 따라 상이하게 실현되었기 때문에 발음에 대한 통일을 기하기 어려웠다. 이러한 현상으로 말미암아 독일에서는 일찍이 방언학에 대한 관심과 연구가 세계 그 어느 나라보다 활발하게 진행된 배경을 가지게 되었다. 특히 괴테(Goethe), 쉴러(Schiller) 등을 비롯한 많은 독일 고전주의 작가들의 문어적 특성은 통사론, 형태론 및 어휘적 측면에서 표준 독일어의 규범적 바탕을 구축하는데 많은 영향을 주었다.

19세기 당시에도 소리의 형태와 억양에서 지역적 특성이 상이한 형태로 실현되었기 때문에 특히 무대나 극장에서 작품을 공연할 때 보다 효과적인 청취를 도모하기 위한 통일적인 발성 지침이 필요하게 되었다[15]. 이러한 필요성을 채우기 위하여 테오도 집스(Theodor Siebs)는 1896년 극장 책임자 및 언어학자들과 협력하여 독일 무대발음의 규정화 작업에 몰두하게 되고, 이 목적을 위해 소집된 회의에서 제안된 내용을 토대로 1898년 『독일무대발음 (Deutsche Bühnenaussprache)』이란 제목의 '무대발음 지침서'인 '무대 발음 사전'을 출간하였다(P. Ernst: 227)[16]. 그는 이 사전에서 새로운 규칙을 만드는 것 보다는 오히려 현존하는 용례를 설명하고 규정화하는 것을 목표로 하였기 때문에 주요 몇몇 무대나 극장에서 이루어지고 있는 발음상의 관습들이 규범으로 고양되는 결과를 보였다.

Siebs는 무대나 극장의 범위를 넘어 특히 학교에서의 모국어 교육에 많은 영향을 행사하여, 당시 대부분의 학교에서는 'Siebs-규범'이 표준적인 발음으로 수용되었다. 비록 이 규범이 교육기관을 통해 사용 범위를 확장해간 것은 사실이었으나, 당시의 전파속도는 글과 소리의 차원에서 독일어를 통일화시켜 나가려고 하는 시대적 요구에는 못 미쳤고, 라디오가 등장하여 이 발음규범이 표준으로 사용되기 시작한 이후에야 실질적인 통용성을 갖게 되면서 전체 독일에 광범위하게 관철되었다. 게다가 Duden을 비롯한 대부분의 정서법 내지 문법에서는 'Siebs-규범'이 표준 발음으로 채택되어 독일어는 구어 차원에서도 일정한 통일성을 갖추게 되었다(정동규 1997: 59-61).

이 '무대 발음 사전'은 19세기 말 이후 2차 세계대전 종전시기까지도 고전적 희곡의 낭송이나 예술가요 및 가곡 가창이나 드라마의 무대 상연에서 발성기준이 되었으며, 지속적으로 표준 독일어 발음 규범으로 통용되었다. 아울러 독일어를 외국어로 배우는 독일어교육 현장에서도 실제 언어 현실에서의 발음과 차이가 많이 나는 이 무대발음을 발음교육의 규범으로 삼아 외국어 교육에 적용하기도 하였다. 이후 단어의 개별 음성을 지나치게 분명하고 뚜렷하게 발음해야하는 무대발음의 이상적인 규범에서 탈피하여 현실음에 가깝게 접근하고자 하는 주장이 제

---

[15] 1803년 괴테는 이미 '연극배우를 위한 규칙서(Regel für Schauspieler)'에서 모든 방언적 오류로부터 벗어난 완전하고도 순수한 발음을 요구하였고, 이를 위한 발음상의 규범을 규칙화하였다. 이후 독일제국의 통일과 함께 무대의 언어가 국가의 (표준적) 토대로 고양됨으로써 표준 발음의 차원에서 무대발음(Bühnenaussprache)이 주목 받게 되었다.

[16] 1941년 Siebs가 죽은 후 이 발음 사전은 후고 모저(Hugo Moser) 등에 의해 계속 수정되었고 1969년 제19판으로서 최종 출간되었다.

기되었다. 그 결과 과거 비표준 발음으로 간주되던 음성기호에 의해 기호화 된 이상적인 발음규범과 현실음의 차이점들이 표준 발음으로 인정받게 되었고, 'Duden 발음 사전'의 제2판(1974) 및 제3판(1990)의 내용에 다수 수용되었다. Duden 발음 사전(2005:29 ff)에 의하면 규범발음(genormte Lautung)과 비규범 발음(ungenormter Lautung)을 다음과 같이 분류하여 규정하고 있다.

【규범 발음】

가. 표준 발음

표준발음은 숙련된 라디오 아나운서들의 발음에 기준을 둔 공통발음체계로서 다음과 같은 특징을 갖는다.

· 표준발음은 언어현실에 가까운 사용규범(Gebrauchsnorm)이나 구어의 다양한 변이형태들을 완전하게 반영하지는 못한다.
· 표준발음은 지역성을 초월한 발음규범이며 지역에 따라 실현되는 다른 발음형태들은 포함되지 않는다.
· 표준발음은 어디에서나 통일된 규범으로서 균등하게 사용된다. 아울러 음소의 자유변이형태들은 제외되거나 최소로 제한되어 허용된다.
· 표준발음은 현재사용하고 있는 독일어의 문자를 가장 잘 반영한다.
· 표준발음은 분명하다. 따라서 일상어발음에 비하여 각 음들은 상대적으로 명확하게 구분되어 발음되어야 한다. 다른 한편으로는 지나치게 발음의 정확성을 강조하는 무대발음에 비해 융통성 있게 음을 구분지어 발음해야 한다.

나. 무대 발음

무대발음은 하나의 이상적인 발음규범으로서 표준발음에 비하여 실제 발음현실과는 다소 차이가 있다. 그러나 표준발음과 마찬가지로 지역성을 초월하여 어느 지역에서나 동일하게 적용되며 표준발음에 비하여 문자를 상대적으로 더 충실히 반영해 주어서 보다 더 분명하게 발음하는 특징을 갖는다. 이 발음은 과거 19세기 초부터 1930년대에까지 고전 운문극(Versdrama)과 오늘날에는 고전성악 발음을 위한 규범이 되고 있다.

【비규범 발음】

가. 일상어 발음

일상어 발음은 지역과 사회계층 그리고 언어 환경에 따라 각기 다양하게 나타날 수 있는 발음형태로서 가정이나 거리에서 그리고 직장 등에서 자유로운 분위기 속에 서로 환담하는 일상어 속에서 사용되는 발음으로서 전달내용이 어렵지 않고 중요성이 크지 않은 내용들을 전달할 때 실현된다. 또한 많은 사람들을 대상으로 하는 TV, 라디오 및 영화 속에서도 이 발음이 적용되는 경우도 있다.

나. 과장 발음

과장발음은 무대발음을 포함한 규범발음에 비하여 상대적으로 더욱 더 문자에 근접하고 명확하게 실현되는 발음이다. 이러한 발음은 받아쓰기라든지 시끄러운 소음이 있는 환경, 또는 대화상대자가 멀리 떨어져 있는 경우 등에서 나타난다. 기타 외국인을 위한 독일어 수업시간에 읽기 및 받아쓰기 연습 상황에서도 과장발음이 적용되기도 한다.

(6) 영국

영국에서 사용되는 영국식 영어 가운데 지역적·사회언어학적 요인에 의해 형성되는 여러 악센트가 있는데, 이들 가운데 전통적으로 가장 권위적이며, 상류층 악센트라고 평가받는 RP(Received Pronunciation)가 있다. RP는 특정 지역과는 관계없이 사용자의 사회 계층 및 교육 배경을 드러내는 특이한 표준 악센트로 RP 사용자들은 대체로 상류층과 중상층 배경을 가진 사람들이다. 이 RP라는 용어는 특정한 억양이나 발음이 좋게 받아들여진다(received: well-received)는 의미로 RP 외의 다른 억양은 좋게 평가되지 않음을 암시하기 때문에 현대 언어학자들 사이에서는 문제가 있는 용어로 평가되기도 한다.

RP는 일반적으로 사전에 기술되는 발음으로서, 외국어로서의 영어 교육 시 발음의 모델이 된다. 또한 공영방송사인 BBC와 전통적으로 긴밀한 관계를 맺는 것으로 알려져 있는데, 'BBC 영어'란 BBC 아나운서들이 유지하는 영어 표준 악센트를 가리킨다. 이는 곧 BBC 아나운서들이 표준 악센트를 보존할 의무가 있음을 의미한다.

BBC에는 3명의 언어학자와 음성학자로 구성된 '발음부(Pronunciation Unit)'가 있는데, 이 발음부는 모든 언어의 발음을 연구·자문하는 일 외에도 영어 외의 이름, 지명 및 어구를 다룬다. 단 악센트에 따라 달라지는 발음들은 다루지 않는다. 방송인들에게 영어 발음을 자문할 때에는 영국식 영어 발음 사전을 참고로 하며, 발음부는 비정규 발음과 변종발음을 구분하여, 방송인들로 하여금 비정규 발음 사용을 피하고 변종발음의 경우 자연스러운 발음을 사용할 수 있도록 조언한다. BBC 발음부는 각 변종발음의 역사, 전통, 사회언어학적 배경과 어원 정보를 제공하고, 맥락 및 청중의 성격을 고려하여 가장 적합한 발음 사용을 돕는다. BBC 발음부에서는 영어 발음 규정을 목표로 하고는 있지만 그것은 사실상 불가능하며, 국민들이 현재 구사하는 살아있는 언어를 반영하되 인위적이고 굳어있는 표준을 규정하지는 않고 있다.

3) 표준 발음 관련 교육 현황
(1) 일반인들을 대상으로 하는 표준 발음 관련 교육 홍보 방법
① 독일

지역에 대한 언어우월성(Sprachloyalität)을 가지고 있는 대부분의 독일인들은 '표준 독일어(Standarddeutsch, Hochdeutsch)' 및 '표준 발음(Standardaussprache)'에 대한 규범관념이 상대적으로 적다. 더욱이 표준어를 총괄하는 기관이 없으며, 일반적으로 독일중앙방송국 ARD의 뉴스에서 사용되는 발음이나 표현을 표준어로 준용하고 있는 것이 사회적 통념이다. 일반적으로 통칭되는 '표준 독일어(Hochdeutsch)'의 경우 공식적으로 사용되고 있을 뿐, 실제로 표준 독일어로 말하는 지역은 상대적으로 적다.

지금까지의 논의를 통해 독일에서 표준 발음과 비표준 발음에 대한 논의가 다양하게 이루어지고 있음을 알 수 있다. 그러나 무엇보다도 중요한 사실은 대부분의 독일인들은 표준어 및 표준 발음에 대한 강박관념이 없다는 것이며 개별 지역의 언어에 대하여 남다른 자부심을 가지고 있다는 것이다.

또한 독일어의 표준발음은 실제 언어생활의 다양한 요인의 영향을 받아 상이하게 실현되고 있다. 특히 여러가지 발화 상황 즉, 낭송이나 공식 행사에서의 연설, 라디오 방송의 원고 혹은 문학작품의 낭송, 편안한 대화 상황 및 긴장도가 낮은 연설 등에 따른 발음의 정도에 대한 연구가 활발히 진행되고 있다. 그러한 연구 결과들 가운데 지역을 중심으로 한 표준 발음의 차이(아래 그림)를 살펴보면 적색 및 황색이 두드러진 모젤프랑켄 지역은 방언성이 대체로 높고, 청색으로 표시된 라인프랑켄 지역은 상대적으로 표준어에 가까운 언어 사용을 하고 있음을 확인할 수 있다.

이처럼 독일에서는 방언의 특성에 대한 연구가 활발하며, 표준발음을 중심으로 개별 지역의 발음 차이를 보여주는 수량화 작업이 이루어지고 있다.

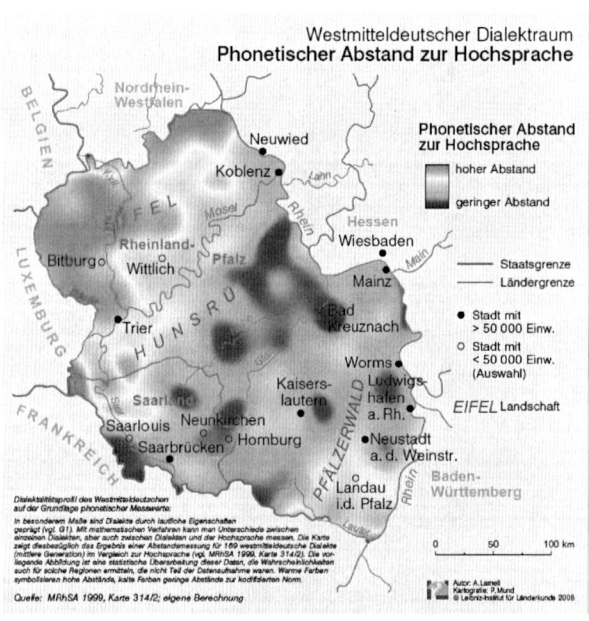

<독일 중서부에 위치한 라인란드팔츠 지역과 잘란드 지역의
표준어와의 발음차이를 통한 방언성 표시도>
(적색일수록 방언성이 높고, 청색일수록 방언성이 낮음)
http://aktuell.nationalatlas.de/Dialektraeume.9_08-2008.0.html

② 미국

미국에는 언어 아카데미 같은 공식 기관이 없는 대신 사람들이 표준 형태를 정하도록 문법책이나 활용서, 사전 등이 그런 역할을 담당하고, 학교도 표준 규범을 정한다. 그래서 표준어 여부에 대한 질문을 받으면 미국인들은 보통 활용 가이드에서 찾아보고 의문을 해결하며, 학교는 그 표준형을 영속시키는 역할을 하게 된다.

현대 미국 영어 발음의 표준은 정부나 주 기관에서 명시하지 않고 방송, 신문 등의 언론이나 주요 사전 등을 통해 제시되고 이를 대중들이 암묵적으로 인정하는 방식으로 정해지고 있다. 아래의 The New Yoker'에 실린 John Seabrook(2005)를 통해 미국 표준 영어가 지식인들을 통해 어떻게 암묵적으로 규정되는지 살필 수 있다.

라보브는 저서 'The Atlas of North American English'를 편찬함으로써 미국 방언의 개척자로 인정받는다. <중략> 라보브는 책 출판기념회에서 많은 언어학자들의 질문에 브루클린 방언의 세 가지 특징으로 'past'의 'a'의 '고모음화', 'coffee'의 'aw'(cawfee) 발음, 'water'의 'r' 탈락을 든다. 그는 2차 세계대전 전에는 'r' 탈락이 상류층의 표시였지만 현대로 오면서 이는 노동자 계층의 언어가 되고 있다고 말한다. <중략> 그는 또한 도시 지역의 방언은 그들의 사는 곳을 나타내기보다 사회계층을 나타내는 것이 되고 있다고 보면서 라보브가 1960년대에 삭스 5번가의 뉴욕 시민을 인터뷰하면서 상류계층은 'r'을 탈락시키지 않고 하류계층은 'r'을 탈락시킨다는 결과를 발표한 연구를 재언한다.

라보브는 또한 시카고 지역은 미국의 표준 발음의 모델로 얘기되는 것은 웹스터 사전의 2판 편집인 John Keynyon이 북부 내륙 발음을 표준 발음으로 만드는데 크게 기여했기 때문으로 본다. 이 지역에서 'happened'의 'eah' 발음이 그 주변의 다른 사람으로 바뀌는 변화가 급속도로 일어나고 있다고 언급했다.

라보브는 방언을 변화시키는 것은 TV가 아니라 '극단적 화자(extreme speakers)-다른 이들에게 언어적으로 거대한 영향을 미치는 사람들'-라고 보면서 미국 언어의 가장 중요한 변화는 소리 자체의 수준에서 일어나고 있다고 정리한다[17].

③ 스페인

스페인에서는 대체적으로 스페인 왕립 한림원이 절대적인 권위를 인정받고 있다고 볼 수 있다. 또한 모든 스페인어권 국가에서도 스페인 왕립 한림원과 스페인어 한림원 연합회의 공동 작업과 규정을 잘 따르고 있는 편이다. 예를 들어, 신규 사전, 신규문법서, 신규 철자법 등과 같은 대중에게 적극 홍보해야할 어문관련 업적물이 나올 경우, 인터넷 홈페이지 (http://www.rae.es)와 공교육 제도를 통하여 적극 홍보하고 있으며, 이를 통하여 일반인들은 새로운 어문 교육에 관한 정책을 신속하게 인지하고 있다고 볼 수 있다. 스페인어 표준 발음과 관련하여서는 스페인어 표준 발음 규정이 없기 때문에 이에 관한 홍보는 별도로 하고 있지 않다.

④ 중국

중국은 보통화의 폭넓은 확대와 보급을 위해 총력을 기울이고 있으며, 보통화의 보급은 정확

---

[17] <부록 7>에 제시

한 표준어 발음을 보급시키기 위한 방안이라 할 수 있다. 표준어 보통화의 확정과 함께 가장 중요한 문제는 바로 전국적인 보급과 확산이다. 90년대 후반까지 중국 전역 내 보급 정도가 불충분하여 방언사용으로 인한 언어의 불일치 문제가 심각하였으며, 그 중에서도 발음, 어휘, 어법이 일치하지 않아 혼란이 야기되었다. 이에 중국정부는 보통화의 전국적인 보급을 위한 노력을 기울이고 있으며, 보통화의 보급을 통해 각 민족, 각 지역의 교류를 증진시키고, 국가 통일 및 중화민족의 응집력을 강화함을 강조하는 것으로 언어 장벽을 없애 사회의 교류를 촉진시키고, 사회주의 경제, 정치, 문화 건설과 사회발전에 기여하는 것에 의의를 두고 있다. 보통화 보급 사업은 다음 4대 영역에서 중점적으로 추진되었다18).

첫째, 학교 및 기타 교육기관은 보통화를 기본 교육 교수 용어로 사용하며, 각 학교와 유치원의 교원은 보통화를 사용해야 한다.

둘째, 당정기관은 솔선수범하여 보통화를 공무용어로 사용하며, 전 사회에 보통화 보급을 촉진시킨다. 공무원의 보통화 수준은 규정 등급에 도달해야 한다.

셋째, 광고 TV 등 방송매체는 보통화를 기본 방송용어로 사용한다. 아나운서, 프로그램 진행자는 보통화 사용의 모범을 보여야 한다.

넷째, 상업·여행·우체국·전신·철도·항공·금융·위생 등의 업종에서는 보통화를 서비스어로 사용해야하며, 종업원의 보통화 수준 향상을 적극 장려한다. 해방군과 무장경찰부대는 보통화를 업무수행 용어로 사용하며, 간부전사는 보통화 수준을 향상시키는 것을 돕는다.

⑤ 영국

BBC에는 BBC 전체를 지원하는 발음부(Pronunciation Unit)가 있어 언어의 발음을 연구하고 자문하는 일을 한다. 발음부는 발음부의 전임기구(Advisory Committee on Spoken English(926-1939))와 마찬가지로 방송인들에게 둘 이상의 발음을 가진 단어에 대한 발음 자문을 하기도 한다.

악센트19)와 발음은 일반인들이 인식하기에 서로 혼동하기 쉬우나, 청중불평 사항을 보면 발음보다는 악센트에 대한 것이 많으며, 방언이나 RP 사용에 대한 항의도 자주 볼 수 있다. BBC 발음부는 악센트에 따라 달라지는 발음들(bath, nurse, square, water, milk and brother 과 같이 발음이 다양한 단어들)은 발음부의 소관 밖이라고 지정한다.

방송인들에게 영어 발음을 자문할 때는 영국식 영어 발음 사전을 참고로 하며 전문용어는 전문가의 견해를 참고로 한다. 발음은 출신지, 연령, 전문분야 등 사회언어학적 요소들의 조합의 결과이므로 비정규 발음은 가능한 피하되, 사전에 인증된 '변종발음'에 대해서는 방송인들 자신이 자연스럽게 쓰는 발음을 일관되게 사용하도록 권고하고 있다. 즉 발음부는 변종발음들

---

18) 推广普通话 http://baike.com/view/6235166.htm 참조. 보통화 보급 사업의 목표는 2010년 이전에 보통화를 전국 범위 내에서 초보적으로 보급하여, 의사소통 시 방언사용으로 인한 불편함을 해소한다. 중등 또는 중등이상의 교육을 받은 국민은 보통화를 자유롭게 구사할 수 있는 능력을 갖추며, 필요한 장소에서는 능동적으로 보통화를 구사할 수 있다. 본 세기 중엽 이전에 보통화를 전국범위내로 보급하여 의사소통 중 방언으로 인한 소통의 장애를 없앤다. 미래 4-50년의 끊임없는 노력을 통하여 우리국민의 언어소질을 대폭 향상시키며 보통화를 사용한 사회대처 능력을 키워 사회의 경제, 정치, 문화 발전의 요구에 부합, 중등발달 국가 수준에 상응하는 양질의 언어 환경을 조성한다.

19) 악센트란 개인의 모음 구현이나 모음 사각도(vowel quadrilateral)의 모양에 영향을 미칠 수 있다. 그 예로 영국 북부 악센트의 후설 비원순 중저모음의 실제 발음을 본다면 요크셔 악센트에서는 후설 비원순 중저모음은 영어 단어 'put'에서 들어 있는 근후설 원순 근고모음 가깝게 발음되는 경우가 많다. 악센트에 따라 자음구현에도 영향을 미칠 수 있다. 전형적인 예로 여러 런던의 여러 영어 악센트에서 찾을 수 있는 성문 파열음(glottal stop)이 있다.

의 역사와 전통, 사회언어학적 배경 등에 대한 정보를 제공하며, 각 단어가 쓰이는 맥락이나 청중의 성격을 고려하여 가장 적합한 발음을 선택하는 것은 방송 편집자의 몫이다.

(2) 표준 발음에 대한 학교 교육과정과 교육방법
① 일본

일본의 국어정책은 제3차 소학교령[20]에 발음의 교정과 표준화가 처음으로 명문화되었고, 방언의 교정과 표준어화는 일본 문부성의 일관된 국어정책으로서 1941년 초등학교령에도 그대로 계승되었다. 전후 최초의 교육개혁으로 제정된 1947년판 소학교 학습지도 요령에서는 표준어라는 용어가 교육법령상 최초로 등장하게 된다. 1958년에 고시한 학습지도 요령부터는 표준어라는 용어가 사라지고 소학교에서는 '전국적으로 통용되는 말'로 바뀌었고[21], 중학교에서는 '공통어'라는 용어가 교육과정상 처음으로 등장하기 시작했다.

명칭이 표준어에서 '공통어'로 바뀌었으나, 각 학년의 주의사항으로서 발음을 주의하여 말하도록 지도할 것을 강조하고 있고, 소학교는 4학년 이상, 중학교는 전 학년을 대상으로 공통어 교육을 실시하도록 규정하고 있어 공통어 중심의 국어교육의 기조는 변함없음을 알 수 있다. 고등학교의 경우, 1970년 고시한 '현대국어'의 지도 내용에 공통어 지도는 주로 듣기, 말하기, 시간에 실시하고 읽기, 쓰기의 시간에도 적절히 실시할 것으로 되어 있으나, 그 이후 공통어와 방언에 대한 언급은 찾아볼 수 없다.

1900년 제3차 소학교령부터 시작된 방언 교정과 그 표준어화라는 문부성의 국어정책은 2002년부터 전면 실시된 초, 중학교의 현행 학습지도요령에 이르기까지 기본적으로 큰 변화 없이 오늘날까지 계승되고 있다.

<표 3> 학습지도요령의 공통어 관련 내용(소학교)_홍민표(2008, 표1)

고시 연도	시행 연도	학년	관련내용
1947	1947	전체	가능하면 방언과 사투리 발음을 고쳐 표준어에 가깝게 말을 한다.
1958	1961	4학년	전국적으로 통용되는 말과 그 지방에서만 사용되는 말의 차이를 이해할 것
		5학년	전국적으로 통용되는 말로 쓸 수 있도록 할 것
		6학년	필요한 경우에는 전국적으로 통용되는 말로 말할 수 있도록 할 것
1968 1977	1971 1980	4학년	공통어와 방언에는 차이가 있다는 것을 이해하고, 또 필요한 경우에는 공통어로 말하도록 할 것
1989	1992	5, 6학년	필요한 경우에는 공통어로 말하도록 할 것
1998	2002 (현행)	5, 6학년	공통어와 방언에는 차이가 있다는 것을 이해하고 또 필요한 경우에는 공통어로 말하도록 할 것

<표 4> 학습지도요령의 공통어 관련 내용(중학교)_홍민표(2008, 표2)

고시 연도	시행 연도	학년	관련내용
1947	1947	전체	가능하면 방언과 사투리 발음을 고쳐 표준어에 가깝게 말을 한다.

---
[20] 일본의 국민교육은 1900년 제3차 소학교령에서부터 제도적으로 시작되었다고 할 수 있다. 같은 법령에 의거하여 의무교육으로서 尋常小學校를 4년으로 통일하고 독서, 작문, 습자를 통합한 '국어'라는 과목이 성립되었다.
[21] 小學校는 1971년부터 공통어라는 용어를 사용하기 시작했다.

1958	1961	전체	구어체와 문어체, 공통어와 방언 등의 차이를 생각하게 한다.
1969	1972	전체	구어체와 문어체와의 관계, 공통어와 방언과의 관계 등을 이해할 것<지도유의사항>공통어에 대해서 적절히 말할 수 있도록 할 것
1977	1981	전체	구어체와 문어체, 공통어와 방언, 음성과 문자, 표기법 등에 대해서 이해하고 또 경어법을 익힌다.
1989	1993	2학년	공통어와 방언의 역할 등에 대해서 이해할 것.
		3학년	말의 역할에 대해서 이해를 심화할 것.
1998	2002 (현행)	2, 3학년	공통어와 방언의 역할 등에 대해서 이해함과 동시에 경어에 대한 이해를 높여 생활 속에서 적절히 사용할 수 있을 것.

② 중국

중국은 교육기관 및 국가공무원의 보통화 학습, 언론기관 및 방송매체, 출판 등 각 직종마다 표준어 보급을 위한 규정을 공표하여 보통화의 보급에 힘써왔다[22]. 특히 초등학교 시기는 언어 학습에서 가장 중요한 때임을 강조하며, 초등학교를 표준어 보급의 중요지점 및 기초로 삼았다[23]. 일반적인 중국의 표준어 교육은 국어의 읽기부분에서만 표준어 발음을 강조하는 것이 아니라 학교생활 중에 표준어 사용을 적극 장려하며, 교사 역시 능숙한 표준어사용을 기본으로 삼고 있다. 학교의 표준어 보급은 다음의 두 단계로 분류된다.

제1단계, 학생과 교사는 표준어 요구에 맞추어 교학과 단체 활동 중에 보통화를 사용한다.
제2단계, 교내에서는 보통화를 사용한다. 교내에서 보통화를 사용하도록 하는 것은 학생들에게 양질의 언어 환경을 조성하여 교사와 학생들이 보통화 사용을 자각하도록 함에 있다.

초등학교뿐 아니라 중학교, 사범대학 등 모든 기관에서의 표준화 사용을 규정화하고 있으며, 이는 단지 보통화 추진에 관한 협조요청으로서가 아니라 각 학교의 실질적인 상황에 맞추어 보통화 보급에 관한 계획을 세우고, 서면 형식으로 보고하는 강제성과 엄격성[24]을 지니고 있다[25].

중국정부는 1998년을 기점으로 매년 9월 셋째 주를 전국 보통화 보급의 선전주간으로 정해놓고 그 보급에 힘쓰고 있다. 제1차 전국 보통화 보급 선전 주간의 주제는 "보통화의 보급, 언어 문자 규범화의 촉진(推广普通話, 促進語言文字規範化)"이라는 주제로 실시하였으며, 2012년 9월 14일에서 20일까지는 "국가통용 언어문자의 적극적인 보급과 사용의 규범화(大力推广和規範使

---

22) 아래 주소를 통하여 각 기관에 공지된 보통화 보급에 관한 통지 내용을 열람하여 볼 수 있다. http://www.china-language.gov. cn/cms/turnpage/turnpagebysortidxi. jsp?template_id=0&pubtime=0&focus=0&pic=0&pagesize=40&column_id=8&pageno=2&sortid=0
23) 초등학교의 보통화 보급에 관한 통지(關于小學普及普通話的通知 (1990年12月29日) 참고. http://www.china-language. gov. cn/8/2007_6_20/1_8_2568_0_1182323750828. html
24) 4. 초등학교 보통화보급에 관한 규범과 계획의 제정
각 지역에서 본 통지를 받은 후, 적극적으로 관철하여 집행하도록 한다. 조사연구를 통하여, 각 省, 자치구, 직할시, 계획도시의 초등학교의 "양대추진(双推)" 사업에 대한 일차적 총평가를 실시한다. 普通話 보급방안에서 상술한 요구와 규정에 근거하여 본지 실제상황과 결부하여 초등학교 보통화 보급 계획을 제정하며, 내년 1 분 기내에 상황을 國家敎委와 國家語委에 서면보고한다.
(四. 制訂小學普及普通話規劃各地接到本通知后, 要積極貫徹執行. 要通過調査研究, 對本省, 自治區, 直轄市, 計劃單列市的小學"双推"工作一次總的評估, 并根據上述普及普通話的要求和規定, 結合本地實際情況, 制訂小學普及普通話的規劃, 于明年第一季度內將情況書面報告國家敎委和國家語委(1990년 12월 29일, 國家語委, 國敎委의 關于小學普及普通話的通知에서 발췌)).
25) 각 학교마다 언어문자 규범화 사업에 관한 제도를 마련하여 소그룹활동 등을 실시하고 있으며, 서면형식의 보고를 하고 있다. [첨부자료 04참고: 건호현 제2실험초등학교 언어문자 규범화 사업제도 (建湖縣第二實驗小學語言文字規範化工作制度)]

用國家通用語言文字)" 라는 주제로 제15차 전국 보통화 보급 선전 주간을 맞이한다. 이와 같은 보통화 보급 선전주간은 각 교육기간을 통해 실시되고 있으며, 각 학교의 보통화 보급현황 보고와 마찬가지로 보통화 선전주간의 활동에 대한 계획 및 총 보고서를 제출하고 있다[26]. 이 기간 동안 학교는 자유롭게 보통화보급에 관한 여러 활동을 실시하여, 보통화 보급과 규범한자 사용의 의의를 학생들에게 알리며, 보통화 말하기대회, 그림 그리기, 표어제작, 소그룹활동, 보통화 보급의 의미에 대한 방송 등 다양한 방법의 활동을 통해 보통화 보급과 규범한자 사용을 장려하고 있다.

③ 미국

Wolfram, W. & Schilling-Esters(1998)은 미국 표준 교육 과정을 통해 표준 발음과 방언의 발음을 비교, 대조하면서 학생들이 표준 발음을 인지하도록 해야 한다고 밝히고 있다. 즉 방언 샘플 자료를 통해 언어 차이에 대한 편견 및 자신의 공동체 언어의 장점을 인식하게 하고, 공동체와 학교 사이의 언어 갈등이 아닌 성공의 잠재력을 키우게 할 수 있다고 보았다. 미국 캘리포니아 주 교육과정 1학년의 표준 발음 교육의 내용은 다음과 같다.

영어 내용 표준(English-Language Arts Content Standards)
읽기 영역(Reading)
음소 인식(Phonemic Awareness) 부분[27]

1.4. 한 음절 단어의 처음, 중간, 마지막 소리 구분
1.5. 구어로 말해진 한 음절 단어에서 길고 짧은 단모음의 소리 구분
(e.g. bit/bite)
1.6. 자음 혼성자를 포함한 운자인 일련의 단어를 만들고 말해 본다.
1.7. 단어를 바꾸기 위해 목표 소리를 더하고 탈락시키고 바꾼다
(e.g. change cow to how; pan to an).
1.8. 둘 혹은 네 음소를 인지 가능한 단어로 섞어 만들기
(e.g. /c/a/t/=cat; /f/l/a/t/=flat).
1.9. 단음절 단어를 구성요소로 분절하기
(e.g. cat=/c/a/t/; splat=/s/p/l/a/t/; rich=/r/i/c/h/)

위에서 보듯이 학생들이 교육 과정 내의 '내용 표준'을 성취하도록 '음소 인식' 교육을 통해 교사는 미국 표준 발음 교육을 수행하는 것으로 보인다. 캘리포니아 주 교육과정의 기술에 표준 영어 학습을 강조하는 부분이 다수 있는데, 이를 보더라도 영어의 여러 방언형 중 표준어가 분명 존재함을 알 수 있다. <u>미국은 표준 발음이 암묵적으로 인정되는 반면, 표준 발음에 대한 관심이나 현장에서의 발음 교육은 비교적 예민하게 이루어지고 있음을 알 수 있다.</u>

---

26) [첨부자료 0 5 참고] 토교중학교 보통화보급 선전주간활동계획서 및 전장중학교 제 1 4 회 전국보통화보급 선전주간 활동 총보고 (錢塲中學第十四屆全國推广普通話宣傳周活動總結)
27) <부록 6>에 제시

④ 프랑스

프랑스의 경우 학교 교육에서 발음 교육은 의무가 아니고 교사 재량에 달려 있어 원어민 화자도 표준 프랑스어 발음교육을 받기 어려운 실정이다.

⑤ 스페인

스페인의 교육 과정 중에 초등학교는 6~12세 사이의 어린이들을 대상으로 한 6년 과정의 의무 교육 기간으로 'Educación Primaria'라 부르는데 초등교육으로 해석된다. 보통 '콜레히오'(Colegio)라고도 불린다. 한 학급 최대 수용 인원은 25명으로 초등학교 3학년이 되면 외국어 하나를 공부해야 한다. 중학교 과정은 의무 중등 교육이라 해석되는 'Educación Secundaria Obligatoria(ESO)'으로 12세~16세 사이의 학생들이 의무적으로 다녀야 하는 과정이며, 무상 교육시스템이 적용된다. 고등학교 과정은 Bachillerato라고 불리며, 16~18세 사이의 학생들이 다니는 3년 교육 과정이다. 고등학교 과정은 선택교육으로서 예능, 자연 및 보건 과학 계열, 인문 사회 계열, 과학 기술 계열 등은 의무 교육이 아니며, 수료 후 Bachillerato의 학위를 받는다. 고교과정을 마친 학생들은 우리나라의 수능에 해당하는 대학입학시험(Prueba de Acceso a la Universidad)을 통하여 대학교에 진학할 수 있다.

PAU 시험은 4과목으로 구성되는데 스페인어, 외국어(영어, 프랑스어, 이탈리아어, 포르투갈어, 독일어 중 택1), 역사나 철학, 선택과목이 그것이다. 주목할 점은 이들 시험이 해당 자치주별로 인정된 지역어로 시험을 볼 수 있다는 것이다. 예를 들어, 바르셀로나 학생은 카탈란어로 시험을 볼 수 있다. 실업계 고교 과정(F. P. [28])도 있는데, 4년 과정으로 직업 교육을 주목적으로 2년으로 구성된 두 개의 과정을 이수해야 한다.

이러한 초·중등 교육과정에는 스페인 왕립 한림원의 언어정책이 직접적으로 영향을 미치게 되며, 새로운 철자법과 같은 민감한 언어 정책은 학교 일선에 그때그때 직접 전달되어 시행된다.

⑥ 독일

표준 발음 사전을 기반으로 이루어진 독일어 발음의 규범화로 말미암아 '외국어로서의 독일어(DaF)'분야에서도 새로운 경향이 대두되었다. 독일의 통일 이후 90년대 초부터 일어나기 시작한 정치적·사회적 변화의 물결은 학문분야에도 영향을 주었으며, 특히 구 동독지역의 베를린(Berlin)과 라이프찌히(Leipzig) 등지의 언어학자, 음성학자들을 중심으로 DaF분야에서도 발음교육 시 한 가지 표준 발음만을 교육하는 방식을 지양하고, 언어 현실에서 많은 부분을 차지하고 있는 다양한 비표준 변이형태도 교육내용에 포함시켜야 한다는 주장이 제기되었다\(Dieling 1992: 12). 외국인 독일어 학습자를 위한 독일어 교재들 중 실제 언어생활에서 표준 발음과는 다르게 실현되는 변이형태들을 함께 소개해 주는 책들도 출간되었다(Memo. Wortschatz-und Fertigkeitstraining für das Zertifikat Deutsch als Fremdsprache. Audiocassette mit Hörübungen und Hörtexten mit regionalen Varianten, Langenscheidt 1995).

---

28) Formación Profesional의 약자로 F. P. 로 쓴다. 여기서는 공업, 상업, 간호, 교사, 등 여러 가지 직업 훈련 교육을 받는다. 그리고 조형 미술 및 디자인 학교가 있다. 여기서는 본래 전통 공예와 그에 관련된 최신 기술 및 디자인을 배우는데, 구체적으로 문화재 보존 및 복원의 고급 교육, 조형 미술 및 디자인 교육을 담당한다.

⑦ 영국

언어 사용자의 출신지가 반영되기 보다는 사용자의 사회 계층 및 교육 배경을 드러내는 악센트인 RP는 주로 상류층과 중상층 배경을 가진 사람들을 주사용자로 하며 사전에 기술되는 동시에 외국어로서의 영어 교육 시 발음의 모델이 되고 있다.

방송인들의 영어 발음 자문 역할을 담당하는 영국식 영어 발음 사전, 그중에서도 가장 신뢰할 만하다고 평가되는 사전들_옥스포드 영어 사전(Oxford English Dictionary), 롱맨 발음 사전(Longman Pronunciation Dictionary), 캠브리지 대학 출판부의 영어 발음 사전(English Pronouncing Dictionary) 등은 올바른 발음을 처방하거나 결정하기보다는 영국에서 널리 쓰이는 비표준 발음도 기술하는 등 기술언어학에 기반하고 있다.

(3) 일반인들의 표준 발음 관련 의문 해결 방법

① 중국

모든 정책은 '국가언어문자공작위원회'를 중심으로 진행되고 있으며, 대표 인터넷사이트인 中國語言文字网(www.china-language.gov.cn)을 통해 일반인들도 언어문자 관련, 시행된 법규와 규범에 관한 모든 공지내용을 열람 가능하도록 하고 있다.

② 미국

미국에는 표준 영어를 규정하는 공식적인 기관이 없는 대신 일반 사람들이 표준 형태를 정할 수 있도록 문법서나 활용서, 사전 등이 그 역할을 담당하고 있으며, 학교에서도 표준 규범을 정한다. 그래서 표준어냐 아니냐의 여부에 대한 질문을 받으면 미국인들은 보통 활용 가이드를 통해 의문점을 해결하며, 학교는 그 표준형을 영속시키는 역할을 한다.

③ 스페인

스페인어의 표준어와 관련하여 의문이 생길 경우, 스페인 왕립 한림원의 홈페이지에 직접 접속하여 'Consultas lingüísticas' 파트에서 구체적인 질문을 할 수 있다. 또한 홈페이지 첫 화면에는 '스페인어 사전 질문란(Consulte el Diccionario de la lengua española)'이 있어 궁금한 단어를 적어 넣으면 스페인 한림원의 최신 버전의 사전에 의한 정의와 예문 등이 상세히 설명되어 있다.

이러한 인터넷을 통한 표준 스페인어의 홍보는 스페인뿐만 아니라 전 스페인어권 국가의 화자들을 통합되고 단일화 된 스페인어의 길로 안내한다. 이는 전체 스페인어권 국가들이 스페인 왕립 한림원을 중심으로 21개국의 스페인어 한림원 연합회가 단결하여 홈페이지를 공동으로 운영하고 있는 결과이기도 하다. 언제든지 의문사항을 직접 인터넷으로 보내면, 답변을 받을 수 있다.

④ 독일

독일어 발음 사전의 출간으로 표준 발음이 규정되어 있긴 하지만 이는 극히 공식적인 상황에만 적용될 뿐이며, 일상적인 생활에서는 표준 독일어에 구속받지 않고 자신들의 다양한 독일어를 사용하고 있다. 또한 헌법에도 독일어의 공식적인 지위를 부여하는 조항을 포함하고 있지 않다. 다음의 기사제목은 독일사회에서의 언어의 다양성을 엿볼 수 있게 한다.

Germany needs an official language, says the CDU. But which German?
CDU(기독민주당) 에 따르면, 독일은 공식 언어 규정이 필요하다고 한다. 하지만 어떤 독일어인가?
(German Language 'on the Defensive' (Spiegel Online)(2008.3.12.))

⑤ 영국

아나운서 등 방송인들을 위한 영어 발음 자문은 영국식 영어 발음 사전을 통해 이루어지며, 전문용어에 대해서는 전문가로부터 자문을 구한다. BBC 발음부에서는 규정에 어긋나는 발음과 사회에서 널리 인정되는 다양한 변종발음을 구분하는 일을 맡고 있다. 따라서 방송인들로 하여금 규정에 어긋나는 발음 사용을 지양하고, 변종발음은 자연스럽고 일관성 있게 사용하도록 한다. BBC 발음부가 영어 발음 규정을 목표로 삼고는 있으나 현실적으로 실현되기 어려우며, 인위적이고 절대적인 표준에 대한 규정보다는 현실적이고 살아있는 국민의 언어를 반영하고자 노력한다.

영국의 권위 있는 사전들도 규범을 정하기보다는 기술언어학을 목표로 하여, 롱맨 발음 사전이나 캠브리지 발음 사전 등 일부 사전들은 비표준 발음도 기술하고 있다.

4) 표준 발음 관련 정책의 장단점

① 일본

일본의 표준어 및 표준 발음에 관한 어문정책은 다양하고 복잡한 사회에서 각 개인의 개성을 인정하고 사회의 다양성을 살려 나간다는 점에서 나름대로의 의의를 가진다고 할 수 있다. 또한 많은 사회적 사안을 명시적 조항이 아닌 불문율적인 관습법에 의해 해결해 나가는 일본 사회의 전체적인 흐름과도 잘 조화를 이룬다고 볼 수 있다.

그러나 이러한 관습적인 부분과 아울러 시대의 흐름 및 변화를 시의 적절하게 언어 규범에 수용하는 작업은 지속적으로 이루어져야 할 것이며, 이를 전담하는 언어 정책 기관의 존재는 필수적이라 할 수 있다. 국어심의회에서 어느 정도 이러한 역할을 수행하고 있으며 지금까지 많은 조사 및 정리 작업을 진행해 온 국어연구소의 업적도 높이 평가되어야 할 것이다. 그러나 점차 이들 기관의 활동 영역이 축소되어 가면서 특히 교육이나 방송 등에 있어서 표준화에 대한 요구는 실재하기 때문에 각 부문이 독자적으로 지침을 마련하고 그것이 실제 표준화에 많은 영향을 미치고 있다는 것이 일본의 언어 현실이라 할 수 있다.

② 중국

중국의 표준어 발음관련 정책은 중국 전역의 공통언어사용을 목표로 전국적으로 실시되고 있다. 중국의 표준어 발음에 관한 정책은 크게 한어병음을 주요 발음전달 수단으로 하여 정확한 발음 정착을 위해 애쓰고 있으며, 보통화 능력시험을 실시하여 일정 수준 이상의 표준 중국어 구사의 보급에 앞장서고 있다.

표준어의 발음은 시대와 언어의 발전에 따라 계속적인 변화와 발전을 거듭한다. 《普通話异讀詞審音表》의 공표에서 살펴보았듯이 《普通話异讀詞審音表》의 수정과정은 대중의 표준어 학습의 편리성과, 대중에 의해 사용되어 지는 보편성을 지니고, 현실성을 지닌 발음을 취하여 계속되는 시대의 발전에 맞는 언어를 취하고자 하였다29). 다만, 1985년의 수정과정 이후 20여 년 간 계속된 심의 과정이 이루어지지 않아 다소 현실성이 떨어진다 할 수 있겠다.
또한 전국적으로 실시하는 중국 언어문자사용 실태조사의 경우 13억 인구의 1000/1의 표본 조사에 불과하나, 실질적인 조사를 통해 그 통계를 반영하고자 하는 중국정부의 언어문자정책 보급에 대한 관심여부를 파악할 수 있다.
중국의 지역 간의 표준어 사용률의 편차 극복, 전국적인 표준어 보급·확대는 다민족, 다언어, 다인구 국가인 중국이 앞으로 해결해 나가야 할 중요한 과제이며, 교육부문·공공기관·언론기관을 포함한 각 업계별 구체적인 보통화 보급 정책은 중국의 민족 공통어인 보통화의 보급이라는 사업에 발맞추어 많은 발전을 기대한다.

③ 미국

미국 영어의 표준 발음은 그 자체가 명시적으로 규정되어 있지 않으며 미국인들은 대체로 특정한 미국 영어 방언에 대해서 그것이 가장 좋은 방언이라고 평가하지는 않는다. 미국인들은 평가가 좋은 방언을 중심으로 그 방언과 평가가 좋지 않은 방언 간의 차이를 보기보다는 부정적으로 평가받는 방언을 기준으로 두고 그 방언과 부정적으로 평가 받지 않는 방언 사이의 큰 차이를 유의해서 본다. 북미인들은 미국 영어의 다른 방언에 대해 언급할 때 "저 사람은 진짜 표준어를 쓰네."와 같이 방언의 표준적 요소에 대해 말하지 않고 "저 사람은 틀린 영어를 쓰네."와 같이 그 방언들이 가지는 비표준적인 요소에 대해 말하는 것이 보통이다.
미국의 표준 발음은 법령이나 규정이 명시되지 않아 본 연구에서는 Wolfram, W. & Schilling-Estes(1998)의 제안처럼 표준 영어, General American이 어떻게 미국 사회에서 기준으로 작용하는지에 바탕을 두고 표준 영어의 모습을 찾아보았다. 미국 영어의 방언 중 중부 방언30)은 흔히 General American으로 불리는데, 서부 개척의 결과 대표적 미국 영어의 위상을 차지하게 되었으며, 미국 영어의 통일성을 지탱하는 핵심적 역할을 하고 있다. 미국은 표준 발음이 암묵적으로 인정되지만 표준 발음에 대한 관심 및 현장에서의 발음 교육은 비교적 예민하게 이루어지고 있음을 확인할 수 있다.

④ 프랑스

프랑스의 경우 프랑스어 사용관련법에 대한 법률은 명시되어 있는 반면, 표준 발음에 대한 규정은 따로 명시된 것이 없이 언어학자들의 연구에 국한되어 있다. 학교 교육에서도 발음 교육이 의무적이지 않고 교사의 재량에 따라 이루어지고 있는 실정이어서 원어민 화자도 표준 프랑스어 발음을 교육받을 만한 기회를 갖기 어려운 것이 현실이다.

⑤ 스페인

스페인어 어문정책은 '다양성 속에서의 단일성 추구'라고 집약할 수 있다. 중남미와 미국이라

---

29) 「…這次修訂以符合普通話語音發展規律爲原則, 以便利广大群衆學習普通話爲着眼点, 采取約定俗成、承認現實的態度。對《初稿》原訂讀音的改動, 力求愼重。」關于《普通話异讀詞審音表》的通知 (1985年12月27日)
30) 이 방언은 미국 국토의 북중 지역을 가로지르는 광대한 지역 방언으로 대체로 북쪽 North Dakoda주에서 남쪽 Texas주를 연결하는 선에서 서쪽으로 전개되는 광대한 지역을 통합하고 미국 영토의 3분의 2, 미국 인구의 5분의 4가 사용하는 대표적인 방언으로 미국 영어의 통일성을 지탱하는 핵심적 역할을 한다. Hot, pass, grass 등에서 'flat a[æ]'가 있고 강한 [r]음을 보인다(김명숙 외, 2006: 238-245).

는 아메리카 대륙을 포괄하는 스페인어 어휘와 발음에서의 다양성을 인정하면서도 스페인어라는 언어의 골격이 되는 문법을 통일시키고 있다. 즉, 스페인어라는 문법 골격은 하나로 유지되고 있기 때문에 스페인 권 화자들은 별 문제없이 서로 의사소통을 할 수 있는 것이다. 다만, 문제가 되는 것은 지역별 그리고 국가별로 존재하는 발음의 차이, 다른 어휘 사용법 등이 있겠다. 그러나 한림원에서는 이들 모두를 인정하고 있으며 특정한 지역, 특정한 국가의 스페인어 발음법만을 표준 발음으로 인정하고 있지 않다. 매년 한림원에서는 회의를 통하여 중남미 국가에서 사용되는 어휘를 RAE 사전에 등재시켜 새로운 사전이 편찬될 때 이를 반영하고 있다.

즉, 스페인 왕립 한림원에서는 광활한 스페인어 사용지역의 발음의 다양성을 인정하고 그 토대 위에서 스페인어 문법의 단일성을 추구하고 있다고 볼 수 있다. 이러한 스페인어의 다양성 속에서의 단일성을 추구하는 한림원의 정책은 표준어와 방언으로 이분화 시켜 표준어 위주의 언어정책을 펴고 있는 우리가 본 받아야할 점이라고 본다.

그러나 스페인어의 표준 발음에 대한 규정을 만들지 않고 각 지방, 각국의 음성학적 특성을 모두 인정하다보니, 방송국과 같은 언론매체에서 그대로 이들 발음의 다양성이 노출되어 소통이라는 측면에서의 스페인어 발음의 단일성이 훼손될 위험에 처해 있는 것도 사실이다. 이러한 점은 다양성 속에서의 단일성 추구라는 스페인 한림원의 스페인어 언어 정책의 딜레마가 아닐 수 없다.

⑥ 독일

지금까지 살펴본 바와 같이 독일에서는 표준 발음과 비표준 발음에 대한 논의가 다양하게 이루어지고 있음을 알 수 있다. 그러나 무엇보다도 중요한 사실은 대부분의 독일인들은 표준어 및 표준 발음에 대한 강박관념이 없으며, 개별 지역의 언어에 대한 남다른 자부심을 가지고 있다는 것이다. 더군다나 오늘날 독일어의 표준 발음은 북부 독일어 그 중에서도 특히 하노버 지역의 독일어가 실질적인 표준 독일어로 인식되고 있으나 이 지역 인구는 단지 3백만 정도 밖에 되지 않은 소수이기에 이 지역 인구가 독일 전체를 대표하기 어렵다. 물론 독일어 발음 사전의 출간으로 표준 발음이 규정되었으나, 극히 공식적인 언어 상황에만 적용될 뿐이다. 그 밖의 일상적인 생활에서 독일인들은 표준 독일어에 구속받지 않고 다양한 자신들만의 독일어를 사용하고 있다.

⑦ 영국

영국에서 권위적이라고 인정받는 사전들도 올바른 발음을 처방하거나 규범 발음을 정하기보다는 기술언어학을 목표로 둔다. 따라서 롱맨 발음 사전과 캠브리지의 영어 발음 사전은 영국에서 널리 쓰이는 비표준적인 발음을 기술하기도 한다.

BBC 발음부가 영어 발음 규정을 목표로 삼는다고 하더라도 그것은 현실적으로 불가능하다. 언어는 공동의 소유물이며 사용자의 합의에 의해 의사소통 수단으로 이용되는 만큼 어느 집단도 그 사용을 규정할 권한을 가지고 있지 않기 때문이다. 다만 <u>BBC 발음부는 국민들이 현재 구사하는 살아있는 언어를 반영할 뿐, 인위적이고 굳은 표준을 규정하지는 않는다.</u> 언어는 끊임없이 변하므로 언어 규정이 아닌 반영이 그리 쉬운 일이 아니다. 따라서 시기를 적절히 맞추고, 기존의 것과 새로운 것의 균형을 이루도록 하기 위해서는 복합적인 요소들을 다각적 측면에서 고려해야 한다.

지금까지 논의한 외국의 표준 발음 정책 및 양상을 정리하면 아래 <표 5>와 같다.

<표 5> 외국의 표준 발음 정책 및 현황 비교

구분	표준어 공용어 여부	표준 발음의 규정 여부	표준 발음 지역어	표준 발음 규정 수단	표준 발음 총괄 기관	표준 발음 명칭
일본	×	×	방송용어	NHK일본어발음악센트사전	×	공통어
중국	○	○	북경어	한어병음 · 표준어 異讀詞 심음표(普通話 异讀詞審音表)	국가언어 문자공작 위원회 (國家語言文字 工作委員會)	보통화 (普通話)
미국	×	×	중부방언 (Midland Dialect)	방송, 언론, 학교, 문법서, 활용서 등	×	표준 영어 (General American)
프랑스	○	×	×	×	×	×
스페인	○	×	×	×	×	×
독일	○	○	하노버 지역의 독일어	표준 발음 사전 (DUDEN 발음 사전)	×	표준 발음 (Standard-ausprache)
영국	×	×	BBC영어	BBC발음부, 영국식 영어 발음 사전	×	RP (Received Pronunciation)

4. 북한의 표준 발음 정책

관 주도의 정책을 편 북한의 경우 1954년에 이미 표준 발음법을 제정하였는데 '조선어 철자법(1954)' 제6장에 명문화된 표준 발음법 관련 규정을 통해 알 수 있다. 1960년 '조선어 문법 1'에 과도기적인 '조선어 표준 발음의 규정'이 나타났다가 1966년 발표된 '조선말규범집'에서 표준 발음법이 독립된 규범으로 확립되었다. 이어서 1987년의 '조선말 규범집'에서 1966년의 '표준 발음법' 개정과 동시에 '문화어발음법'이라고 명칭을 변경하였다. 이러한 변천 과정을 보다 구체적으로 살피도록 한다.

1) 조선어 철자법(1954)의 표준 발음법

1954년 9월 발표된 '조선어 철자법' 제6장 '표준 발음법 및 표준어와 관련된 철자법' 제32~40항의 규정을 통해 북한의 표준어 발음법이 최초로 명문화되었음은 주목할 만하다. 이 규정들은 북한의 현행 어문 규범이나 사전에 거의 그대로 반영되어 있는데 그 내용의 대략을 밝히면 <표 6>과 같다.

<표 6> 1954년 규정 내용(권인한, 1993: 164-165)

제32항 구개음화 현상의 발음과 표기
    굳이[구지] 해돋이[해도지] 걷히다[거치다]
    같이[가치] 쇠붙이[쇠부치] 핥이다[할치다]
제33항 "ㅣ"모음 역행동화 현상의 표기(갑을 취하고 을을 버린다.)
    -갑-   -을-   -갑-   -을-
    고기   피기   숨기다   쉼기다
    맡기다 맽기다 먹이다 맥이다
제34항 한자음 [스, 즈, 츠]와 [시, 지, 치]의 발음과 표기
    1) 슬하 습관 승리 즉시 중인 증거 측량 층계
    2) 금실 질책 편집 법칙 원칙
제35항 한자 《不》의 발음과 표기
    1) 부단(不斷) 부당(不當) 부도체(不導體) 부동(不動)
    2) 부자연(不自然) 부적당(不適當) 부족(不足) 부주의(不注意)
제36항 때에 따라 달리 발음되는 한자음
    노기(怒氣) 대로(大怒) 승강기(昇降機) 항복(降服)
    당분(糖分) 사탕(砂糖) 승낙(承諾) 허락(許諾)
    륙일(六日) 류월(六月) 안녕(安寧) 재령(載寧)
제37~38항 모음 사이의 한자음 'ㄴ'과 'ㄹ'의 표기(갑을 취하고 을을 버린다.)
(제37항) -갑-   -을-   (제38항) -갑-   -을-
    1) 회령(會寧) 회녕   기념(記念) 기렴
    2) 의논(議論) 의론   기능(技能) 기릉
제39항 유음동화와 관련한 표기(갑을 취하고 을을 버린다.)
    -갑- -을-   -갑- -을-   -갑- -을-
    1) 곤난(困難) 골란 2) 관리(管理) 괄리 3) 말년(末年) 말련
    관념(觀念) 괄념 론리(論理) 롤리 발노(發怒) 발로
제40항 발음과 표기상 주의를 요하는 한자어(갑을 취하고 을을 버린다.)

	-갑-	-을-		-갑-	-을-
干潟地	간석지	간사지	攪亂	교란	각란
句讀點	구두점	구독점	茶菓	다과	차과
撞着	당착	동착	挑發	도발	조발
變更	변경	변갱	便所	변소	편소
復興	부흥	복흥	不眠症	불면증	불민증
沸騰	비등	불등	私囑	사촉	사수
遡及	소급	삭급	示唆	시사	시준
省略	생략	성략	洗滌	세척	선조
敗北	패배	패북	嗅覺	후각	취각
灰身	회신	회진	役割	역할	역활
軟弱	연약	난약	誤謬	오유	오류

  1954년 규정은 그 내용이 한자음(제34~40항)에 치우쳐 있음을 확인할 수 있는데, 고유어에 관한 규정은 구개음화 현상과 'ㅣ'모음 역행동화에 대한 규정(제32~33항)에 한정되어 있다는 점이다. 즉 다양한 고유어에 대한 현상에 관한 규정이 생략되어 있는 것은 본 규정의 문제점으로 지적할 수 있겠다.

2) 조선어 문법(1960)의 표준 발음법

위에서 밝힌 표준 발음법의 문제점은 1959년부터 본격화되어 1960년에는 재정비 작업의 결실이 나타나기 시작했다. '과학원 언어 문학 연구소'에서 1960년 7월 발행한 '조선어 문법 1'어음론 제13절 '표준 발음법' 중 '조선어 표준 발음의 규정'이 그 모습을 나타낸 것이다.

1960년 안의 내용으로는 '표준 발음법의 개념과 그 실천적 의미, 조선어 표준 발음의 양식, 조선어 표준 발음을 위반하는 원인, 조선어 표준 발음의 규범'으로 구성되어 있으며, 이를 현행 문화어발음법과 비교하면 <표 7>과 같다.

<표 7> 1960년 案과 현행 문화어발음법의 비교(권인한, 1993:166-167)

1960년 案	문화어발음법
※표준 발음으로 인정하지 않는 현상	제25항 원칙적으로 영향관계를 인정하지 않는 닮기 현상
1)모음의 발음	
잡히다 [자피다] × [재피다]	-잡히다
2)자음의 발음	
ㄱ. 밥그릇 [밥끄른] × [박끄른]	-밥그릇 [밥그른] × [박끄른]
ㄴ. 꽃보라 [꼳뽀라] × [꼽뽀라]	-엿보다 [엳보다] × [엽뽀다]
ㄷ. 신발 [신발] × [심발]	-전보 [전보] × [점보]
ㄹ. 감기 [감기] × [강기]	-감기 [감기] × [강기]
ㅁ. 옷맵시 [온맵시] × [옴맵씨]	-옷맵시 [온맵시] × [옴맵씨]
ㅂ. 구개음화 현상 같이 [가치] × [가티]	제21항
ㅅ. 'ㅎ'의 묵음화(단, 한자어 제외)	같이 [가치]
많으니 [마느니] × [만흐니]	제29항~30항
-구호[구호] × [구오]	-많아 [마나]
	(한자어에 대한 제한 없음)
ㅇ. 'ㅎ'과 결합한 거센소리화	
딱히 [따키] × [따기]	제19~20항
ㅈ. 받침[ㄱㄷㅂ] 뒤의 된소리화	특히 [트키]
국밥[국빱] × 받다[받따]	제25항 참조
ㅊ. 받침[ㄴ, ㅁ] 뒤의 된소리화	국밥[국밥] 밭관개[받관개]
안다(抱) [안따] × [안다]	제14항
ㅋ. 시칭 접미사 《ㄹ》뒤의 된소리화	(아기를) 안다[안따]
볼 것 [볼껀] × [볼껍]	제15항
ㅌ. 합성어의 발음	갈 것 [갈껃]
ⅰ)내가 [내까] × [내가]	제17항 -된소리의 례
ⅱ)이몸 [임몸] × [이몸]	나루가 [나루까]
ⅲ)낮일 [난닐] × [나질]	제28항 이몸[임몸→인몸]
ⅳ)베갯잇 [베갠닏] × [베개읻]	제26항 논일 [논닐]
ⅴ)넋없다 [너겁따] × [넉섭따]	제27항 베갯잇 [베개읻]
ㅍ. <르>로 끝나는 어간 활용형 발음	제12항 넋없다 [넉업따→너겁따]
다르다-다르고 [다르고] × [달르고]	
ㅎ. 두음법칙 (두음법칙 인정)	
ⅰ) 량심 [양심] × [량심]	제5~6항 (두음법칙 인정×)
뉴대 [유대] × [뉴대]	량심[량심]
ⅱ) 랑비 [낭비] × [랑비]	뉴대[뉴대]
ㄲ. 한자어 《ㄹ》 뒤에서의 된소리화	랑비[랑비]
발달[발딸]	제15항 발달[발딸]

표에서 보듯이 1960년 안은 모음의 발음, 자음의 발음 체제로 이루어져있는데 발음에서 두음법칙을 완전히 인정한 것이 큰 특징이라 하겠다. 그러나 이 안의 시행 여부는 불투명하며, 현실음을 표준 발음에 반영한 본안에 대한 학자들의 평가도 다소 엇갈린다.

3) 조선말규법집(1966)의 표준 발음법

표준 발음에 대한 규정이 하나의 독립된 어문규범으로 나타난 것이 바로 1966년 '조선말규법집'의 '표준 발음법'이다. 이 규범은 총칙+11장 43항으로 구성되어 있는데 내용상 현행 '문화어발음법'과 가장 흡사하며, 두 규범을 조항별로 비교하면 다음과 같다.

<표 8> 표준 발음법(1966)과 문화어발음법(1987)의 조항별 비교(권인한, 1993:166-167)

표준 발음법	문화어발음법	표준 발음법	문화어발음법
제1항	=제1항	제17항	=제29항
제2항	≒제2항	제18항	=제30항
제3항	≒제3항	제19, 20항	⇒제18항
제4항	=제4항	제21, 22항	⇒제20항
제5항	=제5항	제23항	=제21항
제6항	=제6항	제24항	*=제22항
제7항	=제7항	제25, 26, 27, 30항	⇒제25항
제8항	≒제8항	제28항	≒제23항
제9항	≒제9항	제29항	=제24항
제10, 11항	⇒제10항	제31, 39항	⇒제26항
제12항	⇒제12항	제32항	≒제27항
제13항	≒제11항	제33항	≒제28항
제14항	=제14항	제34항	≒제17항
제15, 41, 42항	⇒제15항	제35, 36, 37항	×
제16항	=제19항	제38항	≒제13항

(=:동일한 조항, ≒:수정된 조항, ⇒:통합된 조항, ×:없어진 조항)

1966년 규범은 지금까지 나온 발음법보다 규범적 성격이 강한데, '의'를 이중모음으로 발음하도록 한 규정이나, 두음법칙을 일체 인정하지 않은 것은 규범을 내세워 현실 발음을 인정하지 않은 예이다. 이 규범은 1987년의 문화어발음법이 제정되기까지 20년간 수정 없이 시행되었다.

4) '조선말규법집'(1987)의 문화어 발음법

남한의 발음법 규정과 조선말규법집(1987)의 문화어발음법의 내용을 토대로 발음법에 대한 총칙, 자음과 모음, 여러 가지 주요 음운현상을 비교하면 다음과 같다.

1. 전체적 특징

1.1. 총칙

> 【남】 표준 발음법 제1장 총칙 제1항
>   표준 발음법은 표준어의 실제 발음을 따르되, 국어의 전통성과 합리성을 고려하여 정함을 원칙으로 한다.
> 【북】 조선말 발음법 총칙
>   조선말발음법은 혁명의 수도 평양을 중심지로 하고 평양말을 토대로 하여 이룩된 문화어의 발음에 기준한다.

 남한의 "국어의 전통성과 합리성을 고려하여 정함", 그리고 북한의 "평양말을 토대로 하여 이룩된 문화어의 발음에 기준함"이라는 위 총칙의 규정에서도 알 수 있듯이 남과 북이 삼고 있는 기본 원칙이 매우 다름을 알 수 있다. 또한 발음법의 기준이 되는 '방언의 차이'를 파악할 수 있으며, 이는 기본적으로 정치적 체제에 의해 비롯된 것임을 짐작할 수 있다.

1.2. 자모의 명칭·발음

가. 자모의 명칭

> 【남】 제16항 한글 자모의 이름은 그 받침소리를 연음하되, 'ㄷ,ㅈ,ㅊ,ㅋ,ㅌ,ㅍ,ㅎ'의 경우에는 특별히 다음과 같이 발음한다.
>   디귿이[디그시] 디귿을[디그슬] 디귿에[디그세]
>   지읒이[지으시] 지읒을[지으슬] 지읒에[지으세]
>   치읓이[치으시] 치읓을[치으슬] 치읓에[치으세]
>   키읔이[키으기] 키읔을[키으글] 키읔에[키으게]
>   티읕이[티으시] 티읕을[티으슬] 티읕에[티으세]
>   피읖이[피으비] 피읖을[피으블] 피읖에[피으베]
>   히읗이[히으시] 히읗을[히으슬] 히읗에[히으세]
> 【북】 ※자모의 이름에 대한 규정은 '맞춤법' 제1항에 있음.

 한글 자모 이름에 대한 발음을 위한 북한의 규정이 없으므로 그 차이를 명확히 알기는 어렵다. 단, 권인한(1993:176-177)에서는 두 가지 가능성을 제시하고 있는데 그 첫 번째는 북한의 '맞춤법' 제1항 및 문화어발음법 제9항의 규정에 의거해 받침소리를 그대로 뒤 음절로 옮겨서 발음할 가능성이다. 가령, 디읃을[디으들], 지읒을[지으즐], 치읓을[치으츨] 등[31]이다. 두 번째로 북한의 맞춤법 제1항에서 자음자의 이름을 '그,느,드...흐'로 부를 수 있다는 규정을 추가한 것에 주목하여 [드가, 드를, 드에] 등으로 발음할 가능성을 제시하였으며, 첫 번째보다 두 번째로 부를 가능성이 더 크다고 보았다.

나. 자모의 발음

 자음과 모음에 대한 규정을 보면 모음의 발음 규정에 있어서 다음과 같은 크고 작은 차이점을 확인할 수 있다.

---

31) 단 '디읃이, 티읕이'의 경우 [디으디, 티으티]로 발음하는지, 구개음화 현상에 의해 [디으지, 티으치]로 발음하는지는 알 수 없다고 하였다.

(1) 아래 조항에서 보듯이 남한의 'ㅚ,ㅟ'를 단순모음으로 발음하는 원칙은 북한과 크게 다르지 않으며, 이는 현실 발음에서의 이중모음 발음의 허용여부일 뿐이다. 실제 북한에서도 젊은 세대일수록 'ㅚ, ㅟ'를 이중모음으로 발음하는 경향이 높다는 연구에서 볼 수 있듯이 실제 발음 차이는 크지 않은 듯하다.

> 【남】 "'ㅚ,ㅟ'는 이중모음으로 발음할 수 있음" (제4항 [붙임])
> 【북】 "<ㅚ>, <ㅟ>는 어떤 자리에서나 홑모음으로 발음함"(제3항)

(2) 본 조항의 경우 엄격히 따질 경우 발음상의 차이가 있겠지만, 언중에 미치는 영향은 크지 않으며 우리의 경우도 '계, 몌, 폐, 혜, 례'를 단순모음으로 발음하는 경향이 있으므로 실질적인 차이는 없다고 볼 수 있다.

> 【남】 "'예, 례'이외의 'ㅖ'는 [ㅔ]로도 발음함" (제4항)
> 【북】 "<ㄱ,ㄹ,ㅎ>뒤에 있는 <ㅖ>는 각각 <ㅔ>로 발음함" (제4항)

(3) 북한의 규정에 의하면, '띄우다'는 [띠우다]로 발음되지만, '희망, 넝큼, 틔다' 등은 각각 [희망, 넝큼, 틔다]로 발음되어 실제 발음에서 차이가 있을 것 같지만 <<조선말대사전>>(1992)에 나타난 '띄우다, 씌우다/넝큼, 희망'의 발음표시에 아무런 차이가 없는 것으로 보아 남북한 간의 차이도 크지 않을 것으로 보인다.

> 【남】 "자음을 첫소리로 가지고 있는 음절의 'ㅢ'는 [ㅣ]로 발음함"(제4항 다만3)
> 【북】 "된소리자음과 결합될 때와 단어의 가운데나 끝에 있는 <ㅢ>는 [ㅣ]와 비슷하게 발음함을 허용함"(제2항 [붙임]1)

(4) 실제 음가 면에서의 차이도 지적되었는데, 모음에 있어서는 'ㅓ,ㅡ', 자음에 있어서는 'ㅈ,ㅊ,ㅉ'가 그것이다. 모음 'ㅓ'의 경우 북한말 '걱정 없다'가 남한 사람들에게 [곡쫑 옵따]에 가깝게 들리는 경향이 있고, 모음 'ㅡ'의 경우, 북한말 '극적, 숭산' 등이 남한사람들에게 [국쩍, 숭산]에 가깝게 들리는 경향이 있다. 또 자음 'ㅈ,ㅊㅉ'의 경우 실제 음가 면에서 조음점이 남한보다 앞에서 나므로 '치조'나 '치조 근처'에서 발음되는 경향이 있다.

1.3. 모음

가. 모음의 발음

> 【남】 제4항 'ㅏ,ㅐ,ㅓ,ㅔ, ㅗ, ㅚ, ㅜ, ㅟ, ㅡ,ㅣ'는 단모음으로 발음한다.
> [붙임] 'ㅚ,의'는 이중모음으로 발음할 수 있다.
> 제5항 'ㅑ,ㅒ,ㅕ,ㅖ, ㅘ, ㅙ, ㅛ, ㅝ, ㅞ, ㅠ'는 이중모음으로 발음한다.
> 다만 1. 용언의 활용형에 나타나는 '져, 쪄, 쳐'는 [저, 쩌, 처]로 발음한다.
> 다만 2. '예,례' 이외의 'ㅖ'는 [ㅔ]로도 발음한다.
> 다만 3. 자음을 첫소리로 가지고 있는 음절의 'ㅢ'는 [ㅣ]로 발음한다.
> 다만 4. 단어의 첫음절 이외의 'ㅢ'는 [ㅣ]로, 조사 'ㅢ'는 [ㅔ]로 발음함도 허용한다.
> 【북】 제2항 《ㅢ》는 겹모음으로 발음하는 것을 원칙으로 한다.

> [붙임] 1) 된소리자음과 결합될 때와 단어의 가운데나 끝에 있는 《ㅢ》는 [ㅣ]와 비슷하
> 게 발음함을 허용한다.
> 2) 속격토로 쓰인 경우 일부 [ㅔ]와 비슷하게 발음함을 허용한다.
> 제3항 《ㅚ》, 《ㅟ》는 어떤 자리에서나 홀모음으로 발음한다.
> 제4항 《ㄱ,ㄹ,ㅎ》뒤에 있는 《ㅖ》는 각각 《ㅔ》로 발음한다.

 모음 발음에 관한 규정은 우선, 'ㅚ,ㅟ'의 발음을 현실 발음을 따라 이중모음으로 발음하는 것을 허용하느냐의 여부의 차이로 요약할 수 있다. 남한과 북한의 현실발음을 살펴보면 'ㅚ,ㅟ'를 거의 대부분 이중모음으로 발음하고 있음을 관찰할 수 있다.
 두 번째, 'ㅖ'의 발음의 경우 '예'만 남북한의 차이가 없고, '-례'는 [ㅖ]/[ㅔ], '계, 몌, 폐, 혜'의 경우 [ㅖ~ㅔ]/[ㅔ]로 발음하는 차이가 있다.
 세 번째, 'ㅢ'발음의 경우 규정대로라면 '닁큼, 틔다, 희다' 등 된소리 외의 자음과 결합하는 경우 [ㅣ]//[ㅢ]의 차이를 보이게 된다. 그런데 이대로라면 조선말대사전에서 '띄우다, 씌우다, 닁큼, 희망'의 발음 표시에 차이가 없는 점은 설명하기 어렵다.

나. 모음의 길이

 모음의 길이에 있어서 북한의 경우 "모음들이 일정한 자리에서 각각 짧고 높은 소리와 길고 낮은 소리의 차이가 있는 것은 있는 대로 발음한다(제1항)."고 규정함으로써 남한의 규정과 차이를 파악하기 어려우나 실제적 차이는 상당한 것으로 나타나고 있다.

(1) 강순경(2001:177-178)의 북한 화자를 대상으로 한 장단 구별 실험 결과를 토대로 북한의 규범집에서 모음의 장단 원칙을 중시하는 것과는 별개로 실제로는 구별이 안 되고 있음을 지적한 바 있다. 이를 통해 북한에서 장단의 구별이 갖는 음운론적 중요성이 약화되었음을 알 수 있다.
(2) 《조선말대사전》의 발음표시 문제의 심각성은 국립국어연구원(1993)의 조사 결과 드러났는데, '밟다, 신다, 끌다' 등 남한에서 장음으로 발음되는 단어가 단음으로 표시되어 있거나 '차돌:, 가루눈:, 가다귤:' 등 단모음화가 적용되어야 할 합성의 둘째 요소가 장음으로 표시되어 있기도 했다. 또 화자의 감정에 의해 장단이 달라지는 단어 '가느스름:하다, 거무스레:하다, 거무테테:하다'등이 일률적으로 장음으로 표시되어 있었다.

1.4. 받침

> 【남】 제9항 받침 'ㄲ,ㅋ,ㅅ,ㅆ,ㅈ,ㅊ,ㅌ,ㅍ'은 어말 또는 자음 앞에서 각각 대표음 [ㄱ,ㄷ,ㅂ]으로 발음한다.
> 제10항 겹받침 'ㄳ,ㄵ,ㄼ,ㄽ,ㄾ,ㅄ'은 어말 또는 자음 앞에서 각각 [ㄱ,ㄴ,ㄹ,ㅂ]으로 발음한다.
> 다만, '밟-'은 자음 앞에서 [밥]으로 발음하고, '넓-'은 다음과 같은 경우에 [넙]으로 발음한다.
> (1) 밟다[밥따] 밟소[밥쏘] 밟지[밥찌] 밟는[밤는] 밟게[밥께]
> (2) 넓죽하다[넙쭈카다] 넓-둥글다[넙뚱글다]

> 제11항 겹받침 'ㄺ,ㄻ,ㄿ'은 어말 또는 자음 앞에서 각각 [ㄱ,ㅁ,ㅂ]으로 발음한다.
> 다만, 용언의 어간 발음 'ㄺ'은 'ㄱ'앞에서 [ㄹ]로 발음한다.
> 제14항 겹받침이 모음으로 시작된 조사나 어미, 접미사와 결합하는 경우에는 뒤의 것만
> 을 뒤 음절 첫소리로 옮겨 발음한다.(이 경우 'ㅅ'은 된소리로 발음함.)
> 【북】 제9항 받침자모와 받침소리의 호상관계는 다음과 같다.
> 1)받침 'ㄳ,ㄺ,ㅋ,ㄲ'의 받침소리는 무성자음 앞에서와 발음이 끝날 때는 [ㄱ]으로 발음한
>   다.
>   그러나 받침'ㄺ'은 그 뒤에 'ㄱ'으로 시작되는 토나 뒤붙이가 올 때는 'ㄹ'로 발음하는 것
>   을 원칙으로 한다.
> 2) 받침 'ㅅ,ㅈ,ㅌ,ㅆ'의 받침소리는 무성자음앞에서와 발음이 끝날 때 [ㄷ]으로 발음한다.
> 3) 받침 'ㄼ,ㄿ,ㅄ,ㅍ'의 받침소리는 자음앞에서와 발음이 끝날 때는 [ㅂ]으로 발음한다.
>   그러나 받침 《ㄼ》은 그 뒤에 'ㄱ'으로 시작되는 토나 뒤붙이가 올 때는 [ㄹ]로 발음하
>   는 것을 원칙으로 하며 [여덟]은 [여덜]로 발음한다.
> 4) 받침 'ㄽ,ㄾ,ㅀ'의 받침소리는 자음앞에서와 발음이 끝날 때는 [ㄹ]로 발음한다.
> 5) 받침 'ㄻ'의 받침소리는 자음앞에서는 [ㅁ]으로 발음한다.
> 6) 받침 'ㄵ,ㄶ'의 받침소리는 자음앞에서는 [ㄴ]으로 발음한다.
> 7) 말줄기끝의 받침'ㅎ'은 단어의 끝소리마디에서와 'ㅅ'이나 'ㄴ'으로 시작한 토 앞에서
>   [ㄷ]으로 발음한다.
> 제11항 모음앞에 있는 둘받침은 왼쪽받침은 받침소리로 내고 오른쪽받침은 뒤의 모음에
>   이어서 발음한다.

 겹받침에 대한 규정에 대하여는 'ㄼ'받침의 발음을 어말 또는 'ㄱ'을 제외한 자음 앞에서 남한의 경우 [ㄹ], 북한의 경우 [ㅂ]으로 한다는 점이 뚜렷이 구별된다. 또 남한 제10항의 예시로 제시된 '넓죽하다, 넓둥글다'의 경우 발음상 남북한의 차이는 없으나 북한은 표기에서 '넙죽하다, 넙둥글다'로 쓴다는 점에서 차이가 있다.
 모음 앞 겹받침의 발음에 관한 규정(남: 제14항, 북: 제11항)의 경우 우측 받침을 뒤 음절 첫소리로 내는 점은 양측이 동일하나, 남한의 경우 'ㅅ'을 된소리로 하므로 '넋이[넉씨], 곬이[골씨]'로 하는 반면, 북한은 '넋을[넉슬], 돐을[돌슬], 없음[업슴]'과 같이 한다는 점이 서로 다르다.

2. 음운현상[32]

2.1. 두음법칙

> 【남】 제19항 받침 'ㅁ,ㅇ'뒤에 연결되는 'ㄹ'은 [ㄴ]으로 발음한다.
> [붙임] 받침 'ㄱ,ㅂ'뒤에 연결되는 'ㄹ'도 [ㄴ]으로 발음한다.
> 【북】 제5항 《ㄹ》은 모든 모음앞에서 《ㄹ》로 발음하는 것을 원칙으로 한다.
>   제6항 《ㄴ》은 모든 모음앞에서 《ㄴ》으로 발음하는 것을 원칙으로 한다.

 두음법칙에 관한 규정은 남한의 경우 한글 맞춤법 제10~12항에서 어두의 '랴,려,례,료,류,리'는

---
[32] 본 절은 황인권(1999)을 참고로 정리하였으며, 황인권(1999)은 문화어발음법은 조선말규범집(1988)을 참고로 정리하였다.

각각 '야,여,예,요,유,이'로 적으며, '라,래,로,뢰,루,르'는 '나,내,노,뇌,누,느'로 적도록 하는 두음법칙을 인정하는 반면, 북한은 'ㄹ,ㄴ'을 모든 모음 앞에서 제 음가대로 발음하도록 함으로써 두음법칙을 인정하지 않는 점에서 그 차이가 뚜렷하다.

북한의 어두 'ㄹ,ㄴ'을 표기대로 발음하게 한 규정은 1966년 규범에서 시작된 것이나, 리상벽(1975:63-65)[33])에서 '래일[내일], 로련하다[노련하다], 녀성[여성]' 등의 발음을 허용한 바 있고, 1987년 맞춤법 제25항에서 '나사, 나팔, 요기' 등의 발음을 허용한 사실, '조선말대사전'(1992)에서 '냠냠'과 '얌냠'을 복수 표준어로 인정한 사실 등을 미루어 볼 때 두음법칙을 인정하는 것이 국어 특질에 부합됨을 짐작할 수 있다.

2.2. 동화

유음동화 규정에 있어서 남북한 규정의 차이는 없다. 다만, '선렬, 순렬, 순리익'의 경우 남한은 '선열, 순열, 순이익'으로 표기하고 표준 발음법 29항에 의거 [서녈, 순녈, 순니익]으로 발음하는 것을 원칙으로 하나 북한은 철자식 표기를 원칙으로 함에 따라 남북한은 차이를 보이게 되었다. '의견란, 구근류' 등의 경우 남한은 [ㄴㄴ]으로 발음하도록 하고 있으나, 북한은 문화어 발음법 제5항에 의거 철자식 발음을 인정함으로써 남북한은 차이를 보이게 되었다.

【남】 제20항 'ㄴ'은 'ㄹ'의 앞이나 뒤에서 [ㄹ]로 발음한다.
[붙임] 첫소리 'ㄴ'이 'ㅀ', 'ㄾ'뒤에 연결되는 경우에도 이에 준한다.
다만, 다음과 같은 단어들은 'ㄹ'을 [ㄴ]으로 발음한다.
　　　의견란[의 : 견난]　　임진란[임 : 진난]　　생산량[생산냥]
　　　결단력[결딴녁]　　　공권력[공꿘녁]　　　동원령[동 : 원녕]
　　　상견례[상견네]　　　횡단로[횡단노]　　　이원론[이 : 원논]
　　　일원료[이뤈뇨]　　　구근류[구근뉴]
【북】 제23항 받침 ㄹ뒤에 ㄴ이 왔거나 받침 ㄴ뒤에 ㄹ이 올 적에는 그 ㄴ을 [ㄹ]로 발음하는 것을 원칙으로 한다. 그러나 일부 굳어진 단어인 경우에는 적은대로 발음함으로써 닮기현상을 인정하지 않는다.
례: 선렬, 순렬, 순리익

2.3. 구개음화

가. 경구개음화

경구개음화란 선행 자음인 비구개음이 후행음 [j, i]에 연결될 때 동화로 인해 비구개음이 구개음으로 실현되는 현상을 말한다. 이는 자음과 모음 사이에서 일어나는 역행동화로, 음소교체를 보이는 구개음화와 음성적 차이만을 보이는 구개음화로 분류된다. 다음은 표준어발음법 제17항의 보기와 문화어발음법 제20항에 실린 보기를 제시한 것이다.

---
33) 리상벽(1975). 조선말화술, 평양: 사회과학출판사.

> 【남】 ㄱ.곧이듣다[고지듣따] 굳이[구지] 미닫이[미다지]
>   땀받이[땀바지] 밭이[바치] 벼훑이[벼훌치]
>   ㄴ.굳히다[구치다] 닫히다[다치다] 묻히다[무치다]
> 【북】 제20항
>   ㄱ. 굳이[구지] 해돋이[해도지] 가을걷이[가을거지]
>   ㄴ. 같이[가치] 붙이다[부치다] 벼훑이[벼훌치] 핥이다[할치다]

표준어발음법 제17항 보기는 받침 'ㄷ,ㅌ'이 조사나 접미사 모음 'I'와 결합할 경우 [ㅈ,ㅊ]으로 발음되더라도 [ㄷ,ㅌ]으로 표기한다는 규정이다. 문화어발음법 제20항 보기의 경우 받침 [ㄷ,ㅌ,ㄾ] 뒤에 토나 뒤붙이 [이]가 올 때, [지, 치]로 발음한다는 규정을 담고 있다. /t/계 구개음화의 경우 북한과 남한이 동일한 양상을 띤다.

나. 연구개음화

 연구개음화(軟口蓋音化)란 자음인접의 환경에서 선행 자음이 후행자음에 동화되어 연구개음화 되는 현상으로서 후부변자음화(後部邊子音化)라고도 한다. 이는 역행동화로서 위치자질을 바꾸는 수평적 동화이다. 다음은 표준어발음법 제21항, 문화어발음법 제25항 보기의 일부이다. 비표준발음으로 규정된 연구개음화는 남한과 북한이 서로 비슷한 양상을 띤다.

> 【남】 ㄱ. 감기[강기] 옷감[옥깜]
>   ㄴ. 눈곱[눈꼽] 전기[정기] 안기다[앙기다] 자전거[자정거]
>   ㄷ. 참견[챙견] 남기다[냉기다] 참기름[챙지름]
>   ㄹ. 듣기[득끼] 걷기[걱끼] 옷고름[옥꼬름] 밥그릇[박끄른]
> 【북】 제25항
>   ㄱ. 안기다[앙기다] 온갖[옹갇]
>   ㄴ. 감기[강기]
>   ㄷ. 밥그릇[박끄른] 밭관계[박꽌개]

2.4. 경음화

 경음화는 자음인접의 환경에서 평음인 후행자음이 경음으로 실현되는 현상으로서 된소리되기 라고도 한다. 다음은 표준어발음법 제23-28항과 30항, 문화어발음법 제14-17항의 보기 일부를 제시한 것이다.

> 【남】 제23항 받침 ㄱ,ㄷ,ㅂ 뒤에 연결되는 ㄱ,ㄷ,ㅂ,ㅅ,ㅈ은 된소리로 발음한다.
> 제28항 표기상으로는 사이시옷이 없더라도 관형격 기능을 지니는 사이시옷이 있어야 할 합성의 경우에는 뒤 단어의 첫소리 ㄱ,ㄷ,ㅂㅅ,ㅈ을 된소리로 발음한다.
> ㄱ. 깎다[깍따] 넋받이[넉빠지] 닭장[닥짱]
> ㄴ. 신고[신 : 꼬] 앉고[안꼬] 없다[업따] 삼고[삼 : 꼬]
> ㄷ. 넓게[널께] 핥다[할따] 훑소[훌쏘]
> ㄹ. 갈등[갈뜽] 발동[발똥] 절도[절또]
> ㅁ. 할 것을[할 꺼슬] 갈 데가[갈 떼가]

> ㅂ. 문-고리[문꼬리] 물-동이[물똥이]
>
> 【북】 제17항 단어나 단어들의 결합관계에서 울림자음이나 모음으로 끝난 단어의 뒤에 오는 모든 첫 소리 마디는 순한소리로 내는 것을 원칙으로 하되 일부 경우에만 된소리로 낸다.
> 제25항 이상과 같은 닮기현상밖의 모든 영향관계를 원칙적으로 인정하지 않는다.
>
>   (인정)   (불인정)
> 례: 밥그릇[밥그른]   [박끄른]
>   발관개[반관개]   [박판개]
>   엿보다[엳보다]   [엽뽀다]
> ㄱ. 안다-[안따] 심다[심따] 앉다-[안따] 옮다-[옴따]
> ㄴ. 발달-[발딸] 설정하다-[설쩡-] 갈것-[갈껏]
> ㄷ. 강가-[강까] 손등-[손뜽] 논두렁-[논뚜렁]
> ㄹ. 성과-[성꽈] 창고-[창꼬] 군적으로-[군쩍으로] 내과-[내꽈]

북한의 제25항을 액면 그대로 받아들이면 남북한의 경음화가 큰 차이가 있을 것이라고 해석할 수도 있겠으나 실상은 그렇지 않다. 왜냐하면 북한의 경우 제9항의 '없다[업따], 잇다[읻따], 닻줄[닫쭐]'와 제12항의 '맛있다[마싣따], 멋있다[머싣따]'의 예시에서는 분명히 경음화를 반영하고 있기 때문이다. 그러므로 제25항의 예시 발음표기는 착오로 보는 것이 옳으며, 경음화는 수의변이로서 남과 북이 대체로 동일한 양상을 띤다고 할 수 있다. 다만, 남한에서는 '창고'의 경우 된소리로 실현되지 않는 점은 북과 다르다.

2.5. 격음화

평음 'ㄱ,ㄷ,ㅂ,ㅈ' 등이 'ㅎ'과 결합하여 하나로 축약되는 현상으로서 유기음화 또는 기음화, 거센소리되기라고도 한다. 다음은 표준어발음법 제12항, 문화어발음법 제19-20항 보기의 일부로 선행음이 'ㅎ'인 경우 자음 축약으로 인해 후행음의 격음화가 실현된 경우와 후행음이 'ㅎ'인 경우에 선행음이 격음화가 된 예를 보이고 있다. 이렇게 격음화의 경우 남과 북의 양상이 크게 다르지 않음을 확인할 수 있다.

> 【남】 ㄱ. 놓고[노코] 좋던[조ː턴] 쌓지[싸치]
>   ㄴ. 각하[가카] 먹히다[머키다] 밟히다[발피다] 맏형[마텽] 앉히다[안치다]
>   ㄷ. 옷 한 벌[오탄벌] 낮 한때[나탄때] 꽃 한 송이[꼬탄송이]
> 【북】 제19-20항
>   ㄱ. 좋다[조타] 많다[만타] 옳지[올치]
>   ㄴ. 먹히다[머키다] 맏형[마텽] 잡히다[자피다] 앉혔다[안철따] 밟히다[발피다]

2.6. 비음화

비음화는 자음인접 환경에서 하나의 자음이 비음인 경우 다른 자음이 이에 동화되어 비음으로 실현되는 현상으로 결정변이로서 역행, 순행동화로 각각 실현된다. 다음은 표준어발음법 제18-22항과 제30항, 문화어발음법 제22항 보기의 일부를 제시한 것이다.

> 【남】 ㄱ. 담력[담ː녁] 침략[침냑] 강릉[강능]
> ㄴ. 막론[망논] 백리[뱅니] 협력[혐녁]
> ㄷ. 콧날[콘날] 아랫니[아랜니]
> ㄹ. 베갯잇[베갠닏] 깻잎[깬닙]
> ㅁ. 의견란[의ː견난] 임진란[임ː진난] 생산량[생산냥]
> 【북】 제22항
> ㄱ. 익는다[잉는다] 닦네[당네] 받는다[반는다]
> ㄴ. 식료품[싱료품] 격려[경려] 법령[범령]

비음화 규정에서 북한의 'ㄴ'은 남한과 차이를 보이는데, 북한은 '법령→범령'으로 선행음 'ㅂ'의 동화만 일어남에 반해, 남한의 경우 '막론→망논'의 상호동화가 실현된다.

2.7. 첨가

다음은 표준어발음법 제29항, 문화어발음법 제26-27항 보기의 일부이다.

> 【남】 제29항 합성어 및 파생어에서, 앞 단어나 접두사의 끝이 자음이고 뒤 단어나 접미사의 첫음절이 '이, 야, 여, 요, 유'인 경우에는, 'ㄴ' 소리를 첨가하여 [니, 냐, 녀, 뇨, 뉴]로 발음한다.
> 다만, 다음과 같은 말들은 'ㄴ'소리를 첨가하여 발음하되, 표기대로 발음할 수 있다.
> 이죽-이죽[이중니죽/이주기죽] 야금-야금[야금냐금/야그먀금]
> 검열[검ː녈/거ː멸] 금융[금늉/그뮹]
> [붙임1] 'ㅎ'받침 뒤에 첨가되는 'ㄴ'소리는 [ㄹ]로 발음한다.
> [붙임2] 두 단어를 이어서 한 마디로 발음하는 경우에는 이에 준한다.
> 다만, 다음과 같은 단어에서는 'ㄴ(ㄹ)'소리를 첨가하여 발음하지 않는다.
> ㄱ. 솜-이불[솜ː니불] 맨입[맨닙] 한여름[한녀름]
> ㄴ. 홀-이불[혼니불] 꽃-잎[꼰닙]
> ㄷ. 막일[망닐] 내복약[내ː봉냑] 색연필[생연필]
> ㄹ. 들-일[들ː릴] 솔-잎[솔립] 설-익다[설리따]
> ㅁ. 한 일[한 닐] 옷 입다[온닙따]
> 【북】 제26항 합친말의 첫 형태부가 자음으로 끝나고 둘째 형태부가 '이,야,여,요,유'로 시작될 때는 그 사이에서 ㄴ소리가 발음되는 것을 허용한다.
> 제27항 합친말의 첫 형태부가 모음으로 끝나고 둘째 형태부가 '이,야,여,요,유'로 시작될 때에는 적은대로 발음하는 것을 원칙으로 하면서 일부 경우에 ㄴㄴ을 끼워서 발음하는 것을 허용한다.
> ㄱ. 논일[논닐] 어금이[어금니]
> ㄴ. 밭일[반닐] 꽃잎[꼰닙] 짓이기다[진니기다]

표준어발음 규정의 경우 합성어나 파생어에서, 앞 단어나 접두사의 끝이 자음이고 뒤소리나 접미사의 첫음절이 '이,야,여,유' 인 경우 ㄴ음을 첨가하여 '니,냐,녀,뇨,뉴'로 발음한다는 규정이다. 문화어의 경우 합친말의 첫 형태부가 자음으로 끝나고 둘째 형태부가 '이,야,여,요,유'로 시작될 때 그 사이에서 [ㄴ]소리가 발음되는 것을 허용한다는 것을 주요 내용으로 하고 있다.

이와 같이 'ㄴ첨가'도 남과 북이 동일한 양상으로 나타남을 알 수 있다. 다만 '이죽이죽' 류의 예에서만 북한의 경우 표기대로 발음하도록 하는 점에서 남한과 차이를 보인다.

2.8. 종성규칙

종성규칙이란 우리말의 받침소리가 /ㄱ,ㄴ,ㄷ,ㄹ,ㅁ,ㅂ,ㅇ/의 7개 자음으로 실현되는 현상으로서 이는 음절말에서의 분포 제약을 의미한다. 즉 표기상으로는 '부엌, 잎, 밭, 값, 흙' 등 음절 끝에 여러 개의 단자음이나 겹자음이 올 수 있지만, 발음은 [부억, 입, 받, 갑, 흑]처럼 7개 자음으로만 발음된다. 7개 자음은 각각 표준어발음법 제8항, 문화어발음법 제7항에서 받침소리로 규정되어 있다. 단자음 받침의 경우 말음법칙이 적용될 수 있는 환경과 적용 후의 표면형이 남북한에서 동일하게 나타난다.

2.9. 자음군단순화

자음군단순화는 어말이나 자음 앞에서 겹받침 중 자음 하나가 탈락하는 현상[34])을 말한다. 다음은 표준어발음법 제10-11항 보기와 문화어발음법 제9항 보기의 일부이다.

【남】 ㄱ. 넋[넉] 앉다[안따] 넓다[널따] 외곬[외골] 핥다[할따] 없다[업 : 따]
  ㄴ. 밟다[밥 : 따] 밟소[밥 : 쏘] 밟지[밥 : 찌] 밟게[밥 : 께] 밟고[밥 : 꼬] 밟는[밥 : 는→밤 : 는]
  ㄷ. 넓-죽하다[넙쭈카다] 넓-둥글다[넙뚱글다]
  ㄹ. 흙과[흑꽈] 맑다[막따] 늙지[늑찌] 젊다[점 : 따] 읊고[읍꼬] 읊다[읍따]
  ㅁ. 맑게[말게] 묽고[물꼬] 얽거나[얼거나]
【북】 제9항
  ㄱ. 몫[목] 넋살-[넉쌀] 닭-[닥] 붉다[북따]
  ㄴ. 밟고-[밥꼬] 맑기[말끼] 붉게[불게]
  ㄷ. 값-[갑] 없다[업따] 넓지-[넙찌] 읊다-[읍따]
  ㄹ. 넓고-[널꼬] 얇게-[얄게] 짧고-[짤꼬]
  ㅁ. 돐-[돌] 핥다-[할따] 넓지-[넙찌] 읊다-[읍따]
  ㅂ. 앉고-[안꼬] 엉게-[언께] 많네-[만네]
  ㅅ. 젊다-[점따] 삶느냐-[삼느냐] 삶-[삼]

겹받침 'ㄹㄱ'의 경우 남한은 용언의 어간인 경우에 후행자음이 'ㄱ'이면 'ㄹㄱ'의 'ㄱ'이 탈락하는 데 반해, 북한(ㄱ,ㄴ)은 후행음절의 초성이 ㄱ이냐 아니냐에 따라 발음이 달라짐을 알 수 있다. 겹받침 'ㄹㅂ'의 경우 남한은 후행자음 ㅂ의 탈락이 보편적이고 '밟-, 넓-'의 경우 선행자음 'ㄹ' 탈락이 규정되어 있는데 반해 북한(ㄷ,ㄹ)은 후행음절의 초성이 'ㄱ'이냐 아니냐에 따라 발음이 달라짐을 알 수 있다.

---

34) '앉아[안자], 닭을[달글]'처럼 모음으로 시작하는 조사나 어미, 접미사와 결합하는 경우에는 연음으로 발음된다.

2.10. 순음화

순음화란 자음인접의 환경에서 선행자음이 후행 순음에 동화되어 순음으로 실현되는 현상으로서 전부변자음화(前部邊子音化)라고도 한다. 다음은 표준어발음법 제21항과 문화어발음법 제25항 보기의 일부이다. 순음화의 경우 언중들이 발음을 쉽고 편하게 하려는 수의적 변이이며, 다음에서 보듯이 남한과 북한이 서로 동일한 양상을 보이고 있음을 확인할 수 있다.

```
【남】 ㄱ. 젖먹이[점머기] 문법[몸뻡]
     ㄴ. 연필[염필] 군불[굼불] 준비[줌비] 찬밥[참밥] 군불[굼불] 준비[줌비]
     ㄷ. 꽃밭[꼽빧] 촛불[촙뿔] 텃밭[텁빧] 밭보다[밥뽀다]
     ㄹ. 신문[심문] 연말[염말] 논문[놈문]
     ㅁ. 냇물[냄물] 꽃만[꼼만] 늦모[늠모] 뒷문[뒴문]
     ㅂ. 맏며느리[맘며느리]
     ㅅ. 썰물[썸물]
【북】 제25항
     ㄱ. 엿보다-[엽뽀다]
     ㄴ. 선바위-[섬바위] 전보-[점보]
```

2.11. 유음화

유음화(流音化)란 'ㄴ'이 'ㄹ'의 앞이나 뒤에서 'ㄹ'에 동화되어 [ㄹ]로 실현되는 현상을 말한다. 다음은 표준어발음법 제20항과 문화어발음법 제23항 보기의 일부를 제시한 것이다.

```
【남】 ㄱ. 난로[날로] 천리[철리] 대관령[대괄령]
     ㄴ. 칼날[칼랄] 줄넘기[줄럼끼] 할른지[할른지]
     ㄷ. 닳는[달른] 뚫는[뚤른] 핥네[할레]
【북】 제23항
     ㄱ. 별나라[별라라] 들놀이[들로리]
     ㄴ. 근로자[글로자] 본래[볼래] 천리마[철리마]
```

남한의 'ㄱ'과 북한의 'ㄴ'은 선행 자음이 후행자음에 동화되어 [ㄹ]로 실현되는 역행동화이고, 남한의 'ㄴ'과 북한의 'ㄱ'은 후행 자음이 선행자음에 동화되어 [ㄹ]로 실현된 순행동화의 예이다. 유음화 역시 남과 북이 비슷한 양상으로 실현되고 있음을 확인할 수 있다.

3. 그 밖의 발음 규정

3.1. 장단

남북한 모두 장단의 구별에 대한 규정을 하고 있다는 점에서는 차이가 없다. 다만, 남한의 '밟 : 다, 신 : 다, 끌 : 다'의 경우 '조선말대사전'에서는 장음 표시가 따로 되어 있지 않음이 확인되었다. 또한 '두어 두다'의 준말 '둬두다'의 경우도 '둬'에 장음 표시가 없는 점을 차이로 들 수 있다. 그밖에 장모음인 단어가 합성어의 둘째 음절 이하에서도 단모음화 되지 않는 것도 문제로 들 수 있는데, 가령, '차돌 : , 가루눈 : , 가다리굴 : '등이 그것이다. 또 '가느스름 : 하다, 거무스레 : 하다, 거무테테 : 하다' 등의 표현성 장음이 둘째 음절 이하에 나타나는 것 역시 남북한의 차이점으로 볼 수 있겠다.

> 【남】 제6항 모음의 장단을 구별하여 발음하되, 단어의 첫음절에서만 긴소리가 나타나는 것을 원칙으로 한다.
> 다만, 합성의 경우에는 둘째 음절 이하에서도 분명한 긴소리를 인정한다.
> [붙임] 용언의 단음절 어간에 어미 '-아/어-'가 결합되어 한 음절로 축약되는 경우에도 긴소리로 발음한다.
> 다만, '오아→와, 지어→져, 찌어→쩌, 치어→처'등은 긴소리로 발음하지 않는다.
> 제7항 긴소리를 가진 음절이라도 다음과 같은 경우에는 짧게 발음한다,
> 1. 단음절인 용언 어간에 모음으로 시작된 어미가 결합되는 경우
>   다만, 다음과 같은 경우에는 예외적이다.
>   끌다[끌 : 다] 끌어[끄 : 러] 벌다[벌 : 다] 벌어[버 : 러] 없다[업 : 따] 없으니[업 : 쓰니]
> 2. 용언 어간에 피동, 사동의 접미사가 결합되는 경우
>   다만, 다음과 같은 경우에는 예외적이다.
>   끌리다[끌 : 리다] 벌리다[벌 : 리다] 없애다[업 : 쎄다]
> [붙임] 다음과 같은 합성어에서는 본디의 길이에 관계없이 짧게 발음한다.
>   밀-물 썰-물 쏜-살-같이 작은-아버지
> 【북】 제1항 모음들이 일정한 자리에서 각각 짧고 높은 소리와 길고 낮은 소리의 차이가 있는 것은 있는대로 발음한다.
>   (짧고 높은 소리)   (길고 낮은 소리)
>   밤(밤과 낮)   밤(밤과 대추)
>   곱다(손이 곱다)   곱다(꽃이 곱다)
>   사다(책을 사다)   사람(사람이 온다)

3.2. 한자어

> 【남】 제26항 한자어에서 'ㄹ'받침 뒤에 연결되는 'ㄷㅅㅈ'은 된소리로 발음한다.
> 다만, 같은 한자가 겹쳐진 단어의 경우에는 된소리로 발음하지 않는다.
> 【북】 제16항 일부 한자말 안에서 울림자음이나 모음으로 끝난 소리마디 뒤에 오는 순한소리를 되도록 순한소리로 내며 일부 된소리로 발음하는 것을 국한하여 허용한다.
> ㄱ.--군적으로[군쩍으로], 도적[도쩍], 당적[당쩍]
> ㄴ.--성과[성꽈], 창고[창꼬], 내과[내꽈], 외과[외꽈], 리과[리꽈]

다음절 한자어에 '-적'이 결합하는 경우의 발음으로 [적]//[쩍]으로 그 차이가 확실하며, '창고' 역시 [창고]//[창꼬]로 남과 북이 다르다. 또 '가공적, 가변적, 가상적, 감동적' 등 약간의 예외35)를 제외한 대부분의 단어에서 [-쩍]으로 발음되는 것은 남한과 북한이 큰 차이를 보이는 부분이라고 하겠다.

---

35) '효과적, 절대적, 협동적, 낙관적' 등 일부에서는 [-적]으로 발음되고, 'ㄹ'받침으로 끝난 다음절 어간에 '-적'이 연결될 때 [-쩍]으로 발음된다.

3.3. 모음충돌회피

남한의 경우 모음으로 끝난 용언 어간에 모음으로 시작된 어미가 결합될 때 나타나는 모음충돌에 대한 발음 규정에 있어[되어, 피어]로 발음함을 원칙으로 하면서, [되여, 피여]도 허용하는 반면, 북한은 '개여, 배여, 쥐여, 회여, 기여'로 표기하고 발음도 항상 [-여]로 하는 점이 다르다.

【남】	제22항 다음과 같은 용언의 어미는 [어]로 발음함을 원칙으로 하되, [여]로 발음함도 허용한다. 되어[되어/되여] 피어[피어/피여] [붙임] '이오, 아니오'도 이에 준하여 [이요, 아니요]로 발음함을 허용한다.
【북】	'맞춤법' 제11항 참조

3.4. 대표음화 및 연음화

【남】	제15항 받침 뒤에 모음 'ㅏ,ㅓ,ㅗ,ㅜ,ㅟ'들로 시작되는 실질형태소가 연결되는 경우에는 대표음으로 바꾸어서 뒤 음절 첫머리로 옮겨 발음한다. 다만, '멋있다, 맛있다'는 [마싣따], [머싣따]로도 발음할 수 있다. [붙임] 겹받침의 경우에는, 그 중 하나만을 옮겨 발음한다.
【북】	제12항 홀모음 '아,어,오,우,이,에,외'로 시작한 고유어말 뿌리의 앞에 있는 받침 'ㄳ,ㄹㅣ,ㅋ,ㄲ'은 [ㄱ]으로 'ㅅ,ㅈ,ㅊ,ㅌ'은 [ㄷ]로, 'ㅄ,ㅍ'은[ㅂ]으로 각각 끊어서 발음한다. 그러나 맛있다, 멋있다 만은 이어내기로 발음한다. 제13항 단어들이 결합관계로 되어있는 경우에도 앞단어가 받침으로 끝나고 뒤 단어의 첫소리가 모음일적에 끊어서 발음함을 원칙으로 한다.

받침 있는 단어나 접두사가 모음으로 시작하는 단어와 결합할 때 그 받침을 대표음으로 바꾸어 이어 발음하도록 하는 규정에서 뒤 단어 모음이 'ㅏ,ㅓ,ㅗ,ㅜ,ㅟ'/'아,어,오,우,이,애,외'로 차이를 보이고 있음을 확인할 수 있다.

5) 조선말규범집(2010)의 문화어 발음법

북한의 『조선말규범집』은 2010년에 개정이 이루어졌으며, 초판은 2010년 10월 9일, 2판은 2010년 12월 23일에 나왔다. 2010년 『조선말규범집』에 수록된 '문화어발음법'의 형식과 내용적 측면을 변동 사항을 중심으로 살펴보도록 한다36).

변경 내용	문화어발음법
조항의 문구가 조정된 것	2항 붙임2), 9항 1), 9항 3), 9항 4)5)6)7), 12~14항, 16~18항, 20항, 22~24항
예시 항목이 삭제·추가·교체·배열 조정된 것	1항, 2항, 2항 붙임2), 3항, 9항 3)7), 12~14항, 16항, 17항, 21항, 22항 1), 23항, 24항, 29항, 31항 붙임
조항 번호가 조정된 것	7~31항

---

36) 「최호철(2010). 북한 '조선말규범집'의 2010년 개정과 그 의미. 어문논집 65」를 토대로 정리하였다.

첫째, 제2항 모음 'ㅢ'의 발음에 관한 붙임을 분명히 하고 있다37).

<1987년>
[붙임] 1)된소리자음과 결합될 때와 단어의 가운데나 끝에 있는 《ㅢ》는 [ㅣ]와 비슷하게 발음함을 허용한다.
례: 띄우다[띠우다], 씌우다[씨우다]
    결의문[겨리문], 회의실[회이실], 정의[정이], 의의[의이]

⬇

<2010년>
[붙임]
1) 자음과 결합할 때와 단어의 가운데나 끝에 있는 《ㅢ》는 [ㅣ]로 발음함을 허용한다.
례: 희망[희망/히망], 띄우다[띠우다], 씌우다[씨우다]
    결의문[겨릐문/겨리문], 정의[정이], 의의[의이], 회의[회의/회이]

둘째, 제5항의 'ㄹ'발음에 관한 예외 조문이 추가 되었다.

<1987년>
제5항 《ㄹ》은 모든 모음앞에서 《ㄹ》로 발음하는 것을 원칙으로 한다.
례: 라지오, 려관, 론문, 루각, 리론, 레루, 요광로

⬇

<2010년>
제5항 《ㄹ》은 모든 모음앞에서 《ㄹ》로 발음하는 것을 원칙으로 한다.
례: 라지오, 려관, 론문, 루각, 리론, 레루, 용광로
그러나 한자말에서 《렬, 률》은 편의상 모음뒤에서는 [열]과 [율]로, 《ㄹ》을 제외한 자음뒤에서는 [렬], [뉼]로 발음한다.
례: 대렬[대열], 규률[규율]
    전렬[전녈], 정렬[정녈], 전률[전뉼]

셋째, 제6항의 한자어 두음 표기 'ㄴ'을 표기대로 발음하는 규정이 삭제되었다.

<1987년>
제6항 《ㄴ》은 모든 모음앞에서 《ㄴ》으로 발음하는 것을 원칙으로 한다.
례: 남녀, 냠냠, 녀사, 뇨소, 뉴톤, 니탄, 당뇨병

넷째, 제9항에 예외 조문이 추가되었다38).

<1966년>
제10항 모음으로 시작한 토나 접미사의 앞에 있는 받침은 그 모음에 이어서 발음한다.

---

37) 이는 '[ㅣ]와 비슷하게' 라는 다소 모호한 표현을 분명히 하고 두 발음을 공식적으로 인정하고 있음을 알 수 있다.
38) 이는 1966년 규정 10항 '붙임'에 명시되었던 것으로 1987년 규정에서 삭제되었다가 2010년 규정에서 되살린 것이다.

례: 먹이[머기], 부엌에[부어케], 깎으니[까끄니], 받으면[바드면]
  밭에[바테], 옷을[오슬], 잊었다[이젇따], 꽃이[꼬치], 입에[이베], 잎을[이플], 손으로[소느로], 몸에[모메], 발을[바를], 깊이[기피], 삼발이[사바리]
[붙임] (1) 그러나 부름을 나타내는 토 《아》 앞에 있는 《ㅅ》 받침은 [ㄷ]로 발음한다.
  례: 나의 벗아[버다]
  (2) 받침 《ㄷ,ㅌ》 뒤에 모음 《ㅣ》가 오는 경우의 발음은 제23항의 규정을 따른다.
제11항 한자어에서 모음앞에 있는 받침은 그 모음에 이어서 발음한다.
례: 1)국영[구영], 금요일[그묘일], 일요일[이료일], 절약[저략]
  2) 3.1(삼일)[사밀], 8.15(팔일오) [파리로], 6.25(륙이오) [류기오]

↓

<1987년>
제10항 모음앞에 있는 받침은 그 모음에 이어서 발음한다.
례: 높이[노피], 삼발이[삼바리], 깎아치기[까까치기], 깎음[까끔]
  몸에[모메], 물에[무테], 조국은[조구근], 조선아[조서나], 꽃을[꼬츨], 입으로[이브로]
  받았다[바닫따], 밭았다[바탇따], 잊었다[이젇따], 있었다[이썯따]
  8.18[팔일팔→파릴팔], 6.25[륙이오→류기오], 3.14[삼일사→사밀사]
제11항 모음앞에 있는 둘받침은 왼쪽받침을 받침소리로 내고 오른쪽받침은 뒤의 모음에 이어서 발음한다.
례: 넋을[넉슬], 닭이[달기], 돐을[돌슬], 맑은[말근], 밟아[발바], 젊음[절믐], 훑어[훌터], 없으니[어즈니], 없음[업슴], 읊어[을퍼]

↓

<2010년>
제9항 모음앞에 있는 받침은 뒤소리마디의 첫소리로 이어서 발음한다.
1)모음으로 시작되는 토나 뒤붙이앞에 있는 받침은 이어서 발음한다. 둘받침의 경우에는 왼쪽받침을 받침소리로, 오른쪽받침을 뒤모음의 첫소리로 발음한다.
례: 높이[노피], 삼발이[삼바리]
  몸에[모메], 밭으로[바트로], 꽃을[꼬츨]
  젖어서[저저서], 갔었다[가썯따], 씻으며[씨스며]
  닭을[달글], 곬이[골지], 값에[갑쎄], 맑은[말근], 밟아[발바], 읊어[을퍼], 젊은이[절므니]
그러나 부름을 나타내는 토 《-아》 앞에서 받침은 끊어서 발음한다.
  례: 벗아[벋아→버다], 꽃아[꼳아→꼬다]
2) 한자말에서 모음앞에 놓이는 받침은 모두 이어서 발음한다.
례: 검열[거멸], 답안[다반], 국영[구영], 월요일[워료일], 8.15[파리로], 3.14[사밀싸]

다섯째, 제12항의 '맛있다. 멋있다'의 발음 조문을 제10항 붙임에 복수 발음 허용 조문으로 두었다.

<1987년>
제12항 홑모음 《아, 어, 오, 우, 애, 외》로 시작한 고유어말뿌리의 앞에 있는 받침 《ㄲ, ㄹ, ㅋ, ㄲ》은 [ㄱ]으로 《ㅅ, ㅈ, ㅊ, ㅌ》은 [ㄷ]으로 《ㅄ, ㅍ》은 [ㅂ]으로 각각

끊어서 발음한다.
례: 넋없다[넉업따→너겁따], 부엌안[부억안→부어간], 안퐈일[안퐈일→안파길]
   옷안[옫안→오단], 첫애기[첟애기→처대기], 젖어머니[젇어머니→저더머니], 닻올림[닫올림→다돌림]
   값있는[갑인는→가빈는], 무릎우[무릅우→무르부]

↓

<2010년>
제10항 모음 《아, 어, 오, 우, 애, 외》로 시작한 고유어말뿌리 앞에 있는 받침은 끊어서 발음한다.
례: 부엌안[부억안→부어간], 넋없다[넉업따→너겁따]
   옷안[옫안→오단], 첫애기[첟애기→처대기], 젖어머니[젇어머니→저더머니], 닻올림[닫올림→다돌림]
   무릎우[무릅우→무르부]
[붙임]
   《있다》 앞에 오는 받침들도 끊어서 발음한다.
례: 값있는[갑인는→가빈는]
그러나 《맛있다》, 《멋있다》는 이어내어 발음함을 허용한다.
례: 맛있다[마싣따/마딛따], 멋있게[머싣께/머딛께]

여섯째, 제6장 된소리 발음에 관한 새로운 조문이 추가되었다.

<2010년>
제12항 [ㄱ,ㄷ,ㅂ]으로 나는 받침소리 뒤에 오는 소리 순한소리는 된소리로 발음한다.
례: 국밥[국빱], 맏사위[맏싸위], 곱돌[곱똘]
   흙밥[흑빱], 꽃밭[꼳빧], 없다[업따], 밟기[밥끼]

일곱째, 제14항 된소리 발음에 관한 붙임을 삭제하였다.

<1987년>
[붙임] 그러나 사역 또는 피동의 뜻을 나타내는 상토 《기》일적에는 된소리로 발음하지 않는다.
례: 감기다[감기다], 남기다[남기다], 신기다[신기다], 안기다[안기다]

여덟째, 제24항 받침 'ㄴ'의 발음에 관한 예외 조문을 삭제하였다.

<1987년>
그러나 일부 굳어진 단어인 경우에는 그 《ㄴ》을 [ㄹ]로 발음한다.
례: 곤난[골란], 한나산[할라산]

아홉째, 제25항의 닮기 현상의 발음에 관한 조항이 삭제되었다.

<1987년>
제25항 이상과 같은 닮기현상밖의 모든 《영향관계》를 원칙적으로 인정하지 않는다.

(옳음)	(그름)
례: 밥그릇[밥그른]	[박끄른]
발관개[받관개]	[박판개]
엿보다[열보다]	[엽뽀다]
안기다[안기다]	[앙기다]
온갖[온간]	[옹간]
감기[감기]	[강기]
선바위[선바위]	[섬바위]
전보[전보]	[점보]
잡히다[자피다]	[재피다]
녹이다[노기다]	[뇌기다]
먹이다[머기다]	[메기다]

열째, 제9장 사잇소리에 관한 조항에 '암, 수'가 앞에 놓인 단어의 발음 규정 조문이 추가되었다.

<2010년>
제26항 《암, 수》가 들어가 만들어진 단어의 발음은 다음과 같이 한다.
1) 뒤형태부의 첫소리가 《ㄱ,ㄷ,ㅂ,ㅈ》인 경우는 [ㅋ,ㅌ,ㅍ,ㅊ]의 거센소리로 발음한다.
례: 암돼지[암퇘지], 수강아지[수캉아지], 수병아리[수평아리]
    암기와[암키와], 수돌쩌귀[수돌쩌귀]
2) 그밖의 경우 앞형태부가 《수》이면 사이소리를 끼워 발음한다.
례: 수사자[숟사자→수싸자], 수소[숟소→수쏘]
    수나비[숟나비→순나비], 수오리[숟오리→수도리]

지금까지 살펴 본 2010년 『조선말규범집』에서는 형태를 밝히는 표기가 늘어남으로써 표기와 불일치한 발음에 대한 조항이 명문화되었고, 두 가지 발음을 허용하는 단어도 생겨났다. 또한 맞춤법과 발음법에서 규정대로 일관성 있게 처리하기 어려운 조항은 삭제되었음을 확인할 수 있었다. 이것은 북한의 발음의 유연성에 대한 의식이 작용한 결과라고 할 수 있다.

5. 요약

1) 각국 표준 발음 정책 비교

지금까지 우리는 미국, 일본, 중국, 독일, 프랑스, 스페인, 영국 등 외국에서의 표준 발음과 관련한 정책과 제도 및 법과 시행령 등을 살피고, 그들의 발음 교육 관련 내용을 아울러 살펴보았다. 외국의 표준 발음 정책과 제도 그리고 관련법의 조사 결과를 바탕으로, 그들이 가지고 있는 조건을 고려하여 각국의 표준 발음 정책이 가지고 있는 강점과 약점은 바로 우리나라에 적용이 가능한 방안을 판단하는 근거가 될 것이다. 외국에서의 표준 발음과 관련한 정책과 제도 및 법과 시행령 등을 살피는 과정에서는 각국이 처한 언어적인 환경에도 주목하였다. 이러한 작업이 가지는 의의는 자명하다고 하겠다.

우선 제시 가능한 정책과 제도의 목록을 확인하고 그들을 대상으로 현실성이 있는가, 수용가능성의 정도는 어떠한가, 내용을 구체화할 수 있는 것이며, 타당한 근거를 가지고 있는가 등의 기준을 근거로 삼아 우리나라의 표준 발음 정책에 적합한 방안을 찾아가는 기초적인 작업이라 할 수 있기 때문이다. 하지만 이 자리에서 우리나라의 표준 발음 정책에 적합한 방안을 모색하고, 제안하는 일은, 국민들의 표준 발음에 대한 인식과 발음 현실을 파악하는 다음 작업 이후로 잠시 유보하기로 한다.

다음은 조사 대상이 된 국가의 표준 발음 정책 및 현황을 비교한 표이다. <u>조사된 국가에서는 표에서 보아 알 수 있듯이 표준 발음을 규정하는 수단으로 우리와 같은 표준 발음법과 같은 규정이 없다.</u> 물론 이들 국가 외에 북한의 경우는 우리와 동일한 형식의 발음 규정을 가지고 있다.

<외국의 표준 발음 정책 및 현황 비교>

구분	표준어 공용어 여부	표준 발음의 규정 여부	표준 발음 지역어	표준 발음 규정 수단	표준 발음 총괄 기관	표준 발음 명칭
일본	×	×	방송용어	NHK일본어 발음악센트사전	×	공통어
중국	○	○	북경어	한어병음·표준어 異讀詞 심음표(普通話 異讀詞審音表)	국가언어 문자공작 위원회 (國家語言文字 工作委員會)	보통화 (普通話)
미국	×	×	중부방언 (Midland Dialect)	방송, 언론, 학교, 문법서, 활용서 등	×	표준 영어 (General American)
프랑스	○	×	×	×	×	×
스페인	○	×	×	×	×	×
독일	○	○	하노버 지역의 독일어	표준 발음 사전 (DUDEN 발음 사전)	×	표준 발음 (Standard-ausprache)
영국	×	×	BBC 영어	BBC방송(BBC발음부)	×	RP (Received Pronunciation)

2) 각국의 표준 발음 관련 정책 내용

(1) 일본

㉠ 표준어 및 표준 발음과 관련하여서는 명시적인 기준을 정하지 못함.
㉡ 1961년 텔레비전 방송이 시작되면서 방송언어를 구어에 좀 더 가깝게 하려는 논의가 활성화됨.
㉢ 동경 방언을 근간으로 하는 '방송용어'가 보급되게 되었고, 이들이 일본어 발음의 실질적

인 표준으로서 자리 잡음으로써 공통어가 성립됨.
ⓒ 기준이 없는 언어 사항들에 대한 여론 조사를 바탕으로 '방송용어위원회'에서는 새로운 기준을 만들기 시작
ⓔ 각종 사전은 방송업무를 위한 지침 역할을 함.

(2) 중국

ⓐ 보통화(普通話)는 북경어음을 표준음으로 함.
ⓑ 표준 발음에 관한 통일된 규정 확립의 일환으로 '한어병음방안(漢語拼音方案)'이 중요한 위치를 차지함.
ⓒ 《표준어 異讀詞 심음표》는 1985년에 공표된 표준 발음에 관련된 규범 중 하나로 중화인민공화국의 수립 이후 세 차례에 걸쳐 정리·수정됨.
- 일반적으로 의미상의 변화 없이 두 가지 이상의 발음을 지닌 단어는 하나의 보편화된 발음으로 통일.
- 다르게 발음되는 수많은 글자를 하나의 발음으로 규정해 놓음.

(3) 미국

ⓐ 미국 영어의 표준 발음은 공식적으로 규정되어 있지 않다.
ⓑ 중부 방언(Midland Dialect)은 흔히 '일반 영어(General American)'로 불리는데 서부 개척의 결과 이 방언이 대표적 미국 영어의 위상을 차지하게 되었기 때문임.
ⓒ 미국 영어 발음의 표준은 정부나 주 기관에서 명시하지 않고 방송, 신문 등의 언론이나 주요 사전 등을 통해 제시되고 이를 대중들이 암묵적으로 인정하는 방식으로 정해지고 있음.
ⓔ 표준 발음이 암묵적으로 인정되는 반면, 표준 발음에 대한 관심이나 현장에서의 발음 교육은 비교적 예민하게 이루어지고 있음.
ⓕ 미국에서는 사람들이 표준 형태를 정하도록 문법책이나 활용서, 사전 등이 그 역할을 담당하고, 학교도 표준 규범을 정한다. 그래서 미국인들은 표준어 여부에 대한 질문을 받으면 보통 활용 가이드를 통해 의문을 해결하며, 학교는 그 표준형을 영속시키는 역할을 함.

(4) 프랑스

ⓐ 프랑스 헌법 제2조에는 "공화국의 언어는 프랑스어이다."라고 명시함.
ⓑ 표준 발음에 관한 규정은 언어학자들의 연구에 국한되어 있을 뿐, 관련 법률이 따로 명시되어 있지는 않음.
ⓒ 학교 교육에서 발음 교육은 의무가 아니고 교사 재량에 달려 있어 원어민 화자도 표준 프랑스어 발음교육을 받기 어려운 실정임.

(5) 스페인

ⓐ 스페인 한림원(Real Academia Española)을 중심으로 구성된 스페인어권 21개국의 스페인어 한림원 연합회(Asociación de Academias de la Lengua Española)는 스페인어에 관한 표준 발음에 대해서는 규정을 별도로 명시하고 있지 않다.
ⓑ 스페인 한림원(Real Academia Española)에서는 스페인어 발음의 지역별 변이형을 그대로

인정함.
　ⓒ 지역별, 국가별, 계층별, 또는 담화 상황별로 스페인어가 다양하게 사용되고 있음을 인정함.
　② 스페인 한림원 사전에서는 각국, 각 지역의 모든 어휘와 음성적 다양성을 인정하는 반면, 철자법의 경우에는 다소 엄격한 표준정책을 취하고 있음.

(6) 독일
　㉠ 독일중앙방송국 ARD의 뉴스방송에서 사용되는 발음이나 표현을 표준어로 준용하고 있는 것이 사회적 통념임.
　㉡ 다양한 지역의 독일어들을 모아 제정한 것이 '표준 독일어'임.
　㉢ 독일어의 표준 발음으로 인식되고 있는 독일어는 독일 북부 지역 특히 하노버(Hannover) 지역의 독일어임.
　㉣ 독일인들은 일반 언어생활에서 표준어에 대한 준용입장을 따르기 보다는 개별 지역어에 대한 자부심을 중시함.
　㉤ 대부분의 독일인들은 '표준 독일어(Standarddeutsch, Hochdeutsch)' 및 '표준 발음 (Standardaussprache)'에 대한 규범관념이 상대적으로 적은 편임.
　㉥ 1898년 『독일무대발음 (Deutsche Bühnenaussprache)』이란 제목의 '무대발음 지침서'인 '무대 발음 사전'을 출간.
　- 무대 발음 사전'은 19세기 말 이후 2차 세계대전 종전시기까지도 고전적 희곡의 낭송이나 예술가요 및 가곡 가창이나 드라마의 무대 상연에서 발성기준이 되었으며, 지속적으로 표준 독일어 발음 규범으로 통용됨.
　- 독일어교육 현장에서도 실제 언어 현실의 발음과 차이가 많이 나는 이 무대발음을 발음교육의 규범으로 삼아 외국어 교육에 적용하기도 함.
　㉦ 과거 비표준 발음으로 간주되던 음성기호에 의해 기호화 된 이상적인 발음규범과 현실음의 차이점들이 표준 발음으로 인정받게 되어 'Duden 발음 사전'의 제2판(1974) 및 제3판(1990)의 내용에 다수 수용됨.
　㉧ 발음교육 시 한 가지 표준 발음만을 교육하는 방식을 지양하고, 언어 현실에서 많은 부분을 차지하고 있는 다양한 비표준 변이형태도 교육내용에 포함시켜야 한다는 주장이 제기됨.

(7) 영국
　㉠ 영국의 경우 영어는 법률에 의해 공식어로 지정되어 있는 것이 아니고, 관례적으로 영국의 공용어로 쓰이고 있음.
　㉡ 공식 언어 관리 기관이 존재하지 않음.
　㉢ RP(Received Pronunciation)는 영국식 영어 악센트 중 전통적이고 권위적이며, 상류층의 악센트로 평가받는 발음을 의미하며, 이는 어느 한 지역에 국한된 것이 아니라 사용자의 사회 계층 및 교육 배경을 드러내는 발음으로 영국 영어의 표준 악센트의 하나임.
　㉣ RP는 일반적으로 사전에 기술되는 발음이며, 외국어로서의 영어 교육 시 발음의 모델로 사용됨.
　㉤ 옥스포드 영어 사전이나 롱맨 발음 사전, 캠브리지 대학의 영어 발음 사전 등 영국에서 신뢰받는 사전들은 올바른 발음이나 규범을 처방하거나 결정하기 보다는 기술언어학을 목표로 영국에서 널리 쓰이는 비표준 발음을 기술하기도 함.

ⓗ BBC 영어란 아나운서들의 표준 악센트를 의미하며, BBC 아나운서들은 영어의 표준 악센트를 보존할 의무를 가짐.
ⓢ BBC 발음부(Pronunciation Unit)는 모든 언어 발음을 연구 • 자문하며, 지명이나 어구를 다루되, 악센트에 따라 달라지는 단어의 발음[39]은 다루지 않음.
ⓞ BBC 발음부는 국민들이 현재 구사하는 언어를 반영하되, 인위적이고 굳어 있는 표준을 규정하지는 않음.

(8) 북한
㉠ 북한의 경우 1954년에 이미 표준 발음법을 제정함.
㉡ 1987년의 '조선말 규범집'에서 1966년의 '표준 발음법' 개정과 동시에 '문화어발음법'이라고 명칭을 변경함.

---

[39] bath, nurse, square, water, milk, brother 등

Ⅲ. 표준 발음에 대한 일반인 의식 조사

 이 연구에서는 일반인에 대하여 표준 발음에 대한 인지도, 이해도, 수용도 및 표준 발음의 개정 및 표준 발음 선정 원칙의 선호도에 대한 평가를 조사한다. 표준 발음에 관한 정책이 올바로 시행되기 위해서는 실제 언어사용자인 일반인이 표준 발음의 존재를 알고 이해할 수 있어야 하며, 원칙과 개별 어형을 받아들일 수 있어야 한다. 따라서 표준 발음에 대한 일반인의 인식은 인지도, 이해도, 수용도, 선호도로 나누어 조사한다.
 표준 발음에 대한 일반인들의 인지도, 이해도, 수용도 등은 설문지로 측정할 수 있다. 따라서 적절한 표본을 추출하여 정해진 설문지에 의해 자료를 수집한 후 통계분석을 하여 표준 발음에 대한 일반인의 의식을 조사한다.

1. 일반인 설문 조사 개요

1) 조사의 개요

본 연구의 조사와 관련된 전반적인 내용은 다음과 같다.

조사 대상	■ 전국 16개 시도 거주, 만 13세 이상 남녀
조사 규모	■ 총 505명
조사 방법	■ 구조화된 질문지를 이용한 1:1 개별면접조사
표본추출방법	■ 지역별/성별/연령별 인구 구성비를 고려한 비례할당
표본 오차	■ 95% 신뢰수준에서 ± 1.8% 포인트
조사 기간	■ 2012년 6월 10일~8월 10일(약 60일간)
조사 담당	■ 연구원/지역별 방언 전문가

2) 조사 과정

본 연구는 다음과 같은 과정을 거쳤다.

조사 계획 수립	■ 조사 일정 및 단계별 계획 수립 ■ 자료수집 방법에 대한 구체적 논의 및 지침 마련 ■ 설문지 확정

⇩

조사원 선발 및 교육	■ 지역별 방언 전문가, 조사 유경험자 위주의 조사 책임자 및 조사원 선발 ■ 조사의 취지 및 내용, 표본추출 및 응답자 선정 시 유의사항 등에 대한 체계적 교육 ■ 조사 진행 요령 등에 대한 연습을 통해 조사원 간 표준화

⇩

현지 조사	■ 선정된 응답자에게 조사의 취지 및 의미 설명 ■ 지역별 조사 진행 ■ 파일 관리 시스템을 통해 조사 결과 체계적 관리

⇩

설문내용 확인 및 검수	■ 조사 완료 후 설문지 육안 검수 ■ 응답자에게 사례비 전달

⇩

검증 및 보완	■ 응답내용상의 부족분 및 오류에 대한 검증 실시 ■ 응답내용의 논리적인 오류에 대한 수정 등

3) 조사 내용

본 연구의 구체적인 조사 내용은 다음과 같다.

구 분	조 사 항 목
'표준 발음' 및 '표준 발음법' 인지도	■ 표준 발음법 인지도 ■ 공적 상황에서의 표준 발음 사용 인지도
'표준 발음법' 이해도 (설문 2)	■ 표준 발음 제정 원칙(1항) ■ 음의 길이에 대한 규정(6항) ■ 겹받침의 발음에 대한 규정(10항, 11항) ■ 음의 동화에 대한 규정(20항) ■ 음의 첨가에 대한 규정(29항)
'표준 발음법' 수용도 (설문 3, 4)	■ 표준 발음 제정 원칙(1항) ■ 음의 길이에 대한 규정(6항) ■ 겹받침의 발음에 대한 규정(10항, 11항) ■ 음의 동화에 대한 규정(20항) ■ 음의 첨가에 대한 규정(29항) ■ 표준 발음의 필요성 ■ 표준 발음법의 필요성 ■ 표준 발음에 대한 학교 교육의 필요성 ■ 표준 발음 사용 의향 ■ 공적 상황에서 표준 발음 사용의 필요성 ■ 언어의 변화에 따른 표준 발음 규정 변화의 필요성 ■ 복수 표준 발음의 필요성
'표준 발음법' 개정 및 선정 원칙(설문 5)	■ 표준 발음 규정 개정에 대한 견해 ■ 표준 발음 규정 개정 주기 ■ 표준 발음 규정 개정 찬성 이유 ■ 표준 발음 규정 개정 반대 이유
개별 표준 발음 (설문 6)	■ 개별 표준 발음에 대한 선호도(20항목)

본 연구에서 개별 표준 발음에 대한 선호도를 조사하기 위한 항목은 다음과 같다.

개별 표준 발음 조사 항목	- 김밥 - 밟다가 - 냇가 - 금융 - 온라인 - 읽더라 - 광한루 - 한강 - 민주주의 - 되어서 - 눈요기 - 굵고 - 선릉 - 디귿을 - 발달사 - 읊는다 - 공권력 - 조국의 - 맏형 - 송별연

4) 설문지

본 연구는 다음과 같은 설문지를 통해 조사가 이루어졌다.

통계법 33조(비밀의 보호)에 의거, 본 조사에서 개인의 비밀에 속하는 사항은 엄격히 보호됩니다.

표준 발음 영향 평가 조사

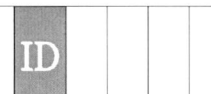

안녕하십니까? '표준 발음법 영향 평가'의 설문 조사에 응해 주셔서 감사합니다. 이 조사는 표준 발음법이 우리 언어생활에 미치는 영향을 파악하기 위하여 국립국어원에서 주관하고 서울대학교 산학협력단에서 수행하는 조사입니다. 이번 조사를 통해 '표준 발음법'에 대한 국민들의 의견을 수렴하여 국어 정책에 참고 자료로 활용하고자 합니다.

답변해 주신 내용은 모두 통계 분석을 위해서만 사용되며, 귀하의 개인 정보는 법에 의해 보호됨을 약속드립니다.(통계법 제33조) 바쁘시더라도 본 설문에 협조하여 주시면 대단히 감사하겠습니다.

사업 주관: 국립국어원 어문연구팀
김한샘 학예연구관(02-2669-9712)

조사 기관: 서울대학교 산학협력단
연구 책임자: 서울대학교 인문대학 국어국문학과
교수 김성규(02-880-9194)

응답자 성명		응답자 ID	
응답자 연락처			
응답자 주소	_____시/도 _____구/시/군 _____동·읍/면		
면접 날짜	____년 ____월 ____일 ____시 ____분 ~ ____분		
SQ1. 거주 지역	① 서울 ② 부산 ③ 대구 ④ 인천 ⑤ 광주 ⑥ 대전 ⑦ 울산 ⑧ 경기 ⑨ 강원 ⑩ 충북 ⑪ 충남 ⑫ 전북 ⑬ 전남 ⑭ 경북 ⑮ 경남 ⑯ 제주		
SQ2. 거주지 규모	① 대도시　　　　② 중소 도시　　　　③ 군 지역		
SQ3. 성별	① 남성　　　　② 여성		
SQ4. 연령	선생님의 연세는 올해 만으로 어떻게 되십니까? ☞ **만 13세 미만 면접 중단** ① 만 13~19세 ② 만 20~29세 ③ 만 30~39세 ④ 만 40~49세 ⑤ 만 50~59세 ⑥ 만 60세 이상		
면접원 성명		검증원 확인		코딩원 확인	

> **표준어 및 표준어 규정 및 표준 발음법에 대한 설명**
>
> 면접원 주의 사항: 조사 전에 표준어와 표준어 규정의 차이에 대해 반드시 설명할 것!

[표준어]
※ 사전적 정의: 한 나라에서 공용어로 쓰는 규범으로서의 언어. 의사소통의 불편을 덜기 위하여 전 국민이 공통적으로 쓸 공용어의 자격을 부여받은 말로, 우리나라에서는 교양 있는 사람들이 두루 쓰는 현대 서울말로 정함을 원칙으로 한다.(표준국어대사전)

※ 응답자에게 줄 정의: 우리나라에서 교과서나 공문서, 신문, 방송, 교육 등의 공적인 상황에서 쓰도록 정해진 말.

[표준어 규정]
※ 사전적 정의: 표준어 사정의 원칙과 표준 발음법을 체계화한 규정. 1936년에 조선어학회에서 사정하여 공표한 〈조선어 표준말 모음〉을 크게 보완하고 합리화하여 1988년 1월에 문교부가 고시하였다.

※ 응답자에게 줄 정의: 표준어를 정하기 위해 나라의 공식적인 기관에서 만든 규정

[표준 발음법]
※ 사전적 정의: 표준어 규정의 제2부. 총칙, 자음과 모음, 음의 길이, 받침의 발음, 음의 동화, 경음화, 음의 첨가의 모두 7개 절로 이루어져 있다.

※ 응답자에게 줄 정의: 표준어를 올바르게 발음하는 법을 정하여 만든 규정

`'표준 발음법'에 대한 인지도`

문1. 다음은 표준 발음법을 정하는 규정을 어느 정도 알고 계신지에 대한 질문입니다. 각 항목에 대해 알고 계신 대로 솔직히 말씀해 주세요.

1-1. 선생님께서는 우리나라에 표준 발음법이 있다는 것을 알고 계십니까?
   ① 잘 알고 있다.   ② 들어봤지만 정확히는 모른다.   ③ 잘 모른다.

1-2. 선생님께서는 뉴스 등에서 표준 발음법을 기준으로 발음하고 있다는 사실을 알고 계십니까?
   ① 잘 알고 있다.   ② 들어봤지만 정확히는 모른다.   ③ 잘 모른다.

`'표준 발음법'에 대한 이해도`

문2. 다음은 표준 발음을 정하는 세부적인 규정을 알고 계시는지 묻는 질문입니다. 아래의 각 항목이 표준 발음법에 맞는다고 생각하시면 '그렇다', 아니라고 생각하시면 '아니다'라고 말씀해 주세요.

문번	항목	그렇다 ①	아니다 ②
2-1	표준 발음법은 표준어의 실제 발음을 따르되 국어의 전통성과 합리성을 고려하여 정함을 원칙으로 한다.	①	②
2-2	사물을 보는 '눈[눈]'과 하늘에서 내리는 '눈[눈:]'처럼 모음의 장단을 구별하여 발음한다.	①	②
2-3	'넓다[널따]', '밟다[밥:따]'처럼 겹받침을 경우에 따라 달리 발음한다.	①	②
2-4	'광한루'는 [광:한누]가 아니라 [광:할루]로 발음하듯, 'ㄹ'의 앞이나 뒤의 'ㄴ'은 [ㄹ]로 발음한다.	①	②
2-5	'비빔밥[비빔빱]'처럼 표기상으로는 사이시옷이 없어도 앞말(비빔)이 뒷말(밥)을 꾸미는 단어의 경우 뒤 단어의 첫소리를 된소리로 발음한다.	①	②
2-6	'맨입[맨닙]', '식용유[시굥뉴]'처럼 단어를 구성하는 앞말(맨, 식용)이 자음으로 끝나고 뒷말이 '이, 야, 여, 요, 유'로 시작할 때 [ㄴ]을 첨가하여 발음한다.	①	②

'표준 발음법'에 대한 수용도

문3. 다음은 표준 발음을 정하는 세부적인 규정에 대해 어느 정도 타당하다고 생각하시는지 묻는 질문입니다. 각 항목에 대해 타당하다고 생각하시는 정도를 '전혀 타당하지 않다' 1점, '매우 타당하다' 5점 등 1점에서 5점 사이로 말씀해 주시기 바랍니다.

보기	전혀 타당하지 않다 ①	타당하지 않은 편이다 ②	보통이다 ③	타당한 편이다 ④	매우 타당하다 ⑤

문번	항목	응답
3-1	표준 발음법은 표준어의 실제 발음을 따르되 국어의 전통성과 합리성을 고려하여 정함을 원칙으로 하는 것이 타당하다고 생각하십니까?	
3-2	사물을 보는 '눈[눈]'과 하늘에서 내리는 '눈[눈:]'은 장단을 구별합니다. 이 경우처럼 단어에 따라 모음의 길이를 구별한다는 규정이 타당하다고 생각하십니까?	
3-3	겹받침은 '넓다[널따]'와 '밟다[밥:따]'처럼 경우에 따라 달리 발음합니다. 이 경우처럼 같은 겹받침을 경우에 따라 달리 발음한다는 규정이 타당하다고 생각하십니까?	
3-4	'광한루'는 [광:한누]가 아니라 [광:할루]로 발음합니다. 이 경우처럼 'ㄴㄹ'을 원칙적으로 [ㄹㄹ]로 발음한다는 규정이 타당하다고 생각하십니까?	
3-5	'비빔밥[비빔빱]'처럼 표기상으로는 사이시옷이 없어도 뒤 단어의 첫소리를 된소리로 발음합니다. 이 경우처럼 표기되지 않은 사이시옷을 발음한다는 규정이 타당하다고 생각하십니까?	
3-6	'맨입[맨닙]', '식용유[시굥뉴]'는 [ㄴ]을 첨가하여 발음합니다. 이 경우처럼 표기되지 않은 자음을 첨가하여 발음한다는 규정이 타당하다고 생각하십니까?	

문4. 다음은 표준 발음 및 표준 발음법에 대해 어느 정도 받아들이고 계시는지에 대한 질문입니다. 각 항목에 대해 동의하시는 정도를 '전혀 그렇지 않다' 1점, '매우 그렇다' 5점 등 1점에서 5점 사이로 말씀해 주시기 바랍니다. 먼저 표준어 규정 전반에 관한 질문입니다.

보기	전혀 타당하지 않다 ①	타당하지 않은 편이다 ②	보통이다 ③	타당한 편이다 ④	매우 타당하다 ⑤

문번	항목	응답
4-1	표준 발음이 필요하다고 생각하십니까?	
4-2	표준 발음을 정하는 규정이 필요하다고 생각하십니까?	
4-3	학교에서 표준 발음법을 가르쳐야 한다고 생각하십니까?	
4-4	평소에 하시는 발음이 표준 발음이 아니라는 사실을 알게 되면 그것을 표준 발음으로 바꿔 쓸 생각이 있습니까?	
4-5	방송처럼 공식적인 자리에서는 표준 발음법을 따라야 한다고 생각하십니까?	
4-6	언어의 변화에 따라 표준 발음법을 바꾸어야 한다고 생각하십니까?	
4-7	'금융'의 발음으로 [그뮹]과 [금늉] 모두를 인정하듯, 같은 단어에 대해 둘 이상의 표준 발음을 인정해도 된다고 생각하십니까?	

표준 발음법의 개정 및 표준 발음 선정 원칙의 선호도

문5. 다음은 표준 발음법을 바꾸는 데 대해 어떤 의견을 가지고 계시는지에 대한 질문입니다. 각 항목에 대해 바람직하다고 생각하는 것을 말씀해 주세요.

5-1. '표준 발음법을 필요에 따라 바꾸는 것이 좋다'라는 의견과 '표준 발음법을 바꾸지 않는 것이 좋다'라는 두 가지 의견이 있습니다. 선생님께서는 어느 쪽이 더 옳다고 생각하십니까?
  ① 표준 발음법을 필요에 따라 바꾸는 것이 좋다
  ② 표준 발음법을 바꾸지 않는 것이 좋다

5-2. (5-1의 ① 응답자만) 표준 발음법을 바꾼다면 '정기적으로 바꾸는 것이 좋다'와 '필요할 때 수시로 바꾸는 것이 좋다'라는 두 가지 의견이 있습니다. 선생님께서는 어느 쪽이 더 옳다고 생각하십니까?
  ① 정기적으로 바꾸는 것이 좋다.
  ② 필요할 때 수시로 바꾸는 것이 좋다.

5-3. **(5-1의 ① 응답자만)** 표준 발음법을 바꾸는 것이 좋다고 생각하시는 이유는 무엇입니까?
   ① 규정 자체가 언어생활을 속박하므로.
   ② 규정이 너무 어렵기 때문에.
   ③ 규정이 현실과 동떨어져 있어서.
   ④ 기타(적을 것 : _____)

5-4. **(5-1의 ② 응답자만)** 표준 발음법을 바꾸지 않는 것이 좋다고 생각하시는 이유는 무엇입니까?
   ① 현재의 규정으로도 표준 발음을 정하는 데는 문제가 없으니까.
   ② 표준 발음법을 바꾸면 언어생활에 혼란이 생기므로.
   ③ 기타(적을 것 : _____)

개별 표준어

문6. 만약 선생님께서 표준 발음을 정하신다면 다음 문장의 밑줄 친 말의 발음 중에서 어느 것을 표준 발음으로 정하는 것이 좋다고 생각하십니까?

6-1 점심은 **김밥**으로 합시다.
   ① [김밥]
   ② [김빱]
   ③ 모두 가능

6-2 낙엽을 **밟다가** 문득 그가 떠올랐다.
   ① [발따가]
   ② [밥따가]
   ③ 모두 가능

6-3 **냇가**에서 물수제비를 뜬다.
   ① [낻까]
   ② [내까]
   ③ 모두 가능

6-4 우리 학교 출신 중에 **금융** 전문가가 많다.
   ① [그뮹]
   ② [금늉]
   ③ 모두 가능

6-5 많은 정보가 **온라인**으로 오고 간다.
   ① [온나인]
   ② [올라인]
   ③ 모두 가능

6-6 아주 어려운 책을 **읽더라**.
   ① [일떠라]
   ② [익떠라]
   ③ 모두 가능

6-7 춘향과 몽룡이 **광한루**에서 만난다.
   ① [광한누]
   ② [광할루]
   ③ 모두 가능

6-8 비가 와서 **한강** 수위가 올라갔다.
   ① [한강]
   ② [항강]
   ③ 모두 가능

6-9 대한민국은 **민주주의** 국가이다.
   ① [민주주의]
   ② [민주주이]
   ③ 모두 가능

6-10 여름이 **되어서** 사람들의 옷차림이 가벼워졌다.
   ① [되어서]
   ② [되여서]
   ③ 모두 가능

6-11 돈이 없으니 <u>눈요기</u>로 만족해야 했다.
① [누뇨기]
② [눈뇨기]
③ 모두 가능

6-12 등이 가려워서 <u>긁고</u> 있었다.
① [글꼬]
② [극꼬]
③ 모두 가능

6-13 성종과 정현왕후의 무덤이 <u>선릉</u>이다.
① [선능]
② [설룽]
③ 모두 가능

6-14 눈이 나빠져 티읕과 <u>디귿을</u> 구별하기 어렵다.
① [디그들]
② [디그슬]
③ 모두 가능

6-15 문명의 <u>발달사</u>를 돌아볼 필요가 있다.
① [발딸사]
② [발딸싸]
③ 모두 가능

6-16 차분한 목소리로 슬픈 시를 <u>읊는다</u>.
① [을른다]
② [음는다]
③ 모두 가능

6-17 기어코 <u>공권력</u>을 투입하기에 이르렀다.
① [공꿘녁]
② [공꿜력]
③ 모두 가능

6-18 망명생활 중에도 <u>조국의</u> 독립을 위해 일했다.
① [조구긔]
② [조구게]
③ 모두 가능

6-19 예로부터 <u>맏형</u>의 자리는 부모와도 같았다.
① [마텽]
② [마쳥] [마뎡]
③ 모두 가능

6-20 멀리 떠나는 친구를 위해 <u>송별연</u>을 열었다.
① [송벼련]
② [송별련]
③ 모두 가능

마지막으로 통계처리를 위해 몇 가지만 더 여쭙겠습니다.

DQ1. 선생님의 직업은 무엇입니까?
① 농업, 어업, 임업   ② 자영업   ③ 판매/서비스직
④ 기능/숙련공   ⑤ 일반작업직   ⑥ 사무/기술직
⑦ 경영관리직   ⑧ 전문/자유직   ⑨ 가정주부
⑩ 학 생   ⑪ 무 직   ⑫ 기 타(_____)

DQ2. 실례지만, 선생님의 학력은 어떻게 되십니까?
① 초등학교 졸업 이하   ② 중학생   ③ 중학교 졸업
④ 고등학생   ⑤ 고등학교 졸업   ⑥ 대학생
⑦ 대학생/대학교 졸업   ⑧ 대학원 재학 이상

♣ 시간을 내어 주셔서 대단히 감사합니다 ♣

5) 조사 대상
① 지역
조사 대상자를 광역 자차단체별로 보이면 다음과 같다. 기본적으로는 인구 비례를 따르되 각 지역 및 방언권별로 최소한도의 수가 되도록 안배하였다.

구분	인원	비율
서울	85	16.8
부산	24	4.8
대구	32	6.3
인천	40	7.9
광주	24	4.8
대전	25	5.0
울산	21	4.2
경기	40	7.9
강원	40	7.9
충북	40	7.9
충남	25	5.0
전북	40	7.9
전남	26	5.1
경북	18	3.6
경남	5	1.0
제주	20	4.0
합계	505	100.0

조사 대상 - 지역별

② 방언권
조사 대상자를 방언권별로 보이면 다음과 같다. 지역별 인구 비례를 따라 대상자를 선정한 결과 방언권별로는 표본의 수가 일정하지 않다. 특히 제주 방언의 경우에는 그 비율이 매우 낮다. 지역별 분석을 할 때는 방언권별로 분석을 한다.

지역		인원	비율
중부 방언	서울	85	16.8
	인천	40	7.9
	대전	25	5.0
	경기	40	7.9
	강원	40	7.9

	충북	40	7.9
	충남	25	5.0
	계	295	58.4
동남 방언	부산	24	4.8
	대구	32	6.3
	울산	21	4.2
	경북	18	3.6
	경남	5	1.0
	계	100	19.9
서남 방언	광주	24	4.8
	전북	40	7.9
	전남	26	5.1
	계	90	17.8
제주 방언	제주	20	4.0
전체		505	100

조사 대상 - 방언권별

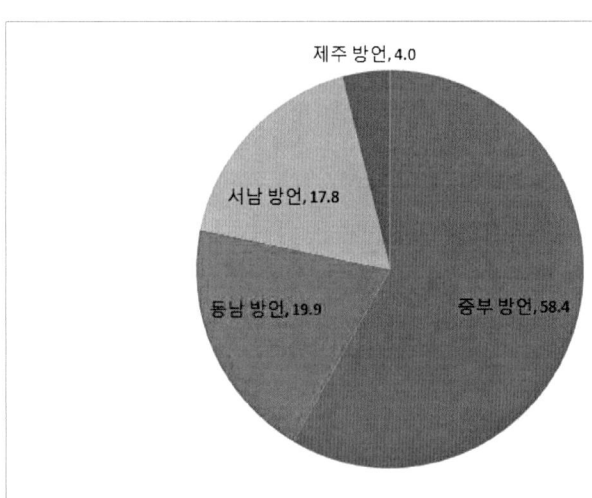

조사 대상 - 방언권별

③ 거주지 규모

조사 대상자를 거주지 규모별로 보이면 다음과 같다.

구분	빈도	비율
대도시	253	50.1
중소 도시	205	40.6
군 지역	47	9.3
전체	505	100.0

조사 대상 - 거주지 규모별

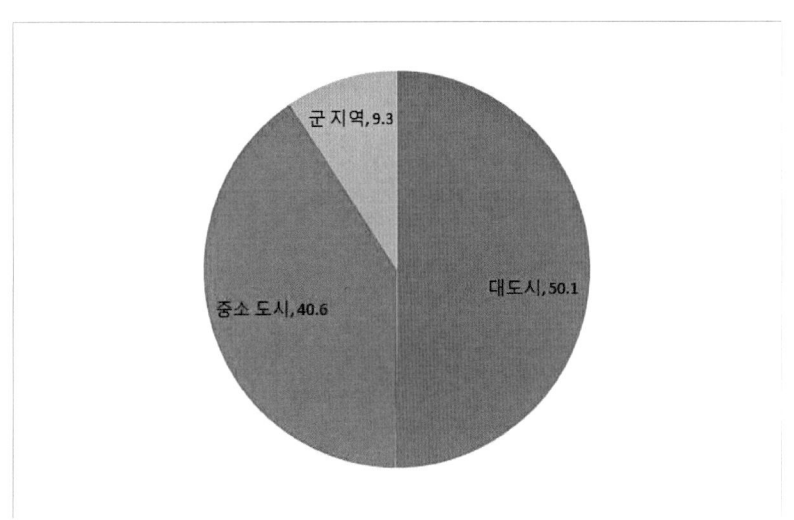

조사 대상 - 거주지 규모별

④ 성별

조사 대상자를 거주지 성별로 보이면 다음과 같다.

구분	빈도	비율
남성	244	48.3
여성	261	51.7
전체	505	100.0

조사 대상 - 성별

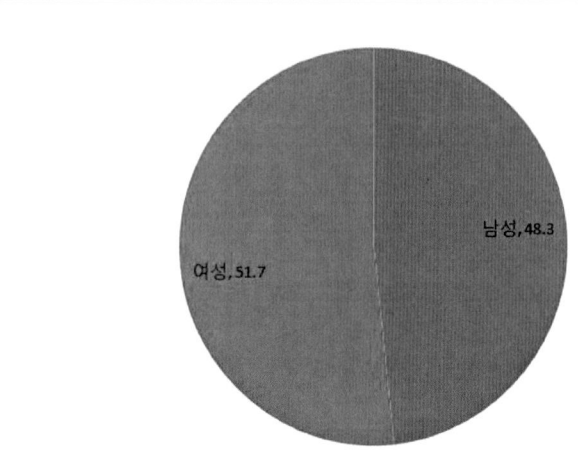

조사 대상 - 성별

⑤ 연령

조사 대상자를 거주지 연령별로 보이면 다음과 같다. 표본을 추출할 때는 10세 단위로 연령을 나누었으나 분석의 편의를 위해 다음과 같이 재분류하였다. 응답 결과를 분석할 때도 다음과 같은 분류를 따랐다.

구분	빈도	비율
19세 이하	128	25.3
20~39세	126	25.0
40~59세	127	25.1
60세 이상	124	24.6
전체	505	100.0

조사 대상 - 연령별

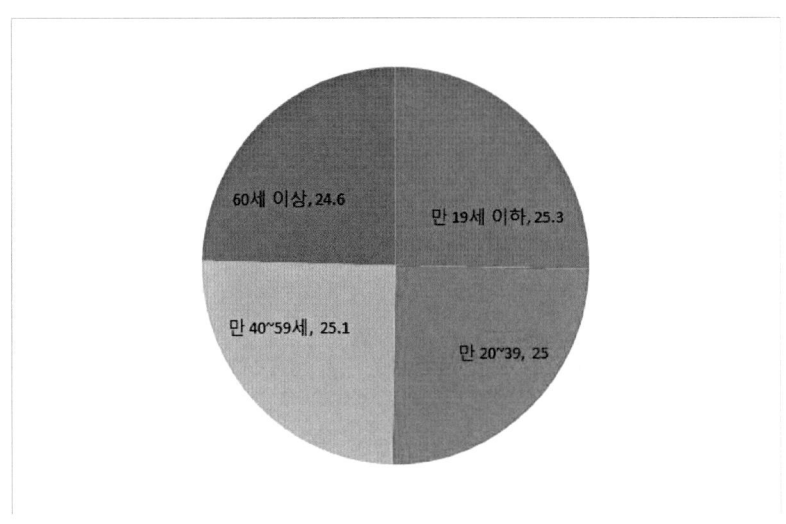

조사 대상 - 연령별

⑥ 직업

조사 대상자를 거주지 직업별로 보이면 다음과 같다. 표준 발음과 직업은 큰 관련성이 없기 때문에 설문 결과를 분석할 때는 직업 변인은 고려하지 않았다.

구분	빈도	비율	유효 비율
농업, 어업, 임업	13	2.6	2.6
자영업	37	7.3	7.4
판매/서비스직	11	2.2	2.2
기능/숙련공	9	1.8	1.8
일반작업직	21	4.2	4.2
사무/기술직	37	7.3	7.4
경영관리직	7	1.4	1.4
전문/자유직	59	11.7	11.7
가정주부	55	10.9	10.9
학생	191	37.8	38.0
무직	47	9.3	9.3
기타	16	3.2	3.2
전체	503	99.6	100.0
결측	2	.4	

조사 대상 - 직업별

2. 일반인 설문 결과 분석

설문 결과의 분석은 유형에 따라 문항을 분류한 뒤 종합적으로 분석한 뒤 문항별로 분석한다. 각각의 분석은 응답자 전체, 방언권, 성별, 연령 순으로 한다.

1) 표준 발음 및 표준 발음법 인지도

표준 발음 및 표준 발음법 인지도는 다음의 두 문항으로 조사하였다. 두 문항은 각 응답에 대한 비율을 비교해서 분석한다.

> 문1. 다음은 표준 발음법을 정하는 규정을 어느 정도 알고 계신지에 대한 질문입니다. 각 항목에 대해 알고 계신 대로 솔직히 말씀해 주세요.
>
> 1-1. 선생님께서는 우리나라에 표준 발음법이 있다는 것을 알고 계십니까?
>   ① 잘 알고 있다.   ② 들어봤지만 정확히는 모른다.   ③ 잘 모른다.
>
> 1-2. 선생님께서는 뉴스 등에서 표준 발음법을 기준으로 발음하고 있다는 사실을 알고 계십니까?
>   ① 잘 알고 있다.   ② 들어봤지만 정확히는 모른다.   ③ 잘 모른다.

① 전체

구분	잘 알고 있다	들어봤지만 정확히는 모른다	잘 모른다
[1-1] 표준 발음법 인지도	36.2	51.3	12.5
[1-2] 표준 발음 사용 인지도	57.2	32.1	10.7

인지도 - 전체

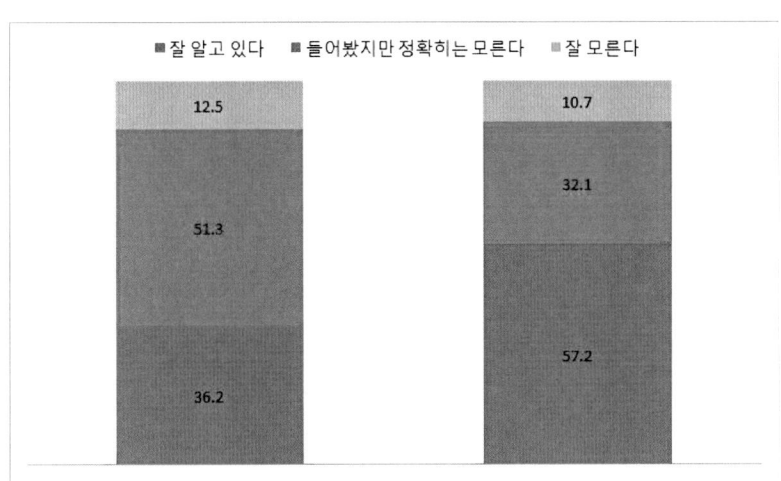

[1-1] 표준 발음법 인지도   [1-2] 표준 발음 사용 인지도

인지도 - 전체

표준 발음법에 대해 인지하고 있는 비율은 87.5%이고, 표준 발음 사용에 대해 인지하고 있는 비율은 89.3%로 높은 편이다. 그런데 표준 발음법 자체에 대해 '잘 알고 있다'라고 응답한 비율에 비해 표준 발음이 사용되고 있다는 것에 대해 '잘 알고 있다'라고 응답한 비율이 약 20% 포인트 정도 높다. 이는 표준 발음이 사용되고는 있지만 그것에 규정에 의한 것이라는 점을 응답자들이 잘 인지하지 못하고 있음을 보여 준다.

② 방언권40)

문항	방언권	잘 알고 있다	들어봤지만 정확히는 모른다	잘 모른다
[1-1] 표준 발음법 인지도	중부	34.9	51.5	13.6
	동남	42.0	54.0	4.0
	서남	33.3	48.9	17.8
	제주	40.0	45.0	15.0
	전체	36.2	51.3	12.5
[1-2] 표준 발음 사용 인지도	중부	56.6	30.5	12.9
	동남	58.0	35.0	7.0
	서남	58.9	34.4	6.7
	제주	55.0	30.0	15.0
	전체	57.2	32.1	10.7

인지도 - 방언권별

---

40) 방언권별 분석에서 제주는 별도로 분석하지 않는다. 국어의 방언구획에서 제주도는 매우 중요하지만 본 연구의 조사에서는 표본이 20명밖에 안 되기 때문에 통계적으로 의미가 없기 때문이다. 이하 같음.

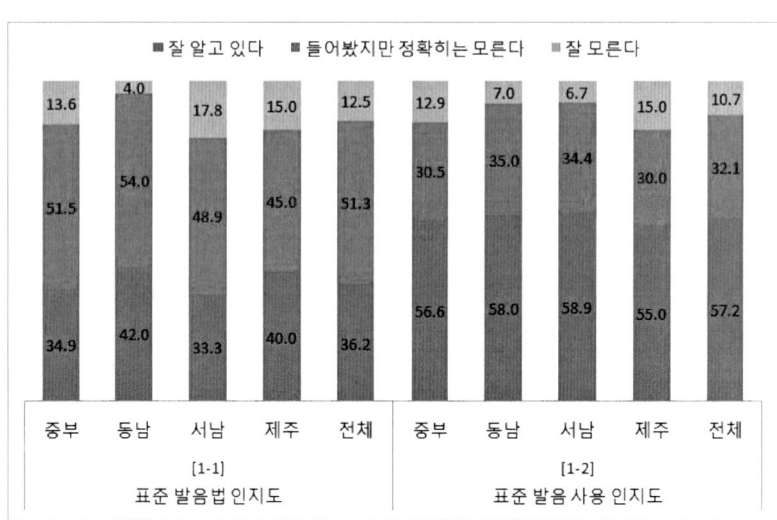

인지도 - 방언권별

　표준 발음법에 대한 인지도는 동남이 가장 높은 편이며 중부와 서남은 상대적으로 낮은 편이다. 표준 발음 사용 인지도를 보면 방언권별로 큰 차이를 보이지 않는다. 두 문항의 응답 결과를 비교해 보면 방언권이 인지도에 영향을 별로 미치지 않음을 알 수 있다.

③ 성별

문항	성별	잘 알고 있다	들어봤지만 정확히는 모른다	잘 모른다
[1-1] 표준 발음법 인지도	남성	34.9	51.5	13.6
	여성	42.0	54.0	4.0
	전체	33.3	48.9	17.8
[1-2] 표준 발음 사용 인지도	남성	56.6	30.5	12.9
	여성	58.0	35.0	7.0
	전체	58.9	34.4	6.7

인지도 - 성별

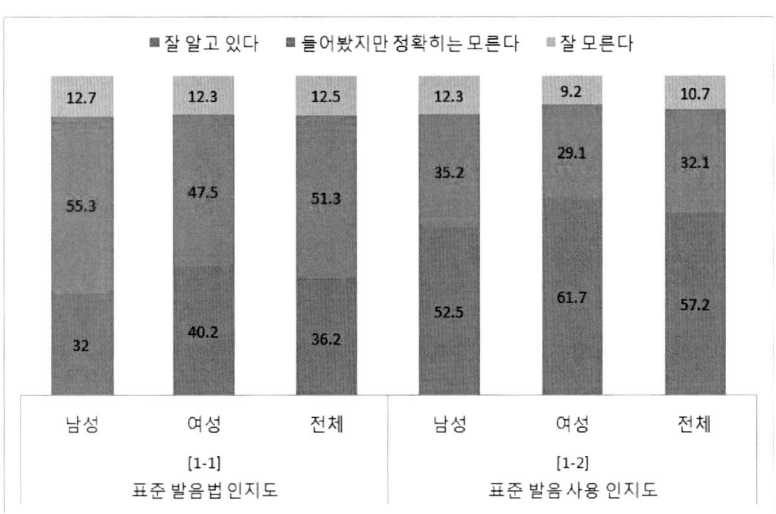

인지도 - 성별

　표준 발음법은 여성이 더 높은 비율로 인지하고 있다. 이 차이는 '잘 알고 있다'의 비율 차이에 의한 것인데 여성들이 표준 발음법 규정에 대해 더 확실히 알고 있음을 보여 준다. 표준 발음 사용 인지도 또한 여성이 더 높게 나타난다. 이 차이는 '잘 알고 있다'에서 뿐만 아니라 '들어봤지만 정확히는 모른다'의 비율에 의한 것이다. 여성들이 전반적으로도 표준 발음 사용에 대해 알고 있을 뿐만 아니라 더 확실하게 알고 있음을 보여준다.

④ 연령

문항	연령	잘 알고 있다	들어봤지만 정확히는 모른다	잘 모른다
[1-1] 표준 발음법 인지도	만 19세 이하	35.9	53.9	10.2
	만 20~39	28.6	61.9	9.5
	만 40~59세	31.5	56.7	11.8
	60세 이상	49.2	32.3	18.5
	전체	36.2	51.3	12.5
[1-2] 표준 발음 사용 인지도	만 19세 이하	47.7	41.4	10.9
	만 20~39	56.3	31.7	11.9
	만 40~59세	57.5	30.7	11.8
	60세 이상	67.7	24.2	8.1
	전체	57.2	32.1	10.7

인지도 - 연령별

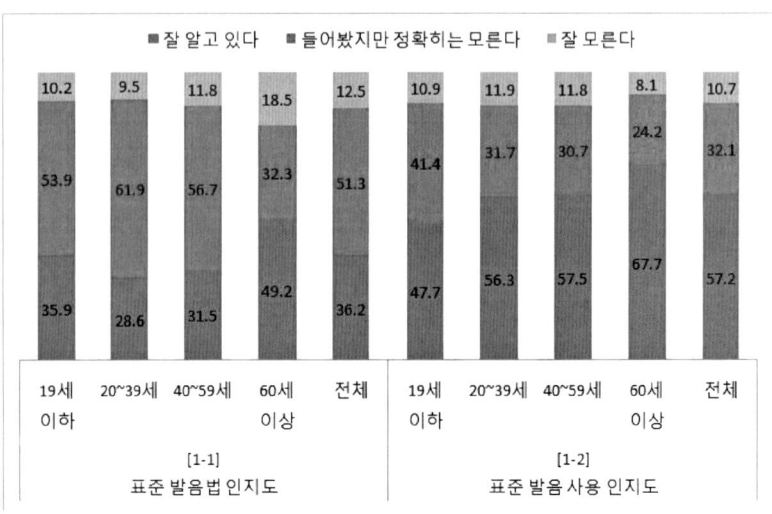

인지도 - 연령별

표준 발음법 자체에 대한 인지도나 표준 발음 사용에 대한 인지도는 60세 이상이 가장 높다. 반면에 표준 발음법에 대한 인지도는 20~39세가 가장 낮고 표준 발음 사용에 대한 인지도는 19세 이하가 가장 낮다. 노년층이 두 가지 모두에서 높은 인지도를 보인다는 경향은 찾을 수 있으나 그 이하의 연령대에서는 다소 불규칙한 양상이 나타난다.

[요약 및 정책 제안]
- 표준 발음이 사용되고 있다는 것은 알고 있지만 그것이 규정에 의한 것이라는 점을 응답자들이 잘 인지하지 못하고 있음
    → 규정에 대한 적극적 홍보 필요
- 여성들의 인지도가 높은 편
    → 교육과 홍보 시 이에 대한 대책 마련 필요
- 젊은 세대일수록 인지도가 낮음
    → 젊은 세대를 대상으로 한 적절한 홍보 및 교육 필요

2) 표준 발음 및 표준 발음법 이해도

표준 발음 및 표준 발음법 이해도는 다음의 여섯 문항으로 조사하였다. 여섯 문항은 각 응답에 대한 비율을 비교해서 분석한다.

> 문2. 다음은 표준 발음을 정하는 세부적인 규정을 알고 계시는지 묻는 질문입니다. 아래의 각 항목이 표준 발음법에 맞는다고 생각하시면 '그렇다', 아니라고 생각하시면 '아니다'라고 말씀해 주세요.

2-1 표준 발음법은 표준어의 실제 발음을 따르되 국어의 전통성과 합리성을 고려하여 정함을 원칙으로 한다.
① 그렇다　　　　　② 아니다

2-2 사물을 보는 '눈[눈]'과 하늘에서 내리는 '눈[눈ː]'처럼 모음의 장단을 구별하여 발음한다.
① 그렇다　　　　　② 아니다

2-3 '넓다[널따]', '밟다[밥ː따]'처럼 겹받침을 경우에 따라 달리 발음한다.
① 그렇다　　　　　② 아니다

2-4 '광한루'는 [광ː한누]가 아니라 [광ː할루]로 발음하듯, 'ㄹ'의 앞이나 뒤의 'ㄴ'은 [ㄹ]로 발음한다.
① 그렇다　　　　　② 아니다

2-5 '비빔밥[비빔빱]'처럼 표기상으로는 사이시옷이 없어도 앞말(비빔)이 뒷말(밥)을 꾸미는 단어의 경우 뒤 단어의 첫소리를 된소리로 발음한다.
① 그렇다　　　　　② 아니다

2-6 '맨입[맨닙]', '식용유[시굥뉴]'처럼 단어를 구성하는 앞말(맨, 식용)이 자음으로 끝나고 뒷말이 '이, 야, 여, 요, 유'로 시작할 때 [ㄴ]을 첨가하여 발음한다.
① 그렇다　　　　　② 아니다

① 전체

구분	그렇다	아니다
[2-1] 표준 발음 제정 원칙	92.9	6.9
[2-2] 음의 길이에 대한 규정	82.4	17.6
[2-3] 겹받침의 발음에 대한 규정	77.2	22.8
[2-4] 음의 동화에 대한 규정	86.7	13.3
[2-5] 경음화에 대한 규정	74.1	25.9
[2-6] 음의 첨가에 대한 규정	81.6	18.4

이해도 - 전체

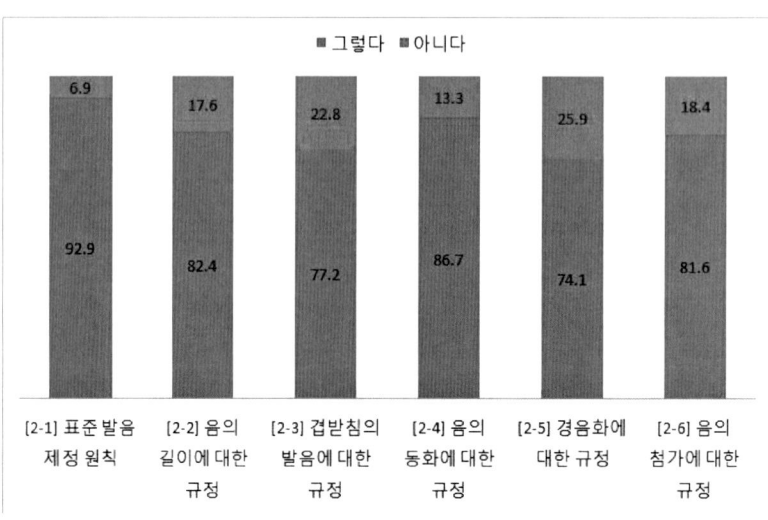

이해도 - 전체

표준 발음법에 대한 이해도를 종합적으로 살펴보면 표준 발음 제정 원칙에 대한 이해도는 매우 높음을 알 수 있다. 그러나 표준 발음법을 정하는 원칙인 '표준 발음법은 표준어의 실제 발음을 따르되 국어의 전통성과 합리성을 고려하여 정함을 원칙으로 한다'는 원칙은 일반인들이 온전히 이해하기는 쉽지 않다. 따라서 이 문항에 대한 응답은 표준 발음을 제정하는 원칙이 있다는 사실 자체에 대한 응답이라고 보는 것이 타당할 것이다.

나머지 세부 조항에 대한 응답 결과를 보면 음의 동화에 대한 이해도가 가장 높고 경음화 규정에 대한 이해도가 가장 낮음을 알 수 있다. 표준 발음법의 세부 조항 중 음의 동화는 일반인들이 이해하기에 가장 쉬운 조항이기도 하다. 특히 설문에 포함된 '광한루'의 발음은 일상의 고유명사 발음에서 문제가 되는 상황이 많다. 따라서 이 조항에 대한 이해도가 높게 나타난 것으로 보인다.

다음으로 높은 이해도를 보이는 것은 음의 첨가에 대한 규정이다. 이 조항 또한 일반인들이 인식하기 쉬운 조항에 속한다. 이렇듯 일반인들이 이해하기 쉬운 세부 규정은 이해도가 높게 나타난다. 반면에 겹받침 및 경음화에 대한 규정의 이해도는 상대적으로 낮게 나온다. 규정 자체가 일반인이 이해하기 어렵기 때문에 나타난 결과이다.

음의 길이에 대한 규정에 대한 응답 결과도 주목할 필요가 있다. 이 문항에 대한 이해도는 82.4%로서 매우 높다. 음의 길이를 정확하게 알고 말할 때 적용하는 사람이 점점 적어지고 있는 상황이지만 적어도 음의 길이에 대한 규정이 있다는 것은 많은 사람이 알고 있다는 사실은 파악할 수 있다.

② 방언권

문항	방언권	그렇다	아니다
[2-1] 표준 발음 제정 원칙	중부	273	22
	동남	92	7
	서남	86	4
	제주	18	2
	전체	469	35
[2-2] 음의 길이에 대한 규정	중부	244	51
	동남	80	20
	서남	75	15
	제주	17	3
	전체	416	89
[2-3] 겹받침의 발음에 대한 규정	중부	230	65
	동남	74	26
	서남	69	21
	제주	17	3
	전체	390	115

이해도 1 - 방언권별

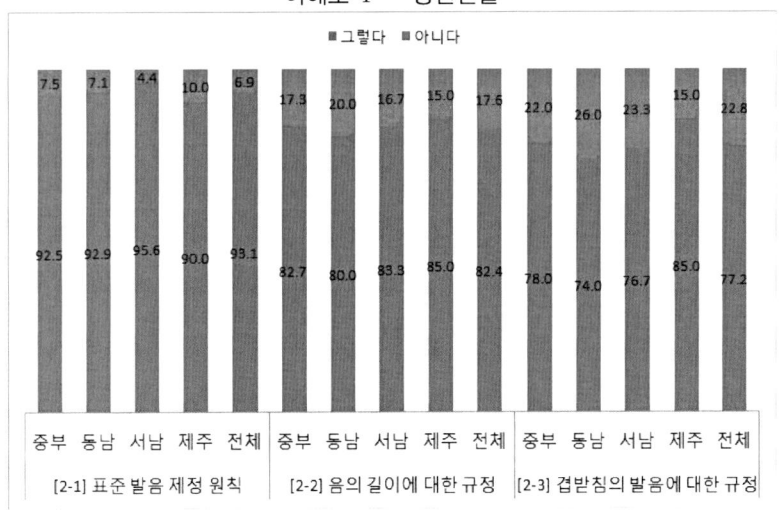

이해도 1 - 방언권별

 표준 발음의 제정 원칙은 서남 방언권이 가장 높은 이해도를 보인다. 제주도를 제외한 다른 지역은 미세한 차이만 보인다. 음의 길이에 대한 규정은 동남 방언권이 가장 낮은 이해도를 보인다. 동남 방언권은 음장 지역이 아닌 성조 지역이기 때문에 이러한 결과가 나왔을 것으로 추측해 볼 수 있다. 겹받침의 발음은 동남 방언권이 가장 낮은 이해도를 보인다.

문항	방언권	그렇다	아니다
[2-4] 음의 동화에 대한 규정	중부	257	38
	동남	87	13
	서남	79	11
	제주	15	5
	전체	438	67
[2-5] 경음화에 대한 규정	중부	214	81
	동남	74	26
	서남	72	18
	제주	14	6
	전체	374	131
[2-6] 음의 첨가에 대한 규정	중부	237	58
	동남	81	19
	서남	77	13
	제주	17	3
	전체	412	93

이해도 2 - 방언권별

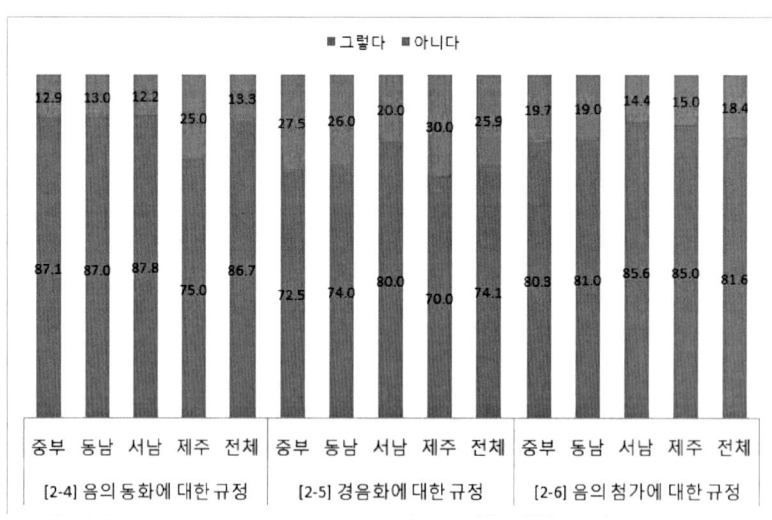

이해도 2 - 방언권별

음의 동화에 대한 규정의 이해도는 지역별 편차가 거의 발견되지 않는다. 경음화에 대한 규정은 서남 방언권이 가장 높은 이해도를 보인다. 음의 첨가에 대한 규정 또한 서남 방언권이 가장 높은 이해도를 보인다. 이상의 이해도를 종합해 볼 때 방언권별로 일정한 경향을 발견하기는 어렵다.

③ 성별

문항	성별	그렇다	아니다
[2-1] 표준 발음 제정 원칙	남성	91.8	8.2
	여성	94.2	5.8
	전체	93.1	6.9
[2-2] 음의 길이에 대한 규정	남성	78.3	21.7
	여성	86.2	13.8
	전체	82.4	17.6
[2-3] 겹받침의 발음에 대한 규정	남성	77.5	22.5
	여성	77.0	23.0
	전체	77.2	22.8
[2-4] 음의 동화에 대한 규정	남성	85.2	14.8
	여성	88.1	11.9
	전체	86.7	13.3
[2-5] 경음화에 대한 규정	남성	71.7	28.3
	여성	76.2	23.8
	전체	74.1	25.9
[2-6] 음의 첨가에 대한 규정	남성	79.9	20.1
	여성	83.1	16.9
	전체	81.6	18.4

이해도- 성별

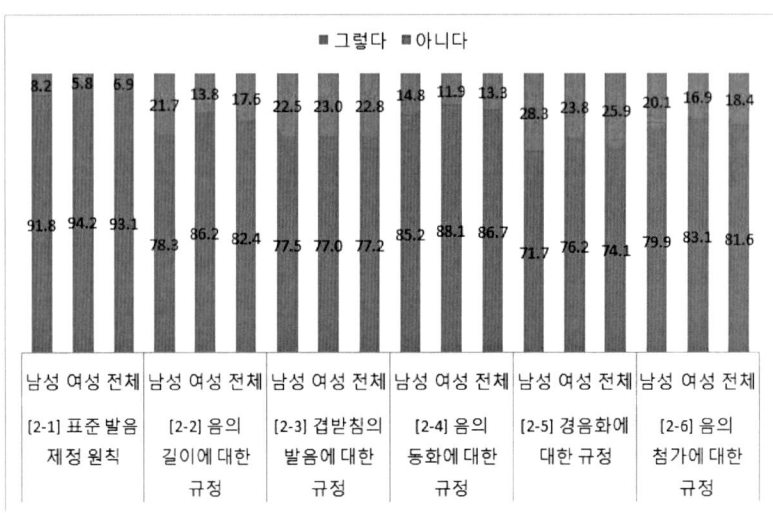

이해도- 성별

　표준 발음에 대한 이해도를 성별로 분석해 보면 전반적으로는 여성이 남성보다 이해도가 높은 것으로 나타난다. 표준 발음 제정 원칙, 음의 동화에 대한 규정, 경음화에 대한 규정, 음의 첨가에 대한 규정은 여성이 다소 높은 이해도를 보인다. 일반적으로 여성의 언어감각이 더 뛰어나다는 점을 감안하면 이러한 일반적인 속성이 성별 반응에 반영된 것으로 보인다.
　음의 길이에 대한 규정은 다른 문항에 비해 남녀 간에 더 큰 차이가 나타난다. 음장의 구별이 점차 사라지고 있지만 여성들은 남성들에 비해 음장 면에 더 민감하다고 볼 수 있다.

④ 연령

문항	성별	그렇다	아니다
[2-1] 표준 발음 제정 원칙	19세 이하	95.3	4.7
	20~39	92.9	7.1
	40~59세	89.8	10.2
	60세 이상	94.4	5.6
	전체	93.1	6.9
[2-2] 음의 길이에 대한 규정	19세 이하	77.3	22.7
	20~39	84.9	15.1
	40~59세	83.5	16.5
	60세 이상	83.9	16.1
	전체	82.4	17.6

문항		그렇다	아니다
[2-3] 겹받침의 발음에 대한 규정	19세 이하	79.7	20.3
	20~39	81.0	19.0
	40~59세	73.2	26.8
	60세 이상	75.0	25.0
	전체	77.2	22.8

이해도 1 - 연령별

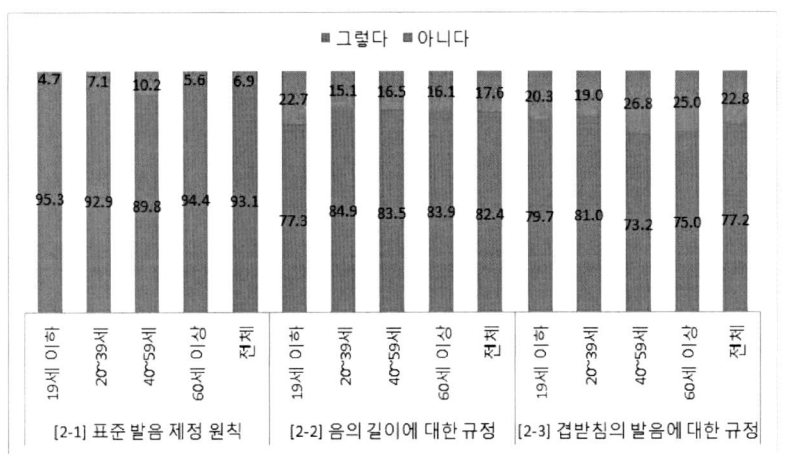

이해도 1 - 연령별

표준 발음에 대한 이해도를 연령별로 분석해 보면 일정한 경향은 발견되지 않는다. 표준 발음 제정 원칙은 40~59세 연령대가 가장 낮은 이해도를 보인다. 음의 길이에 대한 규정은 19세 이하가 가장 낮은 비율을 보인다. 그런데 겹받침의 발음에 대한 규정은 40~59세 연령대가 낮은 비율을 보인다. 연령에 따라 이처럼 자유로운 분포가 나타나는 것은 표준 발음 이해도와 연령이 의미 있는 관련을 맺지 않고 있다는 것을 보여준다.

문항	성별	그렇다	아니다
[2-4] 음의 동화에 대한 규정	19세 이하	92.2	7.8
	20~39	84.9	15.1
	40~59세	81.9	18.1
	60세 이상	87.9	12.1
	전체	86.7	13.3
[2-5] 경음화에 대한 규정	19세 이하	77.3	22.7

	20~39	69.8	30.2
	40~59세	75.6	24.4
	60세 이상	73.4	26.6
	전체	74.1	25.9
[2-6] 음의 첨가에 대한 규정	19세 이하	79.7	20.3
	20~39	81.0	19.0
	40~59세	80.3	19.7
	60세 이상	85.5	14.5
	전체	81.6	18.4

이해도 2 - 연령별

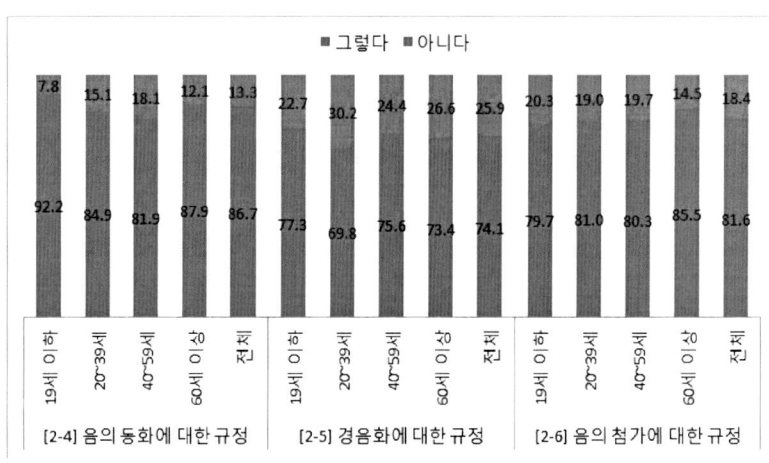

이해도 2 - 연령별

음의 동화에 대한 규정은 19세 이하가 가장 높은 이해도를 보이는 반면 40~59세가 가장 낮은 이해도를 보인다. 경음화에 대한 규정에 대해서는 전반적으로 낮은 이해도를 보이는데 20~39세가 가장 낮은 이해도를 보인다. 음의 첨가에 대한 규정은 연령별로 비슷한데 60세 이상이 다소 낮은 이해도를 보인다.

[요약 및 정책 제안]

- 표준 발음 제정 원칙 자체는 높은 이해도를 보이나 세부 규정에 대해서는 편차가 큼
    → 이는 규정의 난이도에 따른 결과이므로 규정을 쉽게 만들고 이를 쉽게 받아들일 수 있도록 하는 효과적인 교육과 홍보 필요
- 여성들의 이해도가 높은 편
    → 홍보와 교육 방안 마련 시 고려할 필요가 있음

3) 표준 발음 및 표준 발음법 수용도

표준 발음 수용도는 두 가지로 나누어서 조사하였다. 하나는 표준 발음 및 발음 규정 전반에 대한 것이고, 다른 하나는 표준 발음의 세부 규정에 대한 것이다. 표준 발음 및 발음 규정 전반에 대해서는 다음의 일곱 문항으로 조사하였다. 이 문항들은 5점 척도식 문항이므로 각 문항에 대한 평균값을 산출해 비교, 분석한다.

> 문4. 다음은 표준 발음 및 표준 발음법에 대해 어느 정도 받아들이고 계시는지에 대한 질문입니다. 각 항목에 대해 동의하시는 정도를 '전혀 그렇지 않다' 1점, '매우 그렇다' 5점 등 1점에서 5점 사이로 말씀해 주시기 바랍니다. 먼저 표준어 규정 전반에 관한 질문입니다.
>
> | 보기 | 전혀 그렇지 않다 ① | 그렇지 않은 편이다 ② | 보통이다 ③ | 그런 편이다 ④ | 매우 그렇다 ⑤ |
>
> 4-1 표준 발음이 필요하다고 생각하십니까?
>
> 4-2 표준 발음을 정하는 규정이 필요하다고 생각하십니까?
>
> 4-3 학교에서 표준 발음법을 가르쳐야 한다고 생각하십니까?
>
> 4-4 평소에 하시는 발음이 표준 발음이 아니라는 사실을 알게 되면 그것을 표준 발음으로 바꿔 쓸 생각이 있습니까?
>
> 4-5 방송처럼 공식적인 자리에서는 표준 발음법을 따라야 한다고 생각하십니까?
>
> 4-6 언어의 변화에 따라 표준 발음법을 바꾸어야 한다고 생각하십니까?
>
> 4-7 '금융'의 발음으로 [그뮹]과 [금늉] 모두를 인정하듯, 같은 단어에 대해 둘 이상의 표준 발음을 인정해도 된다고 생각하십니까?

① 전체

구분	평균	표준편차
[4-1] 표준 발음의 필요성	4.32	.848
[4-2] 표준 발음법의 필요성	4.17	.886
[4-3] 표준 발음 교육의 필요성	4.22	.950

[4-4] 표준 발음 사용 의향	3.61	1.180
[4-5] 표준 발음 사용의 필요성	4.40	.849
[4-6] 표준 발음법 개정의 필요성	3.82	1.120
[4-7] 복수 표준 발음의 필요성	3.24	1.285

표준 발음 및 표준 발음법 수용도 - 전체

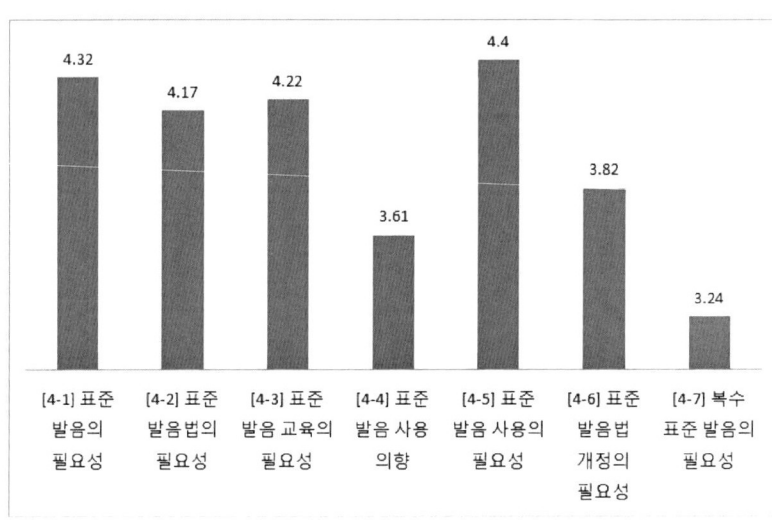

표준 발음 및 표준 발음법 수용도 - 전체

    표준 발음의 수용도를 전체적으로 살펴보면 표준 발음 사용의 필요성은 4.40으로서 매우 높게 나온 편이다. 또한 표준 발음의 필요성, 표준 발음법의 필요성 또한 높은 평균값을 보이고 있다. 이는 표준 발음 전반에 대해 일반인들이 잘 수용하고 있음을 보여 준다.
    그런데 표준 발음 사용 의향과 복수 표준 발음의 필요성은 상대적으로 낮은 평균값을 보여 준다. 방언에 따라서는 표준 발음을 익히기가 어려울 수 있고 개인의 의지도 차이가 있을 수 있으므로 표준 발음 사용 의향은 상대적으로 낮게 나온 것으로 보인다. 그리고 복수 표준 발음을 인정할 경우 '표준'으로서의 성격이 약해질 수 있으므로 이에 대해서도 상대적으로 부정적인 의견을 표명한 것으로 보인다.

② 방언권41)

구분	중부	동남	서남	제주	전체
[4-1] 표준 발음의 필요성	4.37	4.25	4.23	4.40	4.32
[4-2] 표준 발음법의 필요성	4.17	4.18	4.08	4.45	4.17
[4-3] 표준 발음 교육의 필요성	4.22	4.17	4.18	4.65	4.22
[4-4] 표준 발음 사용 의향	3.64	3.66	3.37	3.90	3.61

표준 발음 및 표준 발음법 수용도 1 - 방언권별

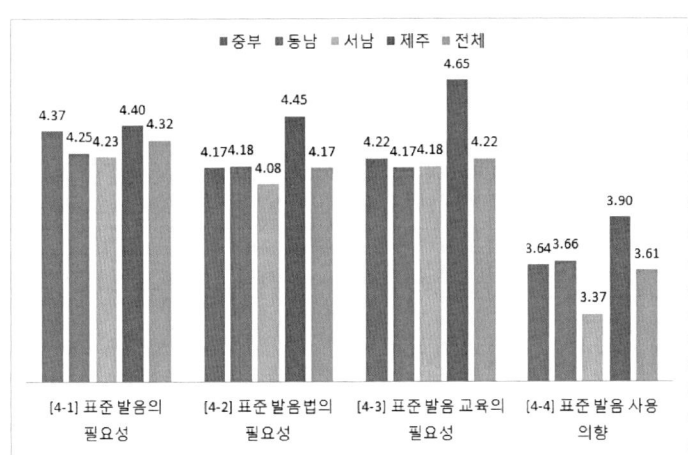

표준 발음 및 표준 발음법 수용도 1 - 방언권별

표준 발음의 필요성 면에서는 동남과 서남은 상대적으로 낮은 평균값을 보여 준다. 이 지역의 말은 표준어와 차이가 크기 때문에 중부 방언권보다 낮은 평균값을 보인다. 표준 발음의 필요성 면에서는 서남 방언권이 가장 낮은 평균값을 보이며 표준 발음 교육의 필요성은 방언권 간 편차가 거의 나타나지 않는다.

표준 발음 사용 의향은 서남 방언권에서 가장 낮은 평균값을 보인다. 이에 반해 동남 방언은 중부 방언과 유사한 평균값을 보인다. 서남 방언이나 동부 방언이 표준어와 거리가 멀고 중부 방언이 표준어와 거리가 가깝다는 점을 감안하면 서남 방언권과 경남 방언권이 다른 평균값을 보이는 것이 특이하다.

---

41) 수용도에 대한 분석에서도 제주도는 표본의 크기가 20명밖에 되지 않으므로 제외한다.

구분	중부	동남	서남	제주	전체
[4-5] 표준 발음 사용의 필요성	4.33	4.51	4.52	4.45	4.40
[4-6] 표준 발음법 개정의 필요성	3.77	3.94	3.80	4.00	3.82
[4-7] 복수 표준 발음의 필요성	3.19	3.38	3.31	2.90	3.24

표준 발음 및 표준 발음법 수용도 2 - 방언권별

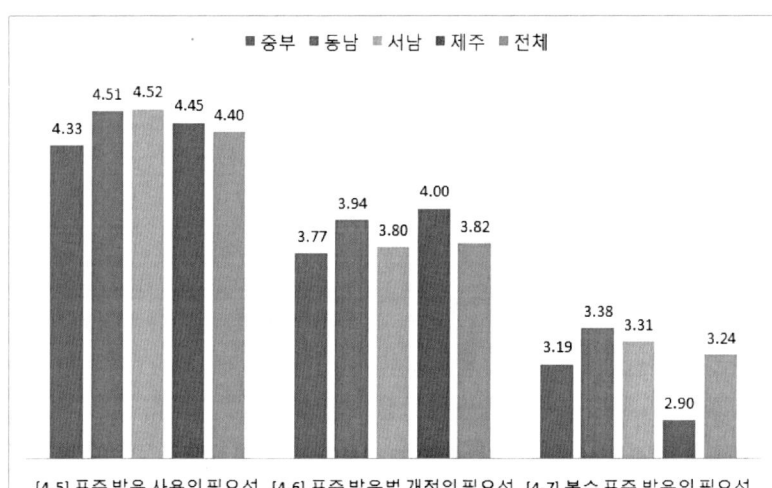

표준 발음 및 표준 발음법 수용도 2 - 방언권별

    표준 발음 사용의 필요성은 중부 방언이 상대적으로 낮은 평균값을 보인다. 이는 자신들의 말이 표준어와 큰 차이가 없기 때문에 표준 발음 사용의 필요성을 크게 느끼지 않는 것으로 보인다. 표준 발음법 개정의 필요성은 동남 방언권이 가장 높은 값을 보인다.
    복수 표준 발음의 필요성 면에서는 중부 방언권이 가장 낮은 평균값을 보인다. 복수 표준 발음을 인정하는 것은 방언의 발음법을 인정하는 것일 수도 있기 때문에 이에 대해 부정적인 반응을 보이는 것으로 보인다. 이에 비해 동남 방언권과 서남 방언권은 상대적으로 높은 평균값을 보인다.

③ 성별

구분	남성	여성	전체
[4-1] 표준 발음의 필요성	4.25	4.39	4.32
[4-2] 표준 발음법의 필요성	4.11	4.22	4.17
[4-3] 표준 발음 교육의 필요성	4.12	4.32	4.22
[4-4] 표준 발음 사용 의향	3.44	3.77	3.61
[4-5] 표준 발음 사용의 필요성	4.28	4.52	4.4
[4-6] 표준 발음법 개정의 필요성	3.78	3.85	3.82
[4-7] 복수 표준 발음의 필요성	3.16	3.32	3.24

표준 발음 및 표준 발음법 수용도 - 성별

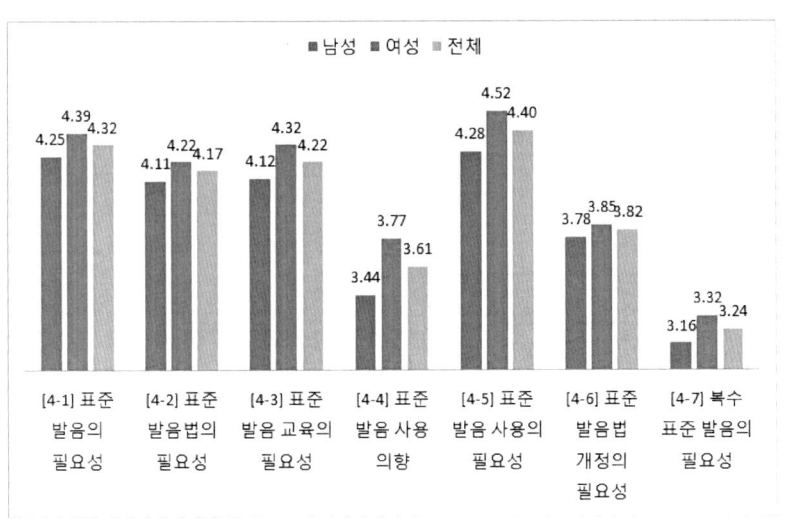

표준 발음 및 표준 발음법 수용도 - 성별

표준 발음 및 표준 발음법 수용도 전체를 성별로 비교해 보면 모든 항목에서 여성이 높은 평균값을 보임을 알 수 있다. 여러 항목 중에서 남녀 간에 가장 큰 편차를 보이는 것은 표준 발음 사용 의향과 표준 발음 사용의 필요성 면이다. 두 항목 모두 언어의 실질적 사용과 관계가 있는 항목인데 여성들은 표준 발음을 배워 사용하려는 의지가 강한 데 비해 남성들은 그렇지 않음을 보여준다.

④ 연령

구분	19세 이하	20~39세	40~59세	60세 이상	전체
[4-1] 표준 발음의 필요성	4.08	4.19	4.38	4.65	4.32
[4-2] 표준 발음법의 필요성	3.88	4.03	4.31	4.46	4.17
[4-3] 표준 발음 교육의 필요성	3.69	3.94	4.53	4.75	4.22
[4-4] 표준 발음 사용 의향	3.26	3.48	3.79	3.91	3.61

표준 발음 및 표준 발음법 수용도 1 - 연령별

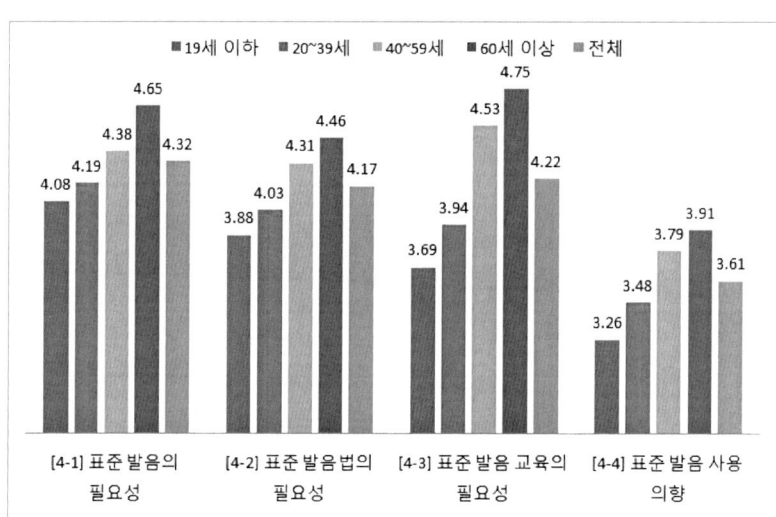

표준 발음 및 표준 발음법 수용도 1 - 연령별

표준 발음 및 표준 발음법 수용도에 대한 네 문항을 연령별로 비교해 보면 나이가 많을수록 더 높은 수용도를 보이는 경향이 규칙적으로 나타난다. 특히 표준 발음 교육의 필요성 면에서는 연령별 편차가 크게 나타나는 편이다.

구분	19세 이하	20~39세	40~59세	60세 이상	전체
[4-5] 표준 발음 사용의 필요성	4.21	4.39	4.41	4.60	4.40
[4-6] 표준 발음법 개정의 필요성	3.83	4.10	3.70	3.64	3.82

| [4-7] 복수 표준 발음의 필요성 | 3.49 | 3.40 | 3.13 | 2.93 | 3.24 |

표준 발음 및 표준 발음법 수용도 2 - 연령별

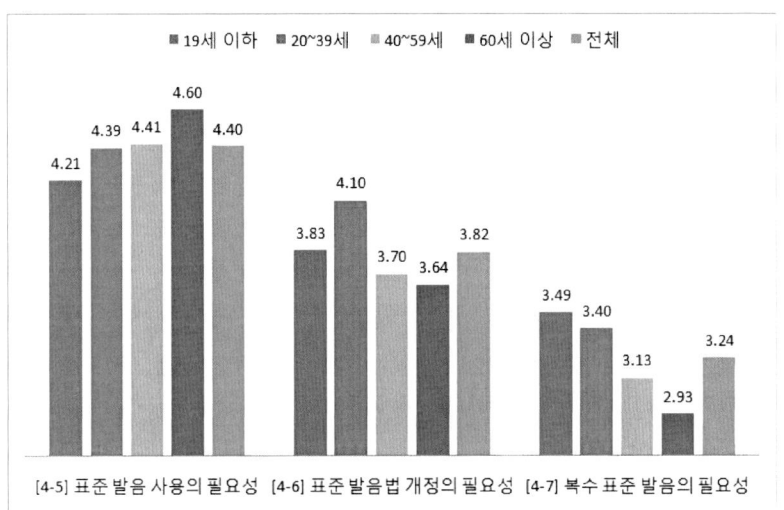

표준 발음 및 표준 발음법 수용도 2 - 연령별

 표준 발음 사용의 필요성 면에서도 앞에서의 경향과 마찬가지로 나이가 든 세대일수록 높은 평균값을 보이고 있다. 그런데 표준 발음법 개정의 필요성과 복수 표준 발음의 필요성 면에서는 오히려 역전되는 경향이 나타난다. 이 두 조항은 모두 표준 발음을 인정하지 않으려는 의지와 관련이 있으므로 결국 앞의 다섯 문항의 경향과 일치된다고 볼 수 있다. 표준 발음을 개정해야 한다는 것은 기존 규정의 문제점을 인식하고 있는 것이고, 복수 표준 발음을 인정해야 한다는 것은 기존 규정을 완화해야 한다는 인식을 반영한 것으로 보인다.

[요약 및 정책 제안]
- 표준 발음 사용 의향이 상대적으로 낮은 편
  → 공적 상황에서의 표준 발음 필요성 교육 필요
- 복수 표준 발음의 필요성에 대해서는 상대적으로 낮은 반응
  → 복수 표준 발음 제정 시 고려할 필요가 있음
- 표준 발음법 개정의 필요성은 중부 이외의 지역이 높은 편
  → 지역별 차이에 대한 고려 필요
- 복수 표준 발음에 대한 중부 방언권의 부정적 인식, 방언의 발음이 표준 발음으로 인정되는 것을 꺼리는 경향
  → 개정 시 참고할 필요가 있음
- 연령이 낮을수록 수용도가 낮음
  → 젊은 세대에 대한 홍보와 교육 필요

- 젊은 세대들은 표준 발음법을 개정하고, 복수 표준 발음 인정을 요구하는 경향이 나타남
  → 젊은 세대들의 요구 반영 필요

4) 표준 발음법의 세부 규정 수용도

표준 발음 규정 수용도는 다음의 여섯 문항으로 조사하였다. 이 문항들은 5점척도식 문항이므로 각 문항에 대한 평균값을 산출해 비교, 분석한다.

문3. 다음은 **표준 발음을 정하는 세부적인 규정**에 대해 어느 정도 타당하다고 생각하시는지 묻는 질문입니다. 각 항목에 대해 타당하다고 생각하시는 정도를 '전혀 타당하지 않다' 1점, '매우 타당하다' 5점 등 1점에서 5점 사이로 말씀해 주시기 바랍니다.

| 보기 | 전혀 타당하지 않다 ① | 타당하지 않은 편이다 ② | 보통이다 ③ | 타당한 편이다 ④ | 매우 타당하다 ⑤ |

3-1 표준 발음법은 표준어의 실제 발음을 따르되 국어의 전통성과 합리성을 고려하여 정함을 원칙으로 하는 것이 타당하다고 생각하십니까?

3-2 사물을 보는 '눈[눈]'과 하늘에서 내리는 '눈[눈:]'은 장단을 구별합니다. 이 경우처럼 단어에 따라 모음의 길이를 구별한다는 규정이 타당하다고 생각하십니까?

3-3 겹받침은 '넓다[널따]'와 '밟다[밥:따]'처럼 경우에 따라 달리 발음합니다. 이 경우처럼 같은 겹받침을 경우에 따라 달리 발음한다는 규정이 타당하다고 생각하십니까?

3-4 '광한루'는 [광:한누]가 아니라 [광:할루]로 발음합니다. 이 경우처럼 'ㄴㄹ'을 원칙적으로 [ㄹㄹ]로 발음한다는 규정이 타당하다고 생각하십니까?

3-5 '비빔밥[비빔빱]'처럼 표기상으로는 사이시옷이 없어도 뒤 단어의 첫소리를 된소리로 발음합니다. 이 경우처럼 표기되지 않은 사이시옷을 발음한다는 규정이 타당하다고 생각하십니까?

3-6 '맨입[맨닙]', '식용유[시굥뉴]'는 [ㄴ]을 첨가하여 발음합니다. 이 경우처럼 표기되지 않은 자음을 첨가하여 발음한다는 규정이 타당하다고 생각하십니까?

---

① 전체

문항	평균	표준편차
[3-1] 표준 발음 제정 원칙	4.13	.878
[3-2] 음의 길이에 대한 규정	3.87	1.036

[3-3] 겹받침에 대한 규정	3.59	1.073
[3-4] 음의 동화에 대한 규정	3.98	.928
[3-5] 경음화에 대한 규정	3.59	1.118
[3-6] 음의 첨가에 대한 규정	3.73	1.080

표준 발음법의 세부 규정 수용도 - 전체

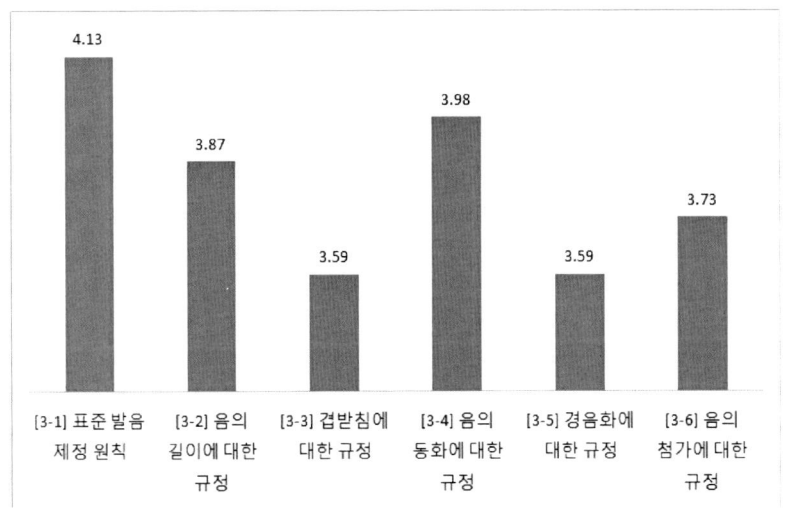

표준 발음법의 세부 규정 수용도 - 전체

　표준 발음 제정 원칙은 평균값이 4.13으로써 수용도가 높은 편이다. 표준편차 또한 0.878로서 낮은 편에 속한다. 이는 '표준 발음법은 표준어의 실제 발음을 따르되 국어의 전통성과 합리성을 고려하여 정함을 원칙으로 한다'는 규정이 다소 어렵게 느껴질 수는 있지만 원칙 자체는 대부분 수용하고 있음을 보여준다.
　음의 동화에 대한 규정의 평균값은 3.98로서 세부 규정 중에서는 가장 높은 평균값을 보이고 있다. 이 규정 자체가 일반인들이 이해하기 쉽고 그 사례 또한 많이 접하기 때문에 이 규정에 대해서는 높은 수용도를 나타내는 것으로 보인다. 음의 길이에 대한 규정 및 음의 첨가에 대한 규정은 중간 정도의 평균값을 보이며 표준편차도 비슷하게 나타난다.
　겹받침에 대한 규정 및 경음화에 대한 규정은 평균값이 모두 3.59로서 상대적으로 낮은 수용도를 보여주고 있다. 또한 표준편차는 각각 1.036과 1.118로서 상대적으로 높은 편이다. 이는 규정 자체에 대한 일반인의 반응이라기보다는 규정이 일반인으로서는 이해하기 어렵기 때문에 나타난 결과일 수 있다.

② 방언권

구분	중부	동남	서남	제주	전체
[3-1] 표준 발음 제정 원칙	4.09	4.18	4.29	3.65	4.13
[3-2] 음의 길이에 대한 규정	3.84	4.01	3.81	3.9	3.87
[3-3] 겹받침에 대한 규정	3.59	3.4	3.69	4.15	3.59

표준 발음법의 세부 규정 수용도 1 - 방언권별

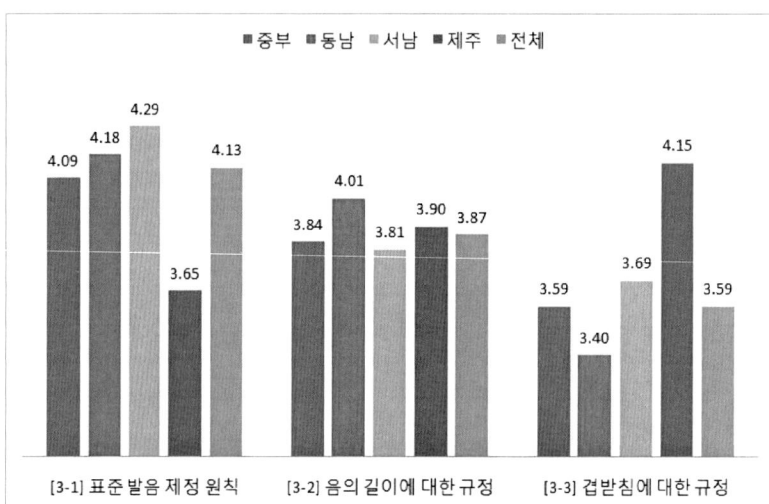

표준 발음법의 세부 규정 수용도 1 - 방언권별

표준 발음 제정 원칙에 대해서는 서남 방언권이 가장 높은 평균값을 보이고 중부 방언권이 가장 낮은 평균값을 보인다. 음의 길이에 대한 규정은 동남 방언이 가장 높은 평균값을 보이고 중부 방언과 서남 방언은 거의 같은 평균값을 보인다. 동남 방언권은 성조 지역이고 중부 및 서남 방언권은 음장 지역이라는 점을 감안하면 오히려 반대의 결과가 나타난 것이 특이하다. 겹받침에 대한 규정은 서남 방언권이 가장 높은 평균값을 보이고 동남 방언권이 가장 낮은 평균값을 보인다.

구분	중부	동남	서남	제주	전체
[3-4] 음의 동화에 대한 규정	4.01	3.93	4.02	3.6	3.98

| [3-5] 경음화에 대한 규정 | 3.58 | 3.55 | 3.61 | 3.85 | 3.59 |
| [3-6] 음의 첨가에 대한 규정 | 3.67 | 3.9 | 3.72 | 3.7 | 3.73 |

표준 발음법의 세부 규정 수용도 2 - 방언권별

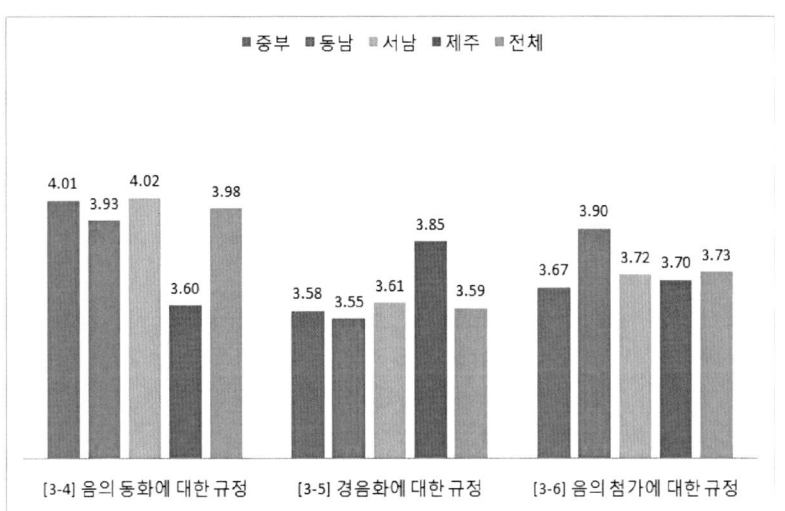

표준 발음법의 세부 규정 수용도 2 - 방언권별

음의 동화에 대한 규정은 동남 방언권이 낮은 평균값을 보이고 중부 및 서남은 거의 같은 평균값을 보인다. 경음화에 대한 규정은 방언권에 따른 차이가 별로 나타나지 않는다. 음의 첨가에 대한 규정은 서남 방언권의 평균값이 가장 높고 다른 방언권은 비슷하게 나타난다.

③ 성별

구분	남성	여성	전체
[3-1] 표준 발음 제정 원칙	4.08	4.17	4.13
[3-2] 음의 길이에 대한 규정	3.84	3.90	3.87
[3-3] 겹받침에 대한 규정	3.61	3.58	3.59
[3-4] 음의 동화에 대한 규정	3.95	4.00	3.98
[3-5] 경음화에 대한 규정	3.48	3.69	3.59
[3-6] 음의 첨가에 대한 규정	3.63	3.82	3.73

표준 발음법의 세부 규정 수용도 - 성별

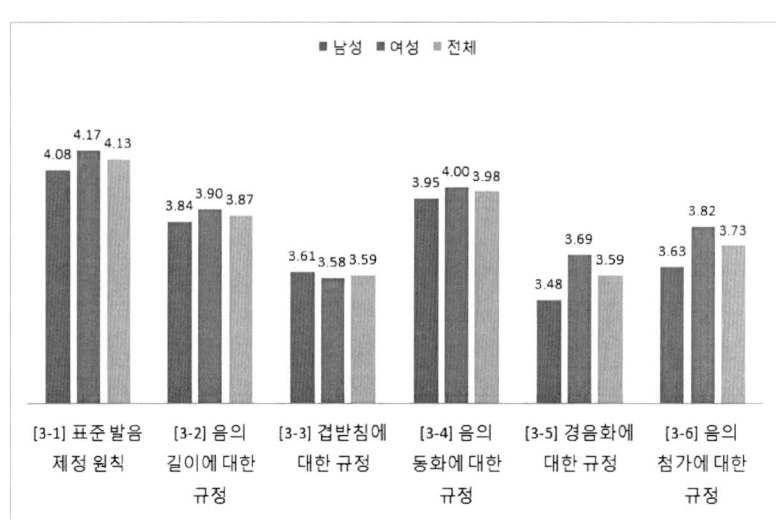

표준 발음법의 세부 규정 수용도 - 성별

   수용도를 성별로 살펴보면 여성들이 전반적으로 높은 평균값을 보이고 있음을 알 수 있다. 여성들은 언어에 민감하고 규범을 지향하는 경향이 반영된 것으로 보인다. 남녀 간에 큰 차이를 보이는 것은 경음화에 대한 규정(0.21)과 음의 첨가에 대한 규정(0.19)이다. 표준 발음 제정 원칙도 약간의 차이(0.09)를 보이고 있지만 다른 세부 규정에서는 큰 차이가 나타나지는 않는다.

④ 연령

구분	19세 이하	20~39	40~59세	60세 이상	전체
[3-1] 표준 발음 제정 원칙	3.97	4.14	4.03	4.38	4.13
[3-2] 음의 길이에 대한 규정	3.63	3.59	3.93	4.35	3.87
[3-3] 겹받침에 대한 규정	3.52	3.46	3.66	3.73	3.59

표준 발음법의 세부 규정 수용도 1 - 연령별

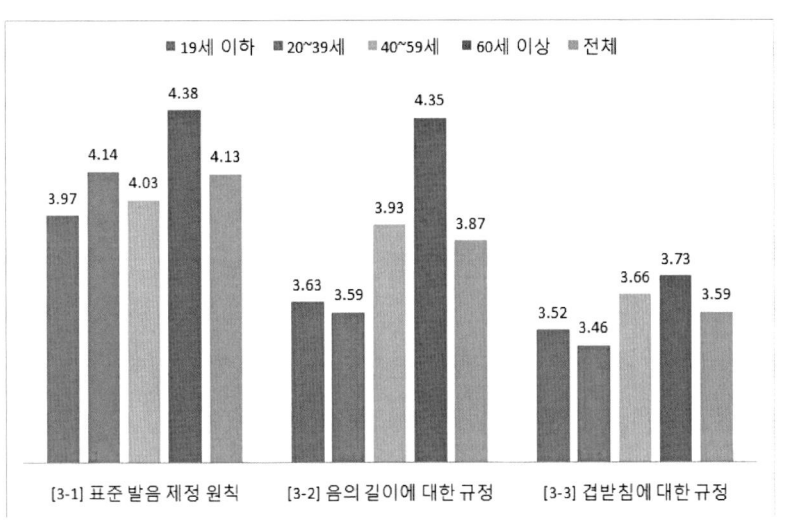

수용도를 연령별로 살펴볼 때 나타나는 가장 큰 특징은 60세 이상이 매우 높은 수용도를 보인다는 것이다. 그러나 연령별에 따라 평균값이 높아지는 경향은 나타나지는 않는다. 표준 발음 제정 원칙에 대해서는 60세 이상이 4.38의 평균값을 보이는 데 반해 19세 이하에서는 3.97로 가장 낮은 평균값을 보인다. 겹받침에 대한 규정은 전반적으로 낮지만 29~30세가 가장 낮은 평균값을 보인다.

음의 길이에 대한 수용도는 주목할 만하다. 60세 이상은 4.35로서 매우 높은 평균값을 보이는데 반해 그 아래 세대는 **훨씬** 낮은 평균값을 보인다. 특히 30대 이하는 19세 이하와 별 차이를 보이지 않는다. 이는 음장이 변별되지 않는 현실이 반영된 것이다.

구분	19세 이하	20~39	40~59세	60세 이상	전체
[3-4] 음의 동화에 대한 규정	3.96	3.79	3.92	4.25	3.98
[3-5] 경음화에 대한 규정	3.62	3.54	3.56	3.65	3.59
[3-6] 음의 첨가에 대한 규정	3.72	3.69	3.62	3.88	3.73

표준 발음법의 세부 규정 수용도 2 - 연령별

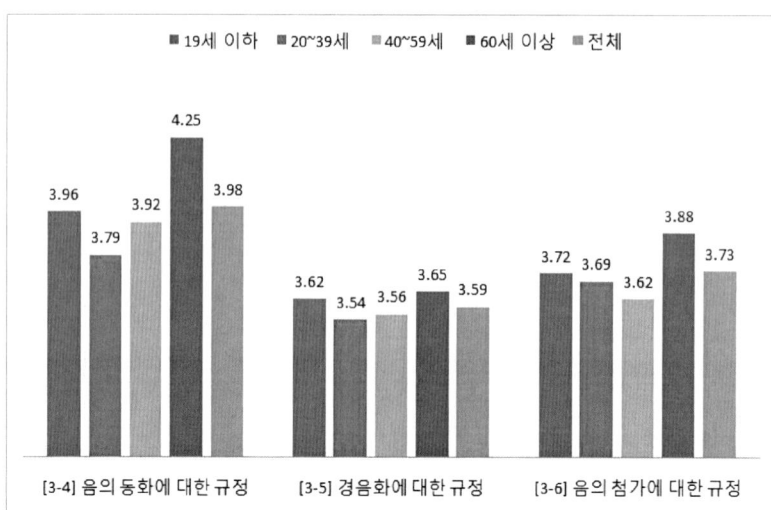

표준 발음법의 세부 규정 수용도 2 - 연령별

음의 동화에 대한 규정은 20~39세가 유독 낮은 평균값을 보인다. 경음화에 대한 규정은 연령별 편차가 그리 크지 않은 편이고 음의 첨가에 대한 규정은 40~59세가 가장 낮은 평균값을 보인다.

[요약 및 정책 제안]
- 표준 발음법의 제정 원칙 전반에는 동의하나 세부 규정에서는 수용도 편차가 큼
  → 규정의 난이도 문제이므로 쉽게 규정을 만들고 적절하게 홍보, 교육할 필요가 있음
- 음의 길이는 정확하게 구별하지 못하는 경향이 전반적으로 나타남
  → 음의 길이에 대한 규정 완화 필요
- 나이가 어린 세대일수록 수용도가 낮음
  → 젊은 세대에 대한 홍보와 교육 필요
- 음장에 대한 규정의 수용도는 세대에 따른 편차가 큼
  → 젊은 세대 위주로 제정할 필요가 있음

5) 표준 발음법 개정의 필요성 및 방식

표준 발음법의 개정 및 선정 원칙은 다음의 네 문항으로 조사하였다. 이 문항들은 각 응답에 대한 비율을 비교해서 분석한다.

> 문5. 다음은 **표준 발음법을 바꾸는 데 대해 어떤 의견을 가지고 계시는지**에 대한 질문입니다. 각 항목에 대해 바람직하다고 생각하는 것을 말씀해 주세요.
> 5-1. '표준 발음법을 필요에 따라 바꾸는 것이 좋다'라는 의견과 '표준 발음법을 바꾸지 않는 것이 좋다'라는 두 가지 의견이 있습니다. 선생님께서는 어느 쪽이 더 옳다고 생각하십니까?

① 표준 발음법을 필요에 따라 바꾸는 것이 좋다
② 표준 발음법을 바꾸지 않는 것이 좋다

5-2. (5-1의 ① 응답자만) 표준 발음법을 바꾼다면 '정기적으로 바꾸는 것이 좋다'와 '필요할 때 수시로 바꾸는 것이 좋다'라는 두 가지 의견이 있습니다. 선생님께서는 어느 쪽이 더 옳다고 생각하십니까?
① 정기적으로 바꾸는 것이 좋다.
② 필요할 때 수시로 바꾸는 것이 좋다.

5-3. (5-1의 ① 응답자만) 표준 발음법을 바꾸는 것이 좋다고 생각하시는 이유는 무엇입니까?
① 규정 자체가 언어생활을 속박하므로.
② 규정이 너무 어렵기 때문에.
③ 규정이 현실과 동떨어져 있어서.
④ 기타(적을 것 : _____)

5-4. (5-1의 ② 응답자만) 표준 발음법을 바꾸지 않는 것이 좋다고 생각하시는 이유는 무엇입니까?
① 현재의 규정으로도 표준 발음을 정하는 데는 문제가 없으니까.
② 표준 발음법을 바꾸면 언어생활에 혼란이 생기므로.
③ 기타(적을 것 : _____)

① 전체

구분		빈도	비율
[5-1] 표준 발음법 개정	표준 발음법을 필요에 따라 바꾸는 것이 좋다	375	74.6
	표준 발음법을 바꾸지 않는 것이 좋다	128	25.4
[5-2] 개정 주기	정기적으로 바꾸는 것이 좋다	214	56.2
	필요할 때 수시로 바꾸는 것이 좋다	167	43.8

표준 발음법 개정 1 - 전체

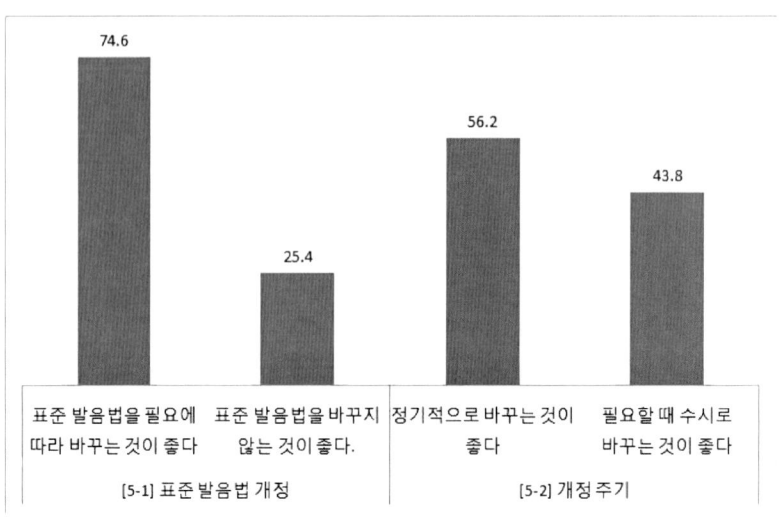

표준 발음법 개정 1 - 전체

구분		빈도	비율
[5-3] 표준 발음법 개정 이유	규정 자체가 언어생활을 속박하므로.	110	30.3
	규정이 너무 어렵기 때문에	63	17.4
	규정이 현실과 동떨어져 있어서	190	52.3
[5-4] 현행 표준 발음법 고수 이유	현재의 규정으로도 표준 발음을 정하는 데는 문제가 없으니까	44	34.9
	표준 발음법을 바꾸면 언어생활에 혼란이 생기므로.	82	65.1

표준 발음법 개정 2 - 전체

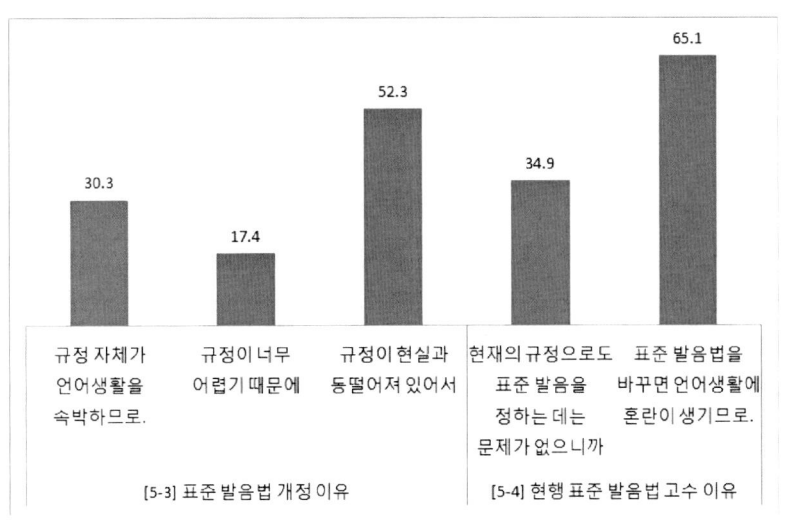

표준 발음법 개정 2 - 전체

표준 발음법을 개정해야 하는 이유 중 가장 큰 비율을 보이는 것은 규정이 현실과 동떨어져 있다는 것이다. 이에 비해 규정이 어렵다고 응답한 비율은 낮은 편이다. 표준 발음법을 개정하지 말아야 하는 이유를 보면 표준 발음법을 바꾸면 언어생활에 혼란이 생긴다는 것이 더 큰 비율을 보인다.

② 방언권

구분	[5-1] 표준 발음법 개정		[5-2] 개정 주기	
	표준 발음법을 필요에 따라 바꾸는 것이 좋다	표준 발음법을 바꾸지 않는 것이 좋다	정기적으로 바꾸는 것이 좋다	필요할 때 수시로 바꾸는 것이 좋다
중부	72.4	27.6	50.5	49.5
동남	79.0	21.0	62.0	38.0
서남	73.3	25.6	62.7	37.3
제주	85.0	15.0	73.7	26.3
전체	74.4	25.4	56.2	43.8

표준 발음법 개정 1 - 방언권별

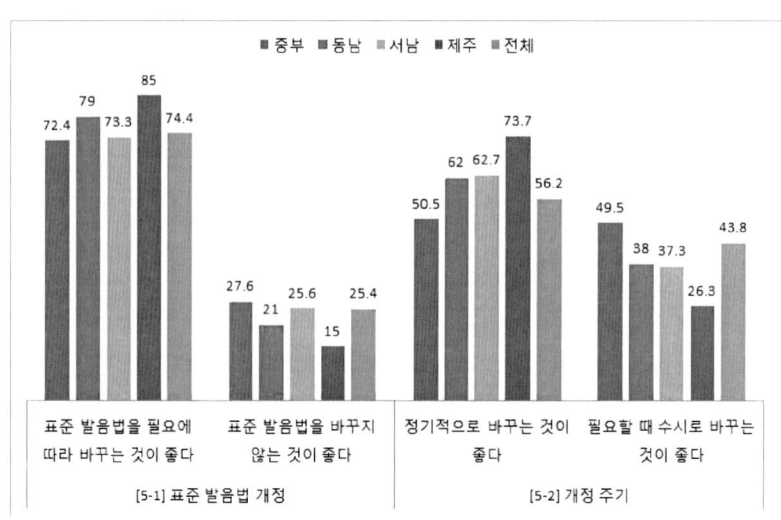

표준 발음법 개정 1 - 방언권별

표준 발음법 개정에 대한 의견을 방언권별로 비교해 보면 서남 방언권의 비율이 다른 방언권에 비해 높은 편이다. 개정 주기는 중부 방언권에서는 정기적인 개정을 하자는 비율이 다른 방언권보다 낮게 나타난다.

구분	[5-3] 표준 발음법 개정 이유				[5-4] 현행 표준 발음법 고수 이유		
	규정 자체가 언어생활을 속박하므로.	규정이 너무 어렵기 때문에	규정이 현실과 동떨어져 있어서	기타	현재의 규정으로도 표준 발음을 정하는 데는 문제가 없으니까	표준 발음법을 바꾸면 언어생활에 혼란이 생기므로.	기타
중부	30.8	19.6	45.8	3.7	37.3	57.8	4.8
동남	21.8	17.9	57.7	2.6	25.0	66.7	8.3
서남	29.9	9.0	53.7	7.5	29.2	70.8	0.0
제주	36.8	5.3	57.9	0.0	0.0	100.0	0.0
전체	29.1	16.7	50.3	4.0	33.3	62.1	4.5

표준 발음법 개정 2 - 방언권별

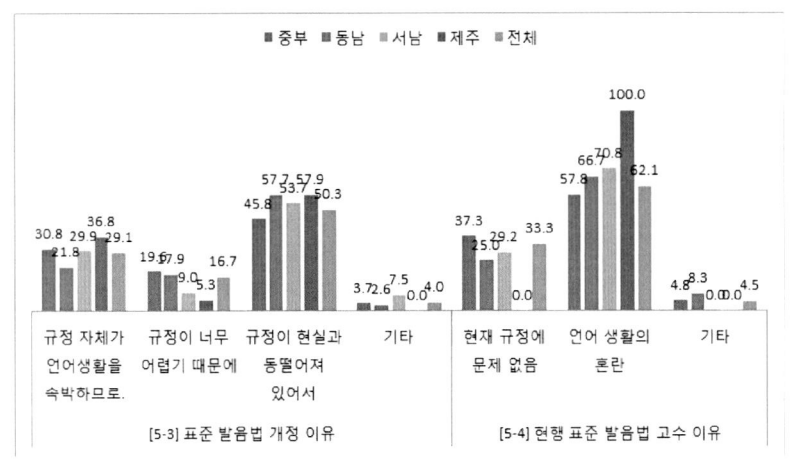

표준 발음법 개정 2 - 방언권별

　표준 발음법을 개정하는 이유를 보면 동남 방언권은 규정이 현실과 동떨어져 있다고 보는 비율이 높게 나타났다. 서남 방언권 또한 규정의 비현실성에 대한 비율이 중부 방언권보다 높게 나타난다.
　표준 발음법을 개정하지 말자는 이유는 언어생활의 혼란이 주를 이루는데 서남 방언권에서 특히 높게 나타났다. 현행 규정에 문제가 없다는 비율은 중부 방언권에서 가장 높게 나타난다.

③ 성 별

구분	[5-1] 표준 발음법 개정		[5-2] 개정 주기	
	표준 발음법을 필요에 따라 바꾸는 것이 좋다	표준 발음법을 바꾸지 않는 것이 좋다	정기적으로 바꾸는 것이 좋다	필요할 때 수시로 바꾸는 것이 좋다
남성	73.3	26.7	54.2	45.8
여성	75.5	24.5	57.9	42.1
전체	74.4	25.4	56.2	43.8

표준 발음법 개정 1 - 성별

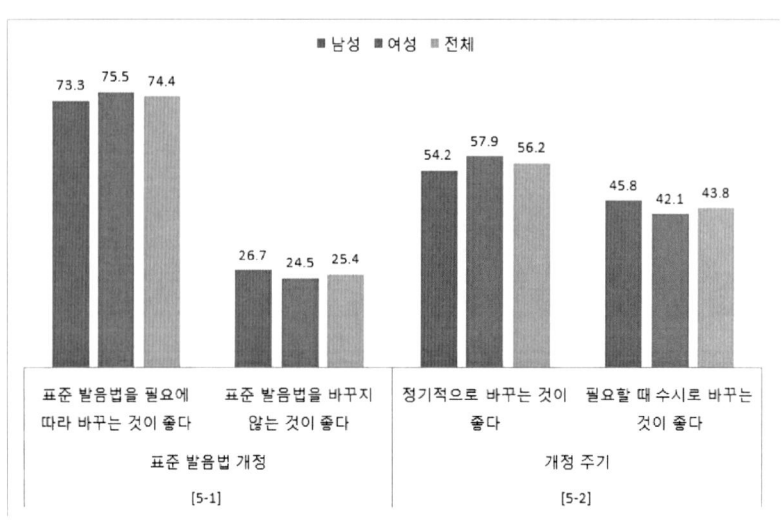

표준 발음법 개정 1 - 성별

 표준 발음법 개정에 대한 의견을 성별로 살펴보면 필요에 따라 바꾸자는 비율이 여성이 더 높게 나타난다. 주기 면에서는 정기적으로 바꾸자는 비율이 여성이 더 높다.

구분	[5-3] 표준 발음법 개정 이유				[5-4] 현행 표준 발음법 고수 이유		
	규정 자체가 언어생활을 속박하므로.	규정이 너무 어렵기 때문에	규정이 현실과 동떨어져 있어서	기타	현재의 규정으로도 표준 발음을 정하는 데는 문제가 없으니까	표준 발음법을 바꾸면 언어생활에 혼란이 생기므로.	기타
남성	30.7	13.4	50.3	5.6	33.8	63.1	3.1
여성	27.6	19.6	50.3	2.5	32.8	61.2	6.0
전체	29.1	16.7	50.3	4.0	33.3	62.1	4.5

표준 발음법 개정 2 - 성별

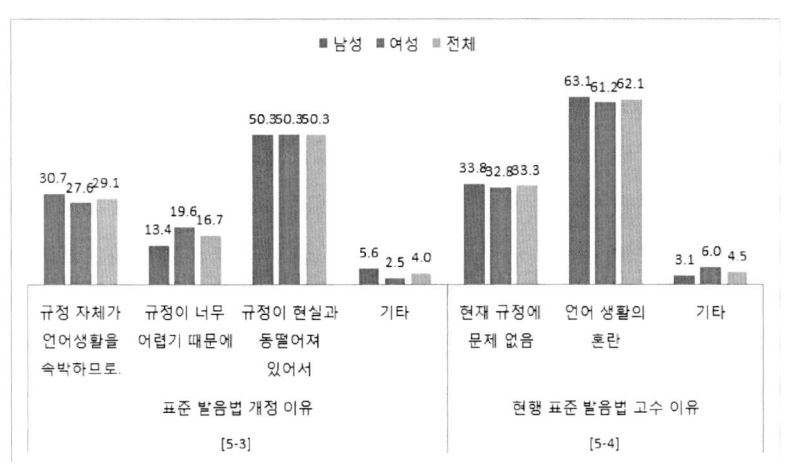

표준 발음법 개정 2 - 성별

표준 발음법 개정 이유 면에서는 규정이 언어를 속박한다는 의견은 남성 쪽이 더 높았고 너무 어렵다는 면은 여성 쪽에서 더 높게 나타났다. 표준 발음법을 고수해야 하는 이유는 남녀 간에 차이가 별로 없다.

④ 연령

구분	[5-1] 표준 발음법 개정		[5-2] 개정 주기	
	표준 발음법을 필요에 따라 바꾸는 것이 좋다	표준 발음법을 바꾸지 않는 것이 좋다	정기적으로 바꾸는 것이 좋다	필요할 때 수시로 바꾸는 것이 좋다
19세 이하	82.7	17.3	48.6	51.4
20~39세	80.2	19.8	57.7	42.3
40~59세	74.0	26.0	60.4	39.6
60세 이상	60.5	39.5	59.2	40.8
전체	74.4	25.6	56.2	43.8

표준 발음법 개정 1 - 연령별

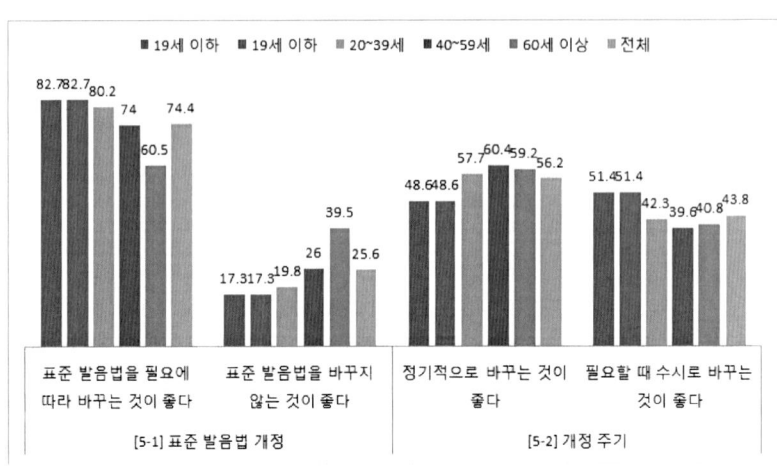

표준 발음법 개정 1 - 연령별

표준 발음 개정에 대한 의견을 연령별로 비교해 보면 60세 나이가 많을수록 바꾸지 않는 것이 좋다는 비율이 높다. 특히 60세 이상은 19세 이하보다 두 배 이상의 비율을 보여준다. 개정 주기 면에서는 젊은 세대는 수시로 바꾸자는 비율이 높은 반면 나이가 든 세대일수록 정기적으로 바꾸자는 비율이 높다. 전반적으로 볼 때 젊은 세대는 표준 발음법을 유연하게 운용할 것을 요구하는 것으로 보인다.

구분	[5-3] 표준 발음법 개정 이유				[5-4] 현행 표준 발음법 고수 이유		
	규정 자체가 언어생활을 속박하므로.	규정이 너무 어렵기 때문에	규정이 현실과 동떨어져 있어서	기타	현재의 규정으로도 표준 발음을 정하는 데는 문제가 없으니까	표준 발음법을 바꾸면 언어생활에 혼란이 생기므로.	기타
19세 이하	28.8	26.9	38.5	5.8	37.5	54.2	8.3
20~39세	31.7	5.8	57.7	4.8	30.4	60.9	8.7
40~59세	26.6	11.7	59.6	2.1	34.3	62.9	2.9
60세 이상	28.9	23.7	44.7	2.6	32.0	66.0	2.0
전체	29.1	16.7	50.3	4.0	33.3	62.1	4.5

표준 발음법 개정 2 - 연령별

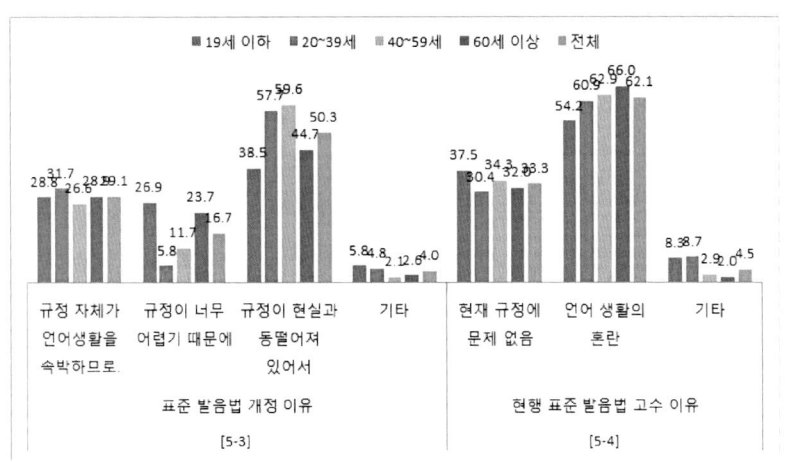

표준 발음법 개정 2 - 연령별

표준 발음법을 개정해야 하는 이유를 보면 19세 이하는 규정이 어렵다는 비율이 다른 세대에 비해 매우 높다. 그러나 주된 이유는 규정과 현실이 동떨어져 있다는 것으로서 40~59세가 가장 높은 비율을 보인다. 현행 표준 발음법을 고수해야 하는 이유로는 언어생활의 혼란을 든 비율이 가장 높은데 60세 이상이 가장 높다.

[요약 및 정책 제안]
- 표준 발음법을 개정하되 정기적으로 하길 바라는 경향이 강함
  → 정기적 개정 방안 마련 필요
- 규정이 현실과 동떨어져 있다는 의식이 강함
  → 현실에 맞는 개정 필요
- 표준 발음 개정으로 인한 혼란을 우려하는 시각이 있음
  → 혼란을 최소화하는 효율적인 개정 방안 마련 필요
- 젊은 세대들은 적극적인 개정, 수시 개정을 요구
  → 젊은 세대에 맞는 유연한 규정 및 규정 운용 필요

6) 개별 표준 발음

일반인을 대상으로 개별 발음에 대한 조사는 총 20개 항목으로 이루어져 있다. 이 항목들을 경음화, 자음군, ㄴ첨가, ㄴㄹ 연쇄, '의', 받침의 발음, 기타의 순으로 분류해 분석한다. 모든 문항은 각 응답지의 비율을 산출해 분석한다.

(1) 경음화

경음화와 관련해서는 다음의 두 문항으로 조사하였다.

```
6-1 김밥    ① [김밥]    ② [김빱]    ③ 모두 가능
6-15 발달사  ① [발딸사]  ② [발딸싸]  ③ 모두 가능
```

① 전체

구분		빈도	비율
6-1 김밥	[김밥]	153	30.3
	[김빱]	301	59.6
	모두 가능	51	10.1
	전체	505	100
6-15 발달사	[발딸사]	412	81.9
	[발딸싸]	68	13.5
	모두 가능	23	4.6
	전체	503	100

경음화 - 전체

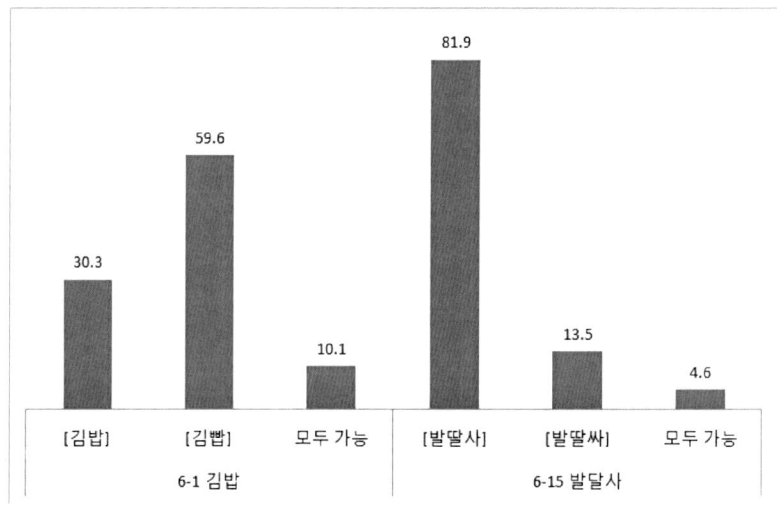

경음화 - 전체

경음화와 관련된 문항의 결과를 전체적으로 살펴보면 '김밥'의 경우에는 경음 비율이 59.6% 이지만 '발달사'의 경음 비율이 13.5%로 낮은 편이다. 합성어에서의 경음화는 높은 실현비율을 보이지만 'ㄹ' 뒤 'ㅅ'의 경음화 비율은 낮음을 확인할 수 있다.

② 방언권

구분	6-1 김밥			6-15 발달사		
	[김밥]	[김빱]	모두 가능	[발딸사]	[발딸싸]	모두 가능
중부	35.9	55.6	8.5	87.0	9.2	3.8
동남	22.0	62.0	16.0	74.0	17.0	9.0
서남	23.3	67.8	8.9	71.1	25.6	3.3
제주	20.0	70.0	10.0	95.0	5.0	0.0
전체	30.3	59.6	10.1	81.9	13.5	4.6

경음화 - 방언권별

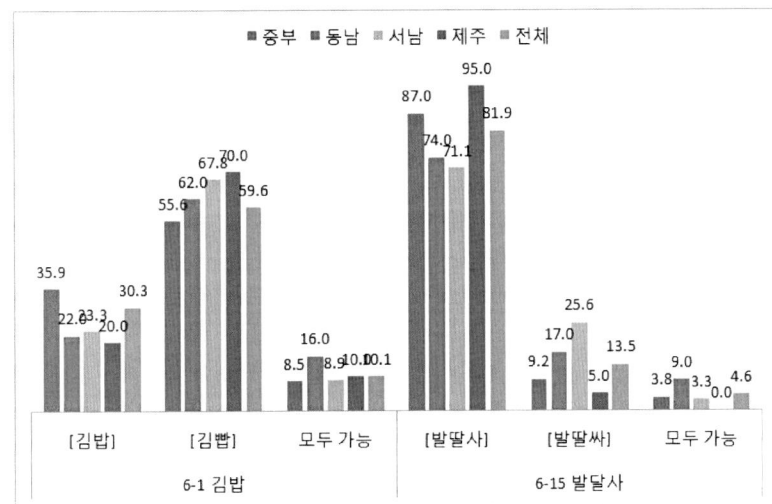

경음화 - 방언권별

'김밥'은 중부 방언권에서 경음으로 실현되는 비율이 가장 낮은 반면 서남 방언권에서 경음으로 실현되는 비율이 가장 높다. '발달사' 또한 경음으로 실현되는 비율이 중부 방언권이 가장 낮고 서남 방언권이 가장 높게 나타난다.

③ 성별

구분	6-1 김밥			6-15 발달사		
	[김밥]	[김빱]	모두 가능	[발딸사]	[발딸싸]	모두 가능
남성	32.4	55.7	11.9	80.7	14.8	4.5
여성	28.4	63.2	8.4	83.1	12.3	4.6
전체	30.3	59.6	10.1	81.9	13.5	4.6

경음화 - 성별

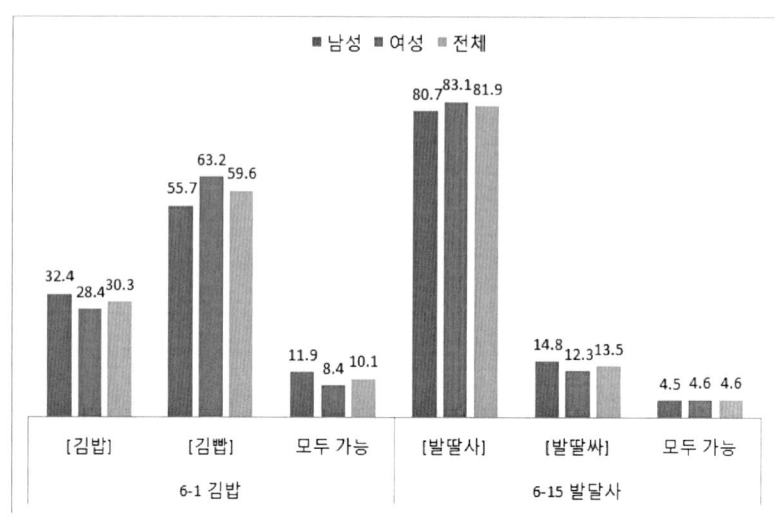

경음화 - 성별

경음화 비율을 성별로 살펴보면 '김밥'의 경우에는 여성들의 경음 비율이 높고 '발달사'는 여성들의 경음 비율이 더 낮다.

④ 연령

구분	6-1 김밥			6-15 발달사		
	[김밥]	[김빱]	모두 가능	[발딸사]	[발딸싸]	모두 가능
19세 이하	15.6	69.5	14.8	81.9	10.2	7.9
20~39세	16.7	69.0	14.3	92.1	4.8	3.2
40~59세	40.9	52.0	7.1	76.4	19.7	3.9
60세 이상	48.4	47.6	4.0	77.2	19.5	3.3
전체	30.3	59.6	10.1	81.9	13.5	4.6

경음화 - 연령별

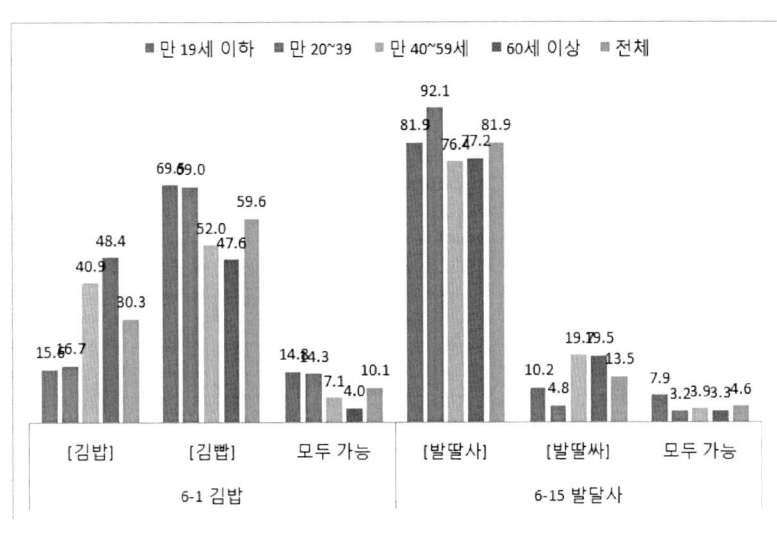

경음화 - 연령별

'김밥'의 응답 결과를 보면 젊은 세대는 경음으로 발음하는 비율이 높은 반면 나이가 든 세대는 경음으로 발음하지 않는 비율이 높다. 반면에 '발달사'는 나이가 든 세대의 경음 비율이 더 높게 나타난다.

(2) 자음군

자음군을 가진 어간의 발음 양상은 다음의 네 문항으로 조사하였다.

```
6-2  밟다가   ① [발따가]   ② [밥따가]   ③ 모두 가능
6-12 긁고    ① [글꼬]     ② [극꼬]     ③ 모두 가능
6-16 읊는다  ① [을른다]   ② [음는다]   ③ 모두 가능
6-6  읽더라  ① [일떠라]   ② [익떠라]   ③ 모두 가능
```

① 전체

구분		빈도	비율
6-2 밟다가	[발따가]	238	47.2
	[밥따가]	211	41.9
	모두 가능	55	10.9
	전체	504	100
6-6 읽더라	[일떠라]	233	46.2
	[익떠라]	219	43.5
	모두 가능	52	10.3

		전체	504	100
6-12 굵고		[글꼬]	363	72
		[극꼬]	90	17.9
		모두 가능	51	10.1
		전체	504	100
6-16 읊는다		[을른다]	85	16.9
		[음는다]	375	74.6
		모두 가능	43	8.5
		전체	503	100

자음군 - 전체

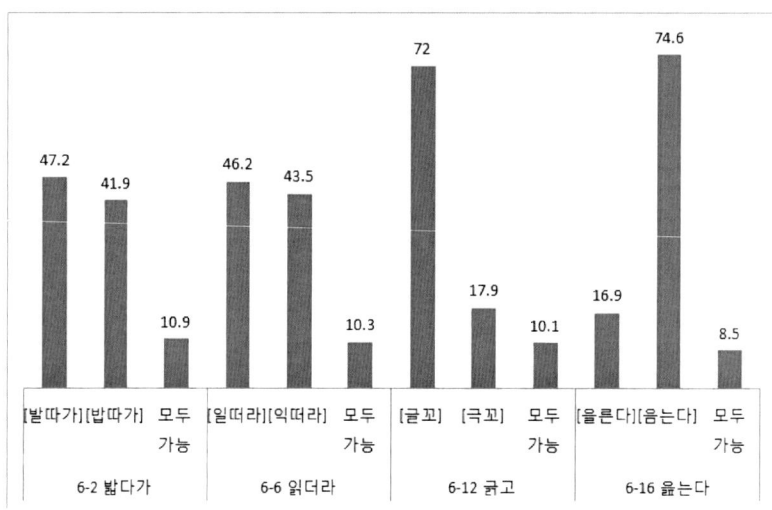

자음군 - 전체

'밟다가'와 '읽더라'는 'ㄹ' 이외의 자음을 탈락시키는 비율이 약간 높게 나타났다. 그러나 '굵고'는 'ㄱ'을 탈락시키는 비율이 압도적으로 높고, '읊는다'는 'ㄹ'을 탈락시키는 비율이 압도적으로 높게 나타났다.

② 방언권

구분	6-2 밟다가			6-6 읽더라			6-12 굵고			6-16 읊는다		
	[발따가]	[밥따가]	모두 가능	[일떠라]	[익떠라]	모두 가능	[글꼬]	[극꼬]	모두 가능	[을른다]	[음는다]	모두 가능
중부	52.7	38.1	9.2	49.3	39.1	11.6	78.9	11.9	9.2	15.7	76.1	8.2
동남	54.0	28.0	18.0	66.0	23.0	11.0	74.0	11.0	15.0	22.0	63.0	15.0
서남	22.2	67.8	10.0	15.6	76.7	7.8	51.1	41.1	7.8	15.6	82.2	2.2

| 제주 | 45.0 | 50.0 | 5.0 | 40.0 | 60.0 | 0.0 | 55.0 | 35.0 | 10.0 | 15.0 | 75.0 | 10.0 |
| 전체 | 47.2 | 41.9 | 10.9 | 46.2 | 43.5 | 10.3 | 72.0 | 17.9 | 10.1 | 16.9 | 74.6 | 8.5 |

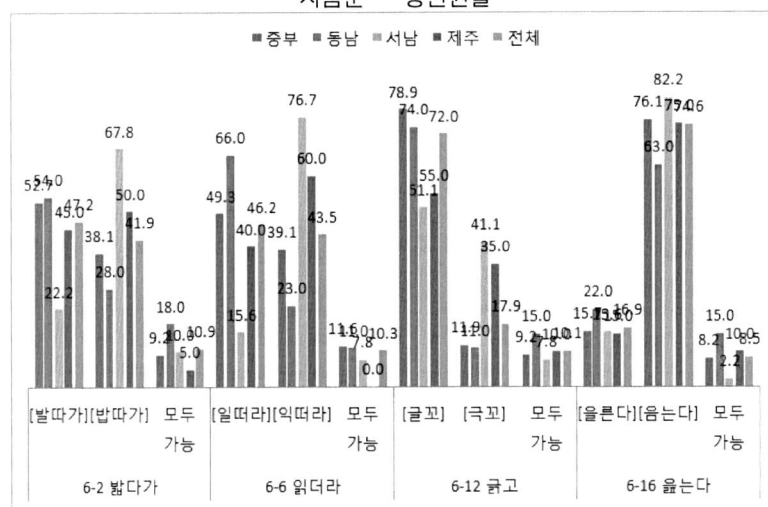

자음군 - 방언권별

 자음군의 발음은 단어별로, 방언권별로 편차가 크게 나타난다. '밟다가'은 서남 방언권에서 'ㄹ'을 탈락시키는 비율이 매우 높게 나타난다. '읽더라'의 경우 동남 방언권에서는 'ㄱ'을 탈락시키는 비율이 높고 서남 방언권에서는 'ㄹ'을 탈락시키는 비율이 높다. '긁고'의 경우 중부 방언권은 'ㄱ'을 탈락시키는 비율이 높고 서남 방언권은 'ㄹ'을 탈락시키는 비율이 높다. '읊는다'의 경우 'ㅍ'을 탈락시키는 비율은 동남 방언권이 가장 높고 'ㄹ'을 탈락시키는 비율은 서남 방언권이 가장 높다.

③ 성별

구분	6-2 밟다가			6-6 읽더라			6-12 긁고			6-16 읊는다		
	[밟따가]	[밥따가]	모두 가능	[일떠라]	[익떠라]	모두 가능	[글꼬]	[극꼬]	모두 가능	[올른다]	[음는다]	모두 가능
남성	44.0	44.9	11.1	46.1	45.7	8.2	69.5	22.2	8.2	16.5	75.2	8.3
여성	50.2	39.1	10.7	46.4	41.4	12.3	74.3	13.8	11.9	17.2	73.9	8.8
전체	47.2	41.9	10.9	46.2	43.5	10.3	72.0	17.9	10.1	16.9	74.6	8.5

자음군 - 성별

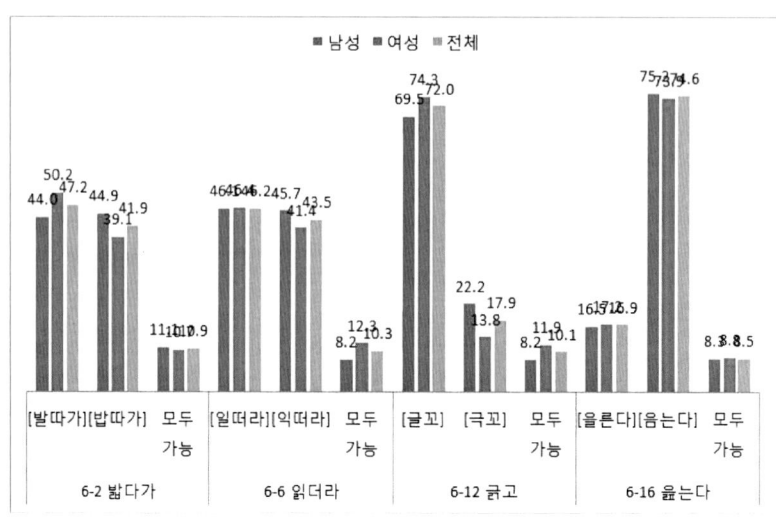

자음군 - 성별

'밟다가'의 경우는 여성이 'ㅂ'을 탈락시키는 비율이 더 높다. '읽더라'의 경우는 모두 가능하다는 비율이 여성 쪽에서 더 높게 나타난다. '긁고'의 경우 'ㄱ'을 탈락시키는 비율이 여성이 더 높고 모두 가능하다는 비율도 여성이 더 높다. '읊는다'는 남녀 간의 편차가 별로 없다.

④ 연령

구분	6-2 밟다가			6-6 읽더라			6-12 긁고			6-16 읊는다		
	[발따가]	[밥따가]	모두 가능	[일떠라]	[익떠라]	모두 가능	[글꼬]	[극꼬]	모두 가능	[올른다]	[음는다]	모두 가능
19세 이하	46.9	34.4	18.8	46.1	37.5	16.4	68.8	14.8	16.4	15.7	70.1	14.2
20~39세	47.6	40.5	11.9	53.2	34.9	11.9	77.0	9.5	13.5	6.3	84.1	9.5
40~59세	48.0	47.2	4.7	44.1	48.8	7.1	78.0	18.1	3.9	20.5	75.6	3.9
60세 이상	46.3	45.5	8.1	41.5	52.8	5.7	64.2	29.3	6.5	25.2	68.3	6.5
전체	47.2	41.9	10.9	46.2	43.5	10.3	72.0	17.9	10.1	16.9	74.6	8.5

자음군 - 연령별

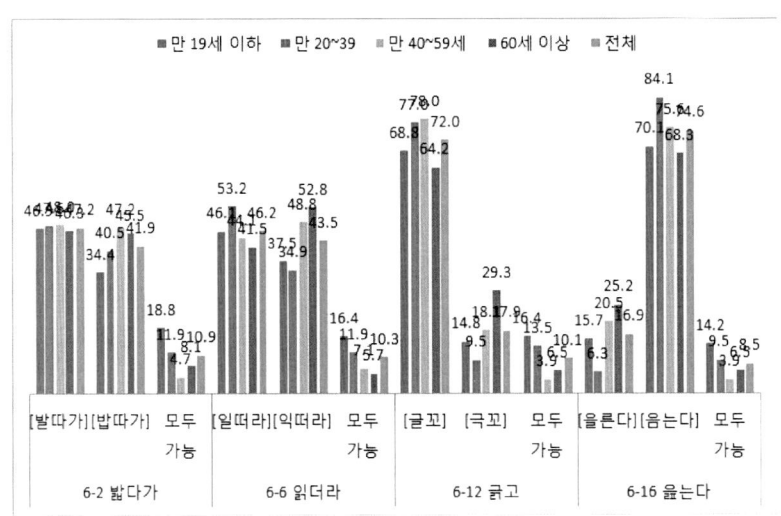

자음군 - 연령별

자음군의 발음을 연령별로 비교해 보면 19세 이하는 모두 가능하다는 비율이 다른 세대에 비해 높은 편이다. 이는 젊은 세대일수록 자음군의 발음을 더 혼란스러워하고 있음 보여준다. 개별적인 사례에서는 연령별 차이가 불규칙하게 나타난다.

(3) ㄴ첨가

'ㄴ' 첨가에 대해서는 다음의 세 문항으로 조사하였다.

```
6-4 금융    ① [그뮹]    ② [금늉]    ③ 모두 가능
6-11 눈요기  ① [누뇨기]  ② [눈뇨기]  ③ 모두 가능
6-20 송별연  ① [송벼련]  ② [송별련]  ③ 모두 가능
```

① 전체

구분		빈도	비율
6-4 금융	[그뮹]	195	38.6
	[금늉]	234	46.3
	모두 가능	76	15
	전체	505	100
6-11 눈요기	[누뇨기]	29	5.8
	[눈뇨기]	447	88.7

	모두 가능	28	5.6
	전체	504	100
6-20 송별연	[송벼련]	174	34.5
	[송별련]	290	57.5
	모두 가능	40	7.9
	전체	504	100

ㄴ 첨가 - 전체

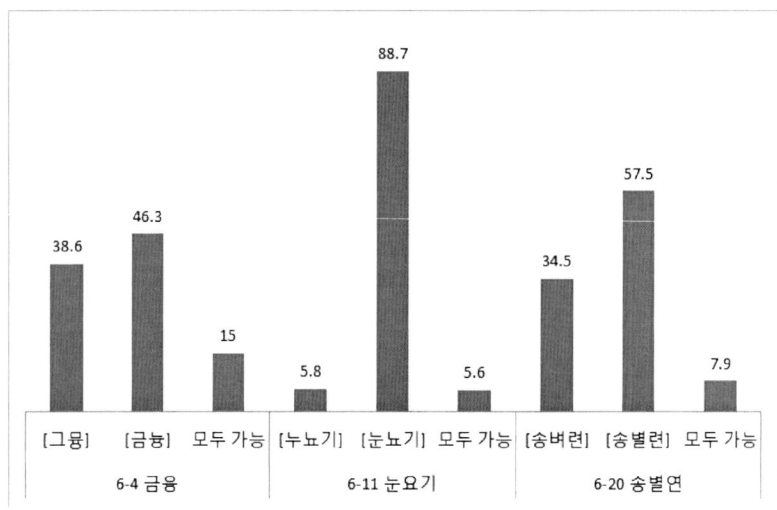

ㄴ 첨가 - 전체

   'ㄴ' 첨가에 대한 조사 결과를 종합적으로 보면 고유어 '눈요기'에서는 'ㄴ'이 첨가되는 비율이 압도적으로 높게 나타난다. 그러나 '금융'은 'ㄴ'이 첨가되는 비율이 46.3%이고 '송별연'에서는 57.5%이다. 전체적으로는 'ㄴ'이 첨가되는 양상을 보이고 고유어와의 합성어에서 그 비율이 더 높게 나타남을 알 수 있다.

② 방언권

	6-4 금융			6-11 눈요기			6-20 송별연		
	[그융]	[금늉]	모두 가능	[누뇨기]	[눈뇨기]	모두 가능	[송벼련]	[송별련]	모두 가능
중부	42.7	44.1	13.2	6.8	87.4	5.8	37.4	55.1	7.5
동남	16.0	63.0	21.0	3.0	89.0	8.0	16.0	73.0	11.0

서남	53.3	31.1	15.6	5.6	91.1	3.3	46.7	50.0	3.3
제주	25.0	65.0	10.0	5.0	95.0	0.0	30.0	50.0	20.0
전체	38.6	46.3	15.0	5.8	88.7	5.6	34.5	57.5	7.9

ㄴ 첨가 - 방언권별

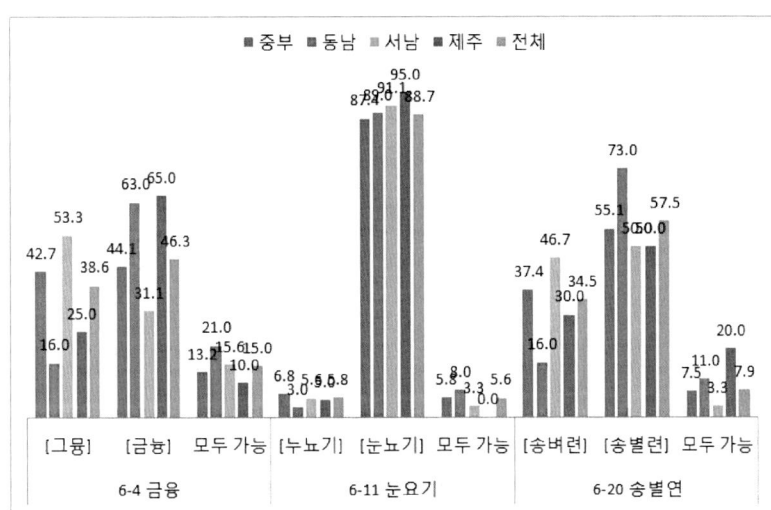

ㄴ 첨가 - 방언권별

'ㄴ' 첨가 양상을 방언권별로 분석해 보면 방언권별 편차가 큼을 알 수 있다. '금융'의 경우 서남 방언권에서는 'ㄴ'을 첨가시키지 않는 비율이 높고 중부 방언권 또한 이러한 양상을 보여 준다. 반면에 동남 방언권에서는 'ㄴ'을 첨가시키는 비율이 높은 편이다. 전반적으로 'ㄴ'이 첨가되는 비율이 높은 '눈요기'에서도 중부 방언권과 서남 방언권에서는 'ㄴ' 첨가되지 않는 비율이 다소 높은 편이다. '송별연'에서는 'ㄴ'이 첨가되는 비율이 동남 방언권에서 높고 서남 방언권에서 낮은 경향이 그대로 유지된다. 전반적으로는 동남 방언권에서 'ㄴ'을 첨가시키는 비율이 높음을 알 수 있다.

③ 성별

구분	6-4 금융			6-11 눈요기			6-20 송별연		
	[그융]	[금늉]	모두 가능	[누뇨기]	[눈뇨기]	모두 가능	[송벼련]	[송별련]	모두 가능
남성	43.0	45.5	11.5	7.0	87.2	5.8	31.7	61.7	6.6
여성	34.5	47.1	18.4	4.6	90.0	5.4	37.2	53.6	9.2
전체	38.6	46.3	15.0	5.8	88.7	5.6	34.5	57.5	7.9

ㄴ 첨가 - 성별

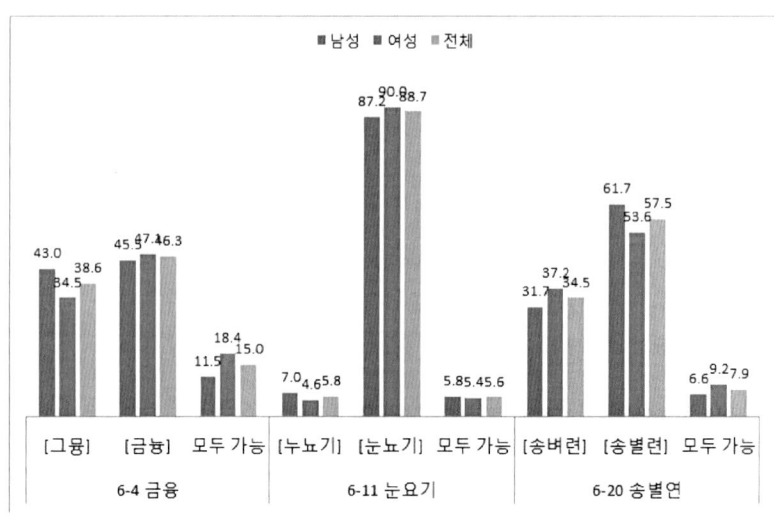

ㄴ 첨가 - 성별

'ㄴ' 첨가는 성별로 살펴볼 때 여성들이 모두 가능하다는 쪽의 비율이 높음을 확인할 수 있다. 단어별로 보면 'ㄴ' 첨가 양상이 성별에 따라 분명한 경향을 보이지는 않음을 알 수 있다.

④ 연령

구분	6-4 금융			6-11 눈요기			6-20 송별연		
	[그융]	[금늉]	모두 가능	[누뇨기]	[눈뇨기]	모두 가능	[송벼련]	[송별련]	모두 가능
19세 이하	54.7	17.2	28.1	8.6	84.4	7.0	46.1	41.4	12.5
20~39세	56.3	24.6	19.0	4.0	87.3	8.7	51.6	38.9	9.5
40~59세	26.8	67.7	5.5	7.1	90.6	2.4	25.2	69.3	5.5
60세 이상	16.1	76.6	7.3	3.3	92.7	4.1	14.6	81.3	4.1
전체	38.6	46.3	15.0	5.8	88.7	5.6	34.5	57.5	7.9

ㄴ 첨가 - 연령별

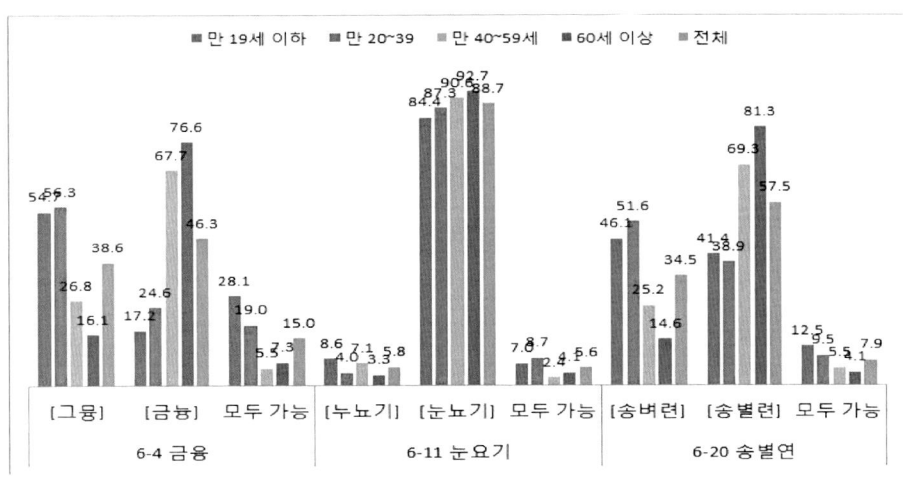

ㄴ 첨가 - 연령별

'ㄴ' 첨가를 연령별로 살펴보면 나이가 든 세대일수록 'ㄴ'을 첨가시키는 비율이 높은 경향이 일정하게 나타나고 있다. 이에 반해 젊은 세대는 모두 가능하다는 비율이 높다.

(4) ㄴㄹ 연쇄의 발음

'ㄴ'과 'ㄹ'이 연속될 때는 [ㄹㄹ]로 발음되거나 [ㄴㄴ]으로 발음되는 두 가지 양상이 나타나는데 이와 관련해서는 다음의 네 문항으로 조사하였다.

```
6-5 온라인    ① [온나인]    ② [올라인]    ③ 모두 가능
6-7 광한루    ① [광한누]    ② [광할루]    ③ 모두 가능
6-13 선릉    ① [선능]     ② [설릉]     ③ 모두 가능
6-17 공권력   ① [공꿘녁]   ② [공꿜력]   ③ 모두 가능
```

① 전체

구분		빈도	비율
6-5 온라인	[온나인]	147	29.1
	[올라인]	301	59.6
	모두 가능	57	11.3
	전체	505	100
6-7 광한루	[광한누]	69	13.7
	[광할루]	400	79.2
	모두 가능	36	7.1
	전체	505	100
6-13 선릉	[선능]	310	61.4

	[설릉]	146	28.9
	모두 가능	49	9.7
	전체	505	100
6-17 공권력	[공꿘녁]	277	55.1
	[공꿜력]	176	35
	모두 가능	50	9.9
	전체	503	100

ㄴㄹ 연쇄 - 전체

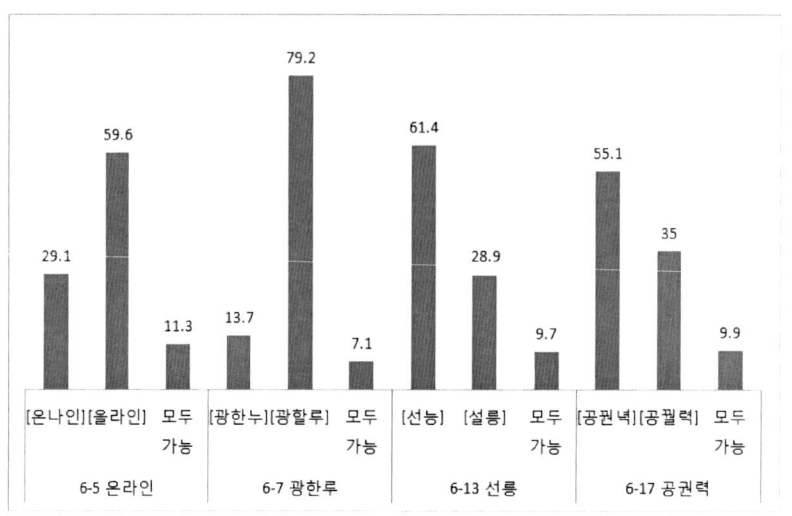

ㄴㄹ 연쇄 - 전체

'ㄴㄹ'의 연쇄 발음은 단어에 따라 그 경향이 다르게 나타난다. '온라인'의 경우는 [ㄹㄹ]의 비율이 더 높고, '광한루'의 경우는 [ㄹㄹ]의 비율이 압도적으로 높다. 그러나 '선능'과 '공권력'은 [ㄴㄴ]의 비율이 더 높다.

② 방언권

구분	6-5 온라인			6-7 광한루			6-13 선릉			6-17 공권력		
	[온나인]	[올라인]	모두 가능	[광한누]	[광할루]	모두 가능	[선능]	[설릉]	모두 가능	[공꿘녁]	[공꿜력]	모두 가능
중부	32.9	56.3	10.8	15.6	79.7	4.7	62.4	27.5	10.2	54.6	35.8	9.6
동남	23.0	61.0	16.0	9.0	76.0	15.0	55.0	31.0	14.0	42.0	43.0	15.0
서남	26.7	66.7	6.7	13.3	81.1	5.6	62.2	32.2	5.6	65.6	30.0	4.4
제주	15.0	70.0	15.0	10.0	80.0	10.0	75.0	25.0	0.0	80.0	5.0	15.0
전체	29.1	59.6	11.3	13.7	79.2	7.1	61.4	28.9	9.7	55.1	35.0	9.9

ㄴㄹ 연쇄 - 방언권별

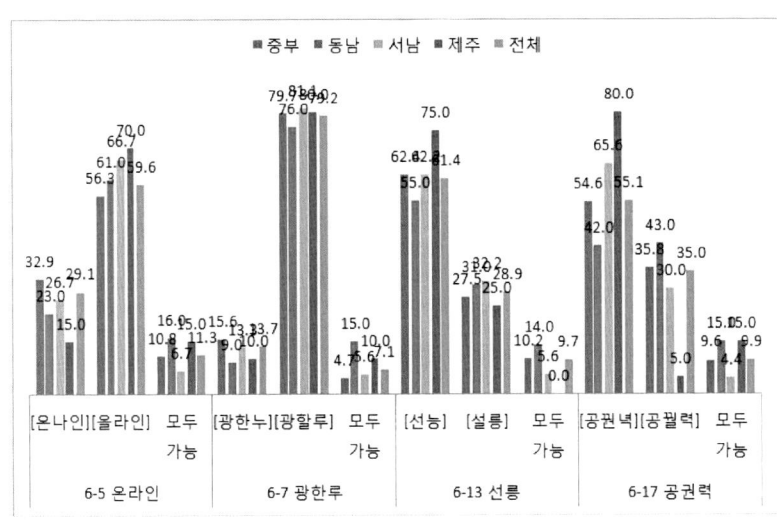

ㄴㄹ 연쇄 - 방언권별

'ㄴㄹ'의 연쇄를 방언권별로 살펴볼 때 지역별로 일정한 경향이 나타나지는 않는다. '온라인'의 경우 [ㄹㄹ]의 비율은 서남 방언권이 높고 [ㄴㄴ]의 비율은 중부 방언권이 높다. '광한루'는 동남 방언에서 모두 가능하다는 비율이 높다는 것이 특징적이다. 동남 방언권에서 모두 가능이 다소 높은 비율을 보이는 경향은 '선릉'과 '공권력'에서도 확인할 수 있다.

③ 성별

구분	6-5 온라인			6-7 광한루			6-13 선릉			6-17 공권력		
	[온나인]	[올라인]	모두 가능	[광한누]	[광할루]	모두 가능	[선능]	[설릉]	모두 가능	[공꿘녁]	[공필력]	모두 가능
남성	27.9	60.2	11.9	15.2	79.5	5.3	62.7	28.7	8.6	54.7	35.4	9.9
여성	30.3	59.0	10.7	12.3	78.9	8.8	60.2	29.1	10.7	55.4	34.6	10.0
전체	29.1	59.6	11.3	13.7	79.2	7.1	61.4	28.9	9.7	55.1	35.0	9.9

ㄴㄹ 연쇄 - 성별

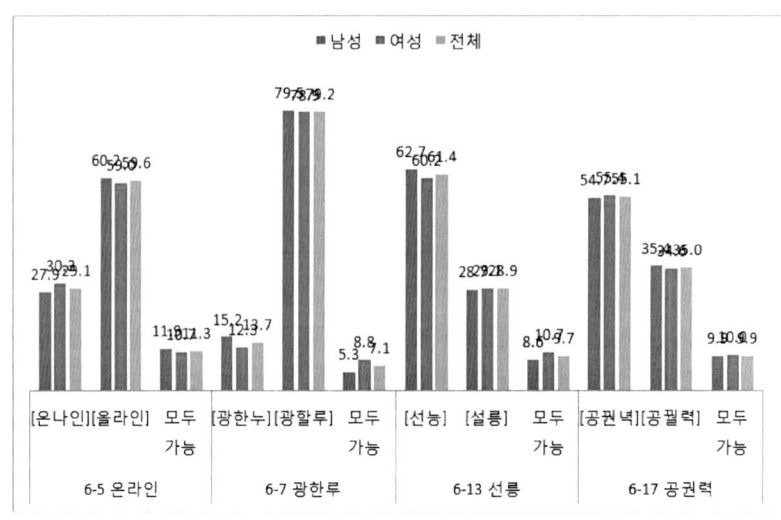

ㄴㄹ 연쇄 - 성별

'ㄴㄹ' 연쇄의 발음은 성별로 그리 큰 편차가 나타나지 않는다.

④ 연령

구분	6-5 온라인			6-7 광한루			6-13 선릉			6-17 공권력		
	[온나인]	[올라인]	모두가능	[광한누]	[광할루]	모두가능	[선능]	[설릉]	모두가능	[공꿘녁]	[공꿜력]	모두가능
19세 이하	10.9	69.5	19.5	11.7	76.6	11.7	37.5	46.1	16.4	54.7	32.0	13.3
20~39세	19.8	69.8	10.3	12.7	76.2	11.1	52.4	31.0	16.7	51.6	34.1	14.3
40~59세	47.2	44.1	8.7	18.9	77.2	3.9	78.0	19.7	2.4	61.4	33.9	4.7
60세 이상	38.7	54.8	6.5	11.3	87.1	1.6	78.2	18.5	3.2	52.5	40.2	7.4
전체	29.1	59.6	11.3	13.7	79.2	7.1	61.4	28.9	9.7	55.1	35.0	9.9

ㄴㄹ 연쇄 - 연령별

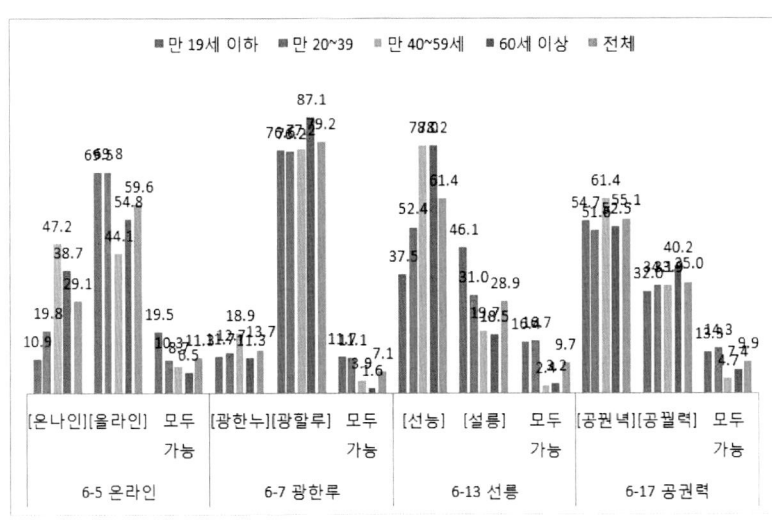

ㄴㄹ 연쇄 - 연령별

'ㄹㄴ' 연쇄의 발음을 세대별로 분석해 보면 '온라인'의 경우 젊은 세대들의 [ㄹㄹ]의 비율이 매우 높은 반면, '선릉'의 경우 나이가 든 세대들의 'ㄴㄴ' 비율이 매우 높게 나타난다. '광한루'의 경우 60세 이상이 상대적으로 높은 [ㄹㄹ] 비율을 보이고 있다. 전체적으로 볼 때 'ㄹㄴ' 연쇄의 발음은 세대별로 복잡한 양상이 나타남을 알 수 있다.

(5) ㅢ

'ㅢ'의 발음은 다음 두 가지 문항으로 조사하였다.

```
6-9 민주주의  ① [민주주의]   ② [민주주이]   ③ 모두 가능
6-18 조국의   ① [조구긔]     ② [조구게]     ③ 모두 가능
```

① 전체

구분		빈도	비율
6-9 민주주의	[민주주의]	234	46.5
	[민주주이]	195	38.8
	모두 가능	74	14.7
	전체	503	100
6-18 조국의	[조구긔]	237	47.3

	[조구게]	200	39.9
	모두 가능	64	12.8
	전체	501	100

'ㅢ'의 발음 - 전체

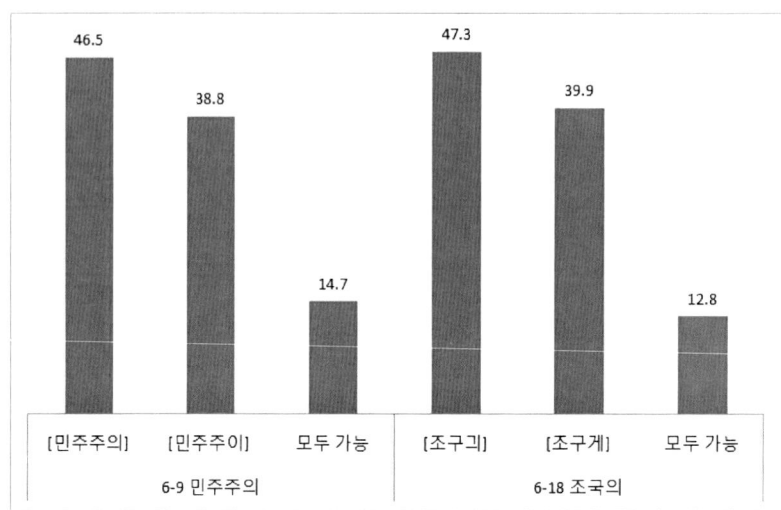

'ㅢ'의 발음 - 전체

'ㅢ'의 발음에 대한 조사 결과를 전체적으로 보면 두 문항 모두에서 [ㅢ]의 비율이 가장 높음을 알 수 있다.

② 방언권

구분	6-9 민주주의			6-18 조국의		
	[민주주의]	[민주주이]	모두 가능	[조구긔]	[조구게]	모두 가능
중부	51.4	34.7	13.9	49.1	38.8	12.0
동남	38.0	41.0	21.0	47.0	39.0	14.0
서남	43.8	44.9	11.2	41.1	44.4	14.4
제주	30.0	60.0	10.0	50.0	40.0	10.0
전체	46.5	38.8	14.7	47.3	39.9	12.8

'ㅢ'의 발음 - 방언권별

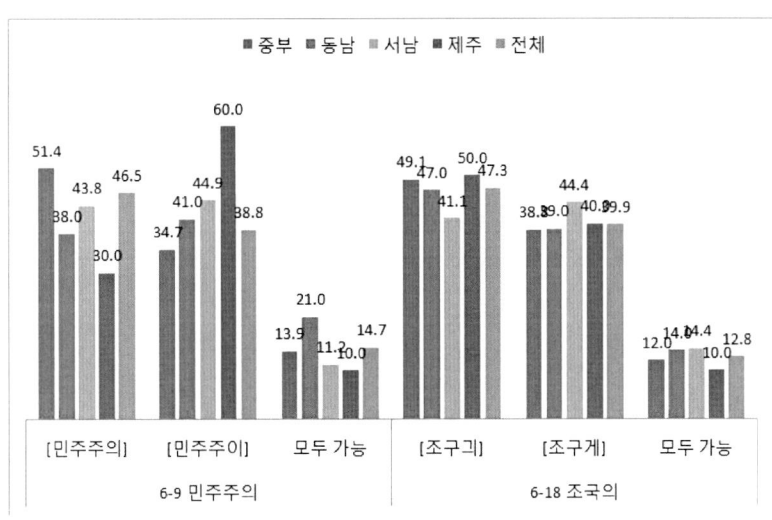

'ㅢ'의 발음 - 방언권별

'ㅢ'의 발음을 방언권별로 살펴보면 중부 방언권에서 [ㅢ]의 비율이 높음을 알 수 있다. 반면에 동남 방언권에서는 '민주주의'의 경우 모두 가능하다는 비율이 높다. 조사 '의'는 서남 방언권의 'ㅢ' 비율이 가장 낮음을 알 수 있다. 반면에 다른 지역에서는 조사 '의'를 'ㅔ'로 발음하는 비율이 'ㅢ'로 발음하는 비율보다 높지만 서남방언에서만 'ㅔ'로 발음하는 비율이 더 높게 나타난다는 점도 특징적이다.

③ 성별

구분	6-9 민주주의			6-18 조국의		
	[민주주의]	[민주주이]	모두 가능	[조구긔]	[조구게]	모두 가능
남성	48.0	35.7	16.4	49.2	38.4	12.4
여성	45.2	41.7	13.1	45.6	41.3	13.1
전체	46.5	38.8	14.7	47.3	39.9	12.8

'ㅢ'의 발음 - 성별

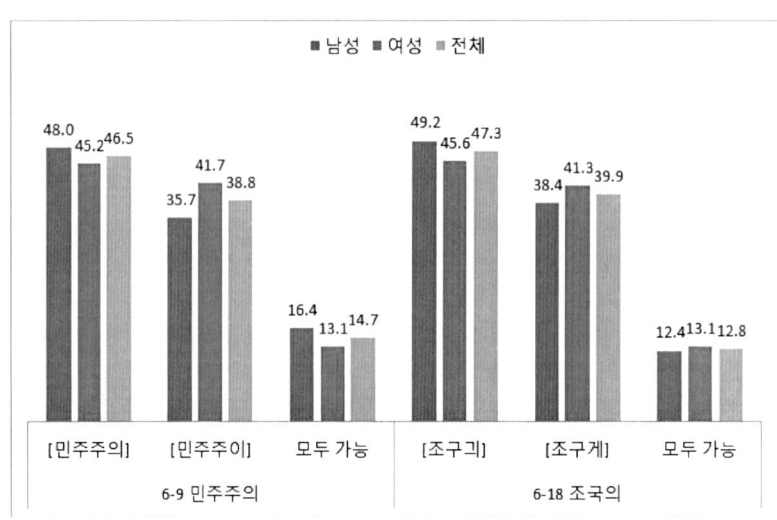

'ㅢ'의 발음 - 성별

'ㅢ'의 발음을 성별로 비교해 보면 이중모음 [ㅢ]로 발음하는 비율이 여성들이 더 낮음을 알수 있다. 그러나 전반적으로는 성별에 의한 차이는 크지 않다.

④ 연령

구분	6-9 민주주의			6-18 조국의		
	[민주주의]	[민주주이]	모두 가능	[조구긔]	[조구게]	모두 가능
19세 이하	31.3	42.2	26.6	47.7	31.3	21.1
20~39세	38.9	40.5	20.6	50.8	31.7	17.5
40~59세	61.4	30.7	7.9	41.7	51.2	7.1
60세 이상	54.9	41.8	3.3	49.2	45.8	5.0
전체	46.5	38.8	14.7	47.3	39.9	12.8

'ㅢ'의 발음 - 연령별

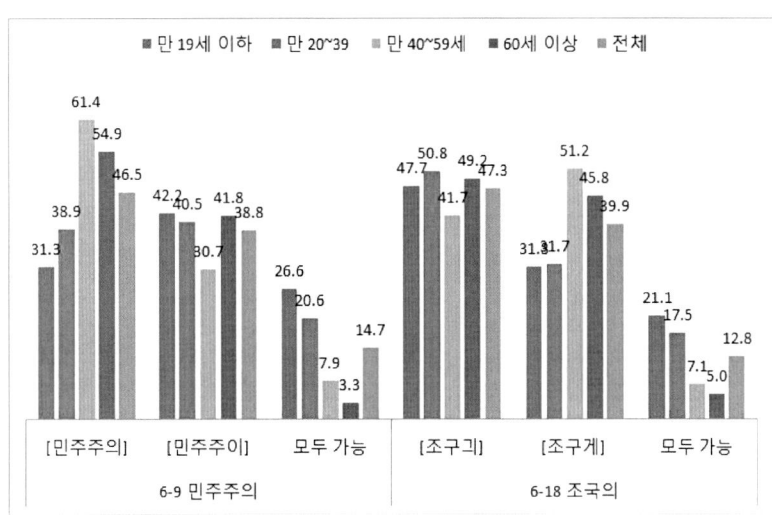

'ㅢ'의 발음 - 연령별

'ㅢ'의 발음을 연령별로 살펴보면 젊은 세대일수록 모두 가능이라 답한 비율이 높음을 알 수 있다. 그러나 전체적으로는 연령별 경향이 일정하게 나타나지는 않는다.

(6) 받침의 발음

```
6-3 냇가    ① [낻까]    ② [내까]    ③ 모두 가능
6-14 디귿을  ① [디그들]  ② [디그슬]  ③ 모두 가능
```

① 전체

구분		빈도	비율
6-3 냇가	[낻까]	231	45.8
	[내까]	207	41.1
	모두 가능	66	13.1
	전체	504	100
6-14 디귿을	[디그들]	50	9.9
	[디그슬]	415	82.3
	모두 가능	39	7.7
	전체	504	100

받침의 발음

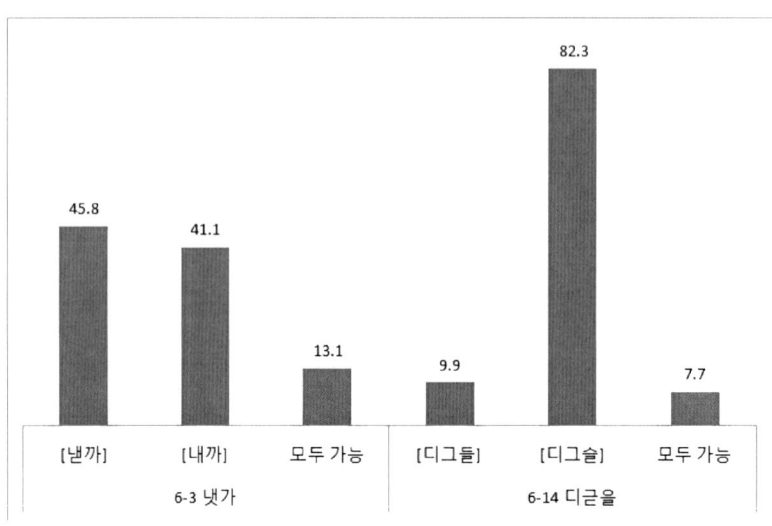

받침의 발음 – 전체

'냇가'의 발음을 전체적으로 살펴보면 [낻까]와 [내까]의 비율이 큰 차이가 없다. 그러나 '디귿을'의 경우에는 [디그슬]의 비율이 압도적으로 높게 나타난다. '냇가'의 발음 차이는 일반인들이 인지하기 어려운 반면 '디귿을'은 이미 관습적으로 굳어졌기 때문으로 보인다.

② 방언권

	6-3 냇가			6-14 디귿을		
	[낻까]	[내까]	모두 가능	[디그들]	[디그슬]	모두 가능
중부	48.5	41.4	10.2	12.2	80.3	7.5
동남	44.4	38.4	17.2	4.0	85.0	11.0
서남	40.0	42.2	17.8	8.9	84.4	6.7
제주	40.0	45.0	15.0	10.0	90.0	0.0
전체	45.8	41.1	13.1	9.9	82.3	7.7

받침의 발음 – 방언권별

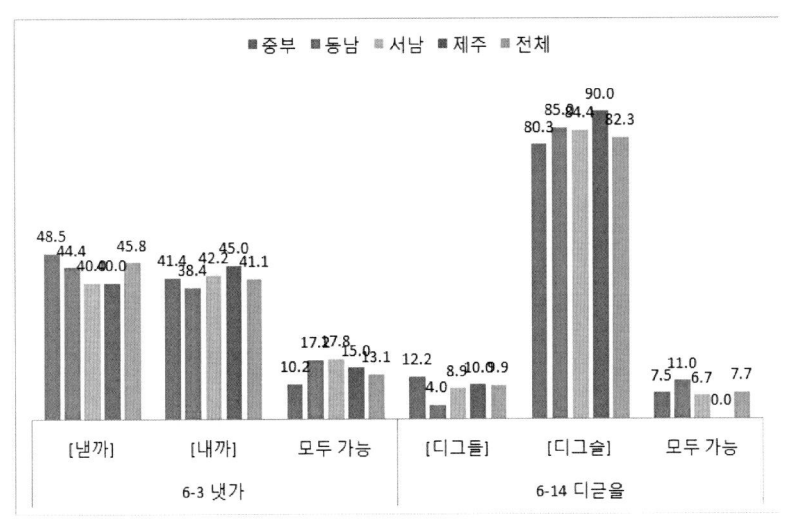

받침의 발음을 조사하기 위한 두 문항에서는 방언권별로 일정한 경향이 나타나지는 않는다.

③ 성별

구분	6-3 냇가			6-14 디글을		
	[낻까]	[내까]	모두 가능	[디그들]	[디그슬]	모두 가능
남성	42.8	44.9	12.3	11.5	79.8	8.6
여성	48.7	37.5	13.8	8.4	84.7	6.9
전체	45.8	41.1	13.1	9.9	82.3	7.7

받침의 발음 - 성별

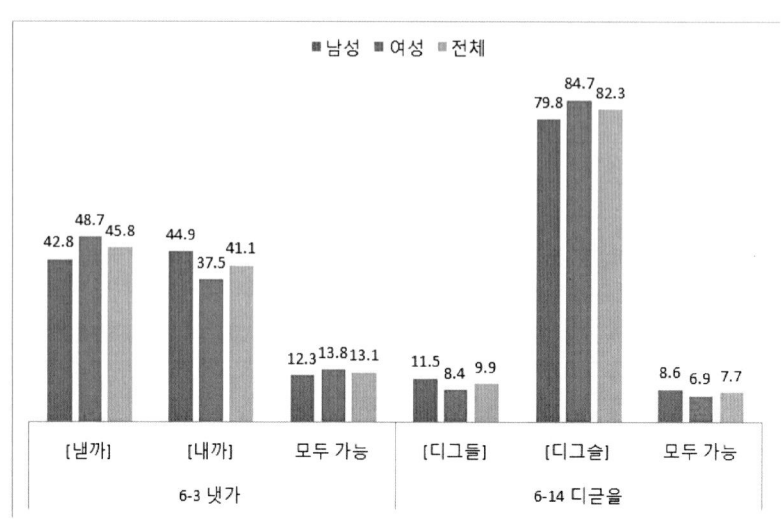

받침의 발음 - 성별

'냇가'의 발음을 성별로 비교해 보면 여성들이 [낻까]로 발음하는 비율이 다소 높다. 이는 더 주의를 기울여 발음하는 [낻까] 쪽의 발음을 여성들이 선호함을 보여준다. '디귿을'의 경우에는 여성이 [디그슬]로 발음하는 비율이 조금 더 높다.

④ 연령

구분	6-3 냇가			6-14 디귿을		
	[낻까]	[내까]	모두 가능	[디그들]	[디그슬]	모두 가능
19세 이하	50.0	28.9	21.1	4.7	84.4	10.9
20~39세	56.0	32.8	11.2	5.6	86.5	7.9
40~59세	42.5	47.2	10.2	12.6	82.7	4.7
60세 이상	34.7	55.6	9.7	17.1	75.6	7.3
전체	45.8	41.1	13.1	9.9	82.3	7.7

받침의 발음 - 연령별

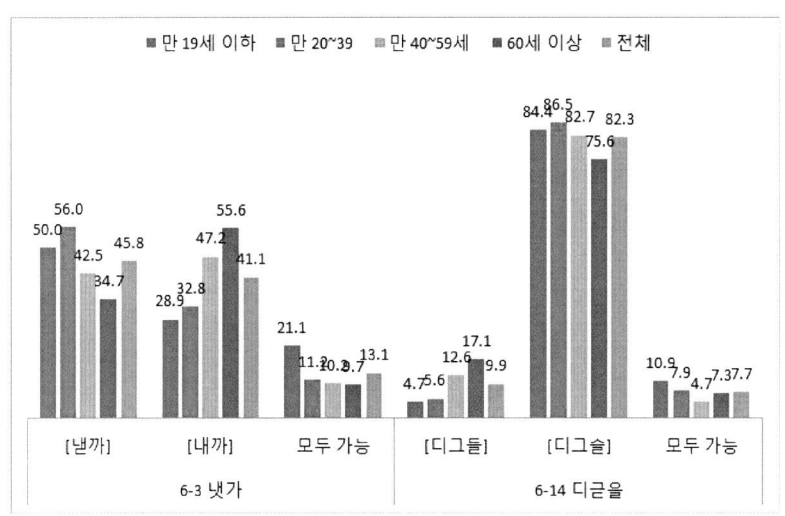

받침의 발음 - 연령별

'냇가'의 발음을 연령별로 비교해 보면 [낻까]의 비율은 20~39세 사이에서 가장 높고 [내까]의 비율은 60세 이상에서 가장 높다. '디귿을'의 경우 60세 이상의 [디그들] 비율이 다소 높음을 알 수 있다.

(7) 기타

이외에도 다음과 같은 문항을 통하여 각각 '위치동화, 반모음 첨가, 유기음화'를 조사하였다.

```
6-8  한강    ① [한강]    ② [항강]    ③ 모두 가능
6-10 되어서  ① [되어서]  ② [되여서]  ③ 모두 가능
6-19 맏형    ① [마텽]    ② [마뎡]    ③ 모두 가능
```

① 전체

구분		빈도	비율
6-8 한강	[한강]	322	63.8
	[항강]	124	24.6
	모두 가능	59	11.7
	전체	505	100
6-10 되어서	[되어서]	412	81.7
	[되여서]	59	11.7

6-19 맏형	모두 가능	33	6.5
	전체	504	100
	[마텽]	443	88.1
	[마명]	36	7.2
	모두 가능	24	4.8
	전체	503	100

기타(위치동화, 반모음 첨가, 유기음화) - 전체

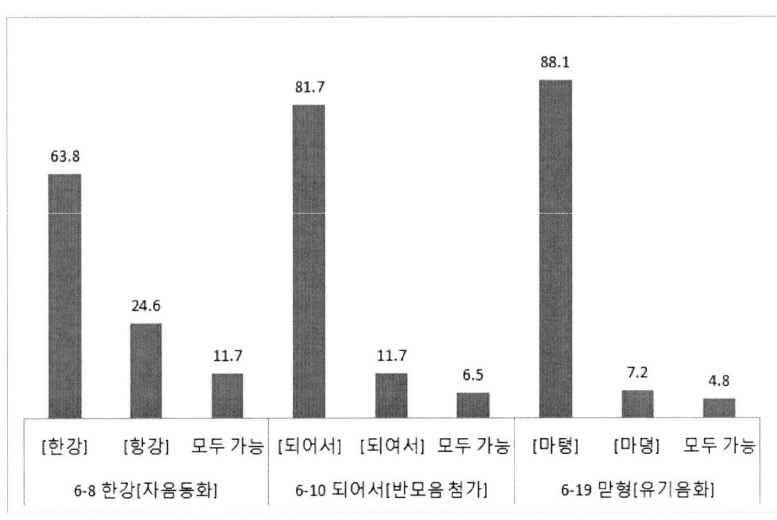

기타(위치동화, 반모음 첨가, 유기음화) - 전체

'한강'의 경우 위치동화가 되지 않은 [한강]이 가장 높은 비율로 나타난다. '되어서'는 반모음이 첨가되지 않은 형이 가장 높은 비율을 보이고 있고, '맏형'은 유기음화가 실현된 비율이 가장 높다.

② 방언권

	6-8 한강(자음동화)			6-10 되어서(반모음 첨가)			6-19 맏형(유기음화)		
	[한강]	[항강]	모두 가능	[되어서]	[되여서]	모두 가능	[마텽]	[마명]	모두 가능
중부	65.8	23.4	10.8	79.3	15.0	5.8	88.1	7.1	4.8
동남	61.0	20.0	19.0	86.0	4.0	10.0	87.9	5.1	7.1
서남	62.2	31.1	6.7	87.8	6.7	5.6	87.8	8.9	3.3
제주	55.0	35.0	10.0	70.0	25.0	5.0	90.0	10.0	0.0
전체	63.8	24.6	11.7	81.7	11.7	6.5	88.1	7.2	4.8

기타(위치동화, 반모음 첨가, 유기음화) - 방언권별

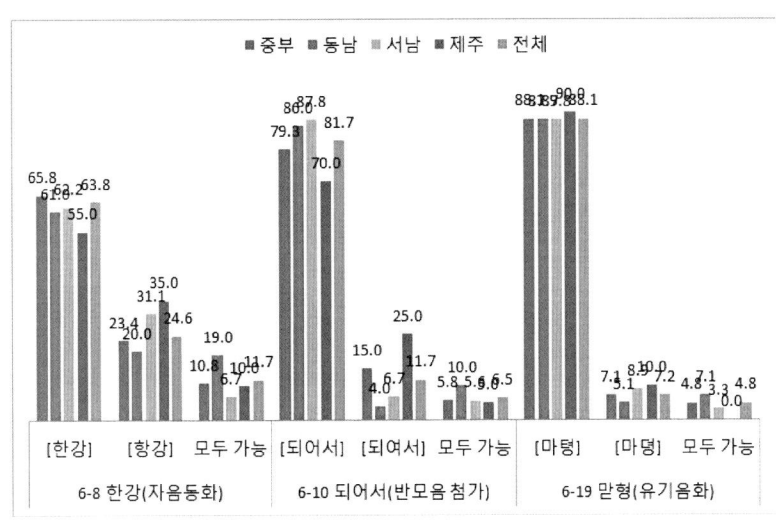

기타(위치동화, 반모음 첨가, 유기음화) - 방언권별

'한강'에 대한 결과를 방언권별로 비교해 보면 위치동화가 안 나타난 비율은 중부 방언권이 가장 높다. 반면에 위치동화가 일어난 비율은 서남 방언권이 가장 높다. '되어서'의 경우 반모음 첨가가 되지 않은 비율은 중부 방언권이 가장 낮다. '맏형'의 경우 '맏형'과 같은 어형은 서남방언에서는 유기음화가 잘 나타나지 않으므로 [마뎡]의 비율이 높게 나타날 것으로 예상되었으나 결과에서는 지역별 편차가 없다.

③ 성별

	6-8 한강(자음동화)			6-10 되어서(반모음 첨가)			6-19 맏형(유기음화)		
	[한강]	[항강]	모두 가능	[되어서]	[되여서]	모두 가능	[마텽]	[마뎡]	모두 가능
남성	64.3	25.4	10.2	83.1	10.7	6.2	88.0	7.0	5.0
여성	63.2	23.8	13.0	80.5	12.6	6.9	88.1	7.3	4.6
전체	63.8	24.6	11.7	81.7	11.7	6.5	88.1	7.2	4.8

기타(위치동화, 반모음 첨가, 유기음화) - 성별

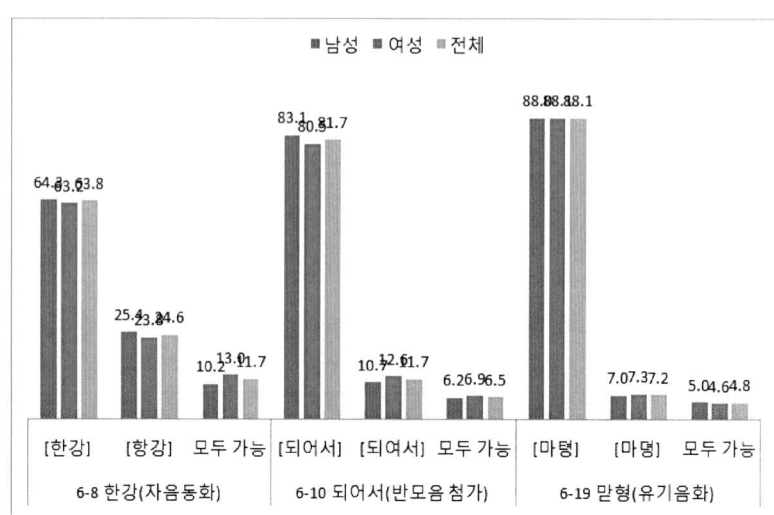

기타(위치동화, 반모음 첨가, 유기음화) - 성별

'한강'의 경우 위치동화가 일어난 비율이 여성이 조금 낮으나 유의미한 차이는 아니다. '되어서'에서의 반모음 첨가 역시 유의미한 차이가 나타나지는 않는다. '맏형'은 남녀 간에 차이가 거의 없다.

④ 연령

구분	6-8 한강(자음동화)			6-10 되어서(반모음 첨가)			6-19 맏형(유기음화)		
	[한강]	[항강]	모두 가능	[되어서]	[되여서]	모두 가능	[마텽]	[마명]	모두 가능
19세 이하	50.8	25.0	24.2	87.5	7.0	5.5	91.3	3.1	5.5
20~39세	58.7	25.4	15.9	84.1	7.1	8.7	89.7	4.8	5.6
40~59세	70.9	22.8	6.3	82.7	12.6	4.7	85.0	11.0	3.9
60세 이상	75.0	25.0	0.0	72.4	20.3	7.3	86.2	9.8	4.1
전체	63.8	24.6	11.7	81.7	11.7	6.5	88.1	7.2	4.8

기타(위치동화, 반모음 첨가, 유기음화) - 연령별

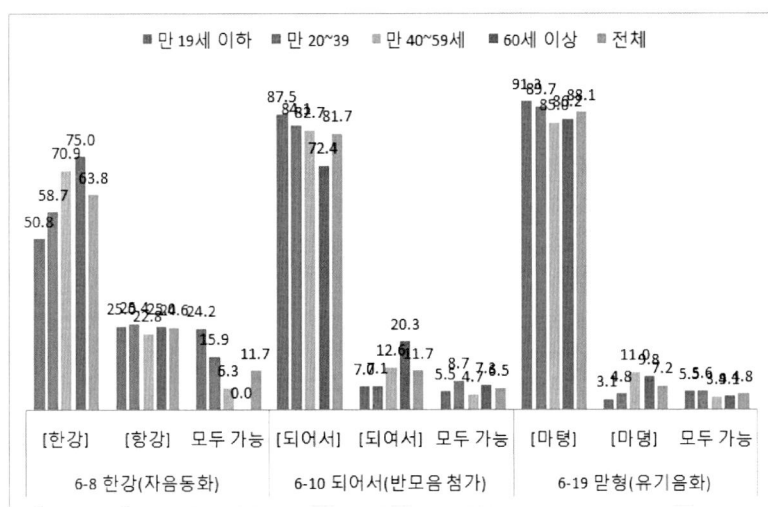

기타(위치동화, 반모음 첨가, 유기음화) - 연령별

'한강'의 경우 위치동화가 적용되지 않은 비율은 연령이 높아질수록 더 높게 나타난다. 그런데 이 차이는 위치동화를 적용한 비율에 의한 것이 아니고 모두 가능하다는 비율에 의한 것이다. 젊은 세대일수록 위치동화는 자유롭게 적용할 수 있다는 생각이 반영된 것으로 볼 수 있다. '되어서'의 경우에는 반모음 첨가를 시키지 않은 비율이 나이가 많을수록 낮아진다. '맏형'에서는 연령별로 일정한 경향이 나타나지는 않는다.

[요약 및 정책 제안]

- 'ㄹ' 뒤 'ㅅ'의 경음화 비율은 낮음
- 자음군의 발음은 변인에 따라 매우 혼란스러운 상황
  → 적절한 기준 마련 필요
- 젊은 세대일수록 자음군 발음에 혼란, 복수 발음 인정 경향
  → 규정의 유연한 제정 및 운용 필요
- 'ㄴ' 첨가는 한자어에서는 강하지 않음
- 동남 방언권의 'ㄴ' 첨가 비율이 높음. 젊은 세대들의 'ㄴ' 첨가 혼란
  → 새로운 규정, 유연한 규정 필요
- 'ㄴㄹ' 연쇄의 발음은 매우 혼란스러운 상황
  → 원칙의 제정 및 현실에 맞는 운용 필요

3. 요약

1) 인지도

표준 발음이 사용되고 있다는 것은 알고 있지만 그것이 규정에 의한 것이라는 점을 응답자들이 잘 인지하지 못하고 있음.

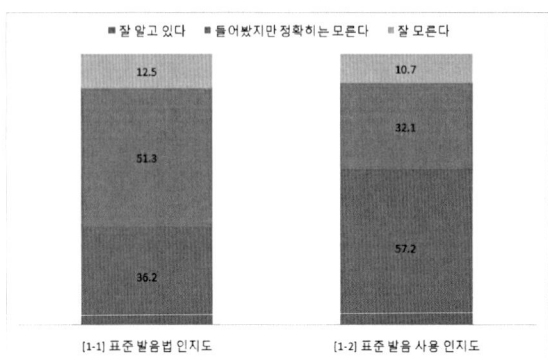

인지도 - 전체

- 여성들의 인지도가 높은 편임.
- 젊은 세대일수록 인지도가 낮음.

2) 이해도

표준 발음 제정 원칙 자체는 높은 이해도를 보이나 세부 규정에 대해서는 편차가 큼.
→ 이는 규정의 난이도에 따른 결과이므로 규정을 쉽게 만들고 이를 쉽게 받아들일 수 있도록 하는 효과적인 교육과 홍보가 필요함.

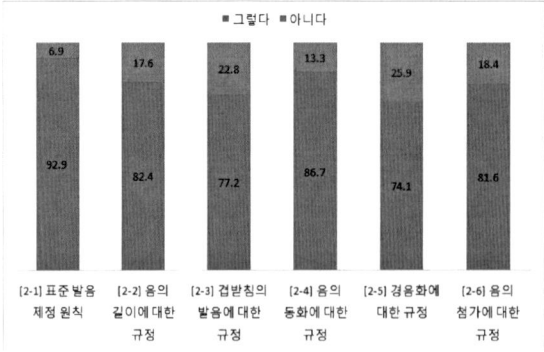

이해도 - 전체

- 여성들의 이해도가 높은 편임.

3) 수용도

① 표준 발음 사용 의향이 상대적으로 낮은 편임
→ 공적 상황에서의 표준 발음 필요성 교육이 필요함.
② 복수 표준 발음의 필요성에 대해서는 상대적으로 낮은 반응을 보임.
→ 복수 표준 발음 제정 시 그 필요성을 적극적으로 홍보할 필요가 있음.
③ 표준 발음법 개정의 필요성은 중부 이외의 지역이 높은 편임.

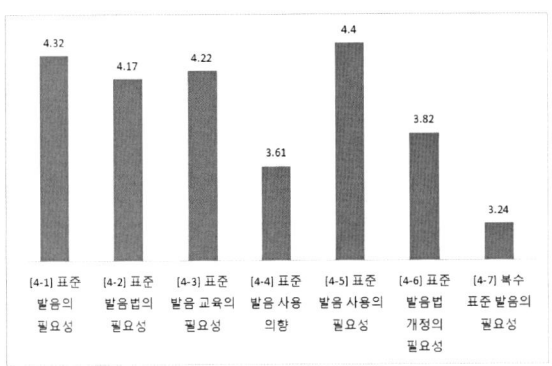

표준 발음 및 표준 발음법 수용도 - 전체

- 복수 표준 발음에 대한 중부 방언권의 부정적 인식이 보임.- 방언의 발음이 표준 발음으로 인정되는 것을 꺼리는 경향이 있음.
- 연령이 낮을수록 수용도가 낮음.
- 젊은 세대들은 표준 발음법을 개정하고, 복수 표준 발음 인정을 요구하는 경향이 나타남.

4) 세부 규정 수용도

표준 발음법의 제정 원칙 전반에는 동의하나 세부 규정에서는 수용도 편차가 큼.
→ 규정의 난이도 문제이므로 규정을 쉽게 개정할 필요가 있음.

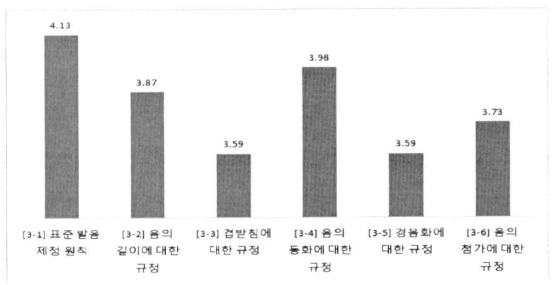

표준 발음법의 세부 규정 수용도 - 전체

- 음의 길이에 대한 규정에 대해서는 방언권과 무관하게 수용도가 낮음.
- 음장에 대한 규정의 수용도는 세대에 따른 편차가 큼.
- 나이가 어린 세대일수록 수용도가 낮음.

5) 개정 필요성 및 방식

표준 발음법을 개정하되 정기적으로 하길 바라는 경향이 강함.

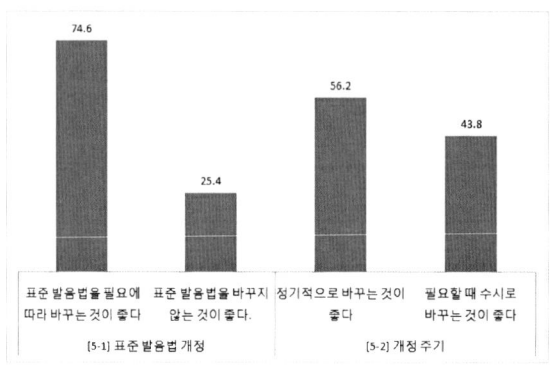

표준 발음법 개정 1 - 전체

- 규정이 현실과 동떨어져 있다는 의식이 강함.
- 표준 발음 개정으로 인한 혼란을 우려하는 시각이 있음.

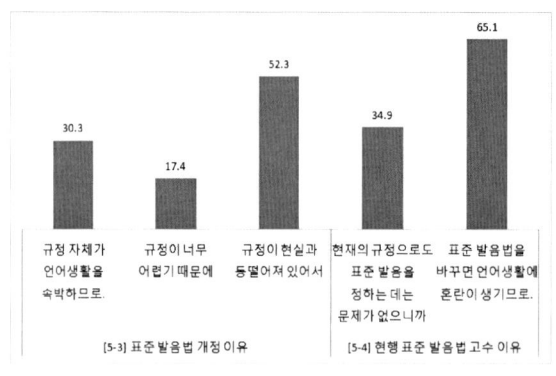

표준 발음법 개정 2 - 전체

- 젊은 세대들은 적극적인 개정, 수시 개정을 요구함.

6) 개별 표준 발음

① 'ㄹ' 뒤 'ㅅ'의 경음화 비율은 낮음.

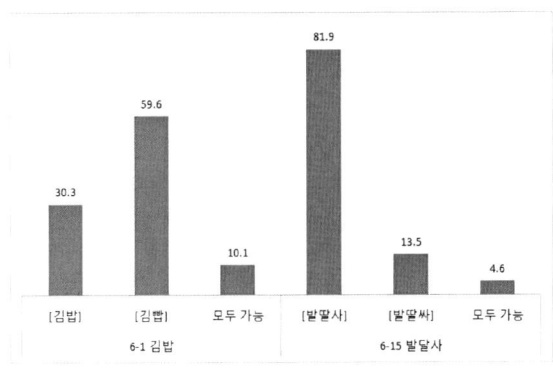

경음화 - 전체

② 자음군의 발음은 변인에 따라 매우 혼란스러운 상황.

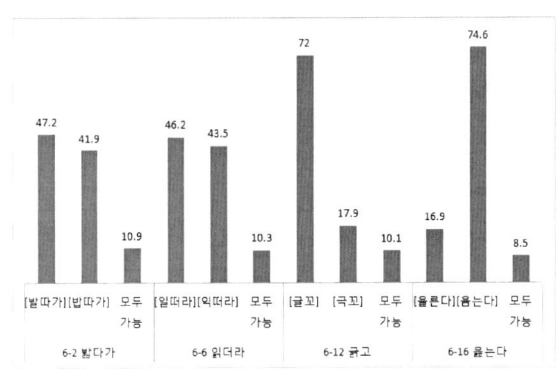

자음군 - 전체

-젊은 세대일수록 자음군 발음이 혼란스러우며, 복수 발음을 인정하려는 경향을 보임.

③ 'ㄴ' 첨가는 한자어에서는 강하지 않음.

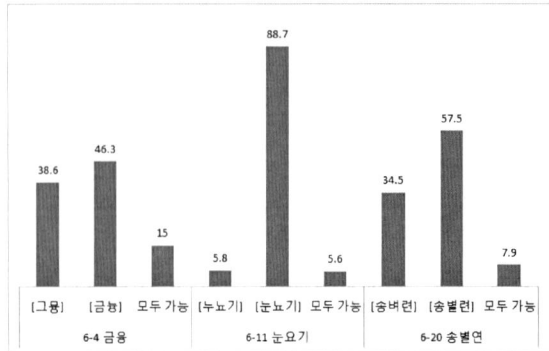

ㄴ 첨가 - 전체

- 동남 방언권의 'ㄴ' 첨가 비율이 높음. 젊은 세대들의 'ㄴ' 첨가는 혼란스러움.

④ 'ㄴㄹ' 연쇄의 발음은 매우 혼란스러운 상황임.

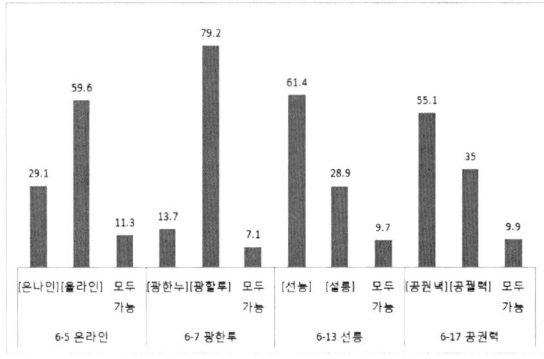

ㄴㄹ 연쇄 - 전체

⑤ 단어 내부의 '의' 및 조사 '의'는 'ㅣ'로 나타나는 비율이 전반적으로 높음
⑥ 위치동화는 어느 정도의 비율을 유지하고 나타남..
⑦ 반모음 첨가는 실현 비율이 낮은 편임.
⑧ 유기음화가 일어나지 않는 비율은 낮음.

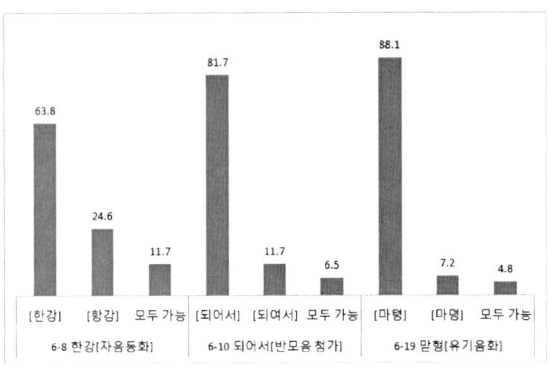

기타(위치동화, 반모음 첨가, 유기음화) - 전체
- '맏형'의 경우 서남방언에서 유기음화가 일어나지 않는 비율이 높을 것으로 예상되나 실제 결과는 그렇지 않음.

Ⅳ. 표준 발음에 대한 전문가 의식 조사

이 조사는 표준 발음법에 대한 전문가의 의식을 조사하여 바람직한 표준 발음 정책을 수립하고 합리적인 표준 발음법 제시하는 것을 목적으로 한다. 표준 발음 선정 원칙을 제정하고 이에 따라 개별 표준 발음 선정이 타당하게 이루어져야 하는데 이에 대해서는 전문가의 평가가 필요하다.

표준 발음법의 원칙과 개별 표준 발음의 타당성에 대한 평가는 전문가 개개인의 상세한 의견을 들어야 하므로 심층면담으로 조사한다. 심층면담은 다양한 유형의 전문가를 선정하여 미리 준비된 질문지로 질문은 한 후 녹취하여 분석하는 방법으로 조사하였다.

1. 전문가 심층면담 개요

1) 면담 대상 선정

면담 대상자는 표준 발음과 관련하여 전문적인 식견을 가지고 있는 교수 및 교사 45명(교수 23명, 교사 22명), 한국어 교육 교수 전문가 5명, 현업 종사 전문가 20명(아나운서 12명, 기자 3명, 연기자 2명, 성우 3명)으로 구성하였으며 교수 및 교사는 서울·경인 10명, 충청 7명, 강원 6명, 전라 8명, 경상 8명, 제주 6명으로 구성하였다. 인적 구성의 현황은 다음과 같다.

■ 면담 대상자 현황

		인원
한국어 교육 전문가(5)		5
교사 및 교수(45)	서울·경인	교사(5), 교수(5)
	충청	교사(3), 교수(4)
	강원	교사(3), 교수(3)
	전라	교사(4), 교수(4)
	경상	교사(4), 교수(4)
	제주	교사(3), 교수(3)
현업 종사자(20)		아나운서(12)
		기자(3)
		연기자(2)
		성우(3)

■ 면담 대상자 명단

분류		이름	소속
한국어 교육 전문가		백봉자	(전) 연세대학교
		김지형	경희 사이버대학교
		전나영	연세대학교
		김은애	서울대학교 언어교육원
		김현진	이화여자대학교 언어교육원
교사 및 교수	서울·경인	신중진	한양대학교
		이상신	아주대학교

		채숙희	인천대학교
		이경재	숭실대학교
		조하연	아주대학교
		서영경	구의중학교
		하동원	경희여자고등학교
		권순각	덕원예술고등학교
		김명종	탄현중학교
		최희영	경희여자고등학교
	충청	정민영	서원대학교
		김상태	청주대학교
		박경래	세명대학교
		이호승	충북대학교
		김주봉	옥산중학교
		박선주	청주중학교
		이숙경	문의중학교
		김혜숙	청원교육청
	강원	최홍열	강원대학교
		심보경	한림대학교
		이병기	한림대학교
		박정은	서울숭례초등학교
		채욱	소양중학교
		박혜진	유봉여자고등학교
	전라	문동호	광주제일고등학교
		최제오	한울초등학교
		정해은	성덕중학교
		최지혜	수완고등학교
		황금연	조선대학교
		조경순	조선대학교
		양영희	전남대학교
		이소림	광주과학기술원
	경상	김봉국	부산교육대학교
		이동혁	부산교육대학교
		권영환	동인고등학교
		이승왕	울산 명지초등학교
		김인균	신라대학교
		이근열	부산대학교
		박솔지	혜화초등학교
		최유나	좌산초등학교
	제주	현승환	제주대학교
		김종훈	제주대학교
		김동윤	제주대학교
		문덕찬	제주중앙중학교
		김경도	제주동여자중학교
		김성룡	귀일중학교
현업 종사자	아나운서(12)	김상호	MBC
		손정은	MBC
		김나진	MBC
		황선숙	MBC
		김용신	CBS
		이명희	CBS
		박명규	CBS
		원창묵	전 KBS

		강성곤	KBS
		박현우	KBS
		오유경	KBS
		정은승	KBS
	기자(3)	김연국	MBC
		이주한	KBS
		배재학	SBS
	연기자(2)	오미희	배우
		이범수	배우
	성우(3)	김용식	성우협회
		김혜주	성우협회
		이기호	성우협회

2) 면담 내용 및 방법

전문가 심층 면담은 표준 발음법의 필요성 및 표준 발음 사전의 효용성, 현행 표준 발음법의 문제점, 표준 발음 결정 절차, 표준 발음에 문제가 있는 단어, 표준 발음과 현실 발음의 문제, 외래어의 발음과 관련한 설문 문항을 면담 대상자에게 미리 보내 준 후, 집단 또는 단독 면담 시 해당 질문과 관련한 내용을 면담 주관자가 한 문항씩 제시하고 물어보는 방식으로 진행하였다. 면담 대상자는 해당 내용에 대한 답변을 하면서 질문 내용에 없는 것도 자유롭게 이야기하도록 하여 연구자들이 생각하지 못하는 문제까지 지적할 수 있도록 유도하였다.

모든 면담은 녹음을 통해 사후 녹취록을 작성하여 논의의 기본 자료로 사용하였으며, 면담을 위해 사전에 배포한 질문지는 다음과 같다.

'표준 발음법 영향 평가' 사업 전문가 심층 면담 자료

안녕하십니까?

국립국어원의 '표준 발음법 영향 평가' 사업의 전문가 심층 면담에 응해 주셔서 감사합니다. 이 조사는 '표준 발음법'에 대한 전문가들의 인식을 파악하고 수렴하여 표준 발음 관련 정책을 수립할 때 반영하기 위한 것입니다. 바쁘시겠지만 아래의 설문을 미리 읽어 보시고, 심층 면담일에 선생님의 의견을 말씀해 주시기 바랍니다.

* 이번 전문가 심층 의견 청취는 녹취록을 작성한 후, 내용을 정리하여 보고서의 내용에 반영할 예정입니다. 이 점 이해해 주시기 바랍니다.

1. 현재와 같은 성문화된 '표준 발음법'은 필요하지 않고 '표준 발음 사전'이 표준 발음법을 대체해야 한다는 주장이 있습니다. 이러한 견해에 대한 선생님의 의견을 말씀해 주시기 바랍니다.
2. <별첨1>의 '표준 발음법'에서 문제가 있다고 생각하시는 항목이 있으면 들고 그 이유를 말씀해 주시기 바랍니다.
3. 개별 어휘 항목의 '표준 발음'을 결정하는 바람직한 절차에 대한 선생님의 의견을 말씀해 주시기 바랍니다.
4. 개별 어휘 중 '표준 발음'에 문제가 있다고 생각하시는 단어를 들고 그 단어의 발음에 대한 선생님의 의견을 말씀해 주시기 바랍니다.

> 5. <별첨1>의 '표준 발음법'에는 맞지 않지만 '장단, 모음의 발음, 어미의 발음, 개별 어휘의 발음' 등을 포함하여 현장에서 인정할 수밖에 없는 발음이 있다면 어떤 것들이 있는지 말씀해 주시고 이 문제를 현장에서 어떻게 처리하고 계신지, '표준 발음법'과 관련하여 앞으로 어떻게 처리하면 좋을지 선생님의 의견을 말씀해 주시기 바랍니다.
> 6. 외래어의 발음과 관련하여 발생하는 표준 발음의 문제점을 들고 선생님의 의견을 말씀해 주시기 바랍니다.
>
> 귀중한 시간을 내어 주셔서 감사합니다.
>
> 연구진 명단
> 한재영(한신대학교), 강재형(문화방송), 김성규(서울대학교),
> 한성우(인하대학교), 김현(서울대학교), 이진호(전남대학교)

2. 표준 발음법에 대한 전문가 의식

여기서는 전문가 대상의 심층 면담 결과를 토대로 표준 발음법과 표준어에 대한 전문가 의식을 정리하되, 면담 자료의 내용을 약간 재구성하여 표준 발음법과 표준 발음 사전의 관계, 표준 발음법 규정의 개정, 논란이 많은 발음, 표준 발음 결정 절차, 표준 발음과 현실 발음, 외래어의 발음 등으로 나누어 살펴본다.

1) 표준 발음법과 표준 발음 사전
(1) 표준 발음법의 존재에 대하여

전문가들은 전반적으로 **표준 발음법의 존재가 순기능적인 역할을 한다**고 판단하고 있다. 그 이유는 다음과 같다.

㉠ 표준 발음법은 표준 **발음 사전을 편찬하는 원칙을 제시**할 수 있다.
㉡ 표준 발음 사전은 표준 발음의 원리를 설명해주지 못하고 결과형을 제시할 뿐이므로 표준 발음법을 대체할 수 없다.
㉢ 발음을 설명하는 등의 **교육적인 측면에서도 필요**하다.
㉣ 외국인에게 한국어 표준 발음의 원리를 가르치기 위해서도 표준 발음법은 필요하다.

그러나 **표준 발음법 자체는 수정되어야 한다**는 견해가 우세하다.

㉠ 사전이 가지고 있는 한계를 고려해서 표준 발음법을 유지하되 **현실발음이 표준 발음법에 반영될 수 있도록** 표준 발음법은 수정되어야 한다.
㉡ 표준어에서 복수 표준어를 인정하듯이 발음에 있어서도 **복수 표준 발음을 인정할 수 있는 유연한 자세가 필요**하다.
㉢ 변화하는 언중의 발음을 반영할 수 있도록 원칙을 세밀하게 할 필요가 있다.

(2) 표준 발음 사전의 필요성

대부분의 전문가들은 표준 발음법과 표준 발음 사전에 대해 둘 다 필요하다고 보고 있으나, 표준 발음 사전의 실효성이 의문이라는 견해도 있다. 그리고 표준 발음 사전이 필요 없다는 논의가 있기는 하지만 그 경우는 표준 발음 사전 자체가 필요 없다는 의미라기보다는 표준 발음법이라는 규범 자체의 중요성을 강조하기 위한 것이다.

표준 발음 사전이 필요하다는 의견은 다음과 같은 이유에 근거하고 있다.

㉠ 교육 현장에서의 효율성이나 편의성을 위해 필요하다.
㉡ 표준 발음법을 언중이 이해하기 힘드니 사전으로 대체해야 한다.

위의 견해 중 ㉡은 앞에서 표준 발음법의 필요성을 이야기하는 것과 상충되는 것으로 보일 수도 있지만, 실제로는 표준 발음법을 없애자는 의견이 아니라, 일반인들이 표준 발음법 자체에 직접적으로 접할 필요가 없다는 견해로 받아들여야 한다. 표준 발음 사전이 편찬되더라도 표준 발음법이 있으면서 그 지표의 역할을 해야 할 것이다. 그리고 표준 발음 사전은 당연히 발음 교육의 참고용으로 이용될 수 있을 것이다. 그런데 실제로 일반인들이 표준 발음법과 접하는 것은 학교 교육과 관련하여 시험을 보는 상황인 경우가 많다. 일반인들로 하여금 표준 발음법을 틀리면 안 되고 외워야 하는 규범으로 인식하도록 하는 것은 문제가 있는 표준어 정책이라고 하겠다. 표준 발음은 표준어를 사용하는 상황에서 사용하는 발음이지 그것만이 "올바른" 한국어 발음은 아니기 때문이다.

그런데 실제로 언어 사용에 대한 고민을 많이 하는 아나운서와 배우 쪽에서 표준 발음 사전이 생기더라도 그 쓰임이 많지 않을 것으로 보인다는 견해를 피력한 경우가 있다. 이는 표준 발음 사전만이 아니라 일반 사전의 쓰임을 보아도 예측할 수 있는 일이다. **표준 발음 사전을 잘 만드는 일도 중요하지만 일반인이 쉽게 접근하여 쓰기 편하게 만들어야 하며, 표준 발음 사전을 찾아보아야겠다는 의지가 불러일으켜질 수 있는 방안을 마련할 필요가 있다.**

표준 발음 사전과 관련하여 기타 다음과 같은 의견도 제시되었다.

㉠ 용어가 어렵거나 분석이 필요한 경우 외국인들은 이해하기 어려우므로 발음을 들을 수 있는 **전자사전 형태의 외국인용 표준 발음 사전**이 있었으면 함.
㉡ 새로운 단어들을 사전에 싣기 위해서는 **새 단어의 발음에 대해서 표준 발음을 결정하는 지침**도 필요함.
㉢ 규칙에 어긋나는 발음을 **표준 발음법의 예외 사전**과 같은 형식으로 만들 수도 있음.

그리고 이러한 사전은 가장 공신력이 있는 기관에서 출간하여야 할 것으로 보인다. 만약 두 개의 발음 사전에서 서로 다른 발음을 제시하고 있다면 일반인은 공신력이 있는 기관의 발음을 표준 발음으로 받아들이기 때문이다.

(3) 표준 발음법과 표준 발음 사전의 관계

표준 발음 사전과 표준 발음법이 상호 보완적으로 필요하다는 데 모두 동의하고 있다.

㉠ 규정 자체가 표준 발음이 아니므로 일반인이 표준 발음을 확인하고 싶을 경우에는 사전을 참조하고, 별도의 목적이 있을 때 표준 발음법의 규정을 참조하도록 권장하면 됨.

㉡ **표준 발음법은 표준 발음을 결정하고 교육하는 전문가가 필요할 때 참조할 수 있는 규정으로서 필요함.**
㉢ 표준 발음법 자체가 없다면 혼란이 있을 수 있으므로 성문화된 규정을 유지하고 사전에서 발음을 확인할 수 있으면 된다.
㉣ 일반인에게는 표준 발음법 자체가 크게 필요 없지만 가이드라인으로서는 표준 발음법이 필요한 것이다.

이러한 논의에서 보듯이 표준 발음법과 표준 발음 사전은 상호 보완적인 위치에 있어야 하며, 규정은 전문가에게는 실무적인 표준 발음 선정의 원칙을 세울 때 필요하고, 일반인에게는 표준 발음의 원칙을 확인하고 싶을 때 참조할 수 있는 원칙으로 필요한 것이다. 단, **학교 교육 현장 등에서 표준 발음법의 규정 자체를 교육하는 일은 지양해야 한다.**

2) 표준 발음법 규정의 개정
(1) 표준 발음법의 개정 필요성

전문가는 전반적으로 **표준 발음법의 재정비나 수정에 대해서는 대체적으로 동의**하고 있다. 현재의 표준 발음법의 몇 규정에 대한 정비도 필요하지만, **표준 발음의 커다란 틀을 중심으로 제시**하고, **사례 중심이 되어서는 안 된다.**

㉠ 일반인이 표준 발음법의 규정을 **이해하기 쉽도록 간략하게** 개정할 필요가 있다.
㉡ 현재는 전체적으로 **용어 선정이나 서술의 부분에서 불친절**하다.
㉢ **현재의 규정 자체에 예외가 많이 제시**되고 있으나 예외를 많이 인정할 경우 표준 발음법의 존재 이유 자체를 다시 생각해 봐야 한다.
㉣ 개별 항목의 층위에서 **현실발음과 차이**가 나는 경우가 많다.

개정도 중요하지만 일반인에 대한 홍보가 중요하다는 의견도 있다. 그러나 규정의 개정 자체를 홍보하다 보면 규정을 가르치려 한다는 지적이 다시 일어날 수 있으므로 주의할 필요가 있다. 이러한 홍보는 결국 교육에 해당하는데 발음이 표기에 영향을 미치는 경우가 있으므로 표준 발음과 표준어, 맞춤법 교육이 함께 이루어져야 할 것이다. 또한 표준 발음법은 언어생활을 도와주거나 혼동을 막기 위한 것이지 규제하는 것이 아니라는 사실을 일반인이 오해하지 않도록 홍보할 필요가 있다.

한편 표준 발음법과 같은 규정이 조금만 변해도 크게 변한 것으로 느끼므로 큰 원칙이 흔들려서는 안 된다는 의견과 표준 발음법은 반영만 하는 것이 아니라 언어생활을 이끌어 나가야 한다는 의견도 있다. 이 견해를 따르면 규정 교육을 통해 개별적인 예외를 교정할 수 있다면 그렇게 해야 할 것이다. 그러나 이러한 교육은 표준 발음법 자체의 문제가 아니라 표준 발음법에 따른 개별 어휘의 발음 교육의 문제라고 하겠다.

(2) 문제가 되는 표현이나 항목

현재의 규정에서 개정되어야 하는 내용은 다음의 세 가지 유형에 해당한다.

㉠ 표현의 문제
㉡ 예외에 의한 복잡성
㉢ 규정 내용의 불명확성

현재의 규정은 '규범'으로서 권위적인 면을 가지고 있기 때문에, 일반인들로 하여금 표준 발음이 아닌 한국어 발음을 '틀린 발음', '잘못된 발음'이라고 느끼게 할 우려가 있다. 그러므로 표현 면에서 볼 때 **'허용한다'와 같은 권위적인 표현**은 표준 발음에 대한 오해를 불러일으킬 수 있으므로 **"표준 발음에서는 다음과 같이 발음한다."와 같이 바꾸어야 한다.** 또한 조항을 이해하는 데 문법 지식이 필수적이어서는 안 될 것으로 보인다. 현재처럼 표준 발음법이 전문가만을 대상으로 하지 않는 상황에서는 **일반인이 이해할 수 있는 서술**이 이루어져야 하는데, **'관형격, 합성어'와 같은 용어**가 들어 있는 것은 이러한 규정이 일반인을 상대로 하지 않음을 알려 준다고 하겠다.

그리고 **'붙임'이나 '다만'**과 같이 예외에 의해 **규정을 복잡하게 만들어 놓은 항목은 수정**할 필요가 있다. **10항의 겹받침 발음 관련 규정과 29항의 'ㄴ' 첨가 관련 규정**이 그러한 항목에 해당한다. 이들 항목에 나와 있는 '붙임'과 '다만'에 대해 예외를 인정하는 것은 지침 역할을 위해 필요하다는 의견도 있지만 반대 의견도 존재한다. 또한 예외로 되어 있는 발음이 더 많이 사용되는 경우도 있고, 표준 발음으로 규정된 발음을 거의 사용하지 않는 경우도 있다는 지적이 있다. 현재의 예외 조항은 매우 복잡하므로 언중이 이해할 수 있도록 **예외조항을 빼거나 간결하게 바꾸는 방향으로 표준 발음법을 수정해야 할 것이다.**

그리고 **28항처럼 기준이 확실하지 않아 혼란을 주는 항목들은 수정**해야 한다.

> 제28항 표기상으로는 사이시옷이 없더라도, 관형격 기능을 지니는 사이시옷이 있어야 할(휴지가 성립되는) 합성어의 경우에는, 뒤 단어의 첫소리 'ㄱ, ㄷ, ㅂ, ㅅ, ㅈ'을 된소리로 발음한다.
> 문-고리[문꼬리] 눈-동자[눈똥자] 신-바람[신빠람] 산-새[산쌔] 손-재주[손째주]
> 길-가[길까]   물-동이[물똥이] 발-바닥[발빠닥] 굴-속[굴 : 쏙] 술-잔[술짠]
> 바람-결[바람껼] 그믐-달[그믐딸] 아침-밥[아침빱] 잠-자리[잠짜리] 강-가[강까]
> 초승-달[초승딸] 등-불[등뿔]   창-살[창쌀]   강-줄기[강쭐기]

(3) 전통성과 합리성

'솥이', '밭이' '빛이' 등은 현실 발음에서 [소시], [바시], [비시]로 발음되고 있다. 이는 전통성과 합리성을 볼 때 표준 발음으로 인정되기 어려운 게 현실이다. 그러나 이러한 **전통성과 합리성은 제16항의 '한글 자모의 이름'에 의해 무너졌다.** 제16항의 내용은 다음과 같다.

> 제16항 한글 자모의 이름은 그 받침소리를 연음하되, 'ㄷ, ㅈ, ㅊ, ㅋ, ㅌ, ㅍ, ㅎ'의 경우에는 특별히 다음과 같이 발음한다.
> 디귿이[디그시], 디귿을[디그슬], 디귿에[디그세]
> 지읒이[지으시], 지읒을[지으슬], 지읒에[지으세]
> 치읓이[치으시], 치읓을[치으슬], 치읓에[치으세]
> 키읔이[키으기], 키읔을[키으글], 키읔에[키으게]
> 티읕이[티으시], 티읕을[티으슬], 티읕에[티으세]
> 피읖이[피으비], 피읖을[피으블], 피읖에[피으베]
> 히읗이[히으시], 히읗을[히으슬], 히읗에[히으세]

이러한 문제에 대한 인식은 해당 항목의 해설에서도 찾아볼 수 있다.

> 한글 자모의 이름에 대한 발음 규정이다. 한글 자모의 이름은 첫소리와 끝소리 둘을 모두 보이기 위한 방식으로 붙인 것이어서 원칙적으로는 모음 앞에서 '디귿이[디그디], 디귿을[디그들]' 등과 같이 발음하여야 하나, 실제 발음에서는 [디그시], [디그슬] 등과 같아 이 현실 발음을 반영시켜 규정화한 것이다. '꽃이[꼬치], 밤낮으로[밤나스로], 솥은[소츤], 무릎을[무르블], 부엌에[부어게]' 등은 표준 발음으로 인정하지 않은 점에서 보면 이 규정은 예외적인 것이 된다. 따라서 한글 자모의 이름에 대한 발음은 맞춤법과 크게 차이가 생기게 되었고, 나아가서 그 이름을 붙인 근본 정신에서도 벗어나게 되었다. 전통성과 합리성에 어긋나면서 실제 발음만을 따른 결과다.

여기서 문제는 '**전통성과 합리성에 어긋나면서 실제 발음만을 따른 결과**'라는 인식이다. 합리성은 표기되어 있는 어형을 어떻게 발음할 것인가의 문제이므로 '**지읒**'으로 표기되어 있으면 '**지읒이**'를 [**지으지**]로 발음해야 한다. 그런데 이러한 표기가 전통성을 따른 것인가 하는 점에서 문제가 제기될 수 있다. 한글 자모의 명칭은 기원적으로 훈몽자회에 연원을 두고 있지만 '지읒'과 같은 표기는 그러한 연원을 가지고 있는 것이 아니기 때문이다. 문제의 출발은 'ㅈ'을 전통성을 결여한 '지읒'으로 표기한 데 있다. **애초부터 '지읏'으로 표기되어 있었다면 이러한 문제가 발생하지 않았을 것이다.**
이러한 문제를 해결하는 방법으로 **한글 자모의 명칭을 바꾸는 방법이 있으나, 이는 많은 혼란을 불러일으킬 수 있다. 현실적으로는 해당 항목을 표준 발음법에서 제외하고 예외의 항목들만 별도로 제시하는 방식으로 규정을 개정**하는 방법을 생각할 수 있다.

3) 논란이 많은 발음

(1) 장단

전반적으로 **장단음이 실제 발음 생활에서는 비변별적이라는 데 동의**하고 있다. 그러나 규범으로서의 장단음의 존재에 대해서는 의견이 엇갈리고 있다.

① 표준 발음법에 **장단음이 있어야 한다는 견해.**
- 장단음의 존속을 강력하게 주장하는 경우는 아나운서와 배우에게서 제시되었다. 특히 아나운서의 경우 장단의 구분에 대해서는 전반적으로 찬성을 하고 있다.
- 장단과 고저는 품위 있는 한국어 발음에 필요한 요소이므로 표준 발음법에는 존재해야 한다고 본다.
- 장음을 살려야 우리말을 아름답게 지킬 수 있다.
- 장단은 구별하기 힘들지만 반대로 말하면 어색한 경우들이 있다.

② 표준 발음법에서 **장단을 규정하는 데 대해 회의적인 견해**
- 표준 발음법의 장단 규정을 회의적으로 보는 시각은 장단 규정이 현실성이 없다는 데 초점이 맞추어져 있다.
- 의사소통에 장애가 없으니 없애도 된다는 의견이었음.
- 장단이 틀려도 특히 문맥을 통해 이해할 수 있고, 발음 단위의 첫 음절로 나지 않는 경우가 많으므로 장단을 구분하는 것은 무리가 있다. 그러므로 장단 규정은 현실성이 없다.
- 초분절음소와 관련된 규정은 한국어교육 현장에서 중요시되지 않고, 규정을 간략히 하기 위해서 제외하는 것이 좋다.
- 장단을 잘못 발음할 때 어색하기는 하지만 이것을 규정으로 정하기는 어렵다.
- 배우의 경우 장단을 구별하는 것은 필요하나, 연기에서는 감정선을 해치는 경우가 있어 유의하고 있다는 의견도 있음.

③ **절충적인 견해**
- 장단음이 있으면 언어 유산을 이어받는다는 장점이 있기는 하지만 강요할 수는 없다.

　이상의 견해를 토대로 볼 때 장단음에 대한 표준어 규정을 당장 없앨 때는 소모적인 논란을 일으킬 수 있다. 장단음의 차이 자체가 오랜 기간의 국어 역사를 간직하고 있는 것이고, 그러한 장단의 필요성을 인정하는 경우도 있고, 현실적으로 비변별적이라는 견해가 있기 때문이다. 그렇다면 **규정 자체에서는 장단의 존재를 인정하고, 규정의 해설이나 사전의 일러두기에서 현실적인 발음에서는 장단의 구별이 의사소통에서 변별력을 잃고 있음을 설명한 후, 일반인들에게 강제하지 않는 방향으로 정책을 제시**해야 할 것이다. 예를 들면 외국인에게 한국어를 가르치는 **한국어교육 현장에서는 장단에 대한 교육을 제외시킬 수 있다**는 방식으로 정책을 이끌고 나갈 필요가 있다. 또한 국어 교육 교육 현장에서 장단을 가르칠 수도 없고, 현실적으로 장단이 비표준적인 발음으로 나더라도 외우라고 하거나 그대로 둘 수밖에 없다는 사정을 감안할 때 **표준 발음의 장단 규정을 전면에 내세우는 교육은 지양**되어야 할 것이다.

(2) 단모음 '외, 위'
　전문가들의 전반적인 견해는 '**ㅚ, ㅟ'의 현실음을 인정하여 규정을 간명화하자**는 것이다. 현재 해당 규정은 다음과 같이 되어 있다.

> 제4항 'ㅏ ㅐ ㅓ ㅔ ㅗ ㅚ ㅜ ㅟ ㅡ ㅣ'는 단모음(單母音)으로 발음한다.
>
> [붙임] 'ㅚ, ㅟ'는 이중 모음으로 발음할 수 있다.

현실적으로 이들 모음을 단모음으로 발음하는 경우를 찾기 어려운 상황에서 이들 모음을 단모음의 목록에 넣었을 때 교육 현장에서 문제가 발생하여 현장에서는 이러한 모음들이 **표준 발음으로는 단모음이지만 이중모음으로 발음하는 것도 표준 발음으로 인정된다고 그대로 가르치는 방법밖에 없다.** 그런데 실제로 교육자가 이러한 모음들을 단모음으로 발음하기 어려운 게 현실이다. 그렇다면 **'ㅚ, ㅟ'는 단모음의 목록에서 제외되어야 한다.** 현실적으로 표준어 화자로 인식되는 사람들에게서 단모음 발음을 거의 들을 수 없는 상황에서 이들 발음을 단모음으로 규정해 놓고 그것을 다시 이중 모음으로 발음할 수 있다고 하는 것은 **규정 자체가 현실과 유리되어 있어서 일반인에게서 더 멀어지게 하는 역효과를 낼 수 있다.**

이 문제와 관련하여 외래어 표기가 문제될 수 있다. **외래어의 [we]를 표기할 때 '외'로 표기하는 것도 인정되어야 하기 때문이다. 이는 외래어 표기법을 통해 외국어의 단모음을 '외'로 적는 현재와 같은 방법을 유지**하면 될 것이다.

(3) 경음화

경음화와 관련하여서는 **표준 발음법을 따랐을 때와 현실발음대로 발음했을 때의 괴리가** 지적되고 있다. 가장 많이 지적된 단어는 다음과 같다

관건, 교과서, 김밥, 몰상식, 볶음밥, 비빔밥, 홀대, 효과

이들 외에 최근에 계속 만들어지고 있는 '-적'을 이용한 단어의 경우도 발음을 정할 필요가 있다는 의견이 나왔다.

전문가들은 **합성어나 한자어의 된소리와 관련한 불편함**을 많이 지적하고 있다. 이러한 단어들은 된소리 발음이 더욱 자연스러우므로 구어체 발음으로 인정되기를 바라는 것이다. 즉 현실 발음의 경음화가 표준 발음법의 규정에 위배될 때 **표준 발음법을 따르는 발음과 현실발음을 따르는 어휘를 모두 인정하기를 바란다고 하겠다.** 물론 이러한 어휘들을 모두 규정에 제시할 필요는 없을 것이다. **규범에서는 원칙만 제시하고 사전에서 두 가지 발음 모두 인정하는 방향으로 나아가면 된다.**

전문가들은 어쩔 수 없는 현실 발음을 구어체로 인정하여 두 가지 발음을 모두 인정할 수 있다고 보고 있다. 단 **지명 등 고유명사에서 이러한 문제가 발생할 경우에는 하나로 통일**을 해야 할 것이다.

이 외에 **어두 경음화 역시 현실발음과 다르다**는 의견이 있다. 규정이 다듬어진다면 어두경음화도 들어가야 한다는 의견이 있다. 예를 들어 '숙맥'의 경우는 거의 모두 '쑥맥'으로 발음하고 있는 상황이므로 어두 경음화 문제에 대한 해결도 필요한 상황이다.

현장에서 학생들에게 가르칠 때는 경음화를 인정할 수밖에 없으며, 질문이 들어오는 경음화

에 대해 설명하기 어려운 상황이다. 그러다 보니 표준 발음법과 맞지 않는 경음화의 경우 교육 현장에서 지도할 때는 현실과 다르다거나 그냥 외우라고 지도하는 방법을 사용하고 있다. **문제는 현장에서 언어는 변화하는 것으로 가르치면서 표준 발음을 암기하도록 가르친다는 데 있다.** 이러한 문제의 해결을 위해서는 현실발음을 인정하는 방향으로 정책이 변경되어야 한다.

(4) 겹받침

겹받침 발음 중 **'ㄹ'계 겹받침의 표준 발음에 대한 문제 제기가 많이 이루어졌다.** 해당 규정은 다음과 같이 되어 있다.

제10항 겹받침 'ㄳ', 'ㄵ', 'ㄼ, ㄽ, ㄾ', 'ㅄ'은 어말 또는 자음 앞에서 각각 [ㄱ, ㄴ, ㄹ, ㅂ]으로 발음한다.

넋[넉] 넋과[넉꽈] 앉다[안따] 여덟[여덜] 넓다[널따] 외곬[외골] 핥다[할따] 값[갑] 없다[업ː따]

다만, '밟-'은 자음 앞에서 [밥]으로 발음하고, '넓-'은 다음과 같은 경우에 [넙]으로 발음한다.

(1) 밟다[밥ː따] 밟소[밥ː쏘] 밟지[밥ː찌] 밟는[밥ː는→밤ː는] 밟게[밥ː께] 밟고[밥ː꼬]
(2) 넓-죽하다[넙쭈카다] 넓-둥글다[넙뚱글다]

제11항 겹받침 'ㄺ, ㄻ, ㄿ'은 어말 또는 자음 앞에서 각각 [ㄱ, ㅁ, ㅂ]으로 발음한다.

닭[닥] 흙과[흑꽈] 맑다[막따] 늙지[늑찌] 삶[삼ː] 젊다[점ː따] 읊고[읍꼬] 읊다[읍따]

다만, 용언의 어간 말음 'ㄺ'은 'ㄱ' 앞에서 [ㄹ]로 발음한다.

맑게[말께] 묽고[물꼬] 얽거나[얼꺼나]

'ㄹ'계 겹받침 중 발음에 혼동이 일어나는 것은 **용언어간의 말음이다.** 이 문제에 대해서는 표준 발음법에서 **'다만'과 같은 규정의 예외가 혼란을 일으키는 것으로 평가**되고 있다. 교육 현장에서 학생들에게 설명하기도 어렵기 때문에 이를 지도할 때는 현실과 다르다거나 그대로 외우라고 가르치는 방법밖에 없는 실정이다. 이 문제에 대해서는 **어느 한 방향으로 통일하여 단순화시켜 혼란을 줄이자는 의견과 의사소통에 문제가 없다는 양쪽 다 인정하자는 의견으로 갈린다.** 그런데 어느 한 방향으로 통일시킬 때는 어떤 발음을 기준으로 삼을 것인지가 문제된다. 결국 '맛있다'의 표준 발음을 **[마싣따]와 [마딛따]** 모두 인정하였듯이 둘 다 인정하는 **복수 표준 발음으로 처리하는 것이 바람직하다.** 겹받침의 경우 문제가 없는발음을 제외하고 양쪽 발음을 모두 인정하는 방식으로 양쪽이 자연스럽게 경쟁하게 둘 수 있는 것이다. **발음은 표기와 달리 의사소통에 결정적인 지장을 주는 것이 아니므로 표준 발음법은 맞춤법보다 유연하게 할 필요가 있다는 의견이 지배적이다.**

(5) 유음화와 치조비음화

유음화 및 치조비음화와 관련하여서는 대개 3음절어에 대한 문제점이 지적되었다. 또한 2음절어 중에서는 능(陵)과 관련하여 '선릉'과 같은 예가 지적되었다. **전문가들의 경우 [ㄴㄴ]과 [ㄹㄹ]을 모두 인정하자는 견해가 강하다.** 외래어이지만 '온라인'의 경우도 동일한 예에 해당한다.
'선릉'의 '릉'은 하나의 표기 원칙을 세움으로써 문제가 발생한 경우에 해당한다. '능'의 경우 **[태능], [선능]**으로 발음해 오던 것을 '릉'으로 표기함으로써 문제가 된 것이다. **'능'을 표기 자체에서 인정했다면 이러한 발음 문제가 제기되지는 않았을 것이다.**
지명의 경우는 두 가지 발음을 인정하였을 때 문제가 될 수 있으므로 현재와 같이 **'선릉, 태릉' 등의 표기를 유지한다면 공식 표기를 위한 발음과 함께 현실 발음 모두를 인정**하려는 자세가 필요한 시점이다.

(6) 'ㄴ' 첨가

비슷한 구성의 단어에도 'ㄴ'첨가 규정이 다르게 적용되어 혼란스럽다는 지적이 많다. 구체적인 단어로는 다음과 같은 것들이 제시되었다.

눈요기, 산양, 송별연, 설익다

이들 발음에 대해서도 **의사소통에 문제가 없는 한에서 두 가지 발음을 인정하는 방향으로 선회할 필요가 있다.**

(7) 재구조화된 단어의 발음

시간이 흐르면서 재구조화된 단어는 과감하게 그 현실 발음형을 받아들일 필요가 있다. 재구조화와 관련하여 문제로 제시된 단어들은 다음과 같다.

닭, 무릎, 부엌, 외곬

'외곬'의 경우는 단어 사용 빈도가 높지 않기 때문에 표기 자체를 바꾸어도 큰 혼란은 없을 것으로 보인다. 그러나 **'닭, 무릎, 부엌'**의 경우는 문자 생활에 혼란을 초래할 수도 있으므로 **'닭이'와 같은 표기의 발음에 대해 [달기]와 [다기]를 복수 표준 발음**으로 처리해야 할 것이다. 또한 규정에 제시된 '값어치'의 경우 뒤의 '어치'가 실질 형태소가 아님에도 불구하고, 해당 항목에 들어가 있으므로 표기와 발음이 항상 1:1로 대응하지 않는다는 사실을 인정하고 표준 발음정책을 세울 필요가 있다. **즉 문자 언어는 그 나름의 효용성을 위해 발음과 어느 정도 차이가 날 수 있음을 인정할 필요가 있는 것이다.**

(8) 'ㅐ/ㅔ'의 혼동

'ㅔ'와 'ㅐ'가 구별되지 않으니 현실음을 반영해야 한다는 견해가 있으나 이들 발음의 혼동을 인정할 경우 문자생활에 많은 혼란을 불러일으킨다. 이 경우는 **문제가 있는 단어의 변화를**

인정하는 방향으로 나아가면 될 것이다. 여기서 문제가 되는 단어는 2인칭의 '네가'이다. 일상적인 현실 발음에서 대개 [니가]로 발음하는 것을 받아들인다면, 일상대화체에서 이러한 어형을 인정하면 될 것이다. 이러한 방법은 **표준 발음을 바꾸는 것이 아니라 '네'라는 어형의 변이형으로 주격 조사 앞의 '니'를 인정하는 것이므로 '일상대화체'라는 전제가 있다면 큰 문제를 일으키지 않는다.** '네'와 '니'의 차이는 표준 발음의 차이가 아니라 표준어 선정의 문제이다. **'네'와 '니'를 복수표준어로 인정하고 그 차이를 사전에 기술해 주면 된다.**

(9) 기타 현실 발음

방송 등 현장에서 구어체의 현실 발음을 인정할 수밖에 없다는 의견이 제시되었다. 가장 많이 문제가 된 것은 다음과 같다.

-고/-구, -요/-여, 도/두

아나운서의 경우 구어체인 **'~구, ~여'는 '~고, ~요'**로 발음해야 한다는 의견과 어쩔 수 없는 발음 혹은 구어체는 인정했으면 좋겠다는 의견이 있었고, 배우의 경우 정확한 발음을 필요로 하는 방송에서는 '-구요', '나두'도 [고요], [나도]로 발음할 필요가 있다는 의견이 제시되었다. 이 문제는 결국 구어체 발음을 인정하는가 여부에 달려 있다. 일상대화체라는 전제를 제시한 후 해당 발음들을 받아들일 때 방송 등 현장에서의 논란을 없앨 수 있을 것이다. 이러한 어형도 결국 **복수표준어로 인정하면 된다. 이러한 어형들도 '네, 니'의 관계와 동일하게 표준 발음의 문제가 아니라 표준어 선정의 문제라고 하겠다.**

부사를 파생시키는 접미사 '이, 히'와 관련된 규정이 현실과 맞지 않으므로 이를 바꾸어야 한다는 견해가 있었다. 이것은 표준 발음의 문제라기보다는 표준어 자체의 문제에 해당한다. 그러나 표준 발음은 결국 표준어를 발음하는 것이고, 표준어 자체가 현실발음과 맞지 않게 제정되었을 때 발생하는 문제인 것이다.

이러한 문제들 이외에 추가로 감탄사나 의성어, 의태어 등의 현실음을 표준어로 인정해야 한다는 견해가 있었다.

4) 표준 발음 결정 절차

표준 발음을 정할 때는 **다수의 발음과 의견을 반영해야 한다**는 데에 모두 동의하고 있다. 그리고 표준 발음법이 표준어를 바탕으로 한 것이라면 그에 맞는 화자들만 조사 대상으로 삼아야 한다는 의견이 지배적이다. 대개의 전문가들은 **표준어가 서울말을 기준으로 하고 있으므로 표기에 혼란을 가져오는 다른 지역의 발음은 받아들이지 않는 것이 좋다는 견해**를 가지고 있다.

반면 **표준어 사용 이외의 지역 교사 교수**의 경우는 지역을 서울로 한정하는 것에는 문제가 있다는 견해를 밝히기도 하였다. 발음 실태를 조사해서 **일반인이 많이 사용하는 것이 방언형이더라도 표준 발음으로 지정할 필요가 있다**는 견해를 제시하였다.

표준 발음 조사 대상자의 지역은 국한하되 다양한 세대와 계층의 발음을 고려해서 결정해야 할 것으로 보인다. 아나운서의 경우 대상 계층으로는 다음 세대의 언어에 영향을 미칠 수 있는 계층이 후보군으로 들어가야 한다는 의견을 제시하였다. 또한 **조사 연령대는 40~50대로**

해야 하며 의견과 현실 발음을 충실히 반영해야 한다는 의견이 있다.
　많은 전문가들이 **연령, 성별, 계층 등을 고려하여 발음 모델 그룹을 안정적으로 구축하고, 발음을 수집하여 안을 정하고 전문가 집단에서 최종적인 검증을 하는 과정을 거치는 방안을 제시**하였다.
　한국어 교육 전문가의 경우는 표준 발음은 현실발음을 반영하면서도 언중의 발음이 거칠어지지 않게 교육하는 기능을 하므로 타협점을 잘 찾아야 할 것으로 보고 있다.
　한편 여기서 생각해야 할 점은 **표준어의 선정과 표준 발음의 선정을 혼동해서는 안 된다는** 점이다. **표준어를 선정한 후 해당 표준어형에 대한 발음을 정할 때 일반인의 발음을 토대로 전문가의 검증을 거쳐 표준 발음이 결정되어야 할 것**으로 보인다.
　전문가들은 현실음 반영을 위한 실제 발음 조사에 대해서는 대체적으로 필요성을 공감하고 있다. 이를 위해서는 문제가 되는 표준어의 발음을 조사하여 사용 빈도를 확인하는 절차가 이루어져야 한다. 이 과정에서 인터넷 조사나 공청회 등을 통해 언중의 실제 언어생활을 반영할 수 있는 방향으로 표준 발음법이 정해져야 한다는 의견이 다수 있었다. 이처럼 **조사가 이루어진 후에는 전문가들이 이론을 바탕으로 큰 원칙을 정하고 언중의 현실발음을 살펴 예외를 인정해야 할 것**이다. 이때 **전문가라 함은 교수 등 연구자 이외에 현장 전문가를 비롯하여 이 분야에 소양이 깊은 일반인까지 폭넓게 확장된 개념**에 해당한다.

5) 표준 발음과 현실 발음

　표준 발음법을 따를 때 현실발음과 다른 면이 많으므로 **표준 발음법이 현실 발음을 어느 정도는 반영해야 한다는 논의**가 주를 이룬다. 규범이 현실과 동떨어져 있을 경우에는 규범을 따르지 않게 되고 결국 규범은 일반인의 발음을 규제한다는 인식을 갖게 되므로 발음과 관련된 규범이 조금 더 유연할 필요가 있다고 하겠다.
　이를 위해서는 **발음에 대해서는 맞춤법보다 조금 더 유연한 자세가 필요하다.** 또한 **문어와 구어의 차이에 대한 인식을 명확하게 전달**하기 위해 한글맞춤법에서 제시하는 어형의 표기와 일상대화에서 발화하는 발음의 관계를 밝혀 줄 필요가 있다는 의견이 제시되었다.
　현실 발음의 표준 발음법으로의 반영에 대해서는 전반적으로 긍정적인 견해를 표명하고 있다. 특히 **학교 현장에서는 현실 발음을 반영한 표준 발음을 교육할 수 있도록 해야 한다는 의견이 제시**되었다. 경우에 따라서는 학생들에게는 표준 발음과 현실 발음을 둘 다 가르쳐 주기도 하지만 혼란스러운 발음들에 대해 학생이 이해할 수 있는 수준으로 명확하게 가르칠 수 있는 원리를 제시하기 어려운 실정이다. 물론 모국어 화자가 아닌 사람들에 대해 원칙(표준 발음법)을 가르쳐주는 것이 중요하다. 기타 악센트나 억양에 대해서는 표준으로 생각할 수 있는 녹음 자료가 있으면 좋겠다는 의견이 나왔다.

6) 복수 표준 발음

　전문가들은 특정 어휘에 대한 **복수 표준 발음 인정** 여부에 대해서는 필요성은 인정하면서도 그러한 방법이 **표준 발음법 자체에 영향을 줄 우려**를 표명하고 있다. 복수표준어를 제시할 때는 예외가 인정되는 근거를 마련해야 할 것으로 보인다.
　한편 표준 발음법 자체를 수정하기보다는 **현재의 규정 안에서 처리할 수 있는 경우는 복

수표준 발음을 인정하는 방법이 훨씬 수월할 수 있다. **예를 들어 사이시옷이 표기되지 않는 경음화**의 경우 모든 단어를 표준 발음법에서 제시하지 않았으므로 사전의 발음 표기만 바꾸면 문제없이 처리할 수 있다. **복수표준 발음은** '맛있다[마싣따/마딛따]'처럼 기존에도 존재하므로 이러한 방식을 활성화시킨다면 기존의 규정에 대한 완전한 손질 없이도 표준 발음과 현실 발음을 모두 인정할 수 있을 것이다.

그리고 홍보 면에서 볼 때 어떤 어휘에 대한 새로운 **표준 발음이 정해지면 그 이유에 대한 설명도 함께 제시하는 것이 효과적**이라는 견해가 제시되었다.

한편 규정을 조금 더 엄격하게 적용했으면 좋겠다는 의견도 있었다. 그 이유는 발음 때문에 문자 생활에 영향을 끼칠 우려가 있기 때문이다. **현실 발음을 인정하거나, 복수표준 발음을 인정하는 작업은 표기에 영향을 끼치지 않는 수준에서 진행**되어야 할 것이다.

7) 외래어의 발음

외래어는 **원음에 맞게 발음하는 것이 옳다는 의견**과 외래어도 한국어 속에서 쓰이므로 **한국어의 음운규칙을 따라야 한다는 견해**로 나뉜다. 외래어를 원음에 맞게 발음하자는 견해는 한글이 다른 민족의 언어도 충분히 구현해내고 있으므로 원어에 가까운 발음을 표준 발음으로 인정해야 한다는 입장이고, 외래어를 한국어의 음운규칙에 맞추어 발음하자는 견해는 외국어와 한국어의 음운 체계가 다르고 언중의 발음은 표기를 따라가게 되어 있으므로 원어 발음에 가깝게 하지 않아도 된다는 의견이다.

방송에서는 사람들이 많이 쓰는 발음으로 타협하며, 현지어 발음과 비슷하게 하려고 노력하고 있다. 외래어 발음에 대한 규정은 필요하지만 한국어에 없는 음을 발음할 때 고민된다는 언급도 있기는 하지만 **외국어를 원음에 맞게 발음하자는 의견은 해당 외국어를 아는 사람들에만 해당하기 때문에 현실성이 없다**고 하겠다.

문제는 **외래어 표기법에 의해 현실 국어 음운 체계에 맞는데도 원음과 멀리 떨어진 발음**을 하는 경우이다. 외래어의 일상적인 발음이 표기와 달라 혼란을 겪게 되는 데 '**사인, 서클, 사인펜, 버스**' 등의 경음 발음이 그러한 예에 해당한다. 이러한 경음화와 관련해서 처음에 사람들이 **발음하는 대로 표기하지 않고, 표기법을 정한 후 다시 그렇게 표기된 어형을 발음하는 방식**이기 때문에 일반적인 발음과 차이가 나게 되었다. 현재의 표기법을 고칠 수 없다면 발음의 면에서만 '**사인[사인/싸인]**'처럼 표준 발음을 복수로 인정하는 외래어 발음 원칙을 **제시할 필요**가 있다.

이상의 의견 이외에 **개별 외래어 어휘에 대한 외래어 발음 사전**이 필요하다는 견해도 제기되었으며, **외래어를 포함한 개별 어휘의 표준 발음은 아나운서 연합회에서 조율하거나, 아나운서 연합회와 국립국어원이 함께 조율하는 방안**이 제시되었다.

3. 전문가 면담 녹취록 요약

다음은 표준 발음법 영향 평가를 위한 전문가 면담 녹취록을 요약한 것이다. 여기에는 문항별 교사 및 교수(지역별), 한국어 교육 전문가, 전문가(직군별)의 녹취록을 요약하여 제시하고, 녹취록 전문은 부록으로 제시한다.

문항1. 현재와 같은 성문화된 '표준 발음법'은 필요하지 않고 '표준 발음 사전'이 표준 발음법을 대체해야 한다는 주장이 있습니다. 이러한 견해에 대한 선생님의 의견을 말씀해 주시기 바랍니다.

① 교사 교수

<경인지역 교수>
이상신: 표준 발음법으로 모든 발음을 다 알 수는 없으니 둘 다 필요. 표준 발음법만 보고 예측할 수 있는 것이 한정적이어서 지금의 표준 발음법은 보완이 필요. 언어와 관련된 규정이 역사상 한국에만 존재할 수 있는 것인데, 그것이 '반드시 존재해야 하는가'와는 별개의 문제임. 그런데 반면, 규정을 둬야 할 정도로, 발음의 차이로 의사소통이 막히는 경우가 그리 많은가 하는 생각이 들기도 함. '표준'이라고 한다면 어느 사람의 발음을 표준으로 하는가도 문제가 될 수 있음.
채숙희: 일반인들에게는 사전을 찾는 것을 권장 혹은 교육하고, 전공자나 사범대 등 관련 집단들이 공유하는 규범으로서의 표준 발음은 필요.
이경재: 표준 발음법이 강제력이 있는 것 같고 표준 발음 사전은 좀 더 열려있는 듯하지만 오히려 반대일 수도 있음. 표준 발음 사전을 찾는 이유는 본인의 발음과 다른 현상을 접했기 때문. 그러므로 표준 발음 사전만 있다면 규정만 있는 것. 발음 사전의 설득력이나 영향력을 위해서도 표준 발음법은 필요. 두 개가 상호보완적이어야 함.
조하연: 다른 분들의 생각에 동의. 덧붙이자면, 표준 발음법과 발음 사전은 층위가 달라야 함. 표준 발음법을 보고 원칙이나 당위성을 알 수 있어야 하는데, 현재의 표준 발음법은 그렇지 않음.
신중진: 현대 사회에서 '표준'이 필요함. '표준'을 정하고 위반되는 사례들을 해석하고 경우에 따라 수정이 가해지는 패턴으로 표준 발음법도 이해가 가능. 규칙도 있어야 하고 규정도 있어야 하니, 표준 발음법과 표준 발음 사전이 모두 필요. 모순이 생기면 어느 쪽이든 수정을 가할 수 있음. 그런데 지금의 규칙은 불친절함. 표준 발음법을 없애고 표준 발음 사전만 남긴다면 결과적으로는 표준어까지 흔들리게 될 것.

<경인지역 교사>
최희영: 표준 발음 사전이 표준 발음법을 대체할 수는 없을 것 같음. 표준 발음 사전에서 발음을 찾으면, 그 표준 발음이 왜 그런지 설명해 주지 못함. 그 설명은 규정에서 해주는 것이 좋을 듯함. 문제가 되는 것은 규정이 너무 권위적인 것. 발음법 자체가 필요 없는 것은 아님. 그러나 표준 발음 사전이 있는 것이 교육적으로는 좋음. 다만 표준 발음법을 '대체'한다는 것은 무리인 듯함.
하동원: ('최희영'선생님 의견에 동의)
서영경: 규정, 법이 있는 것이 현상들을 설명하는 데 좋을 듯함. 아예 없다면 학생들에게 무엇을 기준으로 가르칠지 혼란스러울 것.
김명종: 사전으로 가르치게 되면 단어마다 가르쳐야 하는 번거로움도 있고, 사전 자체에 대한 학생들의

거부감도 생각해야 함. 발음법으로 가르치면 몇 개만 가르치면 됨.
권순각: 사전을 만들 수는 있으나, 그것이 근거하는 규정은 있어야 한다고 생각함. 발음법에서 다루지 못하는 단어들도 끌어들여서 규정에서 다룰 수 있도록 해야 함.

<강원지역 교수 교사>

최홍열: 규범에 대한 교육이 제일 중요하다고 생각. 사전은 일일이 찾아봐야 한다는 불편함이 존재. 규정을 알면 각 어휘의 발음을 생각해 볼 수 있지만 규정이 없으면 설명할 수가 없음. '한강, 한글'이 80% 이상 [항강, 항글]로 발음되는데, 현재는 발음이 [한강, 한글]로 되어 있음. 규정상 그 부분이 없으니까 설명이 어려움. 수정이 필요. 규정이 현실과 동떨어지는 문제는, 어느 시기가 되면 규정이 바뀌어야 한다고 생각함.

심보경: 표준 발음법과 표준 발음 사전으로 이분화되면 위상이 달라지므로 그 위상을 고려해야 함. 표준 발음법이 상위, 사전이 하위의 위상. 표준 발음법으로 하는 게 좋다고 생각함. 또한 예외 규정들이 혼란을 야기시키는데, 전면적으로 검토가 필요. 발음은 연령대별로 다양한데, 일관성 부분에서 기준점들이 모호해진다는 문제도 있음.

이병기: 표준 발음법이라는 용어가 '법'이라는 데 거부감을 느낄 수 있음. 또한, 발음이 궁금해서 찾아봤을 때 색인 역할을 해 주지 못함. 그래서 표준 발음 사전을 만드는 것이 낫지만, 그 원칙으로서 표준 발음법은 필요. 현재 사전에 나와 있는 발음이, '외, 위'의 발음이라든가 합성어에서의 장단음의 변화까지 나타내지 못하고 있어서 이것을 표시할 수 있는 방안이 필요. 그 보조수단으로 오디오 정보가 들어갈 수 있으면 좋을 듯.

채욱: 규정은 필요하다고 생각함. 일반 사람들이 인식하는 것은 각종 시험에서 등장하기 때문인데, 그러한 수효에 맞춰서 가르치는 사람이 참조할 수 있는 원리가 필요. 표준 발음 사전은, 사전이 너무 많으면 혼란을 일으키므로 찬성하지 않음. 대신 국립국어원 홈페이지 등에서 발음을 클릭하면 그 원리를 보여 주게끔 링크시켜 주면 좋을 것이라고 생각함.

박혜진: 표준 발음 사전이 있더라도 그 지침으로서 표준 발음법은 필요. 이는 학생들에게 물어봤을 때도 같은 의견이었음.

박정은: 앞에 총론처럼 표준 발음법이 있고, 발음 사전에는 '이것은 어떤 규정에 의해 일어난 것이다'라는 표기가 있는 것이 이상적인 것 같음. 발음 사전만으로는, 특히 외국인들이 한국어를 배울 때 부담될 수 있음. 복수 표준 발음에 대해선, 남발되면 좋지 않다고 생각함.

<충청지역 교수>

정민영: 표준 발음법에 기초해 표준 발음을 재정비하고 국어사전 표제어에 발음정보를 기록하는 것이 더 효과적. 딱히 표준 발음사전이 필요하지는 않음. 성문화된 발음규정은 있어야 하며 그에 기초한 발음 정보를 사전에 실어야 함. 규정이 애매하거나 규정으로 설명하기 힘든 것들을 나열한 것이 사전이므로 전체가 아니라 일부 어휘만 해당될 것.

김상태: 표준 발음법은 필요함. 정서법으로 표준어를 선정할 때 수많은 형태 중에 하나를 규범으로 정했 듯 여러 상황을 고려해야 함. 표준 발음법을 토대로 표준 발음 사전을 만들고 여러 변이형도 함께 적어 놓으면 될 것. 변이형도 좋은 자료니 기록해 둘 방법이 있다면 좋을 것.

박경래: 규정은 필요하고 언중이 참고하기에는 사전이 편할 것. 맞춤법에 따라 표기하고 사전이 따로 있는 것처럼 표준 발음법의 참고자료로서의 표준 발음 사전이 됨. 새로운 말이 생기거나 들어오면 규정에 맞춰야지 그때마다 규정을 따로 만들 수는 없음. 가이드라인이 없으면 훨씬 복잡하고 개별적인 상황이 생김. 맞춤법과 같은 방식으로 사전에 있는 정보를 담는 것이 효율적임. 규정은 보수적이니 일정 기간마다 정비가 필요함.

이호승: 표준 발음 사전은 불편할 테니 표준국어대사전 안에 발음정보를 넣는 것이 바람직함. 표준어 사

전이 예, 어원, 발음변화 등 많은 정보를 담고 있는 데 비해 표준 발음법은 예가 적고 규범적인 것뿐이라 정보를 얻기 부족함. 규정을 바탕으로 교육하고 사전을 이용하는 방식을 택하려면 규정에 예가 많이 보강되고, 사전에는 어느 정도의 발음정보를 넣어야 할지 확인해 보아야 함. 표준 발음에 전국적으로 많이 쓰이는 발음이 더 많이 반영돼야 함. '장맛비'는 거의 쓰지 않는데 서울방언 화자가 썼다고 따르는 것은 문제. 통계자료를 반영해 현실 발음에 가깝게 정하는 것이 좋음.

<충청지역 교사>
김주봉: 표준 발음법이 있어서 그것을 근간으로 표준 발음 사전을 편찬하는 등 일반인들이 규정을 염두에 두고 발음하게 해야 함.
김혜숙: 성문화된 표준 발음법이 지표 역할을 할 수 있음. 여기에 근거해 표준 발음 사전이 나올 수 있음. 외래어를 바꿀 때도 기본이 되는 것은 표준 발음법이니 있어야 함.
이숙경: 맞춤법 통일안이 있어서 사전이 나왔듯 성문화된 규정이 있어야 표준 발음 사전이 나올 수 있을 것.
박선주: 사전만 있다면 언어생활을 볼 때 나무만 보고 숲을 보지 못할 것. 아직 미완성 단계지만 표준 발음 변환기라는 것이 있는데 이런 것을 보완해서 인터넷으로 쉽게 찾아 표준 발음을 쉽게 공부할 수 있게 하면 좋겠음.

<전라지역 교수>
황금연: 현재 표준 발음법 정책을 보완하는 것이 좋을 것. 예를 들어, '음운론'이라는 단어의 발음 등 헷갈리는 것이 있는데, 이에 대한 보완이 필요하고, 더불어 표준 발음 사전도 있는 것이 좋음.
조경순: 표준 발음법을 법으로 했을 때, 규범으로서 오히려 언어생활에 장애요소가 될 수 있음. 표준 발음 사전으로 바로 찾을 수 있게 표준 발음 사전만 있는 것이 바람직.
양영희: 표준 발음법은 법으로서 존재하여야 하고, 표준 발음 사전은 국어사전에 있으므로 불필요. 그러므로 현재 상태가 좋음.
이소림: 표준 발음 사전을 만든다고 하면 그 이론으로서 결국 표준 발음법이 필요. 표준 발음법을 재정비하고 국어사전에서 발음을 제공하는 것으로 충분.

<전라지역 교사>
최제오: 표준 발음법은 규정으로 두고, 언어를 사용하는 언중들을 위해 발음 사전의 연구가 병행되는 것이 좋을 듯함.
정해은: 표준 발음 사전의 기준으로서 표준 발음법은 필요. 또한 교육 현장에서의 편의성, 효율성을 위해서도, 표준 발음법은 존재해야 한다고 생각함.
최지혜: 표준 발음법이 있으면 학생들에게 명확하게 전달 할 수 있고, 학생들도 규정을 알고 있으면 학습하기 쉽다는 장점이 존재. 하지만, 교육 현장에서의 활용을 고려할 때, 표준 발음 사전도 공존하는 것이 필요.
문동호: 맞춤법 규정과의 연계나 발음의 개인적인 차이를 고려할 때, 규정으로서의 표준 발음법은 필요. 하지만 규정은 한정되어 있기 때문에, 표준 발음 사전 역시 필요한 듯. 또한 새로운 말의 발음 규정을 계속 올려 주면 더욱 좋을 듯함.

<경상지역 교수·교사>
권영환: 현장에서 표준 발음을 가르칠 기회가 많지 않음. 고등학교의 경우 발음에 대한 실제 훈련이나 연습을 하지 않고 선택 과목인 문법에서 음운규칙을 설명하는 부분이 있어 그에 대한 연습문제를 푸는 정도임. 원리를 파악하면 표준 발음을 이해하기 쉬우므로 표준 발음법을 사전으로 대체하는 것에

는 문제가 있음. 사전은 결과형만을 기억하게 하므로 원리를 뺀 채 결과형만 기억하게 하면 언중이 오히려 발음 원리를 역추론해서 개별 음운규칙을 사용하게 되는 등 혼란을 야기할 것. 교육 현장에서 발음 규칙을 가르치는 것은 필수적.

이승왕: 음운 관련 내용은 초등학교 저학년에서 꾸준히 다루고 중요시함. '밟다, 맑다' 등 자음군은 같은 어간을 써도 발음이 달라지는 경우가 있어 통일되는 것이 좋다고 생각함. 규칙이 존재하면 발음이 그에 따라 달라지므로 통일성을 갖추는 것이 좋음. 발음 교육의 효과가 즉각 나타나는 것은 아니나 규칙이 정제되면 그에 따라 발음도 일관성 있게 통일될 수 있음. 교육을 위해서도 표준 발음법은 규칙이 제정되어 있는 것이 맞다고 생각함.

이동혁: 완벽한 대체는 불가능하고 상호보완적으로 갈 수밖에 없음. 표준 발음법을 교육하더라도 언중은 표준 발음법을 잘 찾아보지 않을 것이고, 표준 발음법은 전문가용이 될 뿐임. 사전은 언중이 실제적으로 사용할 수 있다는 점에서 긍정적이나 원리 설명을 할 수 없고 개별 어휘의 발음을 기본형 위주로 기술할 수밖에 없을 것. 따라서 활용형이나 복수 어절이 될 때의 문제들을 기술하기 어려움. 표준 발음 사전이 필요하다는 것에는 동의하나 표준 발음법을 완전히 대체하기는 어렵다고 생각함.

김봉국: 표준 발음법과 발음 사전이 모두 필요함. 표준 발음법은 규칙화를 위해서도, 국어 교육과 한국어 교육의 관점에서도 반드시 필요. 외국인이나 다문화 가정 학생들이 우리말을 배울 때도 도움이 됨.

김인균: 표준 발음법 규정은 전문가들도 이해하기 어려운 조항이 많고 전문 용어도 많음. 언중과 동떨어진 규범을 피하고 사전으로 대체하는 방향으로 가는 것이 좋음.

이근열: 발음에 대한 혼란을 막을 수 있는 유일한 길은 표준 발음법 규정. 현실과 동떨어진 규정을 고치고 현실 발음을 최대한 넣는 등 현실 발음을 충실히 반영하도록 하고 세분화·구체화하는 것이 좋음.

박솔지: 표준 발음법을 성문화된 상태로 유지하는 것이 좋음. 사전은 변하는 언어를 담기에 무리가 있음. 표준 발음법을 통해 체계적인 표준 발음을 적용하고 필요하면 용례나 붙임을 통해 예외를 인정하는 것이 더 좋음.

최유나: 사전은 각각의 사례를 담은 것이므로 규칙 자체를 배제시키면 각 사례를 외워야 함. 규정은 그대로 두되 규칙에 어긋나는 것은 예외 사전을 만드는 방법으로 보완.

<제주지역 교수·교사>

문덕찬: 새로 나온 중학교 국어 교과서에는 표준 발음 관련된 내용이 없음. 제주도의 경우 방송과 학교 교육을 통해 표준어를 습득하고 서울과 발음이 다른 예가 많아 표준 발음법이 필요함. 지역마다 표준 발음을 정확하게 하는 것은 어려울 듯. 표준 발음이 체계성을 잃은 것 같음. 발음 사전은 체계적으로 설명되지 않는 것들을 사전으로 제시만 하는 것. 제주는 표준어를 너무 사용하는 것이 문제가 되고 있어 방언을 써야 할 입장이나 이중언어 코드를 사용하면 되고 표준 발음도 필요하다고 생각함. 의문점이 생기면 국립국어원 표준국어대사전을 이용하는데, 인터넷 서비스가 되며 발음도 제공해 유용함. 인터넷이나 모바일을 통해 바로 검색해 확인할 수 있도록 서비스되어야 함.

김종훈: 표준 발음 사전을 만들더라도 편찬자가 원칙을 정해야 할 것. 표기를 어느 정도 정밀하게 하고 간략하게 할 것인지 같은 것들을 어떻게 정할지가 또 문제. 언중으로서는 나온 대로 발음하면 되니 편리하겠지만 문장 안에서 음운현상을 보이는 것이 또 다른 문제가 됨. 원칙을 정하는 문제가 있을 것. [눈], [눈:] 같은 장단은 구분해 듣지도 말하지도 못하고 아나운서도 잘 구분하지 못하는 것 같음. 표준 발음을 정하면 자연스럽게 표준 발음을 좇게 되므로 지역의 특수성인 방언이 없어질 수 있음. 하나의 원칙을 기준으로 하되 너무 많으면 곤란하니 두 가지 정도의 발음이 가능한 정도로 허용해 표준 발음법을 정하는 것이 좋음.

김경도: 학교 현장에서는 표준 발음법에 대해 교육하지 않을뿐더러 관심을 갖고 있는 교사도 거의 없음. 학생들도 표준어를 접하는 것은 방송을 통해서뿐이므로 표준 발음법에 거의 관심을 두지 않고 생활함. 교사가 보기에도 예외 규정이 많아 어려우니 표준 발음 사전으로 하는 것이 좋다고 생각함.

강재형: 방송과 관련 없는 2-30대 학생들은 무의식중에 [새]과 [새:]를 구분함. bird를 길게, new를 짧게 발음하고 있음. 50대 이상에 비해 어휘 수가 적으나 아직 잔존함.
김현: 음장이 유지되고 있지 않으므로 길게 하는 것과 짧게 하는 것을 모두 허용하는 방안도 있을 것. 학생들이 '선릉'이라는 단어를 보면 국어에서는 불가능한 발음일지라도 씌어있는 그대로 [선릉]으로 읽고 넘어가는 경우가 많음. 사전은 인터넷 같은 방식으로 바로 발음을 검색해 볼 수 있으나 [선능], [설릉]처럼 음운론적으로 자연스러운 발음이 아니라 [선릉]과 같이 부자연스러운 방식으로 발음한다면 표준 발음법 쪽이 효과적일 것 같음.
김동윤: 표준 발음 사전은 있었으면 좋겠음. 외국 학생들이 국문과 강의를 들을 때 정확한 발음을 하고 허용되는 발음이 무엇인지 알기 위해 필요함. 온라인상에서 발음을 확인할 수 있도록 하는 방법도 있음. 무한대로 허용할 수는 없으니 어느 정도 틀 안에서 발음을 읽어주는 장치가 있으면 한국어교육에 매우 유용할 것.
현승환: 공식적인 자리에서 의사소통을 할 수 있는 기본 발음은 정해져 있어야 함. 사전을 만들더라도 공식적인 것을 기본으로 놓고 다른 것을 허용하는 방식. 그럼 각 지역에서 사용하는 말과 학교에서 배우는 공식적인 말의 발음을 모두 인정할 수 있고, 표준 발음법에 따라야 할 경우에는 그에 따르도록 할 수 있음.
김성룡: 표준 발음법보다 표준 발음 사전 쪽이 더 유용할 것. 미국의 경우 표준 발음은 있지만 표준 발음법은 없음. 우리나라는 국어학 지식이 없으면 표준 발음법 규정을 이해할 수 없음. 규정집인 표준 발음법보다 표준 발음 사전 쪽이 유용함.

② 한국어 교육 전문가

백봉자: 발음의 다양성을 인정해야 함. 다민족시대가 되면서 사투리뿐 아니라 외래어도 범람하고 있음. 한국어의 세계화를 주장하고 있는 시점에서의 표준 발음은 이율배반적일 수 있으니 발음 사전에 기호로 기록을 했으면 함. 표준 발음법은 상징적으로 두고 구체적 구연방안은 사전에서 제시하는 것이 실효성 있을 것.
전나영: 외국인은 직관이 없어 규칙으로 주어지지 않으면 일일이 찾아서 외우는 수밖에 없음. 규정이 있으면 일반적인 규칙을 알게 하므로 표준 발음법 쪽이 유용함. 단, 예외가 있으면 비과학적이고 비논리적이므로 예외를 없애고 단순화하는 것이 외국인 학습자에게는 유용함.
김지형: 표준 발음 사전을 만들려면 표제어 선정과 그 기준, 기준으로서의 규정이 필요할 것. 지금과 같은 소략한 기준으로는 모든 발음 현상을 이해할 수 없으니 발음 사전이 필요함. 규정은 사전의 일러두기에 제시할 수 있을 정도로 간략하면 됨. 규정이 현실을 규제해서는 안 됨. '나는 가려고 한다.'라고 가르치지만 현실발음은 '나 갈라고 해.'에서 오는 괴리가 있음. 표준 발음 사전과 마찬가지로 참고할 수 있을 만한 현실 발음 사전도 필요할 것.
김은혜: 외국인들은 말을 배우는 입장이므로 [궐력], [공권녁] 등 분석이 가능해야 발음할 수 있는 경우는 이해하기 힘듦. 내국인을 위한 발음 사전과 외국인을 위한 발음 사전이 따로 필요함. 용어 자체를 모르면 따라가기 힘든 것들은 '외국인 필수 어휘 발음 사전' 같은 것이 있으면 좋겠음. '전화'가 ㅎ약화 때문에 [전와]로 발음되는 것도 표준 발음이 아닌데, 허용되어야 함.
김현진: 규정이 다듬어지고 확정되면 그 규정을 반영한 사전이 있었으면 함. 스마트폰 어플리케이션이나 전자사전으로 만들어 발음을 들을 수 있게 해야 함. 외국인뿐 아니라 한국인에게도 유용할 것.

③ 전문가

<MBC 아나운서>
황선숙: 표준 발음법은 필요함. 표준 발음 사전도 표준 발음법에서 와야 하며, 아나운서의 입장에서도 원칙이 필요함.
김상호: 큰 틀에서는 표준 발음법이 있으면 좋다고 생각함.
손정은: 큰 틀에서는 표준 발음법이 필요함. 표준 발음 사전이 표준 발음법을 대체하는 것은 적절하지 않음. 한 단어가 발음이 두 가지로 나는 경우 규칙을 명시하는 것이 옳다고 생각함.
김나진: 사용자의 입장에서, 발음 사전이 사용자를 더 불편하게 할 수 있음. 표준 발음 규정을 알면 상식 하에서 발음이 가능하나, 발음 사전이 표준 발음법을 대체하면 일일이 찾아봐야 한다는 불편함이 있음. 큰 틀에서 표준 발음법을 유지하되, 공론화되는 발음은 예외로 표시해야 함. 그리고 표준 발음 사전이 발음의 빠른 변화를 반영할 수 있을지도 의문.

<KBS 아나운서>
박현우: 사전의 발음만으로는 논란의 여지가 있고 발음의 이유를 알 필요가 있으므로 표준 발음 규정이 필요함. 언중이 많이 쓰고 자연스러운 발음이 표준 발음이 되는 것이지 표준 발음법이 먼저 만들어지는 것이 아님. 언중의 발음 변화 양상을 보완하는 작업이 필요함. 요즘은 문자를 보며 발음하는 경향이 있는데, 표준 발음 규정의 원칙을 세밀하게 할 필요가 있음.
강성곤: 일일이 사전을 찾아야 한다는 불편함 때문에 표준 발음을 잘 안 지키게 될 것. 발음 사전에도 장단음이 틀린 것이 많고 기준이 없기에 장단은 사전을 만들어 사용해야 함.
원창묵: 사전은 몇 천 페이지인 것에 비해 규범은 몇 페이지만으로 발음을 알 수 있음. 규범을 교과 과정에서 배워야 발음을 어떻게 내는지 알 수 있을 것.
오유경: 표준 발음법을 통해 우리말 발음을 배우는 언중은 없으니, 발음이 왜 이렇게 나는지 궁금증이 생겼을 때 규범을 보면 이해할 수 있음. 규칙이 있다는 사실은 소중함. 발음법이나 문법은 약간 보수적인 편으로 하고, 의미 자체가 달라지면 고치는 것이 맞음.

<CBS 아나운서>
박명규: 두 가지 다 있어야 한다고 생각함.
이명희: 규정은 있어야 함. 발음 사전은 국립국어원 같은 공신력 있는 기관에서 나왔으면 좋겠음. 국립국어원 사이트에 들어가면, 표준 발음이나 표준어에 대한 발음 규정을 찾기가 쉽지 않음.
김용신: 모국어 화자의 경우 많이 듣고 사용하면서 발음하기 때문에 표준 발음 사전이 필요함. 그러나 그 이유를 설명해 주기 위한 발음법이 있어야 함. 그리고 모국어 화자가 아닌 사람들에게는 원칙과 원리를 가르쳐주는 것이 중요함.

<방송 기자>
이주한: 표준 발음법은 가이드라인의 역할을 하는 규정과 원칙으로써 필요함. 그리고 구체적인 것은 사전에 담으면 됨. 일반인들에게 교육할 대상은 아니지만 규정 자체는 필요함. 발음을 모를 때 일일이 사전을 찾을 수는 없고 규정을 보면서 유추하기도 하는데, 이 때문에 규정이 필요한 것임. 그리고 표준 발음 규정은 간소화되어야 함.
김연국: 발음이 궁금하면 일반인들은 사전을 찾아봄. 학자들 사이에서 발음 규정이 가이드라인으로써의 의미는 있겠지만, 일반인들에게까지 필요한지에 대해서는 의문임.
배재학: 표준 발음법에는 설명이 있으나 표준 발음 사전만으로는 어려움

<성우>

김혜주: 표준 발음법은 필요함. 표준 발음 사전은 표준 발음법에 근거해 구체적인 예를 담는 수준으로 만들어져야 함.

김용식: 표준 발음법은 존재하고, 사전을 활용하는 것이 맞다고 봄. 규정이 없이 사전에만 의지한다면 문제가 될 것임.

이기호: 표준 발음 사전을 표준어로 대체할 경우, 다음 세대에서 혼란이 생길 수 있음.

<배우>

오미희: 발음을 정확히 해야 의사가 정확히 전달이 됨. 한국인이라면 한국어를 제대로 해야 함. 표준 발음법대로의 발음을 강요하는 것은 아니지만, 선도는 필요함. 일본어의 잔재로 여겨지는 '아애이오우' 대신 현실 발음을 반영한 표준 발음을 연습하도록 교육하는 것이 표준 발음법보다 먼저일 것. 표준 발음 사전을 만드는 경우 찾아서 이용해야 하는데, 찾지 않고 그냥 발음하는 사람이 더 많을 것. 잣대는 반드시 있어야 하나 언중이 사용하는 말에 귀를 기울이는 것이 우선임.

이범수: 어떤 발음이 왜 이렇게 발음되는지 가르쳐주기 위해 발음법(규칙)이 필요함. 표준 발음법의 존재가 혼란을 야기하지는 않으므로 표준 발음법을 없앨 필요는 없음.

문항2. <별첨1>의 '표준 발음법'에서 문제가 있다고 생각하시는 항목이 있으면 들고 그 이유를 말씀해 주시기 바랍니다.

① 교사 교수

<경인지역 교수>
* 표준 발음법의 문제점 및 보완점
이상신: 표준 발음법이 너무 불친절함. '음절, 활용형, 이중모음'등의 용어를 일반 사람들이 알 수 없으므로 해설이 붙어야 함. 또, 개별적으로 문제가 되는 것이 많음. 6항과 7항의 복합어와 합성어의 개념이 애매하고, 7항의 장단도 문제. 특히 '벌다[벌 : 다]―벌어[버 : 러]', '썰다[썰 : 다]―썰어[써 : 러]'는 비현실적. 또한, 10항과 11항은 정반대의 활용형을 사용하는 방언을 반영하였다는데 그것도 문제임. 표준 발음법이 표준어의 실제 발음이라고 했으면 표준어를 정할 때 조사 대상으로 삼은 사람들의 발음을 가장 중심에 놓아야 하는데 그러지 못했다는 것이 문제. 19항의 경우 실제 동화가 아닌데 '음의 동화'에 속해 있어서 오해를 일으키기 십상. 경음화의 경우 23~28항으로 나뉘었는데, 그렇게 다양하게 해야 하는지 의문. 30항은 앞에 것이 원칙이고 뒤에 것이 허용인데, 표현만 보고 앞에 것이 허용이고 뒤에 것이 원칙이라고 생각하기 쉬움.
신중진: 10항을 보면 '밟다'만 자음군 중 뒤에 것만 발음해서 [밥따]로 하는데 근거가 의문. 이는 규정이 직접적으로도 모순적이고, 현실발음과도 동떨어짐. 사이시옷은 표기와 발음이 다른 경우가 있는데, 그것도 문제고, 경음인지 아닌지 확인해야 사이시옷 표기가 가능하므로 어려운 문제. 개별 어휘로 '줍다'의 경우 일부 지역만 빼고 [주서]인데 표준어에는 'ㅂ'이 존재하는 문제.
이경재: '늙지'를 [늑찌]로 발음하는 것이 현실발음과 맞지 않음.
조하연: 전체적인 체계의 문제에서 표준 발음법의 대상을 고려했을 때 친절하지 않다는 이야기와, 개별 항목들이 현실적으로 발음하는 것과 다르다는 것이 문제라고 정리될 수 있을 듯. 그런데, 현실발음이라고 했을 때 어떤 것인지가 확실하지 않은 듯함. 표준 발음법을 보완한다고 하면 그 위상을 고려해야 함. 해설서가 될 수도 있고 그렇다고 큰 원칙만 내세울 수도 없음. 자연스러운 음운 법칙 중에서 인정하는 범위를 정해 놓은 것인데 어느 정도까지 서술을 해 줄 것인가를 정해야 함.
채숙희: 모음이 심각한 문제라고 생각. 4항도 문제이고, /ㅔ, ㅐ/의 구분도 문제. 5항 다만3의 이중모음 'ㅢ'를 [ㅣ]로 발음한다는 것도 문제. '협의'는 [혀븨]도 되고 [혀비]도 됨. 5항의 다만2 같은 경우 예를 들어 '실례'라는 단어도 있는데, 왜 이 단어들만 예외로 들어갔는지도 의문.

* 복수표준 발음에 대하여
조하연: 기본적으로 법이라면 예외가 적은 것이 좋음.
신중진: 복수발음을 되도록 인정하자는 것은 규범을 정하는 정신에 위배됨. 인정하는 것이 불필요하다는 것까지는 아니고 모순이 생기는 것은 막아야 한다고 생각. 또한 '다음과 같은 단어'라는 표현은 딱 그 단어들만 당하는 것인지 환경이 같은 것을 다 포함하는 것인지 일반인들은 판단이 어려움
이상신: 복수발음이 인정되려면 왜 그것만 인정되는지에 대한 근거가 있어야 함. 근거가 없이 특정 단어만 인정할 바에는 그냥 사전만 이용하자는 이야기가 나올 수 있음.

<경인지역 교사>
서영경: 용어의 문제. '붙임'과 '다만'의 차이가 무엇인지 잘 알 수 없음. 또, 해독하기에 어려운 부분도 존재. 예를 들어 '밟지'의 발음에 대해서는 [밥찌]라고 발음하는 확률이 얼마나 될지 의문. 헷갈리는 부분에 대해서는, 문서상에는 보이지 않더라도 세부 정보를 찾았을 때는 보이는 방식으로 추가했으면 좋겠음. 또한, '예외' 항목이 많아진다면, 표준 발음법이 존재하는 이유에 대해서도 다시 한 번 되새겨

보게 될 것.
김명종: 장단이 나오다가 받침이 나오고, 자음동화, 구개음화가 나오는 이 항목들은, 학생들은 알기 어려움. 그래서 '받침 규칙' 등의 큰 틀를 만들어 놓고 그 안에 세부 항목을 넣는 게 좋을 듯함.
권순각: 현실과 다른 부분들이 많음. 대표적으로 장단음의 경우, 학생들이 왜 이게 장단음으로 구분되는지에 대한 질문이 많음. 규정을 하는 것 자체가 어려운 것 같음. 또한 '오순도순, 깡충깡충'을 예외로 표준어로 두었는데, 그것과 관련된 의문. 경음과 관련해서도 '효과'를 어떻게 발음해야 하는지에 대한 혼란이 있음. 단모음의 경우도, '외갓집'을 [외갇찝]으로 단모음으로 발음하는 얼마나 많은지 의문. 또한, 제1기준이 실제 발음을 따른다는 것이니까 실제 발음이 규정과 다르면 규정을 바꾸어야 함. 그런데 다음 기준이 전통성과 합리성을 따른다는 것이어서 문제. 예를 들어 '계집'은 [계:집]을 버리기 어려워서 [게:집]으로 둔 것. 이는 과도기적인 모습인데, 어느 정도 기간을 두고 언중의 발음을 반영할 것인가 하는 문제가 있음.
최희영: '허용한다'가 아니라 '발음한다'로 되어 있음. 그러면 그렇게 하지 않으면 표준 발음이 아닌 것인지 의문.
하동원: (의견 언급 없음)

<강원지역 교수·교사>
최홍열: 복수 표준 발음은 찬성하지 않음. 허용한다면 다양한 발음을 허용해야 하는데, 특정 몇 개만 한다는 것은 맞지 않음.
심보경: 우선 표준 발음법이 현실발음과 많이 달라서 한국인들도 발음하기 힘든 경우가 많다는 문제점이 존재. 음장, 겹받침 'ㄼ'([밥다]/[발브면]), 형태소 경계에서의 종성 중화 문제(늪 앞[느밥/늡압/늡밥], 꽃이[꼬디], 맛있다[마시따, 맏이따])등 일반인들이 이해하기 어려움. '다만'이나 '붙임' 항목에서 혼동스러운 부분이 있는데(예: 경음화), 이를 자세히 설명해주었으면 하는 바람. 또한 현실 언어생활에 맞지 않는 용어도 바꾸어주었으면 함. 복수발음은, 현재는 일부만 예외적으로 허용되어 있는데 일관성이 없음. 지양하는 것이 좋다고 생각함.
이병기: 표준 발음법은 '법'이라고 했지만 언어생활을 규제하려는 것이 아니라 의사소통의 불편함을 해결하기 위한 것이어야 함. 따라서 추상적인 층위를 다루더라도 다만이나 붙임을 통해서 다양화하는 것이 필요함. 그래서 발음이 궁금한 일반인들에게 지침 역할을 해 주어야 함. 그러므로 구체적인 층위를 제공해 주었으면 하는 바람.
채옥: 표준 발음은 일상생활에서의 혼동을 막기 위해 만들어진 것. 그런데 실제 발음을 제거하고 이상만을 다루는 것이라는 느낌. 예를 들어 '디귿이'라고 쓰고 [디그시]라고 하는 것은 공시적으로 설명이 안 됨. 'ㄱ'의 이름을 '기역'이라고 하는 것도 일반인들은 왜 그런지 이해하기 어려움.
박혜진: 세대와 지역을 아울러야 한다고 생각. 모음의 장단의 경우 현재 노년층에서 구분하는데, 표준어는 어느 특정 연령대를 중심으로 하면 안 되고 모두가 공감할 수 있어야 하므로 필요함. 또, '광한루'라는 단어의 경우, 학생들은 자신이나 주변 친구들이 [광한루]라고 한다고 하는데, 사실은 [광할루]라고 발음하는 지역이나 연령대의 발음도 반영해야 하는 것. '김밥'의 경우는 많은 사람들이 [김빱]이라고 하고 [김밥]은 조금 다른 느낌. 결론적으로 표준 발음이 현재발음을 반영해야 할지 현재 발음이 좀 더 좋은 발음으로 이끌어 가는 지침이 되어야 할지 그런 기준이 필요.
박정은: 표준 발음은 이렇게 발음할 수 있다는 것이지 꼭 이렇게 해야 한다는 것이 아니라고 생각함. 경음화의 경우 '불세출'이 사실 [세]와 [쎄]의 중간 발음인데 성문화를 실현하는 것은 규정에서 [불세출] 혹은 [불쎄출]이라고 해 놓으면 의사소통이 쉬움.('몰상식, 장마비'도 예시로 등장) 그런 측면에서 표준 발음법이 필요한 것. 같은 측면에서 음장의 경우도, 항목을 폐지하는 것은 맞지 않다고 생각. 언어 생활은 변화해 가는데, [눈뇨기]는 맞고 [눈요기]는 틀리다고 하는 점이나, 복수 표준 발음으로 [금융/금늉] 둘 다 맞다는 것도 이상하다고 생각함. /의/도 '민주주의'에서 [이]와 [으]의 중간발음으로 하는 경

항이 있는데 [민주주이]를 복수 발음으로 하는 것도 이상하다고 생각함. 다른 대안적인 것이 필요함.

<충청지역 교수>
정민영: 6항의 '지어→져'는 5항에서 'ㅈ' 다음에 단모음화된다고 했으니 [저]로 발음표시를 해주면 좋겠음. 10항의 '널찍하다'와 '넓죽하다' 같은 것들은 한쪽으로 통일해서 '널찍하다'도 [넙찍하다]로 발음하도록 유도하면 좋을 것. 29항 '송별연'은 '늑막염'이 [능망념]이니 [송벼련]이 아닌 [송별련]으로 정하는 것이 더 좋을 것. '금융'이 [금늉], [그뮹]인 것은 이해가 되는데 [송벼련]은 잘 이해가 안 됨.
김상태: 3항에서 표준어의 모음을 21개로 규정하고 있는데 현실음에서는 구별이 안 되는 것이 많음. 특히 젊은 세대일수록 'ㅔ'와 'ㅐ', 'ㅚ'와 'ㅙ'도 구별하지 않고 쓰고 있으니 현실음을 반영하는 것이 필요.
박경래: '널따랗다', '넓적하다'와 같은 것들은 맞춤법과 발음을 통일하면 좋겠음. 겹받침 발음이 경상도 발음 쪽으로 변하는 것 같음. 모음 체계도 많이 바뀌어 60대 이하는 전설 원순모음 두 개를 거의 구별하지 못함. 2, 3번 모음도 거의 구별 못 하는데, 이 문제가 이중모음에도 동일하게 나타남. 원순모음은 이중모음으로 발음하라고 하면 되겠지만 이중모음에서도 양성과 음성모음이 구별되지 않음. 이런 부분을 정리해 줄 필요가 있음. 사이시옷은 젊은 층일수록 더 많이 넣음. '디딜방아'는 [디딜방아]였는데 요즘은 거의 [디딜빵아]라고 말함. 원래 'ㄹ' 뒤에는 'ㅅ'이 들어가지 않을 확률이 높은데도 'ㅅ'을 넣는 쪽으로 바뀌는 흐름이 나타남. 규정을 정할 필요가 있음.
이호승: 사이시옷 문제에 대한 문의가 많음. 구성성분이 한자인가 고유어인가 실제 발음이 어떤가 등 복잡함. 발음과 형태소 분석이 불일치하는 면이 많은데 어떤 쪽으로 해도 많은 사람들이 만족하지 못하는 결론에 도달하게 됨. 실용적인 측면에서 사이시옷의 발음을 수의적인 것으로 보고 표기는 일괄적으로 빼는 방향으로 하는 것이 좋겠음.

<충청지역 교사>
김주봉: 6항 장단은 전문가를 제외하고 구분하거나 의식하지 못함. 현실성 있게 규정에서 제외해야 함. '눈이 오네'에서 사람의 눈으로 인식하는 사람은 없는 것처럼 문맥으로 파악할 수 있음. '밤나무'의 경우도 국어사전을 찾아 학생들에게 알려주지만 실제로는 짧게 발음.
박주수: 6~7항을 보면 길이차가 있으나 그 기준을 수치화·정량화하기 힘듦. 6에 붙임과 다만이 있고 7항에도 다만이 있음. 길이에 대한 기준이 애매하며 예외까지 있어 혼란. 단일화·통일화하고, 삭제해 규정 자체를 간략하게 할 필요가 있음.
이숙경: 발음의 공식화가 필요함. 겹받침의 경우 단순화해서 발음을 쉽게 하는 것이 좋음.
김혜숙: '밟다'의 경우 규정상 [밥꼬]가 맞지만 실제로 [발꼬]라고 함. 예외 규정으로 들어가 있는데 앞으로는 예외 규정을 덜 만들고 일원화했으면 함.
박주수: 22항은 바람직하지 않음. '되어'는 [되여]도 허용됨. 쓰기 지도 시 '이다'의 과거는 '이었다'이나 한 반의 2/3 이상이 '이였다'라고 표기함. 읽기 과정에서 발음 지도가 자연스럽게 되었어야 하는데 소홀해진 결과. 표준어와 연계가 되어야 함. 표준 발음에서 [되여]가 허용된다면 '이였다'도 맞는다고 생각하는 등 문법 체계에도 영향을 미치므로 이중 규정은 합리적이지 않음. 장기적으로 봤을 때 원칙을 지키는 것이 옳음.
장은지: 요즘 구어에서 연결어미 '-고'를 [구]라고 발음하는 경우가 많아서 실제로 그렇게 쓰는 경우가 있음. 예전에는 '고마와'가 표준어였으니 언젠가 '밥먹구'가 맞는 표현이 될 수도 있을 듯.

<전라지역 교수>
황금연: 모음 체계(4항)에서 단모음을 열 가지로 제시하고 있는데, 'ㅚ, ㅟ'는 단모음으로 발음하는 경우가 거의 없으므로 8개라고 해도 무방할 듯. 또 하나는, '옷 한 벌'에서 [오단벌]과 [오탄벌]은 다른 단어인데, 보통 화자들은 [오단벌]로 발음. 그런데 12항 붙임1에서 [오탄벌]로 되어 있음.

조경순: 'ㅐ', 'ㅔ'가 구분이 잘 안 되므로 별침으로 넣거나 다른 식으로 처리를 해야 함.
양영희: 표준어가 서울말을 기본으로 하는데, 특히 겹받침의 발음의 경우에, 방언에서도 조사가 필요. '넓다', '밟다' 혹은 'ㄹㄱ'겹받침 등은 현실음을 반영해서 통일되게 수정하는 것이 좋음.
이소림: 현실음을 얼마만큼 반영할 것인지가 관건. 우선 이중모음의 경우, 특히 'ㅢ'는 '민주주의의'는 표준 발음법대로 하면 [민주주의이]가 되는데 이는 현실음과 안 맞으므로 문제. 겹받침의 발음의 경우, 'ㄻ' 같은 것은 한 쪽으로 통일하는 것이 좋음.

<전라지역 교사>
최제오: 현실과 거리가 있는 장단음에 대한 부분(3장 6항)이 문제. '말, 밤, 눈' 등 현실에서 잘 나타나지 않는 장단음에 대한 의미변별 규정이나 [보아~봐:]처럼 수의적으로 일어나는 보상적 장모음화 규정. 규정이 있으니까 교육 현장에서 안 가르칠 수는 없음. 결국 현실과 거리가 있는 것을 가르치게 됨.
정해은: 사이시옷 관련 규정(30항)이 문제가 있는 것 같다. 첫째로, [내까~낻까]처럼 사이시옷을 [ㄷ]으로 발음하는 것을 허용하는 규정은 시옷을 표기의 문제라고 가르치는 교육 현실과 맞지 않아 혼동. 둘째로, 나와 있는 예시들이 '대팻밥', '도리깻열' 등 실생활에서 많이 쓰이지 않는 어휘인 것도 문제. 실생활에서 많이 쓰이는 어휘로 했으면 하는 바람.
최지혜: '바뀌었다', '사귀었다'를 줄인 '바꼈다, 사겼다'라는 표기와 발음은 규정에 안 맞음. 학생들에게 질문을 받으면 설명하기가 어려움. 따라서 이를 명쾌하게 설명하는 방법이 있었으면 좋겠음.
문동호: 첫째로, 현실에서 잘 지켜지지 않는 음장 규정(6항)이 문제. 규정과 현실음의 관계의 문제인데, 음장의 교육을 강화하다보면 규정의 일부가 바뀌어야 할 수도 있다고 생각됨. 둘째로, 소리의 첨가 부분(29항)에서 어떤 경우에 첨가가 되고 어떤 경우에 안 되는지 의문이 듦. 이런 문제는 사잇소리나 된소리에도 같은 의문이 듦.

<경상지역 교수·교사1>
권영환: 표준 발음법 규정은 표준어 규정에 포함되어 있지만 실제로는 맞춤법과 관여성이 높음. 사이시옷은 발음에 의해 먼저 규정이 되어야 표기 여부가 결정됨. 표준국어대사전에서도 실제 발음과 차이가 있는 부분이 있고 기준의 모호성 때문에 가르치기도 이해하기도 어려움. 표준 발음법에서 사잇소리 전반에 대한 발음을 규정하고, 맞춤법에서는 표기하지 않는 쪽이 좋다고 생각함. '대가'도 발음은 [대까]로 사잇소리가 있는 것으로 규정하고 있음. 4항의 단모음 'ㅚ, ㅟ'는 이중모음 발음을 허용하고 있으나, 서울에서는 단모음으로 발음하는 경우가 많은 것으로 보이는데 이를 이중모음으로 발음할 수 있게 해 놓은 것은 잘못. 다만 조항이 오히려 혼란을 가중시키는 경우가 많음. 5항 다만2에서 단모음의 발음을 허용하고 있는데, 복수를 인정하면 혼란을 야기할 수 있으므로 불필요함. 6항 장단은 문맥에 의해 구분되는 경우가 많아 단어로만 배우면 비성조방언 화자들은 구분이 어려울 것이니 삭제하는 편이 좋음. 10항 다만 규정의 '밟고'는 [밥꼬], '밟지'는 [밥찌], '밟소'는 [밥쏘]로 발음하는 경우가 많음. 모음조화 규정은 1음절 어간에서만 지켜지는 것으로 굳어져 가고 있으나 1음절에서도 음성모음을 선택하는 경향이 많아 파괴되었다고 봄.
이승왕: 장단 구분은 어렵지만 필요하다고 생각함. 10항 자음군은 '핥다'를 [할따]로 발음하는 경우는 없어 문제가 없으나 'ㄼ'은 [밥따]나 [발따]로 통일해서 예외 규정을 줄이는 것이 좋음. 기준 지역을 어디로 정하든 사용 양상을 보고 판단해야 할 것. 25항 '넓게'는 '게'의 표기도 발음도 '께'로 하는 경우가 많아 명확하게 다룰 수 있는 규정이 필요함.
이동혁: 표준 발음법이 현실과 거리가 멂. 'ㅔ, ㅐ, ㅚ, ㅟ'는 지역·세대적으로 단모음으로 발음하고 구분하는 사람들이 극히 한정적임. 혼란을 막기 위해 표기는 그대로 하되 현실적인 단모음 목록을 인정해야 함. 장단은 규칙화 불가능한 개별 단어의 문제인데 표준 발음에서 다룰 수 있을 것인가 하는 문제가 있음. 12항 붙임2의 '옷 한 벌'은 별개의 어절에서 표준 발음법이 적용되는 예인데, 예가 수량사 구

문뿐임. '이곳에 벗 홀로 왔다'는 [버톨로]로 발음해야 하는 것인지 혼란. 16항은 한글 자모 이름에 예외적으로 적용된 규정인데 필요성에 의문. 23항에는 '끊어서 말할 적에'와 같은 말이 나오는데, 구체적인 예가 필요함. 29항은 18항과 충돌되는데, 적용 순서로 설명할 수 있음. [내복냑]과 [내보야] 중 어떤 규칙이 먼저 적용되어야 하는지 표준 발음법에서 규칙 적용순을 고려해야 함.

김봉국: 표준 발음법은 발음을 기준으로 하므로 문자와는 상관이 없음. 2~3항은 자음자 모음자의 순서 대신 발음과 관련된(조음 위치, 혀의 높이) 체계로 배치하는 것이 좋을 것. 4항의 단모음과 이중모음은 음가를 정확하게 규정해 주는 것이 좋음. 현 시점의 음가를 정확히 보여 주거나 인터넷으로 실제 발음을 제공하는 것이 좋을 것. 5항 다만2의 예는 '계집, 계시다, 시계' 순인데 체계적으로 배열되었으면 함. 6~7항의 장단 문제는 국어 초분절음소의 특징을 제시하는 차원에서 표준 발음법에서 규정할 필요가 있음. 보상적 장모음화와 관련된 부분들은 굳이 있어야 하는지 의문. 19항 '담력, 담론' 부분은 자음동화 안에서 다루고 있으나 동화로 보기에는 음성적 동기가 부족해 자음동화로 보기 어렵다는 논의가 많음. 22항도 '되어'가 '되여'가 되는 것을 동화로 보아야 하는가 하는 문제가 있음. 동화의 큰 틀에서 전체적으로 체계가 갖추어지도록 정교화할 필요가 있음.

<경상지역 교수·교사2>
김인균: 장단 항목은 현실성이 떨어지니 폐지하는 것이 좋음. 겹받침 발음은 양쪽 모두 인정하는 것이 좋음. '맑고'의 경우 [말꼬]와 [막꼬]를 모두 인정.
이근열: 10항 '밟다'는 암기해 구분할 뿐 현실 발음과는 동떨어짐. 20항은 규정에 맞지 않는 것이 많음. '음운론'은 [음운논]이 아닌 [으물론]임. 'ㄴ'과 'ㄹ' 모두 맞는 것으로 해야 함.
최유나: 장단 문제가 현실에 부합하지 않음.

<제주지역 교사·교수>
김성룡: [공꿘녁]과 [공꿜력]의 문제가 제주에도 있음. '한라산'은 [할라산]으로 발음. '표선리(지명)'은 [표선니]로 발음. 문법보다는 관습이 우선이라고 생각함. [표설리], [한나산]으로 발음하는 사람은 없음. 둘 다 인정하는 것이 좋음.
문덕찬: '한라'와 '표선'은 다른 문제. 지명이 '표선'이므로 지명을 살려야 해 [표선니]로 발음. '한라산'은 한 단어이므로 [할라산]. '표선'이라는 지명이 있어야 하므로 뒤의 '리'가 '니'로 변한다고 설명하면 이 사항과 맞지 않게 됨.
강재형: 현행 '리'에 붙으면 [할라산], [표설리]로 발음하게 되어 있음. 표준 발음법을 개정한다면 명문화해야 함. 방송에서는 '노느리'도 [노근리], [표선니]로 하지 않음. 현지의 아나운서는 '광안리'의 발음이 [광안니]지만 [광알리]라고 해야 한다고 말함.
김현: 20항에 /ㄴㄹ/이 있을 때는 [날로]와 같이 [ㄹㄹ]로 한다고 되어 있음. '다만' 항목에 '다음 단어들은 /ㄴ/으로 발음한다.' 해서 [의견난], [생산냥], [공꿘녁] 등 몇 개의 단어가 지정되어 있음. 이외에는 [표설리]라고 해야 하는데 현실적으로는 되지 않음. 표준 발음법은 한국어교육과도 관련되어 있어 정해져야 한국어를 가르칠 때 표준어로 삼아 가르칠 수 있음. 지명의 경우 로마자로 표기할 때 'nn'으로 적을 것인지 'll'로 적을 것인지가 무역에서도 문제가 됨. 지명은 하나로 정해야 할 것.
제보자들: '솜이불'은 [소미불], [솜니불] 둘 다 쓰고 '늑막염'은 [늑마념]을 씀.
현숭화: '돌'은 예전에 '돓'을 썼음. "돗돌아왔다"라는 말을 씀. 'ㅅ'이 있을 때는 무리가 없었으나 지금은 'ㄹ'만 있어 상황이 다름.
김성룡: "돗돌아와써."라고만 쓰고 '돗잔치'라는 말은 쓰지 않음. '돗잔치'라고 하면 돼지 잔치로 앎. 발음을 다 인정하면 편할 것. 하나로만 발음하려 노력하다 보니 생기는 문제.
김경도: 10항이 매우 복잡해서 이해하기 힘듦. 표준 발음 사전을 만들지 않고 조항을 수정한다면 10항과 29항을 언중들이 봤을 때도 이해할 수 있도록 하는 게 좋음. 국어 교사가 보기에도 몹시 복잡함.

김종훈: 복잡하니 예외 조항을 만들지 않는 방향으로 해야 함.
강재형: 88년에 바뀌기 전에는 '돐'이었으나 지금은 'ㄳ'을 없애고 'ㄹ'만 쓰고 있음. 영미권에서는 사전에 발음 기호를 제시하는데, 그것이 곧 발음 사전임. 국어사전은 발음이 병기되어 있는 경우도 있고 없는 경우도 있음. 발음 사전은 세세한 발음을 밝혀 주는 것. '선릉'은 [설릉]으로, '안간힘'은 [안깐힘]으로 발음해야 한다고 알려줌. '효과'의 경우 아나운서들도 [효꽈]로 발음하도록 하고 있음.
김성룡: [자장면]이라고 발음하는 사람은 없음. 이제는 '짜장면'도 인정되는 것처럼 [자장면]이라고 하는 사람은 [자장면]을 [짜장면]이라고 하는 사람은 [짜장면]을 인정해 줘야 함. 제주 학생들은 [효과]라는 말을 들어보지 못했음. 양쪽 모두 인정하면 자유로울 것.

② 한국어 교육 전문가

백봉자: 표준 발음은 기본적으로 문자와 발음이 맞아 떨어지는 것이 옳음. 내국인은 사물에서 시작해 발음을 배우지만 외국인은 문자에서 시작해 발음을 배움. 제5항의 '다만1, 2'와 같이 '여'를 [어]로 발음한다든지 '예'를 [에]로 발음하는 규정을 만들어 문자와 발음의 연결을 흐리게 해 놓을 필요는 없다고 생각함. 어차피 말과 문자는 괴리가 있을 수밖에 없으니 인정하면서 원칙을 세워야 할 것. 변하는 것에 계속 따라가다 보면 결국 문자와 소리가 별개가 될 것. 5항의 '다만' 규정은 '저, 쩌, 처'를 발음할 수 있는 사람은 하게 두면 됨. 지금은 [저], [쩌], [처]가 되면 표준 발음이 아닌 것처럼 되어 있으니 지워 버려야 함.
전나영: 원칙이 지켜졌으면 함. 소리 나는 대로 적는 것이 원칙이니 역으로 발음을 할 때는 글자 그대로 읽는 것이 맞을 것. 다음에 음운변동의 규칙을 몇 개 지정해주면 훨씬 정돈될 것. 허용이 자꾸 많아지니 교육현장에서는 어려움이 많음. 발음 교육에 신경을 많이 쓰고 있는데도 혼동이 많이 일어남. '먹고 가.'는 [먹고가]로 가르치지만 듣기 연습에서 여러 자료를 들으면서 [먹구가]라고 하기도 함. 이를 혼란스러워 하는 학생들은 없음. 하지만 개별 단어에서 [선능]과 [선릉]은 다른 단어로 받아들이게 됨. 허용 규정을 조심스럽게 할 필요가 있음. 단모음이 10개인데 이중모음으로 발음할 수 있다고 한 것도 설명하기가 어려움. '다만2'에 'ㄹ' 다음에 '예'가 있는 경우 [차례]가 현실발음이 아니니 손볼 필요가 있음.
김지형: 예외를 최소화하는 규정을 만들고, 현실 발음 중 어쩔 수 없는 발음은 허용 범위를 넓혀야 함. 표준 발음규정에 예시를 알기 쉬운 것으로 바꾸어야 함. '닐리리' 등은 잘 사용하지 않으니 수정해야 함. 겹받침의 경우 개별 어휘 정보 속에 들어 있는 것으로 문자로 썼을 때 가독성을 가지고 있기 때문에 임의로 바꿀 수는 없음. '넓은 고기'에서 '넙치'가 되었듯 언중의 인식이 바뀌면 맞춤법을 바꿀 수 있지만 발음을 위해서 맞춤법까지 바꿀 수는 없음.
김은혜: '실례합니다.'에서 [례]로 발음하는 사람은 거의 없음. '계, 몌, 폐'만 두 가지를 허용해 주었는데 현실발음은 [레] 쪽에 가까움. 장단음 규정은 '첫 음절에서는 장음을 인정하지만 둘째 음절 이하에서는 인정하지 않는다'라고 되어 있지만 가르치는 입장에서도 외우지 못함. '밟지', '넓지'는 같은 받침인데 발음이 다른 이유를 설명할 수 없으니 외우라고 하는 수밖에 없음. 발음을 한쪽으로 몰아주었으면 함.
김현진: 11항, 14항의 '닭'과 '흙'은 [달글], [흘글]로 하는 경우보다 [다글], [흐글]이라고 하는 경우가 많으니 예외 규정으로 두는 게 맞을 것. 현실음이 반영되었으면 함. 19, 29, 30항은 화살표로 되어 있는데 제시 방식의 통일성이 없으니 수정해야 함.

③ 전문가

<MBC 아나운서>
손정은: '김밥'은 [김빱]으로 발음한다고 생각함. (/ㅂ/과 /ㅃ/의) 중간 발음으로 발음하는 것은 말도 안 된다고 생각. '온라인'은 [온나인]/[올라인] 둘 다 맞음

김상호: 본질적인 의문으로, 규정을 쫓아갈 것인가 규정이 쫓아오게 할 것인가 하는 의문이 들었음. 문자는 시각 표기이므로, 소리를 그대로 반영할 수 없다보니, 'ㄼ' 받침같이 문자는 같은데 발음은 다른 경우가 생김. 언어가 문화라면 이 문화를 규정이 선도할 것이냐, 규정이 쫓을 것이냐 하는 문제가 있음. 규정이 선도하는 것이 좋을 것이라고 생각함.

황선숙: 규정이 너무 많은 것을 규제하면 헷갈리기 쉬움. 규정이 명확하면 전문가(아나운서) 입장에서 편할 것 같음. 많은 발음을 허락하기 보다는 조금 엄격하게 규정하는 편이 좋다고 생각함. 쓸데없는 된소리 발음도 규정하는 것이 좋다고 봄.

김나진: 겹받침의 경우, 세세하게 구분하지 않으면, 중요한 문화유산이 시간이 지날수록 발음이 사라질 수도 있을 것 같음. 지금의 규정을 그대로 유지하는 것이 옳다고 생각함. 유사하게, '한강'을 [항강]으로 발음하는 경우 'ㄴ받침'이 사라질까 걱정됨. 또한, '기역, 니은' 등의 명칭도 예외를 인정하지 않았으면 좋겠음.

<KBS 아나운서>
강성곤: 4항의 'ㅚ'를 'ㅙ'로 발음할 수 있다고 해 놓은 것은 잘못. 이렇게 되면 단모음을 구분하지 말아야 함. 'ㅟ'와 달리 'ㅚ/ㅙ'는 발음에 따라 뜻이 달라지는 말이 있음. 초성에 오는 경우라도 'ㅚ' 발음은 지켜야 함. 발음이 어려워 할 수 없다면 단모음에서 제외하는 것이 맞음. 발음의 하향평준화를 유도해서는 안 됨. 외래어는 'ㅚ/ㅙ'를 정밀하게 구분해서 쓰도록 해놓고 우리 발음에서는 구분하지 않는 것을 인정하는 것은 모순임. 6항의 '다만'은 파생어 조항이 없음. '재:발론, 총:정리' 등의 파생어에도 장음이 겹치는 경우에 첫음절만 장음을 살리는 것이라거나 둘 다 살리라는 규정이 없이 합성어만 규정되어 있음. 문화어는 자모의 이름에 통일성이 있는데, 이것을 받아들일 필요가 있음.

오승훈: 파생어는 '다만' 조항 이전의 '단어의 첫음절에서만 긴소리가 나타나는 것을 원칙으로 한다.'에 적용되는 것이므로 따로 규칙을 만들 필요는 없을 것.

원창묵: 5항의 '계' 발음 등은 정확히 발음하고 있는 사람이 거의 없음. 용례를 현대화할 필요가 있음. '계집'은 잘 쓰지 않는 말임. '다만4'의 'ㅢ'가 조사로 쓰이는 경우에는 '허용한다'가 아니라, '발음한다'로 바꾸어야 함. 실제 [의]로 발음하는 사람이 없음.

박현우: 23~28항의 '된소리로 발음한다'는 규정이 가장 혼란스러워 보완할 필요가 있음. '의미변별을 위해' 등의 표현을 써서 내용적 변별을 위한 된소리(불법, 고가, 관건, 효과)를 다루어야 함. 16항은 왜 특별히 이것만 연음법칙에 맞지 않게 발음하는지 모르겠음.

<CBS 아나운서>
이명희: 항목들에 들어있는 예시들이 이미 쓰이지 않거나 오래된 느낌이 나는 단어들이어서 바꿨으면 좋겠음. 또한 '밟다'의 발음 같이, 언중들이 쓰는 것과 괴리감이 있는 말들을 예외규정이라고 하는 것은 문제가 있음.

김영심: 언중들이 쓰지 않는 경우도 예외로 남겨두는 것들이 있음.

박명규: 뜻에 큰 혼동을 주지 않는 경우라면 겹받침의 발음을 단순화시키는 것이 좋음. '밟다'는 '밝다'와 구분하기 위해 [밥따]로 했을 것이라는 생각이 듦.

<방송 기자>
이주한: 문제보다는, 방송종사자로서 규정에 충실히 발음하는 것이 옳다고 생각함.
김연국: (언급 없음)
배재학: ㄴ 첨가 현상의 경우는 예외가 많음. 발음법이 통일되지 않았음.

<성우>

김용식: 전체적으로 문제가 있음. 표준 발음법 시행하는 측에서 만들고, 사용자들이 그대로 활용하지 않는 것이 문제임. 예를 들어, '것으로'를 '걸로', '하려고'를 '할라고' 등으로 ㄹ첨가를 함. 더 큰 문제는 가정에서 잘못 배운 부분에 대한 재교육 기능을 학교교육이 상실한 것임.

김혜주: 예외를 정하는 기준이 문제임. 언어의 변화에 따라서 예외항목을 늘리는 것은 잘못임. 바뀌기 전까지는 규정을 따라서 노력하는 것이 필요하고, 우리말을 교육하시는 분들이 규정과 다르게 타협하는 것은 문제라고 생각함.

이기호: 표준 발음법 4장에서 받침소리 규정에서 '꽃아'와 같은 경우 표준 발음법상으로는 [꼬차]이지만, 받침의 대표 발음을 연이어 하는 것이 더 효과적일 듯함.

<배우>

오미희 : '짜장면'이 왜 표준어가 아니었는지 모르겠음. '바램'이 아닌 '바람'이 맞는 말인데, 현실 발음을 반영하여 '바램'으로 하는 것이 온당함.

이범수: (언급 없음.)

문항3. 개별 어휘 항목의 '표준 발음'을 결정하는 바람직한 절차에 대한 선생님의 의견을 말씀해 주시기 바랍니다.

① 교사 교수

<경인지역 교수>
이경재: 표준어 규정에 맞는 화자들만 조사 대상으로 삼아야 문제가 생기지 않을 듯. 그런데 '교양 있는 사람'이라는 규정이 애매함.
신중진: 법이 가장 보수적인데 사전도 보수적. 현실에 문제가 생기면 사전, 법이 순차적으로 개정되어야 함. 현실 발음을 끊임없이 심의해서 사전에 반영하고 규칙에도 반영하는 절차적 패턴을 유지하는 것이 중요. 정책을 펴 나갈 때에는 이것을 할 수 있는 국립국어원에서 정확히 컨트롤 할 수 있는 역량이 갖추어져야 한다고 생각함.
채숙희: 전문가 집단도 노력이 필요. 전문가라 하더라도 발음이 다를 수 있음. 말뭉치 등의 발음 자료 확보하는 것이 좋을 듯함.
조하연, 이상신: (언급 없음)

<경인지역 교사>
서영경: 발음법만 생각하지 말고, 데이터 수집을 다각화하였으면 좋겠음. 연령대별, 직군별, 성별별 등. 표준 발음법에 반영하는 것과는 별개로 정기적으로 공개되면 좋겠음. 발음법이 '변이를 바라보는 지표'로 보는 입장인데, 그런 입장에서는 발음법은 기준으로 존재하고, 새로운 데이터가 주기적으로 공개되는 것이 좋다고 생각함.
최희영: 발음법이라는 것이 성격상 진보적이기는 어려움. 실생활에서 일반인들을 납득시킬 수 있는 부분과, 실생활과는 동떨어지지만 지켜야할 부분을 모두 담아야 함. 예를 들어 '닭을'의 현실발음이 [다글]이라고 해서 표준 발음으로 인정하면 또 다른 혼란을 야기할 것. 다만, 장단음같이 의미도 별로 없고 실생활과 괴리가 큰 것들은 현실을 따르는 것이 좋음.
김명종: 표준 발음법이기 전에 표준어와의 연결이 필요. 즉 발음 규정보다 표준어에 대한 조사와 수정이 먼저. 표준어에 따라 발음이 정해지는 것. 그러므로 표준어 조사 대상 집단이 정말로 그 말을 사용하는지부터 확인해야 함. 또한 표준어가 모국어 화자만을 위할 것인지, 한국어를 배우고 싶어하는 사람들을 위해서도 존재할 것인지도 정해야 함. 또한, 초중고 교과서에 나오는 예들을 규정에 넣으면 교육현장에서 도움이 될 것임.
권순각: (의견 언급 없음-이 부분에서 언급한 것은 2번 항목에 해당하는 것이므로 2번에 포함해서 요약하였음)
하동원: (의견 언급 없음)

<강원지역 교수·교사>
최홍열: 합리성이라는 것이 전문가들이 정해 놓은 것이 아니라 국민 대다수의 발음을 기준으로 한 합리성이 되어야 함. 예를 들어 '효과[효꽈]', '골대[꼴때]'라는 발음이 많으면 그것을 기준으로 해야 함.
심보경: 다양한 계층의 의견을 포섭해야 함. 이번에 복수표준어 추가로 제정되었을 때, 왜 표준어로 제정되었는지 명쾌하지 않은 부분이 많았음. 비슷한 이치로 발음에서도 왜 '열병'은 경음화가 안 되어야 하는지 등의 의문이 있음. 그러므로 전문가와 일부 위원회 이외에 폭을 넓혀 의견을 받아서, 몇 차례 걸러내는 절차가 필요. 또한 전문가 집단의 선정도 중요한 듯함.
이병기: 표준 발음법이 있다면 실제 발음을 최대한 반영해야 하는데 쉽지 않음. 표준 발음법은 참고 정도로 제공되고 실제 언어생활에서는 표준 발음 사전을 참고할 수 있도록 해야 함. 실제 제정 절차에

서도, 표준 발음법은 국민들의 통일적인 언어생활을 두고 어떻게든 통일시키려 노력해야 하는데, 발음 사전이라면 전통성과 공시성을 반영해서 가장 부담이 없는 발음으로 정하고 거기에 공감을 많이 하면 표준 발음으로 정해지는 것임.

채욱: 표준 발음법의 기준이 다수가 사용하는 것인데, 이 다수가 전문가 집단의 다수가 아닌 실질적으로 일반인 집단의 다수의 발음이 반영되어야 한다고 생각함. 그렇게 일반인들의 발음을 조사한 후 전문가 집단이 모여서 음운현상으로 설명가능한 것을 표준 발음으로 인정하는 절차가 좋을 듯함.

박혜진: 표준 발음이 지향하는 바를 생각해 볼 필요가 있음. 많은 세대의 의견을 반영해야 하지만 우리말이 아름다운 말이 될 수 있도록 방법을 주었으면 좋겠음. '온라인' 등의 발음은 많은 조사가 필요하지만 무조건 현재 쓰이는 모든 발음이 표준 발음이 되어야 하는 것은 아니라고 생각함. 표준 발음을 어느 정도 제공해 주면 사람들은 빨리 적응하기 때문. 그러므로 대중의 발음을 반영하면서도 이끌어 나갈 수 있는 것이 필요.

박정은: 지금 절차가 크게 나쁘지 않지만 협소하다는 느낌이 있음. 관심 있는 사람들이 참여하고 싶다고 해서 얼마나 열려 있는지 잘 알 수 없음. 다만 수용을 해도 어떤 테두리 안에서 결정되어야 한다고 생각함. 또, 사람들이 많이 쓴다고 해서 표준 발음으로 인정하고 심의위원회가 열리는 것도 이상함. 고치지 말자는 게 아니라 꼭 고치지 않아도 되지 않나 하는 생각.

<충청지역 교수>
정민영: 전문가들이 어느 정도 표준적인 발음을 먼저 정해 놓고 개별 음소의 음가를 정확하게 발음하고, 다음 단계에서 음운현상을 적용해 원칙을 만들어 놓은 후에 언중들의 현실발음을 살펴 예외를 인정해야 함. 전공자들은 규범의 변화를 크게 느끼지 않지만 비전공자들은 용어 하나 바뀐 것도 많이 바뀌었다고 느낌.

김상태: 표준 발음을 정할 때는 일단 이론적으로 가능한 모든 발음에 대한 전문가들의 인식에 바탕을 두어야 할 것. 표준 발음에서 허용될 수 있는 발음의 변이형이 문제가 되는데, 통계자료나 언중이 많이 사용하는 발음을 활용하면 최종적인 규범을 확정할 수 있을 것. 전문가들이 이론적으로 가능한 샘플을 만드는 것이 우선. 한때의 유행에 휩쓸려서는 안 됨.

박경래: 현장과 전문가들의 의견을 모두 보아야 함. 변화를 반영하지 않을 수 없으나, 현장만 반영하면 너무 복잡해질 수 있음. 틀이 필요하므로 규정을 만들어야 하고, 그것이 교육임. 이를 통해 어느 정도 언어를 다듬는 과정이 필요할 것. 복잡하고 개별적인 예외를 규정 안의 것으로 고칠 수 있다면 교육을 통해 고쳐야 함. 학문적인 것과 현실적인 것이 잘 반영되어 교육이 이루어져야 사람들이 받아들일 수 있음.

이호승: 이론이 현실을 기초로 하고 있으니 상충하는 경우는 일부임. 발음이 변하거나 잔존하는 경우처럼 문제되는 부분은 모아서 규정에서 알려줄 필요가 있고, 체계상 맞을 때는 분산되더라도 부록이나 세부항목(변화 항목)을 만들 필요가 있음. 그 부분을 정하는 것은 학자들이 조금 양보할 필요가 있음. 전문적인 아나운서도 표준 발음을 익히는 데 오랜 시간이 필요한데, 일반인은 더욱 거리감을 느낄 것임. 실제로 쓰는 발음이 이론적으로 잘 설명되지 않는다고 보수적인 것만 고집하면 변화를 인정할 수 없고 언중과도 동떨어지게 됨. 큰 줄기나 원칙적인 부분은 나눠서, 지킬 것은 지키되 변화 중에 있는 것들이나 많이 변화한 것들에 대해서는 현실발음을 인정하고 반영하는 시스템을 마련해야 할 것. 큰 줄기나 원칙적인 부분은 좀 나눠서 생각할 필요가 있음. 전체 규정에서 조금씩 바뀌니까 전부 다 흔들리는 것처럼 보이는 것.

<충청지역 교사>
김혜숙: 다양한 세대의 발음을 모두 조사해 결정이 이루어져야 함. 표준어를 바꿀 때 많은 혼돈이 있었던 것처럼 다양한 세대의 발음을 고려하는 것이 일차적으로 가장 중요함. 표준어가 서울말인 이상 다른 지역의 발음까지 받아들이면 표준 발음의 의미가 퇴색됨.

김주봉: 현재 표준어가 현대 서울말을 기준으로 하고 있기 때문에 표기를 떠올릴 수 있는 발음인 서울말을 전제로 시작하는 것 같음. 의식하지 않고 하는 발화에서 어떤 발음의 비중이 높은지 반영되어야 함. 표기 원형에 혼란을 가져오는 발음은 허용하지 않아야 함. 보수적이지만 현상 유지가 옳다고 생각함. 지역은 국한하되 세대는 고려해야 할 것.

이숙경: 현행 기준에 맞춰 표준 발음을 정하는 것이 맞음. 지역적인 차이가 있으니 하나의 틀을 완성한다면 기준점이 있어야 하므로 서울말을 기준으로 정해야 할 것.

<전라지역 교수>

황금연: 한국어 발음에 관심 있는 계층들이 다 모여서 표준 발음을 정하기는 쉽지 않지만, 학교 선생님, 아나운서, 음운론 전공자들 등 여러 계층의 의견을 들어봐야 함. 또한, 방언과 관련된 지역성도 고려해야 함.

조경순: 일반인들의 발음을 조사해야 함. 이때는 전국적인 조사가 바람직함.

양영희: 표준 발음법 제 1항이 '실제 발음을 따르되 국어의 전통성과 합리성을 고려한다.'인데, 실제 발음을 위해서는 조사가 필요. '전통성과 합리성'을 위해서는 정서법이나 문법적인 요소에 대한 학계에서의 정리가 필요.

이소휘: 우선 현재의 표준 발음법을 바탕으로 전문가들이 수정. 그 후에 연령별, 성별 등의 조사를 통해서 재정리된 표준 발음법으로 비교해서 정리하는 것이 좋을 듯.

<전라지역 교사>

최제오: 실제 사람들이 사용하는 각 어휘의 현실 발음에 대한 기초 조사를 바탕으로 해야 함.

정해은: 표준 발음법을 기본으로 하되, 국립국어원 홈페이지 등을 통해 많은 사람들의 의견을 수렴하고, 마지막에 전문가들이 검토하는 과정을 거치는 것이 좋을 듯함.

최지혜: 표준 발음과 현실발음이 다른 항목들의 경우에는, 자료 수집을 통해 대다수가 발음하는 것을 표준 발음으로 인정해야 한다고 생각함.

문동호: 전문가 집단이 안을 제시하고, 모니터링제를 통해 의견을 제시해서 최종 결정하는 방법이 좋다고 생각함.

<경상지역 교수·교사1>

권영환: 많은 사람들의 의견을 들을 필요가 있음. 실효성 있는 공청회를 개최하거나 인터넷을 활용하는 등 실제 언어생활을 적극 반영할 수 있는 방법을 찾아야 함.

이승왕: 표준 발음을 개별적으로 맞추기는 어려움. 기존 논문이나 조사 결과를 고려해 표준 발음법을 부분적으로 수정하는 것이 좋을 것.

이동혁: 사전을 만든다면 음성정보가 포함된 전자사전 형태가 되어야 하고, 이를 위해 개별 항목에 대한 발음 조사가 필요할 것. 표준국어대사전에 있는 항목들 중 현실음과 맞지 않는 개별 항목을 조사하고 전문가들이 표준을 정해야 함. 표준 발음을 녹음하는 절차가 반드시 필요.

김봉국: 어느 지역을 기준으로 하더라도 논란의 여지가 있으니 논란이 될 수 있는 항목을 전문가들이 개별적으로 조사하고 나서 전국적인 발음 조사를 하는 것이 좋음. 가장 빈도가 높은 것을 기준으로 표준 발음을 정하는 것이 좋을 것. 국어원 홈페이지 등을 통해 인터넷 조사를 하는 방법도 있음.

<경상지역 교수·교사2>

최유나: 많이 쓰이는 사례를 조사한 후 규칙에 부합하는 것들을 추려내고, 사용 빈도를 측정해 선정.

박솔지: 현 표준 발음법을 기준으로 하되 규정으로 설명할 수 없거나 조사할 필요가 있다고 판단되는 단어들을 표집 조사해 빈도수에 따라 결정.

이근열: 신세대는 발음이 계속 변하고 있으므로 세대의 중간인 40~50대로 계층을 정해 발음을 채록하고

검토하는 것이 좋다고 생각함. 40~50대의 발음을 확실히 조사한 후 문법론 전문가와 음운론 전문가로 구성된 사전 위원회를 두어 최종 결정.
김인균: 규정을 강요하는 경향이 있음. 언중 대다수가 [김빱]으로 발음하는데 [김:밥]이 강요됨. 위원회의 보수성도 반성이 필요.

<제주지역 교수·교사>
김성룡: '김밥'의 '김'은 제주에서 장음으로 발음되지 않음. 지역에 따라 [김:밥], [김:빱], [김밥], [김빱]이 다르게 나타날 것. 지역말을 다 조사했다면 발음정보를 올려주는 것이 타당함. 서울말도 하나의 지역어인데 표준어를 정하는 기준이 될 수 있는지 의문. 전 국민이 발음할 만한 것을 받아들여 제주나 경상도에서도 발음을 받아들이는 것이 국민화합차원에도 도움이 됨. '밟다'는 [발따], [밥따]의 두 가지 발음이 있음. '싫다'도 [신따] 외에 [실타]로 발음되기도 함. 표준 발음법으로 언중의 발음을 제재하는 것은 옳지 않고 언중이 쓰는 것을 표준 발음으로 해야 함. '여덟'[여덜]에 'ㅂ'은 없음. 언중이 [여덜]과 [여덥]을 모두 쓰니 [여덥]도 인정했으면 함. 제주에서는 쌍아래아가 'ㅛ'로 변했으니 [요덜], [요덥]도 함. 모두 다 인정하자는 것이 아니라 언중이 그렇게 발음하면 넣는 것이 좋다는 것. 언중의 선택에 맡기면 됨. 겹받침 중 하나만 발음하면 될 것. 표기법에 있는 자모를 활용해서 발음하는 것이라면 인정을 해주는 것이 좋을 것. '밟다'의 경우 [발따]는 'ㄹ'을 살리고 [밥따]는 'ㅂ'을 살렸으니 둘 다 인정하는 것. '밟다'는 [발따], '읽다'는 [익따], '꽃'에 조사 '이'가 붙으면 [꼬치]로 발음하게 되어 있으나 아나운서도 [꼬시]라고 발음함. 규정이 너무 성문화되어 있어 언중들이 알 수 없는 것이 문제.
김종훈: 국소적인 서울지방만을 기준으로 하는 것이 문제. 미국에서는 같은 지역의 3/4정도가 쓰는 말을 General American(GA)라고 함. 외국은 지역보다 교육 수준을 따지고 언론에서 표준 발음을 정함. 영어의 경우 음성형을 표시하는 것이 아님. 듣고 판단한 것을 다시 음성표기로 바꿔주는 것이 표준 발음 사전의 역할인데 이 또한 원칙이 정해져 있어야 가능함. 음성현상을 설명해 줘야 인정할 수 있을 것. 발음하는 것을 역추적해 연구자들이 규칙을 설명해야 함.
김현: 의사소통을 할 때 경상도, 서울, 제주말을 모두 알아야 하면 과부가 걸릴 것. 소통에 문제가 없다면 겹받침의 경우 양쪽을 모두 인정해도 됨.
김경도: 모든 발음을 다 넣는다면 표준 발음 사전 편찬이 어려워질 것. 기준을 정해야 함.
현승환: 표준을 정하는 것은 의사소통을 위한 것. 그 기준을 정하는 것이 표준 발음인데 모두 다 인정하면 복잡해짐. 예전에는 참고서에 비슷한말, 반대말, 발음이 나오고 시험도 보았으나 요즘에는 없음. 정해진 것이 없으므로 학생들 발음이 다 다르지만 전학 가도 의사소통은 됨. 표기를 듣는 순간에 머릿속에 떠올리기 때문. 표기법으로 'ㄺ'을 인정하면 둘 다 인정해야 함. 경상도 출신 화자가 '읽을 때'를 [일를 때]라고 이야기하는 것을 알아듣지 못했는데, 이것은 둘 다 인정해서 생기는 혼란임. '빛이'는 [비시]라고 발음하는 경우가 많음. 표준어는 서울말로 '씻다'인데 방언에서는 '씩거라, 씨처라, 씨서라' 모두 사용함. 고어에서는 'ㅿ'의 연쇄를 사용했는데 현재 'ㅅ'만을 표준어로 인정하고 있는 것이 의문.
김현: 선택의 문제에서 어려운 점이 많음. [씨서라]는 '씨'에 'ㅅ'이 남아있기 때문에 [씨서라]가 됨. '긁다'는 [극따], [글따] 다 괜찮은 것 같지만, 뒤에 '-는다'가 붙으면 [긍는다]는 괜찮지만 [글른다]는 말은 ㄱ을 빼게 되면 [글른다]가 되므로 굉장히 어색함. 단어에 따라 다름.
문덕찬: 언중들의 발화 실태를 조사해서 일정 비율 이상인 것을 표준 발음으로 인정하는 것이 합리적. 지역만 따지는 것은 문제. 8항에는 'ㅅ'을 제외한 7개의 자음으로 발음한다고 되어 있으나 16항에서는 [디그시], [디그슬]로 되어 있어 설명에 고민이 됨.
김동윤: 개인적인 발화만 아니라면 여러 개를 복수로 인정해야 함. 모든 방언형을 인정하는 것은 무리. '읽을 때'는 연음이니 [일글 때]가 되는 것이 원칙. 언어지식 문제일 수 있으므로 전부 인정할 수 없음. 법륜스님이 노래에서 '꽃아'를 [꼬다, 꼬다] 하는데 알아들을 수 없었음.

② 한국어 교육 전문가

백봉자: 제일 강조해야 할 부분은 언중의 발음임. 그 시대 언중의 발음이 어떻게 실현되고 있는지 살펴 규정을 정하되, 자주 바뀌지 않도록 포괄적으로 너그럽게 정했으면 함. 한국인이 듣고 이해할 수 있을 정도의 발음이면 외국인이건 내국인이건 용납을 해야 함. 최종적으로 규정을 결정할 전문가 집단의 구성도 중요함.

전나영: 발음이 혼란스러운 상태에 있는데 현실 발음을 인정하면 큰 문제가 될 것. 현실 발음을 반영하겠다는 의지와 규정으로서 언중을 교육하겠다는 의지가 계속 충돌하게 됨. 타협점을 잘 찾아야 함. [효과]나 [사건]이 표준 발음이므로 현장의 교사들은 발음을 의식적으로 바꾸는데, 다시 현실 발음이 인정되면서 [사껀]도 인정되면 다시 혼란스러워짐.

김지형: 표준 발음 사전 중심이면서 규정은 최소화하되 발음을 선택하는 기준으로서 원칙 허용을 어디까지 할 것인지가 문제일 것. 규정을 만들고 나서는 변화하는 발음을 반영하기 위한 소통창구가 필요함. 주기적으로 빈도 조사를 해야 함. FGI(포커스그룹 인터뷰)를 진행해서 연령별, 성별, 계층별로 타겟 그룹이 있어야 함. 타겟 그룹에서 안이 나오면 전문가 집단(심의회)에서 검증을 하고, 확장해서 발음을 반영하고. 개패를 하는 것. 발음 모델 그룹을 안정적으로 구축할 필요가 있음. 표준 발음은 발음이 강하고 거칠어져 가는 것을 막는 기능도 있으니 어느 정도 유도할 필요는 있음. 교육을 위한 원칙을 정하고 일정 한도 내에서 허용치를 간략하고 정교하게 정해야 함.

김은혜: 단어를 일단 선정하고, 그룹을 선정할 때 초등학생부터 관찰을 해보는 것도 좋을 것. 그때 발음이 고정되면 나이가 들어도 계속되는 경우가 많음. 연령을 잘 구성해야 할 것.

김현진: 질문지 형식보다 자유발화를 녹음하는 형식이 좋을 것. 표본이 굉장히 많아야 함. 발음 훈련을 받은 사람들은 제외하되, 모델로 삼아야 할 것.

③ 전문가

<MBC 아나운서>

손정은: 최대한 국민의 의견을 반영하고, 표준어와 발음에 관심 있는 사람들 위주로 표본집단을 만들어 조사하고 결정해야 함. 통계학적으로 유의미한 표본집단을 조사해 결과에 반영해야 함.

황선숙: 방향키를 쥔 분들이 정하되, 언중들이 생각이 녹아야 함. 지금의 절차가 크게 잘못되었다고 생각하지는 않음. 그러나 절차보다는 홍보가 중요함. 수능 출제 등을 통해 학생들 및 일반인들에게 알리는 것이 필요함.

김상호: 한국어의 상징성, 전통성이 중요하기 때문에 언어 전문가들이 주도하는 교육이 이어지면 전통성이 이어나갈 수 있다고 생각함. 아나운서, 국어교사와 같이 교육을 주도하면서 다음 세대의 언어에 영향을 줄 수 있는 계층이 후보군에 들어가야 함.

김나진: 논란이 되는 단어들을 선정한 후, 국민들에게 알리고, 조사를 통해 바꾸고, 다시 결과를 알리는 절차가 필요함.

<KBS 아나운서>

강성곤: 발음의 독자적인 영역을 인정해서 사정위원을 따로 구성해야 함. 문자에 학식이 뛰어난 사람과 발음을 전문으로 하는 사람은 다름. 국어교사 등 국어에 관심 있는 사람들이 문제가 되는 단어를 취합하면 발음에 권위 있는 사람들이 심의하는 방법이 어떨까 함.

오유경: 아나운서를 비롯해 발음에 관심이 있고, 정확한 발음을 하려는 집단이 사정위원이 되는 것이 옳음. 우리나라의 아나운서는 국어교사로서의 책임감도 함께 가진 집단이기에, 표준 발음에 대해서는 위임을 해도 될 만한 집단이라고 생각함. 방송사 아나운서 조직마다 연구조직도 가지고 있으니 맡길 만

하다고 봄.
박헌우: 다양한 분야에서 참여해서 결정해야 함.

<CBS 아나운서>
박명규: 특별히 문제가 있다고 생각은 하지 않으나, 상당히 오랜 기간 동안 개정이 없었다는 아쉬움이 있음. 일정기간마다 개정하고, 의견을 수렴하면서 데이터를 만들어 놓는 것이 좋을 듯함. 전문가들의 발음만이 아니라, 아나운서나 기자, 그리고 일반 언중들의 발음까지 조사하는 것이 좋을 듯함.
이명희: 이런 조사를 가끔씩 함으로써, 표준 발음이 우리 모두의 문제라는 인식을 환기하는 효과도 있을 것이라고 생각함.
김용신: 5년 혹은 10년에 한 번씩이라도 조사를 하는 것이 좋을 듯함. 언어의 변화를 자료로서 국가가 가질 수 있다는 의미가 있음.

<방송 기자>
이주한: 현실의 말을 빠르게 반영하기 위해서 심사의 주기를 줄이는 것이 좋을 것임.
김연국: (잘 모르겠다는 응답)
배재학: 전문가들이 주로 쓰는 발음을 표준으로 하는 것이 좋다고 생각됨.

<성우>
김용식: 표준 발음을 전담하는 통상기구가 생겨서 현상 파악, 전문가 의견 반영, 심의를 할 수 있어야 함.
김혜주: 일반인들이 참여할 수 있는 방법이 필요함. 표준어의 기준을 존중하고 표준어를 구사하는 사람들을 상대로 다양한 실태조사를 해야 함.
이기호: 대중의 발음을 따르되 전통성과 합리성을 고려해야 한다고 생각함.

<배우>
오미희: 우리말이 어렵다고 느끼는데, 이는 표준어를 학자들이 정하기 때문인 것 같음. 한국어의 우아함을 훼손시키지 않는 범위 내에서 일반인들이 쓰는 발음을 표준 발음으로 정할 필요가 있음. 예를 들어, 부활의 '슬픈 바램'이라는 노래 제목을 '바람'으로 할 수는 없으나 '효과'는 [효과]로 발음해야 함. 방송하는 사람은 규정을 최대한 따르려 노력해야 할 것. 한국어 언중은 다양한 계층과 연령을 가지고 있음. 기준이 정해지면 많은 사람들이 따라야 하니 기준을 정하는 분들이 더 대중적이었으면 함. 한국어를 품위 있게 말할 수 있는 저변이 확대되었으면 좋겠음. 요즘 아이들의 말은 부모의 말보다 시대를 먼저 닮아 통역이 필요할 정도인데, 한국어를 제대로 잘 쓰는 아이가 세련되고 제대로 된 아이라는 것을 방송에서 제대로 보여 주었으면 함.
이범수: 사람들은 별 거 아닌 것에도 틀렸다는 사실에 예민해지니 원칙이 간단했으면 좋겠음. 'ㄹㅂ'은 한 쪽을 따르면 간단한데 경우에 따라 달라 복잡함. 원칙이 간단하면 틀린 이유를 받아들이기 쉬우나 그렇지 않으면 받아들이기 어려움. 고등학생, 대학생을 대상으로 한 실태조사도 필요하다고 생각함. '미싯가루'가 '미숫가루'로 바뀌었는데, 대학생이 된 이후에 바뀌어 알지 못한 적이 있음. 표준 발음법이 불규칙적으로 바뀌고 시행되면 전파에 어려움이 있을 것. 전공이 연기이니 언어의 중요성은 알지만 언어를 자신 있게 가르쳐 주는 사람이 있는지는 모르겠음. 전문직이 이난 경우 표준어를 배우고 싶어도 배울 수 있는 곳이 없음. 방송프로그램으로 배우는 것에도 한계가 있을 것. 발음에 관심을 갖고 정확히 하려 하면 예외도 다 알아야 하는 등 일이 많아져서 완주하기 어려움. 언중에게 충분히 전파가 되었으면 함.

문항4. 개별 어휘 중 '표준 발음'에 문제가 있다고 생각하시는 단어를 들고 그 단어의 발음에 대한 선생님의 의견을 말씀해 주시기 바랍니다.

① 교사 교수

<경인지역 교수>
* 2번 항목에서 논의하여서 특별히 다루지 않고 다음 항목으로 넘어감.

<경인지역 교사>
김명종: 14항의 '곬이'가 이상함.
권순각: 12항에서 '놓고'가 [노코]인가 [논코]인가도 문제. [ㄷ]이 존재하는 것처럼 생각이 됨. 즉, 자신이 [ㄷ]을 발음하는 것처럼 인식함. '해님'도 [해님]이라고 발음하는 경우가 없음. 또, 경음 관련 조항에서, 어느 쪽이 퍼센트가 높은지 조사해서, 만약 된소리로 안 하는 쪽이 높다면 안 하는 쪽만 표준 발음으로 정했으면 좋겠음. 더 간단히 설명할 수 있는데, 너무 많이 열거되어 있는 듯함. 규정을 손질해주었으면 좋겠음.
하동원: 경음화가 안 일어나는 경우는, 그대로 발음하면 되니까 규정을 안 하지 않았을까 하는 생각이 듦. 그런데, '김밥'의 경우 [김밥], [김빱] 어느 쪽으로 해야 할지 모르겠음.
최희영: '밟지'와 같이 겹받침 문제가 혼란스럽다. '넓쭉하다[넙쭈카다]'가 되니까 혼란스러움. 사이시옷의 경우는 맞춤법이나 표준어가 정해지고, 발음하는 데 예외적인 것들을 발음법으로 규정하면 되는데, 역으로 소리가 덧나면 사이시옷을 표기한다고 해서 맞춤법 규정이 더 어려움. 또한 '이, 히'도 발음을 기준으로 가르치고 있는데 발음상 구분이 잘 안 됨.
서영경: (의견 언급 없음)

<강원지역 교수·교사>
최홍열: 대표적으로 '선릉'. 강릉을 [강능]이라고 하니까 거기에 유추되어 [선능]이라고 해야 하는데 안내 방송에서는 계속 [설릉]이라고 함. '선릉'이라는 단어의 발음이 규정되어 있는 것도 아닌데 계속 [설릉]이라고 해야 하는지 의문. '한글, 한강'도 [ㄴ]도 [ㅇ]도 아닌 중간 발음이 있는데, 그것을 반영하지 않은 상태에서 정하게 되면 아나운서 발음이 됨.
심보경: '표준'이란 개념은 '기준'인데 그 '기준'이 너무 높음. 전문가들도 공부를 해야 알 수 있는데, 표준이라는 것은 그런 개념이 아니라고 생각함. 언어에 대한 직관을 가진 사람들이 이해할 수 있을 정도로 기준을 내려야 함. 지금은 너무 어려워서 시험용으로만 쓰임. 또한 표준 발음에 대한 코멘트가 전혀 없다는 것이 문제. 예를 들어 '숙맥'은 왜 [쑥맥]이 아니고 [숙맥]이며, '몰상식'은 왜 [몰쌍식]인지 코멘트가 없어서 이해하기 어려움. 그래서 무조건 외우는 수밖에 없음. 모국어 화자들이 직관적으로 이해할 수 있을 정도로 표준화되고 일반성을 가졌으면 좋겠음.
이병기: 일반인들이 이해하고 찾아내는데 현 체제가 어려우므로 고쳐져야 함. 예를 들어, 어간 받침 /ㄴ/ 뒤에 오는 /ㅅ/이 경음화된다고 하는데(24항), 이런 경우가 무엇이 있을까 한참 생각해 보았음. 결과적으로 '-습니다'를 찾음. 이것이 일반인들은 발견하기가 어려운 것이 문제. 또, 경음화와 관련되어서 '볶음밥', '비빔밥' 중에 하나는 되고 하나는 안 되는데, 재료의 종류라든지 그런 기준에 따라 되고 안 되고 하는 고민이 필요. 나아가 새로운 단어가 나왔을 때 경음화가 될 것인지에 대한 예측도 가능해야 함.
채욱: '김밥, 효과' 실제로 많이들 [김빱, 효꽈]로 발음하고 [김밥, 효과]로 발음하면 어색하게 느껴짐. 또, '하얗다, 파랗다'는 '하얘, 파래'로 사용하면서 '바라다'는 '바램'으로 쓰면 왜 안 되는지도 의문.
박혜진: 현장에서 수업용으로 가르치면 이해를 못해서 그냥 외우라고 함. 특히 겹받침의 경우 너무 복잡. 이렇게 발음해도 되고 저렇게 발음해도 된다면, 기준은 하나로 정하는 것이 좋을 듯함. 예를 들어

'넓네요'는 표준 발음법대로 하면 [널네요]가 맞지만, 설명을 하자면 어색한 감이 있음.
박정은: 우선 '폭발'이란 단어를 많이들 [폭팔]이라고 발음하는데, 표준 발음법에 따르면 [폭팔]은 정답이 아니라는 것인데, 여기에 좀 의문이 듦. 사이시옷 관련해서는 [낻가], [내까] 둘 다 허용하는데, 이렇게까지 이중으로 허용할 필요가 있는지 의문. 복수를 허용한 의도를 일반인으로서는 전혀 알 수 없음.

<충청지역 교수>
정민영: 사이시옷 규정과 접미사 '이, 히'가 불만임. 한자어는 6개만 사이시옷을 쓰게 해 둔 것이 의미가 없으니 모두 빼고 발음만 그렇게 하는 것이 좋음. '시구'(시의 구절)는 [식꾸]로 발음되고, '대구'(대구법)도 [대꾸]라고 발음함. '고가도로'와 '개수'를 [고가], [개수]라고 발음하지는 않음. 부사화 접미사 '-이, -히'는 애매한 것을 규정해 주어야 함. '깊숙하다'에 접미사 '이'를 붙이면 '깊숙이'가 되는데, '깊숙히'가 맞을 것 같음. 국어원에서는 받침이 'ㄱ'이라서 '-이'라는데 '솔직하다'는 '솔직이'가 아니라 '솔직히'임. '깊숙이'와 '솔직히'가 모두 설명되는 하나의 규정을 만들지 않으면 규정이 궁색해짐.
이호승: 발음에 따른다고 되어 있으니 서울방언 화자 누군가가 '깊숙이'라고 한 것이지 일반화할 수 없음. 규범상에 제시된 예가 매우 부족함. 표준 발음법은 실용적인 것인데 그 원칙을 언중이 알고 싶어 하는 경우는 거의 없어 예만 쭉 보고 전체적인 발음의 경향을 파악하는 정도에 그침. 언중 입장에서는 친절한 규범이 필요하므로 경향을 한눈에 알 수 있게 예를 체계적이고 풍부하게 넣어 놓아야 함. '개'와 '게'도 그렇듯 표기를 바꾸는 것은 어려운 문제지만 편한 쪽으로 가야 함. 언제까지 이를 구별해서 쓰는 방식을 유지할 수는 없으니 준비를 해 나가야 할 것.
박경래: 접미사 '-이, -히'는 맞춤법을 가르칠 때도 [이]로 발음되는 것은 '이', [히]로 발음되는 것은 '히'로 적게 되어 있으나 학생들은 실제 발음에서 그렇지 않다고 함. 현실 발음을 많이 조사해서 전체적인 경향을 따르는 것이 좋고 애매한 규정은 바꿔야 함. 맞춤법상 '개구리'는 소리 나는 대로 적지만 '개굴개굴'을 보면 여기에 '이'가 붙은 것으로 해석할 수도 있음. '뻐꾸기'도 마찬가지. 발음과 표기를 연관 지어 고려해야 할 것. '너'는 조사가 붙으면 '니'로 변하지만 '니'는 인정하지 않고 '네'를 인정함. '네'라고 발음하는 사람은 얼마 남지 않았으나 바꾸려고 하면 나이 드신 분들이 반발할 것. 일정 기간마다 바꿔야 하는데 이제 바꿔야 할 시기가 된 것 같음. 2, 3번 모음은 발음뿐 아니라 표기도 바뀔 때가 된 것 같음. 현실적으로는 충분히 바꿀 때가 되었으나 그 뒤에 감당해야 할 부분이 많기 때문에 망설이는 것. 이에 대해 준비를 해 나가지 않으면 반발이나 부작용이 있을 것.

<충청지역 교사>
김혜숙: 교사들의 언어 교육도 중요함. 국어교사뿐 아니라 모든 교사들의 언어도 교육이 필요. 다른 지역 사람들을 만나면 새로운 말을 많이 듣게 되는데, 각지의 선생님들이 들어와 수업하면 아이들도 혼란스러울 것.
박선주: '닭을' [달글]이나 '흙에' [홀게]는 현실감이 없음. '여덟은'은 [여덜븐]처럼 겹받침 중 뒤의 받침을 연음하는 것이 맞는데 현실적으로 안 맞는 경우가 있음. '부엌에'는 [부어게]로, '무릎에'는 [무르베]로 발음함. 16항 자모 이름 예외인 [키으기], [피으비]와 같은 경우임. 자음 이름은 허용하고 다른 경우는 [부어케]가 맞다고 하는 것은 모순. '히읗'은 [히읒]이라고 씀. 학생들 이름의 경우에도 '민유진'이 [미뉴진]인지 [민뉴진]인지 혼란스러워 ㄴ첨가 규정을 생각해보고 [민뉴진], [김뉸호]라고 했음. 이름의 경우 성이 중요하니 성을 강조하다 보면 [민뉴진]이 됨. 29항의 '솜이불'도 [솜니불] 외에 [소미불]도 자연스럽다고 생각함. 복수를 허용하는 방향으로 하는 것이 좋음. '금융'은 [금늉]과 [그뮹]이 모두 인정됨.
김혜숙: '박용회'는 [방용히]라고 할 때가 있음. '발열'은 [바렬]인지 [발렬]인지 궁금함.
김주봉: 한 번에 발음할 수 있는 [미뉴진]이 자연스러움. 표준 발음이 표준어 형태를 인식할 수 있는 발음을 전제로 하다 보니 [솜니불] 같은 억지 발음이 생기는 것 같음. '솜'을 분명히 드러내기 위해서인 듯. 결정하는 사람들이 경상도 발음이어서 그렇지 않은가 생각함. '발열'도 [바렬]이 편하고 [발렬]은

경상도 발음 같음. 29항도 경상도에서는 자연스러울 것.
박선주: 27항의 '끊어서 말할 적에는 예사소리로 발음한다'라는 규정이 현실성이 있는지 의문. 표기 자체가 이미 끊어져 있는데 어떤 차이가 있는지 모르겠음. 없어도 되는 항인 듯. '옷'에 '입다'를 붙이는 경우 [오딥따]인지 [온닙따]인지 궁금함. '설익다'는 [서릭따]로 주로 연음해서 발음함. [그믚], [금늄] 같이 복수 인정을 유연성 있게 해서 둘 다 인정해야 할 것. 언어가 전국 단위이고 요즘은 소통도 활발해 충청권도 표준어에 가까움. 포괄적인 항목에 예외 규정이 들어가야 함.
이숙경: '옷입어'는 [온니버]라고도 함.
장은지: 의사소통이 된다면 두 발음을 다 인정해야 할 듯. ㄴ첨가는 일관성도 없고 어휘에 따른 차이가 커서 규정을 꼭 정해야 할지 의문.
김혜숙: 언중을 따라가야 함.
박선주: [꽈사]에는 문제가 있음.
김주봉: 우리 세대는 [과사무실]이 더 편함.
장은지: 자주 쓰는 말은 경음화 현상이 많이 나타나는 듯. 규정이 필요한가 싶음.
박선주: 표준 발음이 있어야 표준 발음 변환기나 표준 발음 사전이 있을 수 있으니 규정을 없앨 수는 없을 것.

<전라지역 교수>
황금연: 겹받침에 대한 것. 표준 발음법에서 'ㄺ'의 경우는 일반적으로 'ㄱ'로 실현되는데, 'ㄱ'이 후행할 때만 읽고[일꼬], 맑게[말께]처럼 'ㄹ'로 실현. 이를 통일하면 좋을 듯. 또 유음화(20항)는 단어에 따라서 'ㄴ-ㄹ' 연쇄에서 유음화만 되는 경우, 비음화만 되는 경우, 둘 다 되는 경우가 있는데, 일반 언중들은 헷갈릴 수 있음. 유음화가 안 되고 비음화만 된다고 하는 '의견난'이나 '입원료' 등은 현실과 다르므로 수정이 필요.
조경순: '맑게'나 '읽거나'의 경우 이제는 보통 [막께], [익꺼나]라고 발음. 예외가 있는 경우에 혼동을 할 수 있음.
양영희: '효과'. 한자어는 원음에 충실한다고 하지만 ㄹ 뒤의 한자음 중 일부는 경음화되는 것처럼 '효과'는 [효꽈]가 더 자연스러운 화자들도 있음. 이런 유형들에 대해서 수정이 필요.
이소림: 이중모음 'ㅢ'. 표준 발음법에는 첫소리가 '의'면 [의]로 발음한다고 하는데 그렇게 하는 화자가 얼마나 되는지 의문. 그러므로 외국인들에게 가르칠 때 현실음도 가르쳐야 함. 김밥[김빱]의 경우도, 김과 밥의 결합형태에 따라 경음화 여부가 나뉜다고 한국인들에게는 설명이 가능하지만, 외국인들에게는 불가능. 그래서 표준 발음과 다르게 가르치는 것들이 있는데 이것들을 고려할 필요가 있음.

<전라지역 교사>
최제오: '밟다'(4장 10항). 뒤에 자음이 왔을 때는 'ㄹ'이 탈락한다고 규정되어 있는데, 분명히 구분하는 학생은 별로 없고, 'ㅂ'을 탈락시키는 경우도 상당함. 이는 현실과 다름.
정해은: 이중모음 부분. 평소에 '참외'라는 단어의 'ㅚ'를 [ö]로 발음하지는 않음. 그런데 표준 발음법에서 'ㅚ', 'ㅟ'를 단모음으로 규정해 놓아서 혼란스러움. 또한, '강의의' 같은 경우 여러 발음이 가능한데 [강:의의/강:이에] 두 가지만 규정해 놓은 것이 혼란을 불러일으킴. 현실 발음의 반영이 필요.
최지혜: 규정에 'ㅟ'를 단모음으로 규정해 놓았는데, 이 단모음을 고집해야 하는 것인지 의문. 또한, '내/네'가 구분이 잘 안 돼서 일상생활에서는 '네' 대신 '니'를 많이 쓰는데, 이 부분의 규정도 좀 문제가 있음.
문동호: 표기법에서나 발음에서 규정에 많이 어긋나게 사용하는 경우들이 문제. '닭이'를 [달기]가 아닌 [다기]로 발음하는 것(겹받침), '송별연'을 [송:벼련]이 아닌 [송별련]으로 발음하는 것, '붇다'를 '불다'로 바꾸어 쓰는 것 등.

<경상지역 교수·교사1>

권영환: 조음위치동화 문제. '문법'은 [문뻡], '젖먹이'는 [점먹이]로 발음하는 경우가 많음. '맛있다, 멋있다'는 합성어로 규정되어 뒤에 오는 것이 실질형태소이냐 의존형태소이냐에 따라 발음을 연음으로 할 것인지 결정되는데, '맛있다'는 이미 연접이 강력하게 이루어져 있어 굳이 [마딛따]로 해야 하는지 의문임. [마시따]로 가는 것이 일반적인 원리에도 맞을 것.

이승왕: 14항의 '굵이'는 [고리]로 발음하는 경우가 많음. 합성어의 경우, 12항의 '옷 한 벌'도 절음해서 발음하는 경우도 있어야 할 것.

이동혁: 예외로 인정되고 있는 경우들은 현실음을 고려해 보아도 인정할 필요가 없음.

김봉국: 사이시옷 규정에서 'ㄷㅆ'연쇄는 실제 발음에서 실현되지 않는데 표준 발음법에서 인정되고 있는 것이 문제가 될 수 있음.

<경상지역 교수·교사2>

박솔지: 20항 '공권력'과 '동원력'을 대개 [공꿜력]과 [동월력]으로 발음하는데, 왜 예외인지 의문임. '효과'와 '관건'은 표준 발음인 것이 불편함. 더 많은 예외를 인정하는 것이 좋음.

이근열: 학교 교육에서는 연음 규칙을 중시하고 있으므로 예외로 두는 이유를 설명할 수 없는 16항은 폐지하는 것이 좋음. '꽃+아'를 아무도 [꼬차]라고 발음하지 않음. '효과', '사건', '조건'의 경우 유성음 뒤 된소리가 어려우니 수정해야 함.

김인균: 28항 사잇소리의 개재 기준이 확실하지 않음. '산새'의 경우 '산' 뒤에 '새'가 아닌 예들 중 사잇소리가 안 들어가는 것이 있고, '물새'는 [물쌔]인데 '물뱀'은 [물뱀]임. 29항 '이죽이죽', '야금야금'에 대한 규정도 문제가 있음. '검열'은 경상도와 그 외 지역의 발음이 다름. 29항 붙임2 '송별연', '등용문'은 [송별련], [등농문]이라고 많이 함. 조항을 이해하기 위해 '접미사처럼 사용되었다'라는 문법 지식이 필요함.

<제주지역 교수·교사>

김동윤: 제주에서는 [송별련], [눈요기]로 발음하고 절대 [그뭉], [누뇨기], [송벼련]으로 발음하지 않음. 후자로 발음할 경우 잘 알아듣지 못함. 표준 발음이 후자로 정해진다면 상당한 괴리가 있을 것.

현승환: 제주에서 고등학교를 졸업하고 서울로 대학을 진학한 학생들의 경우 '일학년'을 [일락년]으로, '전화'를 [전놔]로 발음하는 것을 의식하게 됨.

② 한국어 교육 전문가

김현진: '닭'의 발음의 문제. 조사 '을'이 붙었을 때는 [달글]이지만 단독으로는 [닥]임.

전나영: 큰 규칙은 받침이 두 개 있을 때 뒤에 모음이 연결되면 두 개에서 하나를 붙여 발음하는 것인데, 자꾸 예외가 생김. 일관적인 설명이 필요함. [다글]을 인정하는 경우 '꽃'도 단독으로 [꼳]이니 [꼬들]이 되어야 하겠지만 [꼬츨]임.

김지형: 명사에서만 일어나고, 동사에서는 안 일어나니 큰 문제가 아님. 문법적으로 설명하면 됨. '꽃'의 경우 중화되는 것 중 치음 계열만 규정하면 됨. '못잊어'는 [몬이저]로 발음하는 경우가 많음. 빈도조사가 필요함.

백봉자: 7장의 음의 첨가 규정이 필요한지 의문임. '솜이불'을 [솜니불]로 발음하는 것은 내국인으로, 소리로 듣고 인식하고 인지한 후에 발음하는 것. 외국인 학생에게는 문자를 의식해서 [솜-이불]이라고 발음함. '휘발류'도 [휘발류]라고 할 수 있지만 [휘발유가]라고 하기도 함. 어떤 경우에 대상이 누구냐에 따라서 발음이 달라지므로 불필요한 듯. [불고기]와 [물꼬기]의 경우 [물꼬기]가 이미 하나의 단어로 굳어졌지만 이 경우는 그렇지 않음.

김은혜: '만날 사람'은 27항에서 [만날 싸람]이라고 규정하는데, 경계의 문제가 관여하므로 [싸]로 발음하는

사람이 많지 않으니 빼도 될 것. [디그슬]도 문제임. 새터민들은 아예 음의 첨가를 하지 않음. '열일곱'은 [열닐곱]보다 [열일곱]이라고 하는 사람이 훨씬 많음. [아침에 일찍 못 일어나요]냐 [못 일어나요]냐 그러면 다 [못 일어나요]라고 하지만, [문을 몬 널어요]냐 [몬 열어요]냐라고 그러면 [몬 널어요]라고 함.

③ 전문가

<MBC 아나운서>
황선숙: 'ㄹㄹ'발음. '광한루', '신라' 등의 정확한 규정, 구분, 경계를 쉽게 알 수 없음.
김상호: '온라인'의 경우도 한국어의 규정을 따를 것인지, 외국 발음을 따를 것인지 잘 모르겠음. '헨리'도 한국에서는 [헬리]라고 하지만 외국인은 [헨리]라고 함.
손정은: '외국인' 등의 '외'는 어떻게 발음해야 하는지 잘 모르겠음. [왜구긴]이 더 듣기가 편함. 그리고 /ㅔ/, /ㅐ/의 경계가 무너지는 것 같음.
김나진: [효과]는 짚고 넘어가야 함.

<KBS 아나운서>
강성곤: 사전에서는 '큰일'의 발음을 [큰닐/크닐]로 구분하는데 '산양'은 그렇지 않음. [산냥/사냥]으로 구분해야 함. 표준국어대사전에도 '홀대'는 [홀때]로 발음한다고 나와 있는데, 실제 이렇게 발음하지 않음. '발자취'도 마찬가지임.

<CBS 아나운서>
박명규: '선능'. [설릉]이라고 발음하면 [선능]과 전혀 다른 느낌임.
이명희: '밤사이'의 준말이 [밤쌔], '날사이'의 준말이 [날쌔]라고 표준국어대사전에 나와 있음. '관건'도 대부분의 사람들이 [관껀]이라고 발음.
김용신: '선능/선릉', '태능/태릉'. 그리고 [설럭따]보다는 [서럭따]가 맞는 것 같은데 [설럭따]로 되어 있음. '(옷을) 잘 입다'도 [잘립다]보다는 [자립다]가 편함.

<방송 기자>
이주한: 헷갈리는 것들이 있음. [눈뇨기/누뇨기], [공꿘녁/공궐력], [발따/밥따] 등. 그리고 조사 '의'도 대부분 [에]로 발음하는 듯.
김연국: (언급 없음)
배재학: '효과'와 같은 경우 이미 언중은 경음을 쓰고 있음. '관건'도 마찬가지임.

<성우>
김용식: 글과 말을 동일시하는 데에 문제가 있음. 차이를 분명히 해야 함. 예를 들어, 선릉을 [설릉]이라고 하는 것이 이해가 안 됨. '여덟이야'는 [여덜비야]라고 해야 하는데 [여더리야]라고 발음함.
김혜주: 일반 사람들은 쉬운 것까지 일례로 표시를 해야 알고 발음하게 됨. 예를 들어, '찰흙을[찰흘글]', '통닭을[통달글]'로 일반인들은 발음하지 않음. '꽃+아'등의 발음도 정해 주었으면 좋겠음. 그리고 '부엌을[부어클]', '선릉[설릉]' 등, 이 발음이 맞는다는 것을 더 홍보하고 알렸으면 좋겠음. '가르치다/가리키다'의 경우 둘을 섞은 발음도 나타나기도 함.
이기호: 경음화 문제와 관련하여 개인적으로는 된소리 되는 경향에 반대하지만, 현장에서 많은 성우들이 '소주'를 '소주'와 '쏘주'의 중간발음을 교묘히 사용하곤 함. '김밥', '과사무실', '댐' 등도 마찬가지임. 그래서 '효과'와 '자장면'을 인정하듯이 하는 것은 어떨까 함.

<배우>

오미희: '네가'를 [니가]로 발음하는 것은 경상도 쪽 발음임. 평상시에는 [니가]라고 발음하나, 방송에서는 [네가]로 발음하려 하지만 쉽지 않음.

이범수: '밟다'처럼 경우에 따라 'ㄹ' 또는 'ㅂ'으로 다르게 발음되면 혼란스러움. '닭이'도 [다기]로 발음하는 사람이 많은데, 현실 발음과 다르게 억지로 발음해야 하는 이유를 알 수 없음. '짜장면'은 언어순화 차원에서 된소리를 자제하는 것으로 생각해 보았으나 단어의 발음은 단어의 정서까지 반영해야 함. '효과'도 [효과]로 발음하면 거세당한 느낌이나 소심해진 느낌이 듦.

문항5. <별첨1>의 '표준 발음법'에는 맞지 않지만 '장단, 모음의 발음, 어미의 발음, 개별 어휘의 발음' 등을 포함하여 현장에서 인정할 수밖에 없는 발음이 있다면 어떤 것들이 있는지 말씀해 주시고 이 문제를 현장에서 어떻게 처리하고 계신지, '표준 발음법'과 관련하여 앞으로 어떻게 처리하면 좋을지 선생님의 의견을 말씀해 주시기 바랍니다.

① 교사 교수

<경인지역 교수>
신중진: 어두경음화가 다름([감고/깜고]). 장단음은 많이 약화되었지만 없는 것은 아님. 문맥을 통해 해결할 수 있으므로 규정이 비경제적이라는 의견과, 그래도 언어를 구성하는 요소이니 규정이 필요하다는 의견이 가능함. 모음체계에서 10모음이냐 8모음이냐 하는 것도 문제될 수 있음.
채숙희: /ㅔ, ㅐ/의 구분이 잘 안 됨. 젊은 교사들이 발음을 구분하긴 어려움. 장단음은 발음을 잘하고 있는데 인식을 못하는 경우들이 많은 것 같음. 그렇지만 거의 시험 준비하는 사람들만 연습하는 듯함. 아나운서들도 외워서 함. 또, 규정이 다듬어진다면 음성모음이나 어두경음화 등도 들어가야 할 듯함. 이렇게 현실과 다른 발음은 외국어로서 한국어를 가르칠 때 현실 발음은 이야기하지 않고 규정대로 가르치고 있음. 예로 ㄴ-첨가는 초급에서는 발음을 괄호로 사전처럼 써주고 개별 단어에 대해서만 발음 연습을 시키고 규칙은 축적되었을 때 중급에서 설명.
이경재: 장단 부분은 교사가 공부를 해야 하는 것이지, 변별성은 없음
이상신: 장단음은 (없앤다고 하면) 연세 많으신 분들이 발끈할 수 있음.

<경인지역 교사>
서영경: 현재 장단음 구분은 문맥이 없으면 구분이 안 됨. 그리고 '닭을'의 경우 [다글]도 안 되는 것은 아님.
하동원: '맛있다, 멋있다'는 '다만' 규정으로 인정하고 있는데, 이를 표준으로 인정해줘야 한다고 생각함. '밟지' 역시 [발찌]로 많이 씀. 규정 때문에 많은 사람들이 규정을 어기게 만들지 않도록 해야 함. 국어교사라서 가능한 표준 발음법대로 발음하도록 노력하게 되는데, 실제로 발음하기 어려운 것도 있고, 학생들에게 설명하기가 애매한 부분이 있는 것이 현장에서 문제가 됨.
김명종, 권순각, 최희영: (언급 없음)

<강원지역 교수·교사>
이병기: 지금 표준 발음법은 음운론적인 정보에 의해서 배열이 되어 있음. 그런데 형태론적 정보에 의해서 재배열을 했으면 좋겠음. 예를 들어 '동사 어간 종성 ㄴ인 뒤에 나오는 시옷'은 '-습니다'뿐. 이는 음운론적인 정보. 형태론적인 배열을 하면 경계가 커지냐 작아지냐에 따른 부분까지도 넣을 수 있다고 생각함.
박혜진: 학생들은 표준 발음은 알고는 있지만 쓰지는 않음. 그렇지만 무의식적으로 국어선생님은 [효과]로 발음해야 한다고 생각. 발음과 실존 사이에 괴리가 있을 때는 언어는 변화하는 것이라고 설명함.
박정은: 장단음 같은 경우는, 현재 잘 구분되지 않는다고 해서 소용없는 규정이라고 할 수 없음. 교사가 되어서 느끼는 것은 지면상으로 표시는 할 수는 없지만 억양이라든가 강세라든가 분명히 [눈]과 [눈:]은 다른 부분이 있는 듯함. 때문에 음성자료도 있으면 좋겠다고 생각함. 또한 현실 발음 중에서 표준으로 인정할 수밖에 없는 부분이 많지는 않은 듯함. [효꽈]는 확실히 인정해야 하지만, 예를 들어 학생들이 '할머니의 삶과'를 발음할 때 [살과]로 발음하는 학생들이 간혹 있는데 그런 것까지 인정할 수는 없는 문제라고 생각함.
심보경: 큰 틀은 너무 많이 가르쳐 주는 것보다는 간단하게 줄이고, 전문가의 시각으로 보는 것보다는

보편성을 보는 것이 필요. 그리고 사례 등은 언중들에게 열어두었으면 좋겠음. 너무 국어학적인 시각으로만 되어 있어서 기피대상인데, 이를 표준 발음을 할 수 있는 상황으로 만들어가는 것이 표준 발음의 취지일 듯싶음. 구체적으로는 25항과 26항이 분류가 안 되어 있는데 이를 항목별로 분류하는 게 필요.

최홍열: 사이시옷 관련해서 같은 표기이면서 두 개가 다른 것들에 대한 예시들을 더 넣었으면 좋겠음. 사이시옷이 표기에 쓰이지 않아도 된소리가 나는 것들. 예로 잠자리[잠자리/잠짜리], 진가[진가/진까], 한자[한자/한짜] 등. [정짜]도 '정짜'로 해야지 '정자'로 표기하면 이상함.

채욱: (언급 없음)

<충청지역 교수>

정민영: 장단은 스스로도 잘 구별하지 못해 설명하기 어려워 암기하는 수준으로 가르치고 있어 형식적임. 한글 자모 이름을 곡용할 때 [지으지]가 아니라 [지으시]가 되는 것처럼 방언에서 '솥'을 [소시 크다]라고 하지 [소치 크다]라고 하는 사람은 거의 없을 것. 방언에서 쓰는 것이 현실적이니 반영해야 함. '밟고'를 [밥꼬]로 가르치면 학생들이 어색해 함. '잘 자란 보리밭아'도 원칙은 [보리바타]이나 현실발음은 [보리받#아]인 것 같음. 가르칠 때는 이를 설명하고 [보리바사]로 낭송함. 예외적인 경우를 많이 다루어서 학습할 수 있도록 해야 함. '그러자고'의 경우 분명히 '고'로 표기하지만 [그러자구]라고 대부분 말함. 강제하면 안 됨.

김상태: 학생들이 발음하는 형태는 쓰기 형태를 따라가는 경우가 많음. 대표적인 것이 모음. 그런 문제가 있을 때 아이들의 이해를 높이기 위해 음성언어와 문자언어의 특성을 명확하게 구분해 정서법은 시각적인 음의 구별이고 표준 발음법은 청각적인 음의 구별이니 구별해서 쓸 필요가 있다고 가르침. 문자언어는 음성언어를 표기하는 수단에 지나지 않는다는 명제가 바뀌어서 이제는 음성언어와 문자언어를 별개의 규범으로 보아야 한다는 이야기도 있음.

박경래: 교육이고 통일성을 요하므로 이런 부분을 염두에 두지 않으면 어떤 규정을 정해도 복잡해지기만 할 것. 장단은 규정으로 정하기 어렵지만 장단을 완전히 무시하고 반대로 발음하면 어색해짐. 알고 있는 것과 느끼는 것이 달라 정하기 어려움. '밟다'는 중부지방에서 장음이 있을 때 'ㅂ'이 남았던 것인데 후에 장단이 흐려지면서 'ㄹ'로 변함. 소리로 언어를 구별할 때는 발음으로 듣고 구별해야 하니 소리 자체가 중요했는데, 표기를 하면서 소리의 기능 부담이 줄어들어서 흐트러진 것 같음. [소치]나 [바치] 등은 시간이 지나면 한쪽으로 정리될 테니 주기적으로 조사해서 어느 선까지 갔을 때 바꿀 것인가 고민해야 할 것. 언어가 변한 결과가 규정이 되는 것이니 변화를 무시할 수는 없음. 그렇다고 발음하는 사람이 남아 있는데 발음을 바꾸면 반발이 있을 수 있고 왜 자주 바꾸느냐는 의견도 있을 것.

이호승: 표준어 자체는 공용어로서 꼭 필요하지만 현실 언어와 달라 지방 학생들은 자신이 사용하는 말의 특징에 대해 잘 모름. 표준 발음·표준어를 방언과 함께 공부할 수 있는 자료가 나오면 차이를 명확하게 인식할 수 있을 것. 표준 발음법과 표준어 사전은 교육할 때는 필요하지만 일상에서 굳이 표준어를 고집할 필요가 없으니 실제로 쓰이는 것은 아님. 표준어 정책이 올바르게 진행되기 위해 방언에 대한 부분을 분명히 해 줘야 상황에 맞게 구별해 사용할 수 있음. 지금 방언자료집은 전문가들이 아니면 전혀 이용하지 않는데, 국문과에서나 교사, 공무원 연수 같은 경우 그런 차이를 인식할 수 있는 교육서가 필요함. 한글이 훌륭한 음소문자이니 표기와 발음을 되도록 일치시키고 그렇지 않은 경우는 음운규칙으로 설명해 완벽하게 하려는 강박이 있는 듯. 이상적이지만 그럴 수 있는 언어는 없음. 표기나 표준 발음을 쉽게 바꿀 수는 없지만 표준어를 써서 활동하는 사람들에 대한 허용폭은 넓혀 줄 필요가 있음. 시간이 지나 표준 발음도 이중허용으로 갈 수도 있지만 어문정책에 혼란이 올 것. 유연한 대처가 필요함.

<충청지역 교사>

김혜숙: '네'와 '내'를 구분 못함. '너'를 '니'라고 하는데 그 문제에 대해 생각해 보면 많이 보편화되어 있으니 인정해야 한다고 생각함. '니'를 표준어로 인정해야 함. 대다수의 교사들은 [에]와 [애]를 구분하지 못함.

김주봉: 모음 삼각도를 그려 입모양을 보여주지만 거의 똑같이 발음함.

박선주: 무의식적으로 발음할 때 조금 구분이 되지만 일상적으로 되지는 않음. '김밥'의 경우 [김밥]이 맞고 [김빱]은 반영될 것이라고 나와 있었음.

김주봉: [김빱천국]이지 [김밥천국]은 아님. [효과]도 거북함. 수업할 때 '상당히 효과적인 방법이다.'라고 말하긴 하지만 실생활에서는 [효꽈]라고 함. [장맏삐]라고 강하게 발음하는데 [장마비]라고 할 때 의미 전달이 더 잘되고 발음도 쉬운 듯. 굳이 표기에까지 넣지 않아도 자연적으로 발음되지 않을까 함. 사잇소리 표기가 과도한 것 같음.

김혜숙: [비빔빱]은 사잇소리가 첨가되는데 왜 [김밥]인지 의문. 예외도 많음.

김주봉: [교과서]라고 발음하는 것은 국어교사뿐. 대개 [교꽈서]라고 발음함.

김혜숙: '생물'을 [쎙물]이라고 하는 등 그대로 두면 우리말이 점점 된소리화되어 거칠어지는 것 같음. 언어 순화를 생각할 필요.

박선주: TV에서 '깊숙이'를 [깁수키]로 발음하는 것을 보았음. [집수기]가 맞는데 [깁수키]로 가는 추세인 듯.

김주봉: 아이들도 많이 틀림. '깊숙하다' 때문인 듯.

<전라지역 교수>

황금연: '인사말, 머리말'의 경우 표기와 다르게 현실음은 [인산말], [머린말]임. 이것들은 현실화시킬 필요가 있음. 또 'ㅐ/ㅔ' 문제, 'ㅚ, ㅟ'의 단모음 문제도 있음.(2장에서 언급)

조경순: 학생들에게 규정에 맞게 가르치는 것이 원칙이어서 일단 표준 발음법에 맞게 교수하고 있음. 2인칭 대명사 '네'를 '니'라고 하거나, 영어의 yes를 [예스]가 아닌 [에스]라고 하는 것은 실제론 틀렸다고 가르침. 그러나 표준 발음법에서 이들의 처리에 대한 고민이 필요.

양영희: 복합어와 구 내부에서의 발음. 복합어의 경우에 어느 정도까지 단위를 인정해 주어야 할 것인지가 문제. '이죽이죽'은 휴지의 위치에 따라 [이주기죽]이 아닌 [이죽이죽]이 될 수도 있음('야금야금, 율랑율랑'도 동일) '꽃 한 송이'의 경우 [꼬탄송이]도 되지만 [꼳 한송이]일 수도 있음. '한빛아'(이름+호격조사)도 표준 발음법대로면 [한비차]지만 현실발음은 [한비다]. 학생들에게는 휴지를 중간에 둔 것으로 설명. 복합어와 구의 연음의 경우 통일된 원칙이 있었으면 좋겠음.

이소림: 외국인들을 가르치다보면 현실음을 인정할 수밖에 없음. 외국인들이 밖에서도 의사소통을 해야 하기 때문에, '의자, 의사, 효과, 김밥, 자장면' 등도 모두 현실음에 따를 수밖에 없음. 표준 발음법이 '옳은 발음'이지만 현실에서는 다르다고 가르침.

<전라지역 교사>

최제오: '눈, 말, 밤'이나 '보아~봐:' 등의 장음, 겹받침 'ㄾ'의 발음 등이 표준 발음법과 다름. 실제 초등학교에서 가르치지는 않지만, 시험 보게 될 경우 실제 발음과는 다르게 써야 한다고 지도함. 음장의 경우에는 실제로 반영하면 안 된다고 설명. 현실 발음과 다른 단어들은 그 발음을 조사해서 현실 발음 쪽이 월등하다면 둘 다 인정을 해야 한다고 생각함.

정해은: 음장이 가장 문제라 것의 동의. 현실 생활에서 발음하지 않는데 규정에는 음장에 관해 굉장히 많이 다루고 있음. 중학교 교과서에는 이 부분이 나오는데, 그냥 외우라고 하는 수밖에 없음. 언어생활과 맞지 않고, 학생들은 시험 보고 나면 잊어버림. 6장이나 7장에 나온 음장 부분은 제외시키던가 아니면 '다만' 부분을 빼고 단순화시켜야 한다고 생각함. 또한 'ㅚ, ㅟ'도 이중모음으로 발음할 수 있다는 것이 '붙임' 부분에 되어 있는 것도 수정해야 함. 추가로, 그 표준 발음을 음성으로 제시해 줬으면 더욱 좋을 듯함.

최지혜: 경음화 관련해 '효과, 김밥'은 [효과, 김밥]가 표준 발음인데, 이것이 현실 발음과 다름. 학생들이 물어보면, 발음은 고정된 것이 아니어서 계속 사용하다 보면 바뀔 수도 있다고 설명. 현실과 동떨어진 발음은 표준 발음법에 반영해야 함.

문동호: 사이시옷 표기에 있어서, 한자어 어근끼리의 결합에서는 6개 단어에서만 사이시옷 표기를 인정하는데, 현실 발음에서는 그 외의 단어들도 된소리로 발음됨. 이 규정 자체가 인위적이어서 현실과 다름. 학생들에게는 특별히 지적하지 않고 넘어갈 때가 많음. 표준 발음은 일단 규정해 놓고, 많은 사람들이 사용하는 현실 발음이 있다면 복수 표준 발음을 인정해 주는 것이 좋을 듯함.

<경상지역 교수·교사1>

권영환: 표준 발음은 구어니 감탄사, 의성어, 의태어의 현실음을 인정해야 할 것. '아이코'는 실제로 '아이쿠'라고 많이 함. 음운 규칙의 경우 자연스러운 것과 규칙화할 수 없는 것들이 있으니 구별해 처리되었으면 좋겠음.

이승왕: 체언 어간에 조사가 결합할 때 거센소리로 발음하는 경우가 많지 않으나 16항에서는 [키으케]가 아닌 [키으게]가 표준 발음. 상충하므로 혼란이 있음. 표준 발음법 연관 항목에 예시를 자세히 제시해 주는 것이 좋음.

이동혁: 'ㅔ, ㅐ'의 구분, 'ㅚ, ㅟ'의 발음 문제는 현실음을 인정하는 것이 최선임. 기본형 '-다'에 이끌리는 부분이 많음. 패턴에 따라 추상화하여 발음하는 경우 간섭을 일으킴. '-다'의 기본형 문제를 표준 발음의 효용성과 더불어 고려를 해야 함. 아울러 표기 문제도 고려해서 표준 발음을 연구해야 한다고 생각함.

김봉국: 'ㄻ' 겹받침 발음은 교사·학생 모두 힘들어 함. 한 쪽을 표준 발음으로 정할지 복수발음을 인정할지 문제. '다만' 규정과 예외가 혼란을 일으키는 경우가 많음. 규정의 설명도 어려우니 예의 배치나 설명에 체언·용언의 패러다임을 고려해 간명하게 되었으면 함.

<경상지역 교수·교사2>

박솔지: 현장에서 표준 발음법을 의식하고 말하지 않으므로 교육할 때도 표준 발음을 맞춤법에 비해 큰 비중을 두지 않고 가르쳐왔음. '맑고'의 발음 [말꼬]와 [막꼬]를 모두 인정하는 것처럼 개별 어휘 지적할 때 나왔던 단어들의 여러 발음을 모두 인정하는 것이 좋다고 생각함.

최유나: 장단은 '눈' 같은 경우도 맥락을 통해 구분하고 있음. 수업시간에 강조해서 같이 연습하는 상황이니 현실성이 없음.

김인균: 표기의 문제가 아니고 발음의 문제이므로 강요하는 것은 잘못임. 표준어나 한글맞춤법과 달리 보는 것이 좋을 것. 여러 발음을 인정하면 성문화가 굳이 필요하지 않음.

이근열: 유연성 있는 규정이 필요함. '맛있다'의 발음 [마싣따]와 [마딛따]를 모두 인정하듯 발음에 관해서는 융통성이 있어야 할 것. 겹받침은 혼란이 많은데 '밟고'를 [발꼬]로 하는 것이 자연스럽지만 [밥꼬]가 맞는다고 알고 있는 상태에서 자연스럽게 경쟁하게 두면 [발꼬]가 이기게 될 것. 모두 인정하여 자연스럽게 경쟁하다 한 쪽으로 고정되게 하는 것이 좋을 것. 유연성 있는 규정이 있는 것과 아예 없는 것은 다름.

<제주지역 교수·교사>

김경도: 모음이나 장단은 국정교과서 때와 달리 시험 문제로 나오지 않음. 학교에서 표준 발음법을 아예 가르치지 않는 상태.

김성룡: [눈]과 [눈:]은 '눈에 눈이 들어가면 눈물이 난다'처럼 단어가 문맥에 의해 다 이해가 되므로 가르치는 것이 무의미.

현승환: 한자능력검정시험이나 공무원 시험 등에서 출제되고 있음.

문덕찬: 7차 국정교과서에는 있었으나 새로운 교과서에는 장단음 설명도 문법도 없음.
김성룡: 28항에서 '문'과 '고리'가 결합하면 사이시옷이 들어가서 [문꼬리]로 발음된다고 되어 있는데 언중들은 [문고리]라고 하는 것 같음. '산새'도 지역에 따라 [산새], [산쌔]라고 함.
문덕찬: [문꼬리]라고 하는 듯.
김현: [산새]는 처음 듣는 말.
현승환: 14항 '넋이'는 [넉시]라고 안 읽고 [너기]라고 함. '값이'는 [가비]라고 함.
김성룡: 시옷은 발음 7가지에 들어가지 않으니 빼서 발음해도 될 것. [넉시]나 [너기]도 인정될 만함.
문덕찬: 제주에서는 연음을 별로 하지 않음. 동화가 일어나는데 '금융'도 [금늉]으로. 발음을 다 살리려고 노력.
김경도: 은행도 [은넹]. '외곬이'도 [골씨]라고는 발음하지 않는 듯.
김성룡: [골씨]라고 하는 지역도 있고, [골]이라고 하는 지역도 있음. 사전이 필요함. 사전이므로 조사를 많이 해서 각 지역의 발음을 모두 인정해야 함. 서울말만 표준어가 아님.

② 한국어 교육 전문가

전나영: 6항이나 7항의 모음 장단, 음절, 긴소리를 가진 음절과 같은 규정은 한국어교육에서 무용한 규정임. 어절단위 악센트가 없다는 규정은 둘 수 있을 것.
김지형: 억양은 문형에서 문장의 종류를 구별하는 정도임. 어절단위의 악센트를 규정하기는 어려울 것. 교육용 자료로서는 필요하나 규정에는 필요치 않음. 초분절적인 요소는 의미 변별에 문제가 되는 장단 정도를 넣을 수 있겠으나 변별이 잘 되지 않는 상황이니 굳이 규정화할 필요가 없음. 한국어에 강세는 없고, 있다고 하더라도 문법책에서 설명할 내용이지 규정에 들어갈 것은 아님.

③ 전문가

<MBC 아나운서>
황선숙: 장음의 경우 (아나운서들도) 확실히 아는 것은 잘 지키지만 그냥 넘기는 경우도 있음. 장음이 문장에 표기되면 우리말을 아름답게 지키는 데에 도움이 될 듯함. 발화속도나 억양 등에 관해서는 외국의 경우 유명한 연설 등이 녹음이 되어 있어서 표준으로 생각할 수 있는 것이 있는데, 우리는 없는 것이 안타까움. 그리고 발음을 축약이나 편한 발음으로 변화시키는 것보다는 규정에 따라갈 수 있도록 해주면 아나운서들은 더 편함.
김나진: '니'의 경우 표기는 '네가'이고 '니가'는 구어체라고 알려왔음. '했고/했구'도 마찬가지임. 어쩔 수 없는 된소리 발음은 인정했으면 좋겠음. 그렇지 않으면 뉘앙스가 살지 않는 어휘들이 있음. '효과, 교과서' 등.
김상호: 일정부분에는 엄격한 규정을 두고, 시대가 흐르고 변했을 때 변환할 수 있는 여지는 남겨둘지언정, 수시로 변화시키는 것은 어려울 것 같음.
손정은: '~구, ~여, ~두, ~든여'는 아이투임. '~고, ~여, ~도'로 발음해야 함.

<KBS 아나운서>
강성곤: '-적'도 많이 사용되므로 규정을 명확히 해야 함. '효과'는 사전에 [효과]만 등록되어 있는데, [효꽈]가 맞다고 생각함. [효과적, 역효과]는 발음하기에 부담스럽기 때문임.
원목목: '선롱'은 [선눙]으로 발음하는데, [설룽]이 맞는 발음이라고 되어있음.
박현우: 현실발음과 다른 발음이 나온다면 현장에서는 발음법을 참고하되, 의미변별 등을 위해 필요하다고 생각하면 현실발음을 따름. '효과'도 KBS에서는 [효꽈]로 하고 있으며, '-구요' 같은 어미도, 아나운서들은 [-고요]로 발음함.

오유경: 여러 번 발음해 보고 많이 쓰고 이해하기 쉬운 발음을 사용해야 함.

<CBS 아나운서>
이명희: 장단음의 경우, 우리말의 좋은 점이지만 강제할 수 없다는 것이 안타까움. 있다는 것은 알려야 하지만 없애거나 강요하는 것 모두 어려움. 현실발음과 다른 것은, 발음이 다르다고 발음법 자체를 바꿀 필요는 없다고 생각함.
박명규: 장단음은 무조건 살려야 함. 교육을 적극적으로 해서라도 살려야 한다고 생각. 현실 발음이 다른 것은, 규정대로 하려는 노력이 필요하다고 생각함.
김용신: 장단음이 없다고 소통에 문제가 생기지 않으므로, 없었으면 좋겠다고 생각함. 언어현실에서는 사라져 가고 있는 게 분명함. 그리고 현실발음과 다른 문제에서는, 방송 원고에서도 '구요' 정도는 쓰고 있으며, '네'를 [니]로 발음할 수 있다고 바꿀 수도 있다고 봄.

<방송 기자>
김연국: 현재의 표준 발음규정도 많이 규정하고 있는 부분이 있음. 어디에 강세를 줄 것인지는 습관적으로 선택하는데, 이런 부분을 규정으로 할 수 있을지 의문스러움. 장단음은 그 구별이 사실상 없어진 것이라고 생각됨. 습관 속에 남아있다면 인정해야 하지만, 구분을 해야하는지 의문스러움. 발화속도를 규정하는 것도 특히 필요가 없을 것임.
이주한: (언급 없음)
배재학: 長의 경우, 뜻 강조를 위해 장음으로 발음하는 것이 바람직해 보이나 단음임. 현장에서는 단음으로 발음함. 몇 예가 더 있으며 실제 언중의 소통의 도구로서 많이 쓰는 발음으로 표준 발음법을 고치는 것이 필요함.

<성우>
김용식: 언어의 변함에 따라 장단음(의 구별)이 없어진다면 동의하지만, (아직) 장단음(에 대한 규정)은 있어야 한다고 생각함. 경음화의 경우도, '이번주', '효과' 등의 발음을 지켜야 함.
김혜주: 장단음은 내레이션과 뉴스에서는 꼭 지켜져야 하고, 평소 말하기에서는 알고는 있되 분위기에 따라 발음하는 것이 더 중요함. 또한, 인명에서 유씨/류씨, 라씨/나씨, 이철용/이철룡 등도 정해 줬으면 함. 또한 '그리고/그리구', '어디로/어디루' 역시 현실 발음이 'ㅜ'쪽임.
이기호: (4번 항목에서 다룸.)

<배우>
오미희: 한국어는 빨리 말하더라도 장단과 고저를 지키면 잘 알아들을 수 있음. 장단을 지키면 말이 빨라지지 않아 고상하게 느껴짐. '-고요'나 '나도'는 [구요], [나두]로 발음하나 다큐멘터리와 같이 정확한 발음이 필요한 방송에서는 [고요], [나도]로 발음하고 있음.
이범수: 후배 배우들은 장단음을 지적받는 것에 굉장히 스트레스를 받음. 배우의 입장에서 장단음을 구분하는 것은 감정선을 해치는 경우가 있음. 예를 들어 다급한 상황을 연기할 경우, 구분 안 해도 상대가 알아들으니 그냥 하는 게 나은 것. 몰라서 못하는 것은 부끄러운 일이라고 생각함. 내레이션과 같이 공적인 언어를 사용하는 경우 다급한 상황이 없고, 객관적인 상황임. '네가'는 [니가]로 발음하면 [내가]와 혼동되지 않아 오해가 없고 편함. 촬영현장에서의 발음에 대한 이야기는 가벼운 논의에 그치고 있음.

문항6. 외래어의 발음과 관련하여 발생하는 표준 발음의 문제점을 들고 선생님의 의견을 말씀해 주시기 바랍니다.

① 교사·교수

<경인지역 교수>
이상신: 외래어 표기법에서 해결이 되고 (그 발음을) 지킬 것이냐 하는 문제가 됨. 특히 고유명사의 경우는 처음으로 쓴 사람의 목적에 따라 규정을 지키지 않고 (쓰게 될 수 있고) 규정이 생기면 각 단어의 개별적인 발음을 규정화하기 어려우므로 외래어 발음 사전이 필요함.
신중진: '버스'는 [뻐스]가 가능한데 '구글'은 [꾸글]로 안 하는 것처럼, 같은 환경(유성파열음)인데 된소리로 발음하는 것이 있고 안 하는 것이 있음. 이런 것들을 심의나 표준의 대상으로 끌고 오는 것은 당연한 문제. 발음이 혼란의 대상이니까 포함시켜야 함. 외래어표기법은 철저하게 발음에 충실해서 정한 것이라 (발음을 정하는 것도) 그다지 새로운 것은 없을 듯함.
조하연: 외래어에 대해 정해놓은 표준어가 있고, 그것을 우리의 음운 규칙에 맞춰서 발음하면 되는 의외로 간단한 문제임. 문제는 화자가 외국 원음에 가깝게 발음하는 것인데, 이를 외래어 규정으로 하는 것은 맞지 않음. 다만 표기상으로는 규정이 가능해도 현실적인 발음을 통제할 수 있을지는 의문.
채숙희: 뉴스에서 어떻게 발음할 것인지는 개별적인 것이 아니고 공공성을 띠어야 하므로 있어야 할 것 같음.

<경인지역 교사>
최희정: 외래어 표기가 현실음을 반영하지도 않고, 현실음과도 다르다면, 외국인들의 발음을 그대로 표기하는 것도 좋지 않을까 하는 생각도 있음.
권순각, 김명종, 서영경, 하동원: (언급 없음)

★ 발음교육에 대해.
권순각: 어렸을 때부터 기초적인 것은 반복해서 가르쳐야 하고 편리성 때문에 바뀌는 부분이 있다면 규정을 수정하는 것이 좋을 듯. 그런 의미에서 실제 발음은 허용하더라도 모범이 되는 규정은 필요함. 예를 들어 현재 '거짓말'은 /ㅓ/, /ㅡ/의 경계가 많이 무너져 [그진말]로 하는 경우가 많은데, 이를 가르쳐야 하는지가 고민. 규정에서 어떤 발음을 예외로 둔다고 한다면, 그 전에 규범대로 발음할 수 있도록 가르칠 수 없었는가도 생각해 보아야 함.
김명종: 발음 교육은 큰 노력을 기울이지 않아도 될 것이라고 생각함. 새로 신조어가 만들어지거나 외래어가 들어올 때, 많이 쓰이는 단어들은 교과서 개정시마다 학교에 배포해 주었으면 좋겠음.

<강원지역 교수·교사>
박혜진: 외래어 표기와 발음이 다름. '슈퍼마켓'이라고 쓸 때, 물론 단독으로 발음할 때뿐이긴 하지만 [슈퍼마켄]이라고 발음. '온라인'의 경우도, 학생들에게 질문하면 [온라인]도 나오고 [올라인]도 나옴. 그런데 일단 맞춤법에 쓰이면 거기에 맞춰서 발음하는 경향이 있는 듯함. 외래어는 한국어 어휘니까 국어의 음운규칙에 맞춰야 한다는 것도 맞는 것 같은데, 영어는 영어대로 한글 표기는 표기대로 나오니까 어색하다는 느낌이 듦.
채우: 외래어가 한국어의 발음을 따라야 한다는 데에는 동의. 그렇지만 한국어의 발음과 원어의 발음이 다를 때 그 경계선에서 소위 콩글리쉬가 되면 한국인에게 두 가지 발음을 해야 하는 수고로움을 줌. 이것을 적절한 수준에서 맞출 수 있는 표준 발음법이 필요함.
이병기: '라디오'의 경우, 고유어에서는 /ㄹ/발음이 어두에 오지 못하는데, 어두에 적는 것 자체가 특수한 것. '온라인'은 'ㄴ-ㄹ'연쇄로 표기했는데 이게 한국어선 발음이 안 됨. 그러므로 선정에 있어서

외래어라는 점을 염두에 둘 필요는 없을 것이라 생각함. 화자들이 경계를 크게 인식한다면 '온라인'에서 '온'을 살려서 표기하여야 함. '버스'[뻐스]의 문제에 있어서는, 사실 표기법 정할 당시에 문제가 되어야지, 표기법을 정하여 놓고 이후에 발음을 고민하는 것이 이중 작업이란 느낌.

최홍열: 우리가 어렸을 땐 규정이 없었고, 외래어 표기는 사람들이 쓰는 대로 '가스, 개스'로 썼지만, 된소리가 입에 배어서 차이가 생긴 듯함. 외래어 표기법에 의해 규정화된 음이 있다면 발음자체에서 음운변화를 가져오는 대로 발음해야 한다고 생각. 예를 들어 경상도에서는 구개음화, 두음법칙 다 적용해서 '라디오'를 [나지오]라고 함. '온라인'도 구조를 어떻게 보느냐에 따라 달라질 수 있다고 생각함.

박정은: 이미 외래어로 온 이상 표기도 표기법에 따라서 하고 발음도 표준 발음법에 따르는 것이 맞다고 생각. 예를 들어 만약 처음에 [래디오]로 들어왔으면 우리도 [래디오]라고 하고 경상도에서도 [래지오]라고 하지 않을까 하는 생각을 함.

심보경: (언급 없음)

<충청지역 교수>

정민영: 음소 대응이 되지 않아 필연적으로 나오는 문제. 'file'을 '파일'로 쓰듯 순치음 [f]는 'ㅍ'로 쓰게 되어 있음. 일률적으로 적용되다 보니 'form'은 [폼]으로 문제가 없지만 'fighting'은 [파이팅]으로 발음하는 사람이 없는 듯. 발음은 [화이팅], 표기는 '파이팅'으로 함. 예외로 인정해 꼭 '파이팅'으로만 쓰지 않아도 되게 해줬으면 함.

김상태: 우리말로 쓰는 발음과 영어 발음이 차이가 큼. 기존에 굳어진 것은 어쩔 수 없지만 앞으로 사용하게 되는 것들은 영어 현실발음을 많이 반영해야 할 듯. 일본어의 경우 [오사까]라고 하면 현지인들이 알아듣지 못함. 일본어의 장음 표기는 상당히 중요한데 전혀 반영하고 있지 않는 것도 문제. 괄호에 원어를 병용표기하는 것을 고려할 수 있음.

박경래: 대개 한국에서 한국 사람들끼리 이야기하는데 일본어 장음까지 외울 필요는 없음. 중국어는 예전 것은 한국 한자음으로, 지금은 중국 발음으로 이원화되어있는데 성조를 반영하지 못할 거라면 우리 식으로 하는 것이 좋음. 일본어도 마찬가지임. 외래어 표기는 한국 사람을 위해 하는 만큼 한국 사람들이 편한 쪽으로 해야 함. '방배동' 역시 [방배이동]인가 [뱅배이동]으로 발음해야 한다는데 어떻게 해도 원 발음을 정확하게 반영할 수는 없으니 우리나라 사람이라도 편히 발음하게 해야 함. 간체자로 쓴 것을 병음으로 바꾸는 데도 성조를 몰라 잘 할 수 없었음. 이런 부분까지 고려하기 시작하면 전문가도 힘듦. 해당 전공자들과 협력해 쉽게 쓰는 방향으로 고려하되 한국 사람들을 위주로 해야 할 것. 외국인을 위한 표기에 불만이 많은데 그것만 바꿔도 큰 성과임.

이호승: 로마자 표기법, 외래어 표기법에서도 외국어 전공자와 한국어 전공자의 입장이 극명하게 나뉨. 영어 안에 많이 들어가 있는 프랑스어나 라틴어는 모두 영어식 발음으로 바뀌었고 영국 사람들도 다 자신의 발음으로 바꿔서 씀. 같은 원리로 우리가 발음을 하지 못하고 그럴 필요도 없으니 우리식 발음으로 바꿔 쓰는 것.

김주봉: 외래어라면 원산지의 발음을 그대로 써야 한다고 생각함. 중1 때 '아이엠톰'으로 공부했으나 사실은 '탐'임. 외래어 표기법은 있지만 발음을 쓸 때도 '마오쩌둥' 하고 원음을 쓰는 것처럼 원어의 발음을 살리는 것이 좋음. 고유명사이니 그대로를 살려서 발음해야 한다고 생각함. 이름을 잘못 부른다면 기분이 좋지 않을 것. 원음에서 멀어지게 한국적으로 발음하면 웃길 것.

김혜숙: 실제 한자를 쓸 때는 '모택동'처럼 우리 한자음을 쓰는 게 좋다고 생각함. 우리말의 발음 기준을 따라 '모택동', '강택민'으로 해야 함. '덩샤오핑'처럼 하면 더 헷갈릴 것. 우리말의 주체성을 고려해야 함. 중국에서도 외래어를 받아들일 때 자기네 식으로 발음하고 있음.

<전라지역 교수>

황금연: 외래어 표기법과 안 맞는 부분이 문제. 표기법에서는 종성에서 '로봇, 카펫'으로 쓰는데 현실 발

음은 [로보트], [카페트]인 외래어들, '카페, 콩트'라고 쓰고 [까페], [꽁트]로 쓰는 외래어들 등이 문제.
특히 후자의 경우는, 외래어 표기법에서 파열음에서 경음으로 못 쓰게 되어 있는데, 비어두에서 '마오
쩌둥'으로 쓰는 것처럼, 어두에서도 쓸 수 있게 만드는 것이 좋을 듯. 그 외에 새시[샤시], 캐비닛[캐비
넷], 카탈로그[카달로그] 등, 표기법과 현실 발음이 안 맞는 경우가 많음.

조경순: 현지어 발음에 가깝게 하느냐 우리 발음화하느냐 하는 것이 관건. '버스'라고 표기하지만 [뻐
스]라고 한다든가, '비젼'을 우리는 그냥 [비전]이라고 하는 것이 문제. 순치음 [f]발음도 [패(f)밀리]로
하느냐 [패밀리]로 하느냐에 대한 문제가 있음. 결국 현지어에 가깝게 하느냐 우리 발음화하느냐 하는
문제에 대해 기준이 필요.

양영희: 두 분의 의견에 동의. 정확히는 모르지만 외래어 표기법은 영국식 발음을 따른 것으로 알고 있
는데, 실제 한국에서는 미국식을 따르는 것 같음. 그것만이라도 정리되었으면 좋겠음.

이소림: 외래어는 원래는 외국어였는데 한국에 들어와서 우리말로 바뀐 것. 그러므로 외래어도 한국식
발음으로 해야 함. 그리고 표기법도 그것과 맞춰서 하는 것이 좋음. 예로, '플롯'을 [플루트]로 발음하
니까 '플루트'로 써야 함. 인명과 지명을 제외하고는 한국식 발음으로 해결하는 것이 좋을 듯.

<전라지역 교사>

최제오: 외래어 표준 발음은 원어의 발음을 기준으로 해야 한다고 생각함. 원래 단어를 추측할 수 없게
표기하고 발음한다면 많이 혼란스러울 것. 예로, '버터'는 표기는 '버터'로 하되 [버터]로도 [bʌtər]로도
읽을 수 있다고 표준 발음을 인정하는 것도 괜찮을 듯함. 단어를 구분할 수 있게는 하되 그 나라의
발음을 존중하여 표준 발음의 규정이 되면 좋을 듯.

정해은: 외래어 발음과 표기법이 다른 것이 문제. 예를 들어 외래어 표기법에서 어두 경음을 표기하지
못하게 하는데 '파리, 버스'는 실제로 [빠리, 뻐스]로 발음하는데 그 차이에 대한 고려가 필요. 외래어
표기법을 수정해야 하는지, 그대로 두고 발음을 허용해야 하는지도 고려가 필요. 이는 한글 맞춤법과
도 관련되어 있기 때문에 실제 발음과 관련해서 생각해 보아야 함.

최지혜: 표준 발음만의 문제가 아니라 표기와 맞물리는 것. 예로, '라디오'는 표기대로 [ㄹ]로 발음하되
영어에 익숙한 층은 원의 발음을 살려 [r]로 발음하는 것이 필요.

문동호: 우리나라는 외래어가 많은 편. 일본식 발음을 많이 지우기 위한 과정이었을 것이고 때문에 원어
에 가깝게 표기하는 것. 하지만 이는 아무리 가깝게 해도 원어 표기는 될 수 없음. 원어에 가깝게 표
기는 하되, 우리 생활에 편리하게 하는 게 필요할 듯.

<경상지역 교수·교사1>

권영환: 세계화된 사회이므로 외국어에 가까운 것을 표준 발음으로 인정해야 함. 한글은 찌아찌아족의
발음도 구현해 내니 원어에 가깝게 규정해도 큰 무리는 없을 것.

이승왕: 외래어는 표기가 다양해질 수 있는데 발음까지 여러 가지라면 매우 혼란스러울 것. 외래어 표기
법과 발음이 맞추어지면 해결됨.

이동혁: 외래어는 외국어와 다름. 독일어에서 'ö, ü'는 단모음이나 국어에서 'ㅚ, ㅟ'는 현실적으로 단모음으
로 발음되지 않음. 이런 충돌을 허용하다 보면 문제가 발생할 것이므로 보수적으로 규정하는 것이 좋음.
표준 발음 원칙은 표기에 대한 발음의 문제. 언중이 원어를 고려해 표준 발음을 하는 것은 아님. 'super'
를 '슈퍼'라고 적으면 [슈퍼]로, '수퍼'라고 적으면 [수퍼]로 발음할 것. 외래어의 발음보다 표기가 더 문제.

김봉국: 발음 문제보다는 표기가 어떻게 정해지냐에 따라 발음이 정해질 것.

<경상지역 교수·교사2>

이근열: 고유어 현실 발음을 인정한다면 된소리 표기를 인정하는 것이 좋음. '버스', '서클', '사인펜', '사이렌'
과 같은 단어들의 된소리 발음을 현실에 따라 바꾸는 것. 표기는 그대로 하더라도 발음은 인정해야 함.

김인균: 질문이 표기와 발음을 오해하고 있는 것 같음. 외래어는 표기법의 문제로 발음은 상관없음. 외래어 표기법의 대원칙은 현지음이니 그대로 하면 됨. 발음은 발음이고 쓸 때는 표기법에 따라 쓰면 됨.

<제주지역 교수·교사>
강재형: 외래어 발음에 대한 규정 없이 표기법만 있음. '커피'라고 쓰고 [커피]라고 읽으면 문제가 없음. '온라인'의 경우 [올라인], [온나인] 한 쪽으로 정하는 규정은 없음.
김종훈: 통일성이 있어야 함.
김현: '커피'도 말할 때 "[컵퓌]좀 가져 와"라고 하는데, [퓌(쀠)]는 한국어에 없는 발음. '커피'라는 외래어의 표준 발음은 [피]인가 [퓌(쀠)]인가 하는 것도 문제가 될 수 있음. 외래어라도 우리말이 되었다면 [피]라고 발음하는 것이 맞을 것. '[까쓰](gas)' '[뻐쓰](bus)'의 경우 표기상 '가스', '버스'라고 적게 되어 있는데, 실제 발음은 [버쓰]까지는 가능해도 [버스]라고 발음하는 경우는 거의 없음. 미국인이 한국인과 대화하는 상황에서 [개스], [가-스]라고 발음하면 한국인이 알아들을 수 없으나, [까쓰]라고 발음한다면 의사소통이 잘될 것.
김성룡: 제주에서는 [까쓰] 발음이 잘 안 되고 [께쓰]라고 함. 주로'ㅣ모음 역행동화'로 발음함. '먹이다'도 [메이다]로, '까쓰'도 [께쓰]로 발음.
김종훈: 국어의 로마자 표기법 문제, 외래어의 발음 문제에 대한 정리가 필요. 영어의 체계와 국어의 체계가 충돌하는 경우, '커피'의 발음을 [커퓌]로 할 것인가 [커피]로 할 것인가, 'family mart'의 발음을 [페밀리마트]로 할 것인가 [빼밀리마트]로 할 것인가 등에 대한 정리 역시 필요. 굳이 영어식으로 하면 [빼]에 더 가깝다고 볼 수 있음. 발음의 원칙을 우선 정해놓고 표기하면 좋을 것.
김성룡: '케이크'도 예전에는 [께끼], [케잌]이라고 했음. 요즘은 [케이크]라고도 하는 듯.
강재형: '뉴욕'은 [뉴욕]으로 쓰고 [뉴요크]라고는 쓰지 않는데, '케잌'은 '케이크'라고 쓰고 [팀웍]도 '팀워크'라고 씀. 발음은 [팀웍]이라고 하지 [팀워크]라고 하지 않음. 우리말의 발음이 영어권의 음소와 달라서 우리는 '케잌' 2음절로 생각하는데 그들은 [크] 발음이 분명히 난다고 함. 우리는 "[케잌] 먹었어?"로 발음하지만 원어민 화자의 발음은 "[케이크] 먹었어?"로 [크] 발음이 남아 있음. 이것을 받아들이기에 혼란이 있는 것.
문덕찬: [크] 발음이 있어도 영어권에서는 1음절로 이해하나 우리는 [케이크]라고 하면 2음절로 인식. [ㅋ]발음은 남지만 [ㅡ] 는 없으니 [크]를 발음하지 않고 [케잌]처럼 자르는 것. '워크샵'은 [워크숍], [워크샵] 어느 쪽인지 의문.
김성룡: 영국식이냐 미국식이냐 차이.
김경도: 현수막에 [웍샵], [웍숍]이라고 씌어 있는 등 다양.
문덕찬: 텔레비전 '프로그램'을 줄여서 '프로'로 사용하는 것도 문제. 줄여서 사용하는 것은 일본의 영향인지, 줄여서는 안 되는 것인지 의문.
강재형: '프로그램'의 준말로 '프로'도 사용하게 되어 있음. 엄밀하게 보면 예전 국어사전이 일본 사전을 그대로 베껴온 결과.

② 한국어 교육 전문가

전나영: '온라인'의 발음 문제. 규정을 보면 [올라인]으로 해야 될 것 같기도 한데, 어떻게 해야 할지 고민임. 학생들이 가장 많이 사는 데는 원룸이니 [월룸]인지 [원룸]인지 큰 문제. 규정해 주어야 함. 일관성 있는 규칙이 필요함.
김은혜: 외래어 시옷 발음의 문제. 성우들은 [버스], [써비스]라고 발음함.
김현진: 철자는 '달러'라고 되어 있지만 [딸라], [달라]라고 말하는 사람도 있음. 현장에서는 학생들이 실제로 환전을 해야 하니 실제 발음으로 가르침. 표기와 너무 다른 발음이니 표기가 수정되어야 할 것.

'블라우스'도 [브라우스]라고 많이 함. 원칙이 정확하게 되거나 용례 사전이라도 자세하게 나와서 정리가 되었으면 함. 가이드라인이 필요함.
김지형: 이런 문제를 표준 발음 규범에 둘 것인지 외래어 표기법에 둘 것인지 생각해 보아야 함. 외래어를 표준 발음에서 신경 쓸 필요는 없음. 표준 발음법에 '외래어의 발음은 외래어 표기법을 따른다.'라고 쓰면 될 것. '케이크/케잌', '워크샵/워크숍' 등은 표준 발음의 문제가 아니라 외래어 발음이 문제임.
백봉자: 외래어는 표기법과 표준 발음을 정해줘도 학생들이 잘 지키지 않음. 예를 들어 '케이팝'은 영어가 아닌 한국어로 생각해서 '게밥'이라고 함. 표준어 규정에서 손 댈 부분은 아님. 발음은 억양, 장단 등이 모두 합해져서 되는 것이니 장단, 억양, 강세에 대해 간단하게나마 총칙식으로 규정이 있어야 한다고 생각함.

③ 전문가

<MBC 아나운서>
황선숙: 외래어는 표기법대로 읽는 것에는 반대임. 외래어의 발음마저 규정한다는 것은 언어를 다양하게 사용하는 데에 방해가 된다고 생각함.
김나진: 외래어는 발음은 자유롭게 해도 된다고 생각함.
손정은: '온라인'을 [온나인/올라인]의 중간발음으로 하자는 의견도 있는게, 중간발음이라는 것 자체가 말이 안 된다고 생각함.
김상호: '온라인', '헨리'(4번 문항에서 언급)

<KBS 아나운서>
오유경: 외래어표기법이 나와서 더 발음하기 힘들어진 것 같음.
박현우: 표기법이 곧 발음법은 아니나 발음이 문자를 쫓아가게 되면서 이런 경향이 생긴 것. 원음에 맞게 읽는 것이 맞음. 경음은 과감하게 넣을 필요가 있음.
강성곤: [쎈터, 써비스]가 들어가면 다른 원칙이나 규정들도 손댈 수 있어야 함. '핀란드'와 같이 'ㄴㄹ'이 만나는 경우, [핀난드/필란드]를 고민함. '헨리', '스탠리'도 마찬가지임. '외래어의 발음도 한국어의 음운규칙에 따른다/예외로 한다'부터 정해지고 나서 세부규정을 만들어야 함.

<CBS 아나운서>
이명회: 외래어는 외국어의 실제 발음을 그대로 발음할 수도 없고, 외래어 표기법을 따라서 발음하는 것도 어색함. 그래서 방송에서는 사람들이 대체로 많이 쓰는 발음으로 타협하고 있음.
김용신: 외래어 발음은 현지의 발음을 따르는 것을 원칙으로 하지만, 발렌타인데이, 타이타닉 등 현지 발음을 따라가지 못하는 부분도 있음. 표기한 대로 하는 것이 옳은지 궁금함. /f/발음은 정확히 /f/로 하지는 않지만, /ㅍ/으로 발음하진 않음. 그래도 청취자들이 이상하다고 느끼지는 않음.
박명규: 외래어 발음은 점점 현지발음과 가깝게 발음하는 추세인 듯함. 우리의 음운규칙을 외래어에 적용시킬 필요는 없을 것 같음. 예를 들어 CBS에서는 '온라인'은 [온나인]으로 발음하며, 첫소리가 된소리로 되는 경우는 중간발음으로 적절히 선택해 옴. 방송에서 현장용 규정까지는 필요 없을 것 같고, 아나운서 연합회에서 발음에 대해 논의하고 국립국어원과 조율하는 체제를 만들면 좋을 듯함.

<방송 기자>
이주한: 외래어 발음에 대한 규정은 필요함. 예를 들어, '버스'를 [뻐스]가 아닌 [버스]라고 할 가이드라인이나 기준이 필요. 'super'의 경우는 '슈퍼'로 쓰고 [수퍼]로 발음할지 [슈퍼]로 발음할지 사람마다 의견

이 다른데, 이런 부분은 발음법을 보아도 나와 있지 않음. 그리고 'on-line'은 'off-line'과 비교하면 '온'을 강조해야 하는 것이 아닐까 하는 생각이 있음.
김연국: 외국어에서 한국어에 없는 [f, v]등을 발음할 때 어떻게 해야 하는지 고민이 됨.
배재학: 현지 발음과 유리된 경우 대단히 많음. 현지 발음과 가깝게 외래어 표준법을 정립하는 것이 시급함. 예(f와 l발음)

<성우>
김혜주: 현지 발음에 기인해서 발음하는 것이 좋을 듯함. 예를 들어 [가쓰/버쓰/써비쓰]. '온라인'은 all-line과 헷갈릴 수 있으니 [온나인]이라고 했으면 좋겠음.
김용식: /l/발음은 /ㄴ/으로 발음하고(온나인), /r/은 ㄹ발음을 살리는 것으로 구분함.
이기호: (언급 없음.)

<배우>
오미희: '온라인'은 [올라인]으로, '원룸'은 [원눔]으로 발음됨. '아웃렛'은 [아울렛], '인라인'은 [인나인], '오헨리'는 [오헨니]임. 먼저 귀에 와서 부딪친 말, 자주 쓰는 말로 발음하게 됨. 따라서 표준어학회, 표준어가 중요하고 방송은 그를 바르게 전해야 함.
이범수: 쓰여 있는 대로 발음하는 것이 가능하다면, 그대로 발음하는 것이 간편함. f발음은 [프]로 하되 영어 발음으로 하면 [f]로 하는 것이 맞는다고 생각함. '온라인'은 [온나인]으로 발음하지만 편해서 그렇게 하는 것일 뿐, 양쪽 다 발음이 가능하니 원칙이 정해졌으면 함. 양쪽을 다 허용하는 경우 시간이 흐르면서 한계가 드러날 것.

4. 요약

전문가 대상의 심층 면담 결과를 토대로 표준 발음법과 표준어에 대한 전문가의 견해를 정리하면 다음과 같다.

1) 표준 발음법과 표준 발음 사전

① **표준 발음 사전을 편찬한다고 하여도 표준 발음법은 기준으로서 필요함.**
  ㉠ 표준 발음법 자체는 현실발음이 표준 발음법에 반영될 수 있도록 수정되어야 함.
  ㉡ 복수 표준 발음을 인정할 수 있는 유연한 자세가 필요함.

② **표준 발음 사전과 표준 발음법이 상호 보완적인 관계임.**
  ㉠ 표준 발음을 확인하기 위해서는 표준 발음 사전을 참조하고, 그러한 표준 발음이 결정된 원칙을 확인하기 위해서는 표준 발음법을 확인하도록 권장하면 됨.
  ㉡ 학교 교육 현장 등에서 표준 발음법의 규정 자체를 교육하는 일은 지양해야 함.

③ **표준 발음 사전은 필요하나 접근성과 편리성이 전제되어야 함.**
  ㉠ 전자사전 형태의 외국인용 표준 발음 사전이 필요함.
  ㉡ 새 단어의 발음에 대해서 표준 발음을 결정하는 지침이 필요함.
  ㉢ 표준 발음법에 대한 예외 용례집이 필요함.

2) 표준 발음법 규정의 개정

① **표준 발음법을 개정할 필요성이 제기됨.**
  ㉠ 사례 중심이 되어서는 안 됨.
  ㉡ 일반인이 이해하기 쉽도록 간략하게 개정해야 함.
  ㉢ **용어나 서술을 쉽게 바꿀 필요가 있음.**
  - '관형격, 합성어'와 같은 용어는 일반인이 이해하기에 어려움.
  ㉣ **가능하면 예외에 대한 서술을 줄여야 함.**
  - '붙임'이나 '다만'과 같이 예외에 의해 규정을 복잡하게 만들어 놓은 항목은 수정할 필요가 있음. 10항의 겹받침 발음 관련 규정, 29항의 'ㄴ' 첨가 관련 규정
  - 한글 자모의 명칭: 한글 자모의 명칭을 바꾸는 방법이 있으나, 이는 혼란을 불러일으킬 수 있음. 현실적으로는 해당 항목을 표준 발음법에서 제외하고 예외의 항목들만 별도로 제시하는 방식으로 규정을 개정할 수 있음.
  ㉤ **기준이 확실하지 않아 혼란을 주는 항목들은 수정해야 함.**
  - 28항 "표기상으로는 사이시옷이 없더라도, 관형격 기능을 지니는 사이시옷이 있어야 할(휴지가 성립되는) 합성어의 경우에는, 뒤 단어의 첫소리 'ㄱ, ㄷ, ㅂ, ㅅ, ㅈ'을 된소리로 발음한다."
  ㉥ '허용한다'와 같은 **권위적인 표현은 표준 발음에 대한 오해를 불러일으킬 수 있음.**
  - "표준 발음에서는 다음과 같이 발음한다."와 같이 바꾸어야 함.

② 논란이 많은 발음
  ㉠ 장단: **현실 생활에서 장단은 비변별적임.**
  - 표준 발음법에 장단음이 있어야 한다는 견해와 표준 발음법에서 장단을 규정하는 데 대해 회의적인 견해가 대립하고 있으며, 장단음이 있으면 언어 유산을 이어받는다는 장점이 있기는 하지만 강요할 수는 없다는 견해가 제시됨.
  - <u>규정 자체에서는 장단의 존재를 인정</u>하고, 규정의 해설이나 사전의 일러두기에서 현실적인 발음에서는 장단의 구별이 의사소통에서 변별력을 잃고 있음을 설명한 후, **일반인들에게 강제하지 않는 방향**으로 정책을 제시할 필요가 있음.
  - <u>한국어교육 현장에서는 장단에 대한 교육을 제외</u>시킬 수 있다
  - 표준 발음의 **장단 규정을 전면에 내세우는 교육은 지양**되어야 할 것이다.
  ㉡ 단모음 'ㅚ, ㅟ': 'ㅚ, ㅟ'의 현실음을 인정하여 규정을 간명화할 필요가 있음.
  - **'ㅚ, ㅟ'는 단모음의 목록에서 제외하자는 의견이 다수임.**
    - 외래어의 [we]를 표기할 때 외래어 표기법을 통해 외국어의 단모음을 '외'로 적는 현재와 같은 방법을 유지함.
  ㉢ **경음화**: 표준 발음법을 따랐을 때와 현실발음대로 발음했을 때의 괴리가 있음.
  - '관건, 교과서, 김밥, 몰상식, 볶음밥, 비빔밥, 홀대, 효과'와 같은 단어의 발음이 문제가 됨.
  - 현장에서 언어는 변화하는 것으로 가르치면서 표준 발음을 암기하도록 가르칠 수밖에 없다는 문제가 있음.
  - <u>규범에서는 원칙만 제시하고 사전에서 두 가지 발음 모두 인정할 수 있음.</u>
  - 지명 등 고유명사에서 이러한 문제가 발생할 경우에는 하나로 통일을 해야 함.
  - '쑥맥'과 같은 **어두 경음화 발음을 인정할 필요가 있음.**
  ㉣ 겹받침: 'ㄹ'계 겹받침의 표준 발음에 대한 문제 제기가 많이 이루어졌다.
  - 'ㄹ'계 겹받침 중 발음에 혼동이 일어나는 것은 용언어간의 말음임.
  - '다만'과 같은 예외가 혼란을 일으키는 것으로 평가됨.
  - 하나로 통일하여 단순화시켜 혼란을 줄이자는 의견과 의사소통에 문제가 없다면 양쪽 다 인정하자는 의견으로 갈리지만, **겹받침 발음은 표기와 달리 의사소통에 결정적인 지장을 주는 것이 아니므로 표준 발음법은 맞춤법보다 유연하게 할 필요가 있다는 의견**이 지배적임.
  - '맛있다'의 표준 발음을 [마싣따]와 [마딛따] 모두 인정하듯이 복수 표준 발음으로 처리하는 방법이 있음.
  ㉤ 유음화와 치조비음화: [ㄴㄴ]과 [ㄹㄹ]을 모두 인정하자는 견해가 강하다.
  - **'선릉'**의 '릉'은 하나의 표기 원칙을 세움으로써 문제가 발생한 경우에 해당함. **'능'을 표기 자체에서 인정했다면 이러한 발음 문제가 제기되지는 않았을 것이다.**
  - 지명 등 고유명사는 현재와 같이 **'선릉, 태릉' 등의 표기를 유지한다면 공식 표기를 위한 발음과 함께 현실 발음 모두를 인정하려는 자세가 필요함.**
  ㉥ 'ㄴ' 첨가: **의사소통에 문제가 없는 한에서 두 가지 발음을 인정할 필요가 있음.**
  - '눈요기, 산양, 송별연, 설익다' 등이 문제 단어로 제시됨.
    ㉦ 재구조화된 단어의 발음: 재구조화된 단어는 현실 발음형을 받아들일 필요가 있음.
  - '닭, 무릎, 부엌, 외곬' 등이 문세 단어로 제시됨. '외곬'은 사용 빈도가 높지 않기 때문에 표기 자체를 바꾸어도 큰 혼란은 없을 것임. **'닭, 무릎, 부엌'의 경우는 문자 생활에 혼란을 초래할 수도 있으므로 '닭이'와 같은 표기의 발음에 대해 [달기]와 [다기]를 복수 표준 발음으로**

처리해야 할 수 있음.
  ⓑ 'ㅐ/ㅔ'의 혼동: 문제가 있는 단어의 변화를 인정하면 됨.
  - 표준 발음을 바꾸는 것이 아니라 **'네'라는 어형의 변이형으로 주격 조사 앞의 '니'를 인정하는 것이므로 '일상대화체'라는 전제가 있다면 큰 문제를 일으키지 않음.**
  ⓩ 기타 현실 발음: 방송 등 현장에서 **구어체의 현실 발음을 인정**할 수밖에 없는 경우가 있음.
  - "-고/-구, -요/-여, 도/두" 등이 제시됨.

3) 표준 발음 결정 절차

① 절차
  ㉠ **연령, 성별, 계층 등을 고려**하여 발음 모델 그룹을 안정적으로 구축하고, **발음을 수집**하여 안을 정하고 **전문가 집단에서 최종적인 검증**을 하는 과정을 거치는 방안을 제시됨.
  ㉡ 표준어의 선정과 표준 발음의 선정을 혼동해서는 안 됨.
  ㉢ 표준어를 선정한 후 해당 표준어에 대한 표준 발음을 정할 때 일반인의 발음을 토대로 전문가의 검증을 거쳐 표준 발음이 결정되어야 함.

② 조사 대상
  ㉠ 지역: 표준어가 서울말을 기준으로 하고 있으므로 **표기에 혼란을 가져오는 다른 지역의 발음은 받아들이지 않는 것이 좋다**는 견해가 다수임.
  ㉡ 계층: 다양한 세대와 계층의 발음을 고려하자는 의견과, 다음 세대의 표준 발음을 계도한다는 입장에서 조사 연령대를 40~50대로 해야 한다는 의견이 갈림.

③ 전문가 협의
  ㉠ 전문가는 교수 등 연구자 이외에 현장 전문가를 비롯하여 이 분야에 소양이 깊은 일반인까지 폭넓게 확장된 개념임.
  ㉡ 조사가 이루어진 후에는 전문가들이 이론을 바탕으로 큰 원칙을 정하고 **언중의 현실발음을 살펴 예외를 인정해야 함.**
  ㉢ 개별 어휘의 표준 발음은 **아나운서 연합회에서 조율하거나, 아나운서 연합회와 국립국어원이 함께 조율하는 방안이 제시되었음.**

4) 표준 발음 및 현실 발음의 관계

① 현실 발음의 반영
  ㉠ **표준 발음법이 현실 발음을 어느 정도는 반영해야 함.**
  ㉡ 발음에 대해서는 맞춤법보다 조금 더 유연한 자세가 필요함.
  - 문어와 구어의 차이에 대한 인식을 명확하게 전달해야 함.

② 복수 표준 발음의 인정
  ㉠ **복수 표준어가 인정되듯이 복수 표준 발음이 인정되어야 함.**
  - 복수표준 발음은 '맛있다[마싣따/마딛따]'처럼 기존에도 존재함.

- 현실 발음을 인정하거나, 복수표준 발음을 인정하는 작업은 표기에 영향을 끼치지 않는 수준에서 진행해야 함.
  ⓒ **현재의 맞춤법 규정에 어긋나지 않는 복수표준 발음 인정 필요.**
- 사이시옷이 표기되지 않는 경음화는 표기와 관련이 없음.

5) 외래어의 발음

① **외래어 발음의 원칙**
- 외래어는 원음에 맞게 발음하는 것이 옳다는 의견과 한국어의 음운규칙을 따라야 한다는 견해가 있으나 외국어를 원음에 맞게 발음하자는 의견은 해당 외국어를 아는 사람들에만 해당하기 때문에 현실성이 없음.

② **현실발음을 반영한 복수표준 발음의 인정**
  ⓖ 국어 음운 체계와 관련이 없는데도 외래어표기법에 의해 인정되지 않는 발음을 복수표준 발음으로 인정할 필요가 있음.
- '사인, 서클, 사인펜, 버스'의 경우 발음하는 대로 표기하지 않아서 발생한 문제임.
  ⓒ 표기법을 정한 후 다시 그렇게 표기된 어형을 발음하는 방식으로 표준 발음이 인식되어 문제가 됨.
- **'사인[사인/싸인]'처럼 표준 발음을 복수로 인정**하는 외래어 발음 원칙을 제시할 필요가 있음.

V. 일반인 발음 실태 조사

1. 일반인 발음 실태 조사 개요
1) 조사 목적

 이 조사는 일반 국민들의 실제 발음이 표준 발음법에서 규정하고 있는 표준 발음과 얼마나 부합하는지를 살피기 위한 것이다. 표준 발음법에서의 표준 발음은 규정을 제정할 당시의 실제 발음을 어느 정도 감안한 결과이기는 하지만 실제 발음과 정확히 일치하지는 않는다. 따라서 표준 발음법의 규정 당시에도 실제 발음과는 어느 정도 차이를 보인다. 게다가 표준 발음법을 규정한지 이미 25년이 지났고 그 사이 현실 발음은 계속 변화를 겪어 왔기 때문에 표준 발음과 현실 발음의 괴리는 좀 더 커졌으리라 예상된다. 그러므로 현실 발음을 정밀히 조사하여 표준 발음과의 차이가 얼마나 벌어졌는지를 살필 필요가 있다. 이 조사의 목적은 바로 여기에 있다. 이 조사를 통해 1) 국민들의 발음 실태가 무엇인지를 파악할 수 있고, 2) 지역별, 성별, 연령별 등 각종 변수에 따라 발음이 어떻게 다른 양상을 보이는지 살필 수 있으며, 3) 국어 발음의 변화 방향을 예측할 수 있고, 4) 국어의 음성 자료를 구축할 수 있다.

2) 조사 방법

 이번 조사에서는 지역별, 성별, 연령별 변수를 고려하여 총 505명의 국민을 대상으로 직접 대면 조사를 통해 발음 실태를 녹음하고 그것을 전산화하였다. 구체적인 조사 방법을 제시하면 다음과 같다.

(1) 조사 항목 선정

 조사 항목은 기본적으로 표준 발음법에서 규정하고 있는 각 조항을 충실히 반영할 수 있는 것들을 선정하였다. 국민들이 실생활에서 잘 접할 수 있는 항목들을 1차적으로 선정하였으며, 다소 접하기 어렵더라도 표준 발음법 규정의 확인에 필요한 것들을 일부 추가하였다. 이 외에 표준 발음법에서는 다루지 않지만 외래어 발음과 관련된 항목들도 조사 대상에 포함하였다. 구체적인 조사 항목은 아래의 1.3에 제시해 두었다.

(2) 녹음

 제보자를 직접 대면하여 녹음기로 녹음하는 방식을 취하였다. 제보자에게 준비된 조사지를 읽게 하고 조사자는 그것을 디지털 녹음기로 녹음한 후, 다시 음소 수준에서 전사하는 과정을 거쳤다. 조사를 하기 이전에 녹음할 때의 유의 사항, 조사할 때 중점을 두어야 할 부분 등을 충분히 공유하여 조사자에 따른 편차가 최소화되도록 하였다. 녹음과 관련하여 다음과 같은 사항들을 미리 마련하였다.

1. 녹음기 세팅
(1) 녹음기는 음질 조정이 가능한 고급형 녹음기를 사용
(2) 녹음은 44000Hz, Mono, wave 파일 형식. 녹음기에 따라 wave 파일이 지원되지 않는 것도 있으나 전환이 가능하니 반드시 44000Hz와 Mono는 반드시 지키기.
(3) 녹음 음량은 최대가 80% 정도가 되도록 조정
(4) 반드시 외부 마이크를 사용

2. 녹음
(1) 녹음 시작 전
녹음기, 마이크의 세팅을 모두 끝내고 녹음 방법을 설명
(2) 단어 녹음
① 예비 녹음 : 예비 녹음을 하여 문제가 없으면 본 녹음에 착수
② 본 녹음: 항목 당 1회씩 녹음. 녹음 중 잘못된 부분이 있거나, 제보자가 스스로 다시 발음할 경우 다시 발음한 내용을 자료로 선택
※ 다음의 항목들은 '발음 시 입술의 모양을 유심히 관찰하여 단모음과 이중모음의 여부를 판단하여야 합니다. 나중에 전사할 때에는 구분하기 힘들기 때문에 미리 전사한다는 생각으로 체크하시기 바랍니다. (별도의 체크리스트 첨부)

| 3. 위장 6. 쥐덫 19. 귀족 20. 피병 21. 외국 23. 뇌물 25. 계획 |

※ 'ㅔ' 'ㅐ'가 구별되는지 알기 위해 비록 번호가 떨어져 있지만 다음의 항목들은 연속해서 발음해 보도록 별도로 요구할 필요가 있습니다.

| 2. 개집 ⇔ 11. 계장   4. 떼거지 ⇔ 때수건   18. 애국 ⇔ 에누리 |

(3) 문장 녹음
① 연습 : 평소 말하는 속도로 읽게끔 요청을 하여 한두 문장을 읽게 함.
② 예비 녹음, 본 녹음 : 단어 녹음과 동일
3. 녹음 파일 정리
(1) 파일 리스트 작성 방식

일련번호	제보자	약호	구분	일시	지역	비고
MA001	한성우/44/남	ic_hsw_44_m_w	단어	7. 20	인천 숭의동	

* 약호는 지역_이름_연령_성별_녹음구분 순서로 함. '지역' 약호는 다음 참조.
su-서울 ic-인천 gg-경기 gw-강원 dj-대전 cn-충남 cb-충북 jn-전남
jb-전북 gj-광주 gn-경남 gb-경북 dg-대구 bs-부산 us-울산 jj-제주
(2) 컴퓨터 저장
* 전송용 파일은 약호.wav 파일로 합니다. 예) ic_hsw_44_m_w.wav

(3) 조사 대상자 선정

연령별, 지역별 조사 대상자는 다음과 같이 선정하였다.

	연령대별 조사 대상자				
	10대	20·30대	40·50대	60대 이상	계
서울	23	18	19	25	85
경기	10	10	10	10	40
인천	10	10	10	10	40
강원	10	10	10	10	40
충북	10	10	10	10	40
충남	12	13	13	12	50
경북	12	13	13	12	50
경남	12	13	13	12	50
전북	10	10	10	10	40
전남	12	13	13	12	50
제주	5	5	5	5	20
계	126	125	126	128	505

연령별 비율은 4개 부류로 나누어 동일하게 했으며 지역별 비율은 인구 수를 어느 정도 고려하되 여러 지역들을 골고루 포괄하도록 했다. 남녀 비율은 동일하게 했다.

(4) 통계

음성 조사의 통계 분석은 여러 가지 차원에서 매우 자세하게 하도록 했다. 개별 항목에 대해 지역, 연령, 성별 변수를 고려하지 않은 전체 통계를 기본적으로 내었고, 각 변수별 통계를 역시 제시했다. 그 후에는 변수 상호간의 관계를 고려하여 변수별 교차 분석 통계도 제시했다. 그 결과 하나의 단어에 대해서도 매우 다양한 차원에서의 통계 분석이 가능해졌다. 구체적인 분석 방식과 결과는 부록에 제시하는 내용을 통해 확인할 수 있다.

(5) 분석

통계 처리된 자료는 음운론, 음성학 전공 전문가에 의해 분석이 이루어졌다. 개별 항목별로 해당 항목의 조사 목적, 활용 분야, 통계 자료 제시, 해석 등의 순서로 일관된 기술이 이루어지도록 했다. 지역, 연령, 성별 변수를 고려하여 발음 조사 결과를 기술하되, 특히 유의미한 차이가 어떤 변수에 의해 두드러지게 나타나는지에 주목하였다.

3) 조사 내용
(1) 단어 조사

단어 조사는 표준 발음법에서 규정한 발음을 충분히 반영할 수 있도록 했다. 구체적인 목록 및 그와 관련된 표준 발음법 조항은 다음과 같다.

	항목	표준 발음	표준 발음법
①	답례	담녜	제5항 '예, 례'는 반드시 [ㅖ]
②	개집	개:집	제4항 'ㅔ'와 'ㅐ'의 구분. 제6항 음장.
③	위장	yʃaŋ~wiʃaŋ	제4항 'ㅟ'의 단모음과 이중모음.
④	떼거지	떼거지	제4항 'ㅔ'와 'ㅐ'의 구분.
⑤	의자	의자	제5항 이중모음 '의'
⑥	쥐덫	ʃytət~ʃwitət	제4항 'ㅟ'의 단모음과 이중모음.
⑦	혜택	헤:택~혜:택	제5항 '예, 례' 이외의 'ㅖ[ㅔ]'. 제6항 음장.
⑧	띄어쓰기	띠어~띠여-	제5항 자음 뒤 'ㅢ'는 [ㅣ]. 제22항 '피어~피여' 허용
⑨	사례	사(:)례	제5항 '예, 례'는 반드시 [ㅖ]
⑩	눈썹	눈썹	제6항 음장.
⑪	게장	게:장	제4항 'ㅔ'와 'ㅐ'의 구분. 제6항 음장.
⑫	눈밭	눈:받	제6항 음장. 제21항 위치동화 불가
⑬	때수건	때수건	제4항 'ㅔ'와 'ㅐ'의 구분.
⑭	예의	예의~예이	제5항 '예, 례'는 반드시 [ㅖ]. 비어두 '의'[의~이].
⑮	관례	괄례	제5항 '예, 례'는 반드시 [ㅖ]. 제20항 유음화.
⑯	흰색	힌색	제5항 자음 뒤 'ㅢ'는 [ㅣ].
⑰	말씀	말:씀	제6항 음장.
⑱	애국	애:국	제4항 'ㅔ'와 'ㅐ'의 구분. 제6항 음장.
⑲	귀족	kyʃok~kwiʃok	제4항 'ㅟ'의 단모음과 이중모음. 제6항 음장.
⑳	꾀병	꾀병~꿰병	제4항 'ㅚ'의 단모음과 이중모음.
㉑	외국	외:국~웨:국	제4항 'ㅚ'의 단모음과 이중모음. 제6항 음장.
㉒	말굽	말굽	제6항 음장.
㉓	뇌물	뇌물~눼물	제4항 'ㅚ'의 단모음과 이중모음.
㉔	에누리	에누리	제4항 'ㅔ'와 'ㅐ'의 구분.
㉕	계획	계:획~게:획~계:훽~게:훽	제5항 '예, 례' 이외의 'ㅖ[ㅔ]'. 제4항 'ㅔ'와 'ㅐ'의 구분. 제6항 음장. 제4항 'ㅚ'의 단모음과 이중모음.

(2) 문장 조사

문장 조사는 단어 조사에서 하기 힘든 좀 더 자연스러운 발음을 살피기 위해 실시했다. 하나의 문장 안에서 여러 가지 표준 발음 내용을 조사할 수 있도록 내용을 조정하였다. 구체적인 문장 목록 및 각 문장 안에서 중점을 두어 살필 조사 항목은 다음과 같다.

① 넓디넓은 밭 아래에는 꽃이 많이 피었다.
- 넓디넓은[널띠널븐] 넙띠(×)
- 밭 아래[바다래]
- 꽃이[꼬치] 꼬시(×)
- 피었다[피얻따~피얼따]
- 아래에는[아래에는] 아래예는(×)

② 값이 비싼 춘란을 책상 앞에 놓았다.
- 값이[갑씨] 가비(×)
- 춘란[출란] 춘난(×)
- 앞에[아페] 아베(×)
- 놓았다[노앋따] 노왇따(×)

③ 금요일에는 남유럽으로 떠날 동생의 송별연이 열린다.
- 금요일[그묘일] 금뇨일(×)
- 남유럽[남뉴럽] 나뮤럽(?)
- 떠날 동생[떠날똥생~떠날동생]
- 동생의[--의~--에]
- 송별연[송:벼련] 송별련(×)

④ 낮이면 햇살 가득한 냇가에 간다.
- 낮이면[나지면] 나시면(×)
- 햇살[해쌀~핻쌀]
- 가득한[가드칸] 가드간(×)
- 냇가[낻까~내까]

⑤ 흙을 함부로 밟고 다니면 안 된다.
- 흙을[흘글] 흐글(×)
- 밟고[밥:꼬] 발꼬(×)
- 된다[된다~뒌다] 덴다(×)

⑥ 버스 안에는 육학년 학생이 여덟이나 되었다.
- 버스[버스] 뻐쓰(×)
- 육학년[유캉년] 유강년(×)
- 여덟이나[여덜비나] 여더리나(×)
- 되었다[되얻따~되열따]

⑦ 부엌에 멋있는 무쇠솥이 걸려 있다.
- 부엌에[부어케] 부어게(×)
- 멋있는[머신는~머딘는]
- 솥이[소치] 소시(×)

⑧ 예쁜 테이블보 위에 차려진 아침밥을 맛있게 먹었다.
- 테이블보[테이블보] 테이블뽀(×)
- 아침밥[아침빱] 아침밥(×)
- 맛있게[마싣께~마딛께]
- 위에[위에] 위예(×)

⑨ 나는 시를 읊고 친구는 시조를 읊는다.
- 읊고[읍꼬] 을꼬(×)
- 읊는다[음는다] 올른다(×)

⑩ 엄마는 아기를 안고 조심조심 땅을 밟는다.
- 안고[안꼬] 안고(×)
- 밟는다[밤:는다] 발른다(×)

⑪ 네가 오면 줄 밥을 했는데 김밥을 사 왔구나.
- 줄 밥[줄빱~줄밥]
- 김밥[김밥] 김빱(×)
- 왔구나[왇꾸나] 왁꾸나(×)

⑫ 맏형이 막내에게 신발을 신겨 준다.
- 맏형[마텽] 마뎡(×)
- 신겨[신겨] 신켜(×)
- 막내에게[망내에게] 망내예게(×)

⑬ 등을 긁던 손에 침을 발라 책을 읽습니다.
- 긁던[극떤] 글떤(×)
- 읽습니다[익씀니다] 일씀니다(×)

⑭ 공권력 행사를 위한 결단력이 필요하다.

- 공권력[공꿘녁] 공꿜력(×)
- 결단력[결딴녁] 결딸력(×)

⑮ 농부가 밭으로 밭일을 가고 있습니다.
- 밭으로[바트로] 바스로/바츠로(×)
- 밭일[반닐] 바딜(×)
- 있습니다[읻씀니다] 이씀니다(×)

⑯ 벼훑이는 벼를 훑는 데 좋습니다.
- 벼훑이[벼훌치] 벼훌티(×)
- 훑는[훌른] 훈는(×)
- 좋습니다[조씀니다] 존씀니다(×)

⑰ 꽃 한 송이 없는 극한의 땅!
- 꽃 한[꼬탄] 꼬단(×)
- 극한[그칸] 그간(×)
- 극한의[그카늬/그카네]

⑱ 너무 외곬으로 살면 남과 지내기 어렵다.
- 외곬으로[외골쓰로] 외골로(×)
- 남과[남과] 낭과(×)

⑲ 난로가 없어서 양말을 신고 담요를 덮었다.
- 난로[날로] 난노(×)
- 없어서[업써서] 업서서(×)
- 신고[신ː꼬] 싱꼬(×) 신고(×)
- 담요[담ː뇨] 다묘(×)

⑳ 보름달은 밝게 빛을 내고 산새가 구슬프게 운다.
- 보름달[보름딸] 보름달(×)
- 밝게[발께] 박께(×)
- 빛을[비츨] 비슬(×)
- 산새[산쌔] 산새(×)
- 구슬프게[구슬프게] 구슬푸게(×)

㉑ 솔잎을 길가에 뿌려 놓습니다.
- 솔잎[솔립] 소립(×)
- 솔잎을[솔리플] 솔리블(×)
- 길가[길까] 길가(×)
- 놓습니다[노씀니다] 논씀니다(×)

㉒ 어디에 입학할지 갈등하다가 친구 말을 곧이듣고 말았다.
- 입학[이팍] 이박(×)
- 갈등[갈뜽] 갈등(×)
- 친구[친구] 칭구(×)
- 곧이듣고[고지듣꼬] 고디듣꼬(×)
- 어디에[어디에] 어디예(×)

㉓ 온라인상의 자료 다운로드하는 법을 알고 있다.
- 온라인[온나인~올라인]
- 다운로드[다운노드~다울로드]

㉔ 남북한의 합의하에 핫라인을 설치했다.
- 남북한[남부칸] 남부간(×)
- 합의[하븨~하비]
- 핫라인[한나인~할라인]

(3) 조사 설문지
이번 실태 조사에서 사용된 설문지는 다음과 같다.

통계법 33조(비밀의 보호)에 의거, 본 조사에서 개인의 비밀에 속하는 사항은 엄격히 보호됩니다.

표준 발음 영향 평가 조사
-음성 자료 수집을 위한 질문지-

ID

안녕하십니까? '표준 발음법 영향 평가'의 음성 자료 수집을 위한 질문에 응해 주셔서 감사합니다. 이 조사는 표준 발음법이 우리 언어생활에 미치는 영향을 파악하기 위하여 국립국어원에서 주관하고 서울대학교 산학협력단에서 수행하는 조사입니다. 이번 조사를 통해 '표준 발음법'에 대한 국민들의 의견을 수렴하여 국어 정책에 참고 자료로 활용하고자 합니다.

읽어주신 발음의 녹음은 통계 분석을 위해서만 사용되며, 귀하의 개인 정보는 법에 의해 보호됨을 약속드립니다.(통계법 제33조) 바쁘시더라도 본 질문에 협조하여 주시면 대단히 감사하겠습니다.

사업 주관: 국립국어원 어문연구팀
김한샘 학예연구관(02-2669-9712)

조사 기관: 서울대학교 산학협력단
연구 책임자: 서울대학교 인문대학 국어국문학과
교수 김성규(02-880-9194)

응답자 성명		응답자 ID		
응답자 주소	_____시/도 _____구/시/군 _____동·읍/면			
면접 날짜	____년 ____월 ____일 ____시 ____분 ~ ____분			
SQ1. 거주 지역	① 서울 ② 부산 ③ 대구 ④ 인천 ⑤ 광주 ⑥ 대전 ⑦ 울산 ⑧ 경기 ⑨ 강원 ⑩ 충북 ⑪ 충남 ⑫ 전북 ⑬ 전남 ⑭ 경북 ⑮ 경남 ⑯ 제주			
SQ2. 거주지 규모	① 대도시　　　　② 중소 도시　　　　③ 군 지역			
SQ3. 성별	① 남성　　　　② 여성			
SQ4. 연령	선생님의 연세는 올해 만으로 어떻게 되십니까? ☞ **만 13세 미만 면접 중단** ① 만 13~19세　　② 만 20~29세　　③ 만 30~39세 ④ 만 40~49세　　⑤ 만 50~59세　　⑥ 만 60세 이상			
면접원 성명		검증원 확인		코딩원 확인

단어와 문장을 읽는 방법에 대한 설명

☞ 이 질문은 선생님께서 표준 발음을 구사하는지를 확인하는 것이 아닙니다. 선생님의 평소의 발음대로 읽어주시기 바랍니다.

■ 다음의 단어를 읽어 주십시오.

1. 답례   2. 개집   3. 위장   4. 떼거지   5. 의자
6. 쥐덫   7. 혜택   8. 띄어쓰기 9. 사례   10. 눈썹
11. 게장   12. 눈밭   13. 때수건   14. 예의   15. 관례
16. 흰색   17. 말씀   18. 애국   19. 귀족   20. 꾀병
21. 외국   22. 말굽   23. 뇌물   24. 에누리 25. 계획

■ 다음의 문장을 읽어 주십시오.

1. 넓디넓은 밭 아래에는 꽃이 많이 피었다.
2. 값이 비싼 춘란을 책상 앞에 놓았다.
3. 금요일에는 남유럽으로 떠날 동생의 송별연이 열린다.
4. 낮이면 햇살 가득한 냇가에 간다.
5. 흙을 함부로 밟고 다니면 안 된다.
6. 버스 안에는 육학년 학생이 여덟이나 되었다.
7. 부엌에 멋있는 무쇠솥이 걸려 있다.
8. 예쁜 테이블보 위에 차려진 아침밥을 맛있게 먹었다.
9. 나는 시를 읊고 친구는 시조를 읊는다.
10. 엄마는 아기를 안고 조심조심 땅을 밟는다.
11. 네가 오면 줄 밥을 했는데 김밥을 사 왔구나.
12. 맏형이 막내에게 신발을 신겨 준다.
13. 등을 긁던 손에 침을 발라 책을 읽습니다.
14. 공권력 행사를 위한 결단력이 필요하다.
15. 농부가 밭으로 밭일을 가고 있습니다.
16. 벼훑이는 벼를 훑는 데 좋습니다.
17. 꽃 한 송이 없는 극한의 땅!

18. 너무 외곬으로 살면 남과 지내기 어렵다.
19. 난로가 없어서 양말을 신고 담요를 덮었다.
20. 보름달은 밝게 빛을 내고 산새가 구슬프게 운다.
21. 솔잎을 길가에 뿌려 놓습니다.
22. 어디에 입학할지 갈등하다가 친구 말을 곧이듣고 말았다.
23. 온라인상의 자료를 다운로드하는 법을 알고 있다.
24. 남북한의 합의하에 핫라인을 설치했다.

마지막으로 통계처리를 위해 몇가지만 더 여쭙겠습니다.

DQ1. 선생님의 직업은 무엇입니까?
① 농업, 어업, 임업　　② 자영업　　　　　③ 판매/서비스직
④ 기능/숙련공　　　　⑤ 일반작업직　　　⑥ 사무/기술직
⑦ 경영관리직　　　　⑧ 전문/자유직　　　⑨ 가정주부
⑩ 학 생　　　　　　　⑪ 무 직　　　　　　⑫ 기타(_____)

DQ2. 실례지만, 선생님의 학력은 어떻게 되십니까?
① 초등학교 졸업 이하　② 중학생　　　　　③ 중학교 졸업
④ 고등학생　　　　　　⑤ 고등학교 졸업　　⑥ 대학생
⑦ 대학생/대학교 졸업　⑧ 대학원 재학 이상

♣ 시간을 내어 주셔서 대단히 감사합니다 ♣

2. 일반인 발음 실태 조사 결과 분석
1) 단모음의 발음

※ 표준 발음법의 관련 조항

> 제4항 'ㅏ ㅐ ㅓ ㅔ ㅗ ㅚ ㅜ ㅟ ㅡ ㅣ'는 단모음(單母音)으로 발음한다.
> [붙임] 'ㅚ, ㅟ'는 이중 모음으로 발음할 수 있다.

(1) 'ㅔ'와 'ㅐ'의 구별

① 애국

이 항목은 초성이 없는 경우의 어두 'ㅐ'가 어떻게 실현되는지를 조사하기 위한 것이다. 조사 결과는 단모음 체계의 설정, 'ㅐ'와 'ㅔ'의 구별 여부를 판단하는 데 활용된다.

		애국			
		빈도	퍼센트	유효 퍼센트	누적퍼센트
유효	ε	52	10.3	10.3	10.3
	e	6	1.2	1.2	11.5
	E	444	87.9	87.9	99.4
	기타	3	0.6	0.6	100.0
	합계	505	100.0	100.0	

위의 조사 결과에서 알 수 있듯이 '애국'의 'ㅐ'는 대체로 [E]로 발음되고 있다. 유효 응답자의 87.9%가 [E]로 발음했으며 [ε]가 10.3%, [e]가 1.2%였다. 이것은 'ㅐ'와 'ㅔ'의 발음상 구분이 정확히 이루어질 가능성이 낮음을 말해 준다.

지역별로 보면 'ㅐ'를 [ε]로 온전하게 발음하는 비율은 광주, 충북, 경기의 순으로 높다. 지역을 방언권별로 묶어서 살필 경우 중부 방언과 서남 방언에서 [ε]로 발음되는 비율이 높은 것으로 나타났다. 그러나 여기에서 어떤 특별한 이유를 찾기는 어렵다. 성별로는 남성이 'ㅐ'를 [ε]로 발음하는 비율이 11.9%, 여성이 8.8%로 나타나 남성의 비율이 더 높았다. 연령별로 보면 60대를 기준으로 그 이상과 이하에서 뚜렷한 차이를 보인다. 60대 이상에서는 'ㅐ'가 [ε]로 발음되는 비율이 거의 30%에 육박하지만 그 이하 세대에서는 [ε]로 발음되는 비율이 5%도 되지 않을 정도로 매우 드물다.

② 에누리

이 항목은 초성이 없는 경우의 어두 'ㅔ'가 어떻게 실현되는지를 조사하기 위한 것이다. 조사 결과는 단모음 체계의 설정, 'ㅐ'와 'ㅔ'의 구별 여부를 판단하는 데 활용된다.

		에누리			
		빈도	퍼센트	유효 퍼센트	누적퍼센트
유효	e	54	10.7	10.7	10.7
	ɛ	8	1.6	1.6	12.3
	E	443	87.7	87.7	100.0
	합계	505	100.0	100.0	

위의 조사 결과에서 알 수 있듯이 '에누리'의 'ㅔ'는 대체로 [E]로 발음되고 있다. 유효 응답자의 87.7%가 [E]로 발음했으며 [e]가 10.7%, [ɛ]가 1.6%였다. '에누리'의 'ㅔ' 발음은 '애국'의 'ㅐ' 발음과 거의 평행적인 모습을 보인다. 이것은 'ㅐ'와 'ㅔ'의 발음상 구분이 정확히 이루어질 가능성이 낮음을 말해 준다.

지역별로 보면 'ㅔ'를 [e]로 온전하게 발음하는 비율은 광주, 충북, 경기의 순으로 높다. 지역을 방언권별로 묶어서 살필 경우 중부 방언과 서남 방언에서 [ɛ]로 발음되는 비율이 높은 것으로 나타났다. 그렇지만 여기에서 어떤 특별한 이유를 찾기는 어렵다. 성별로는 남성이 'ㅔ'를 [e]로 발음하는 비율이 13.1%로 여성의 8.4%보다 다소 높게 나타났다. 연령별로 보면 60대를 기준으로 그 이상과 이하에서 뚜렷한 차이를 보인다. 60대 이상에서는 'ㅔ'가 [e]로 발음되는 비율이 30% 정도 되지만 그 이하 세대에서는 [e]로 발음되는 비율이 5%도 되지 않을 정도로 매우 드물다.

③ 개집

이 항목은 초성이 있는 경우의 어두 음절 'ㅐ'가 어떻게 실현되는지를 조사하기 위한 것이다. 조사 결과는 단모음 체계의 설정, 'ㅐ'와 'ㅔ'의 구별 여부를 판단하는 데 활용된다.

		개집			
		빈도	퍼센트	유효 퍼센트	누적퍼센트
유효	ɛ	41	8.1	8.1	8.1
	e	15	3.0	3.0	11.1
	E	449	88.9	88.9	100.0
	합계	505	100.0	100.0	

위의 조사 결과에서 알 수 있듯이 '개집'의 'ㅐ'는 대체로 [E]로 발음되고 있다. 유효 응답자의 88.9%가 [E]로 발음했으며 [ɛ]가 8.1%, [e]가 3.0%였다. '개집'의 'ㅐ' 발음은 '애국'의 'ㅐ' 발음과 거의 같은 모습을 보인다. 이것은 'ㅐ'와 'ㅔ'의 발음상 구분이 초성의 유무와는 상관이 없음을 말해 준다.

지역별로 보면 'ㅐ'를 [ɛ]로 온전하게 발음하는 비율은 광주, 충북, 경기/강원의 순으로 높은데 이것은 초성을 가지고 있지 않은 '애국'의 경우와 동일하다. 지역을 방언권별로 묶어서 살필 경우 중부 방언과 서남 방언에서 [ɛ]로 발음되는 비율이 10% 안팎으로 나타나고 있다. 성별로는 남성이 'ㅐ'를 [ɛ]로 발음하는 비율이 10.6%로 여성의 5.7%보다는 꽤 높게 조사되었다. 연령별로 보면 60대를 기준으로 그 이상과 이하에서 뚜렷한 차이를 보인다. 60대 이상에서는 'ㅐ'가 [ɛ]로 발음되는 비율이 거의 24.1%에 이르지만 그 이하 세대에서는 3%도 되지 않을 정도로 매우 드물다. 특히 20대 이하에서는 [ɛ]로 발음하는 경우가 1건에 불과했다.

4 게장

이 항목은 초성이 있는 경우의 어두 음절 'ㅔ'가 어떻게 실현되는지를 조사하기 위한 것이다. 조사 결과는 단모음 체계의 설정, 'ㅐ'와 'ㅔ'의 구별 여부를 판단하는 데 활용된다.

		게집			
		빈도	퍼센트	유효 퍼센트	누적퍼센트
유효	ɛ	55	10.9	10.9	10.9
	e	7	1.4	1.4	12.3
	E	441	87.3	87.3	99.6
	기타	2	0.4	0.4	100.0
	합계	505	100.0	100.0	

위의 조사 결과에서 알 수 있듯이 '게장'의 'ㅔ'는 대체로 [E]로 발음되고 있다. 유효 응답자의 87.3%가 [E]로 발음했으며 [e]가 10.9%, [ɛ]가 1.4%였다. '게장'의 'ㅔ' 발음은 '에누리'의 'ㅔ' 발음과 거의 평행적인 모습을 보인다. 이것은 'ㅐ'와 'ㅔ'의 발음상 구분이 초성의 유무와는 상관이 없음을 말해 준다.

지역별로 보면 'ㅔ'를 [e]로 온전하게 발음하는 비율은 광주, 충북, 경기/강원의 순으로 높다. 지역을 방언권별로 묶어서 살필 경우 중부 방언과 서남 방언에서 [e]로 발음되는 비율이 높은 것으로 나타났다. 성별로는 남성이 'ㅔ'를 [e]로 발음하는 비율이 12.3%로 여성의 9.6%보다 다소 높게 나타났다. 연령별로 보면 60대를 기준으로 그 이상과 이하에서 뚜렷한 차이를 보인다. 60대 이상에서는 'ㅔ'가 [e]로 발음되는 비율이 26.6% 정도 되지만 그 이하 세대에서는 [e]로 발음되는 비율이 7.8%에 불과하다.

5 때수건

이 항목은 초성이 있는 경우의 어두 음절 'ㅐ'가 어떻게 실현되는지를 조사하기 위한 것이다. 조사 결과는 단모음 체계의 설정, 'ㅐ'와 'ㅔ'의 구별 여부를 판단하는 데 활용된다.

		때수건			
		빈도	퍼센트	유효 퍼센트	누적퍼센트
유효	ɛ	39	7.7	7.7	7.7
	e	18	3.6	3.6	11.3
	E	448	88.7	88.7	100.0
	합계	505	100.0	100.0	

위의 조사 결과에서 알 수 있듯이 '때수건'의 'ㅐ'는 대체로 [E]로 발음되고 있다. 유효 응답자의 88.7%가 [E]로 발음했으며 [ɛ]가 7.7%, [e]가 3.6%였다. 이러한 비율은 '애국'이나 '개집'의 'ㅐ'와 거의 일치한다. 즉 초성의 유무나 종류와 무관하게 'ㅐ'의 실현 양상은 동일한 모습을 지니는 것이다.

지역별로 보면 'ㅐ'를 [ɛ]로 온전하게 발음하는 비율은 광주, 충북, 경기, 강원의 순으로 높은데 이것은 초성을 가지고 있지 않은 '에누리'의 경우와 동일하다. 지역을 방언권별로 묶어서 살필 경우 중부 방언과 서남 방언에서 [ɛ]로 발음되는 비율이 10% 안팎으로 나타나고 있다. 성별로는 남성이 'ㅐ'를 [ɛ]로 발음하는 비율이 10.6%로 여성의 5.7%보다는 높게 조사되었다. 연령별로 보면 60대를 기준으로 그 이상과 이하에서 뚜렷한 차이를 보인다. 60대 이상에서는 'ㅐ'가 [ɛ]로 발음되는 비율이 거의 25.0%에 이르지만 그 이하 세대에서는 3%도 되지 않을 정도로 매우 드물다. 특히 20대 이하에서는 [ɛ]로 발음하는 경우가 1건에 불과했다.

6 떼거지

이 항목은 초성이 있는 경우의 어두 음절 'ㅔ'가 어떻게 실현되는지를 조사하기 위한 것이다. 조사 결과는 단모음 체계의 설정, 'ㅐ'와 'ㅔ'의 구별 여부를 판단하는 데 활용된다.

		떼거지			
		빈도	퍼센트	유효 퍼센트	누적퍼센트
유효	ɛ	58	11.5	11.5	11.5
	e	2	0.4	0.4	11.9
	E	444	87.9	87.9	99.8
	기타	1	0.2	0.2	100.0
	합계	505	100.0	100.0	

위의 조사 결과에서 알 수 있듯이 '떼거지'의 'ㅔ'는 대체로 [E]로 발음되고 있다. 유효 응답자의 87.9%가 [E]로 발음했으며 [e]가 11.5%, [ɛ]가 0.4%였다. '떼거지'의 'ㅔ' 발음은 '에누리'나 '게장'의 'ㅔ' 발음과 거의 평행적인 모습을 보인다. 즉 초성의 유무나 종류와 무관하게 'ㅐ'의 실현 양상은 동일한 모습을 지니는 것이다.

지역별로 보면 'ㅔ'를 [e]로 온전하게 발음하는 비율은 광주, 충북, 경기의 순으로 높다. 지역을 방언권별로 묶어서 살필 경우 중부 방언과 서남 방언에서 [e]로 발음되는 비율이 높은 것으로 나타났다. 성별로는 남성이 'ㅔ'를 [e]로 발음하는 비율이 13.1%로 여성의 10.0%보다 약간 높게 나타났다. 연령별로 보면 60대를 기준으로 그 이상과 이하에서 뚜렷한 차이를 보인다. 60대 이상에서는 'ㅔ'가 [e]로 발음되는 비율이 25.8%이지만 그 이하 세대에서는 [e]로 발음되는 비율이 6.8%에 불과하다.

(2) 'ㅚ'의 발음

① 외국

이 항목은 초성이 없는 경우의 어두 'ㅚ'가 어떻게 실현되는지를 조사하기 위한 것이다. 조사 결과는 단모음 체계의 설정, 특히 단모음 'ㅚ'의 설정 여부를 판단하는 데 활용된다.

		외국			
		빈도	퍼센트	유효 퍼센트	누적퍼센트
유효	ö	35	6.9	6.9	6.9
	we	443	87.7	87.7	94.7
	e	23	4.6	4.6	99.2
	기타	4	0.8	0.8	100.0
	합계	505	100.0	100.0	

위의 조사 결과에서 알 수 있듯이 '외국'의 'ㅚ'는 대부분 이중 모음인 [we]로 발음되고 있다. 유효 응답자의 87.7%가 [we]로 발음했으며 단모음인 [ö]는 6.9%, [we]에서 'w'가 탈락한 [e]는 4.6%였다. 'ㅚ'는 단모음으로 발음하는 것이 원칙이되 이중 모음으로 발음하는 것도 허용한다는 표준 발음법 규정에 비추어 볼 때 허용 발음이 압도적으로 많고 원칙 발음은 소수에 그칠 뿐이다.

지역별로 보면 'ㅚ'를 [ö]로 발음하는 비율은 전북이 27.5%로 가장 높고 강원이 22.5%, 충북이 17.5%로 뒤를 잇고 있다. 'ㅚ'를 [we]로 발음하는 비율은 대부분 지역이 매우 높지만 전북, 강원, 충북은 상대적으로 낮게 나타나는데 이 지역들은 'ㅚ'가 단모음으로 발음되는 비율이 높기 때문이다. 지역을 방언권별로 묶어서 살필 경우 서남 방언이 15.6%, 중부 방언이 7.1%의 비율로 'ㅚ'를 단모음 [ö]로 발음하고 있다. 반면 다른 방언권에서는 'ㅚ'를 [ö]로 발음하는 비율이 0%이다. 중부 방언이나 서남 방언이 'ㅚ'를 단모음으로 잘 유지하고 있다는 1980년대의 조사 결과와 어느 정도 통하는 면이 있다. 'ㅚ'를 [we]로 발음하는 비율은 제주도 방언이 100%, 동남 방언이 96%를 보인다.

성별로는 남성이 'ㅚ'를 [ö]로 발음하는 비율이 6.1%로 여성의 7.7%와 거의 차이가 없다. 'ㅚ'가 [we]나 [e]로 실현되는 비율도 성별에서는 큰 차이를 보이지 않는다. 연령별로 보면 60대를 기준으로 그 이상과 이하에서 뚜렷한 차이를 보인다. 60대 이상에서는 'ㅚ'가 [ö]로 발음되는 비율이 25.0%에 달하지만 40·50대에서는 3.1%에 그치고 그 아래 세대에서는 0%로서 단모음 [ö]가 전혀 나타나지 않는다. 60대 이하에서는 [we]로 실현되는 비율이 97% 이상으로 압도적인 모습을 보인다.

2 꾀병

이 항목은 초성이 있는 경우의 어두 음절 'ㅚ'가 어떻게 실현되는지를 조사하기 위한 것이다. 조사 결과는 단모음 체계의 설정, 특히 단모음 'ㅚ'의 설정 여부를 판단하는 데 활용된다.

		꾀병			
		빈도	퍼센트	유효 퍼센트	누적퍼센트
유효	ö	28	5.5	5.5	5.5
	we	428	84.8	84.8	90.3
	e	43	8.5	8.5	98.8
	기타	6	1.2	1.2	100.0
	합계	505	100.0	100.0	

위의 조사 결과에서 알 수 있듯이 '꾀병'의 'ㅚ'는 대부분 이중 모음인 [we]로 발음되고 있다. 유효 응답자의 84.8%가 [we]로 발음했으며 단모음인 [ö]는 5.5%, [e]는 8.5%였다. 이러한 양상은 초성이 없는 '외국'의 'ㅚ'와 크게 다르지 않다. 즉 초성의 유무와 상관 없이 'ㅚ'는 이중 모음 [we]로 발음되는 비율이 압도적이고 단모음으로 발음되는 경우는 소수인 것이다. 다만 '꾀병'의 경우 '외국'과 비교할 때 'ㅚ'가 [e]로 발음되는 비율이 좀 더 높은데 이것은 초성의 유무와 관련이 있어 보인다. 초성이 있을 경우 w-계 이중 모음의 'w'가 좀 더 쉽게 탈락하기 때문이다.

지역별로 보면 'ㅚ'를 [ö]로 발음하는 비율은 전북이 25.0%로 가장 높고 충북이 17.5%로 그 다음이며 나머지 지역들은 극소수가 산발적으로 나타날 뿐이다. 'ㅚ'를 [we]로 발음하는 비율은 서울, 대구, 경북, 인천, 충남, 제주에서 90%을 상회하여 높은 비율을 나타낸다. 지역을 방언권별로 묶어서 살필 경우 서남 방언이 15.6%, 중부 방언이 4.7%의 비율로 'ㅚ'를 단모음 [ö]로 발음하고 있다. 반면 다른 방언권에서는 'ㅚ'를 [ö]로 발음하는 비율이 0%이다. 'ㅚ'를 [we]로 발음하는 방언권은 제주 방언이 100%, 동남 방언이 87%로 평균을 넘어서고 있다. 동남 방언은 'ㅚ'를 [e]로 발음하는 비율도 12%에 달한다.

성별로는 남성이 'ㅚ'를 [ö]로 발음하는 비율이 4.9%로 여성의 6.1%와 거의 차이가 없다. 그러나 'ㅚ'를 [we]로 발음하는 비율도 남녀가 거의 비슷하지만 [e]로 발음하는 비율은 남성이 5.3%로 여성의 11.5%보다 다소 낮은 모습이다. 연령별로 보면 60대를 기준으로 그 이상과 이하에서 뚜렷한 차이를 보인다. 60대 이상에서는 'ㅚ'가 [ö]로 발음되는 비율이 17.7%에 달하지만 40·50대에서는 3.1%에 그치고 그 아래 세대에서는 1%도 되지 않는다. 대신 50대 이하에서는 'ㅚ'가 [we]로 실현되는 비율이 압도적으로 높다.

3 뇌물

이 항목은 초성이 있는 경우의 어두 음절 'ㅚ'가 어떻게 실현되는지를 조사하기 위한 것이다. 조사 결과는 단모음 체계의 설정, 특히 단모음 'ㅚ'의 설정 여부를 판단하는 데 활용된다.

뇌물					
		빈도	퍼센트	유효 퍼센트	누적퍼센트
유효	ö	26	5.1	5.1	5.1
	we	390	77.2	77.2	82.4
	e	86	17.0	17.0	99.4
	기타	3	0.6	0.6	100.0
	합계	505	100.0	100.0	

위의 조사 결과에서 알 수 있듯이 '뇌물'의 'ㅚ'는 대부분 이중 모음인 [we]로 발음되고 있다. 유효 응답자의 77.2%가 [we]로 발음했으며 단모음인 [ö]는 5.1%, [e]는 17.0%였다. 이러한 양상을 초성이 없는 '외국'이나 초성이 'ㄲ'인 '꾀병'과 비교하면, 단모음 [ö]로 실현되는 비율이 다소 낮은 대신 [e]로 실현되는 비율이 10% 이상 더 높다는 차이가 드러난다. 그러나 이중 모음으로 발음되는 비율이 압도적이라는 사실에는 변함이 없다. 즉 초성의 유무나 종류와 상관 없이 'ㅚ'는 이중 모음으로 발음되는 것이 현실 발음의 대세인 것이다.

지역별로 보면 'ㅚ'를 [ö]로 발음하는 비율은 전북이 20.0%로 가장 높고 강원이 17.5%, 충북이 12.5%이며 나머지 지역들은 극소수가 산발적으로 나타날 뿐이다. 'ㅚ'를 [we]로 발음하는 비율은 대구, 충남, 제주가 90%를 넘어서는 높은 모습을 보여 준다. 'ㅚ'를 [e]로 발음하는 비율은 부산, 광주, 대전, 울산, 전남, 경기에서 20% 이상 나타나고 있다. 대도시가 많이 포함되어 있지만 서울은 그 비율이 14.1%에 그쳐서 도시 규모와 정확히 일치하지는 않는다. 지역을 방언권별로 묶어서 살필 경우 서남 방언이 11.1%, 중부 방언이 5.4%의 비율로 'ㅚ'를 단모음 [ö]로 발음하고 있다. 반면 다른 방언권에서는 'ㅚ'를 [ö]로 발음하는 비율이 0%이다. 'ㅚ'를 [we]로 발음하는 비율은 제주 방언이 90%, 중부 방언이 80.3%로 다소 높게 나타난다. 'ㅚ'를 [e]로 발음하는 비율은 동남 방언이 25%로 매우 높고 서남 방언도 18.9%로 높은 편이다.

성별로는 여성이 'ㅚ'를 [ö]로 발음하는 비율이 6.5%로 남성의 3.7%보다 높게 나타난다. 'ㅚ'를 [we]로 발음하는 비율은 남성이 81.6%이고 여성이 73.2%로 다소 큰 차이를 보인다. 'ㅚ'를 [e]로 발음하는 비율은 남성이 14.3%, 여성이 19.5%로 여성이 더 높게 나타난다. 연령별로 보면 60대를 기준으로 그 이상과 이하에서 뚜렷한 차이를 보인다. 60대 이상에서는 'ㅚ'가 [ö]로 발음되는 비율이 18.5%에 달하지만 40·50대에서는 2.3%에 그치고 그 아래 세대에서는 단모음 [ö]가 전혀 나타나지 않는다. 대신 50대 이하에서는 'ㅚ'가 [we]로 발음되는 비율이 압도적이며 이것은 앞서 '외국, 꾀병'과 크게 다르지 않다.

④ 된다

이 항목은 초성이 있는 경우의 어두 음절 '괴'가 어떻게 실현되는지를 조사하기 위한 것이다. 조사 결과는 단모음 체계의 설정, 특히 단모음 '괴'의 설정 여부를 판단하는 데 활용된다.

된다		빈도	퍼센트	유효 퍼센트	누적퍼센트
유효	ö	14	2.8	2.8	2.8
	we	330	65.3	65.5	68.3
	e	152	30.1	30.2	98.4
	기타	8	1.6	1.6	100.0
	합계	504	99.8	100.0	
결측	0	1	0.2		
합계		505	100.0		

위의 조사 결과에서 알 수 있듯이 '된다'의 '괴'는 이중 모음인 [we]로 발음되는 비율이 65.5%로 매우 높지만 '외국, 꾀병, 뇌물'의 '괴'와 비교하면 약간 낮은 모습을 보인다. 단모음 [ö]로 나타나는 비율도 2.8%로 매우 낮은 반면 오히려 [e]로 실현되는 비율이 30.2%로 매우 높게 나타난다. 이 항목은 문장 읽기 속에서 조사된 것이라서 실제로는 어두가 아닌 비어두에 '괴'가 놓이는 효과를 지니는데 이 때문에 [e]로의 실현 비율이 높다고 판단된다. 어두에 비해 비어두에서는 '괴'의 발음이 불분명해지기 때문에 이중 모음 [we]를 [e]로 부주의하게 발음할 가능성이 커진다. 이러한 추측의 타당성은 뒤에서 살필 '계획'에서 비어두 '괴'의 실현 양상과 비슷하다는 점에서 충분히 뒷받침된다.

지역별로 보면 '괴'를 [ö]로 발음하는 비율은 충북이 12.5%로 가장 높고 강원이 10.0%이다. '괴'를 [we]로 발음하는 비율은 부산, 대구, 전북, 제주가 90% 이상으로 나타난다. '괴'를 [e]로 발음하는 비율은 충남이 92.0%, 광주가 62.5%로 매우 높게 나타나고 울산, 경기, 강원, 전남도 20% 이상을 차지한다. 지역을 방언권별로 묶어서 살필 경우 '괴'를 단모음 [ö]로 발음하는 비율이 가장 높은 곳은 중부 방언이지만 3.7%에 불과하다. '괴'를 [we]로 발음하는 비율은 제주도 방언이 95%, 동남 방언이 83.9%로 매우 높다. 중부 방언과 서남 방언에서 [we]의 실현 비율이 낮은 것은 이 방언들의 경우 '괴'를 [e]로 발음하는 비율이 각각 36.3%와 31.1%로 상당히 높기 때문이다.

성별로는 '괴'의 발음 양상이 남녀 사이에 큰 차이가 없었다. [ö], [we], [e]로의 실현 비율이 전체 평균과 거의 일치한다. 연령별로 보면 60대를 기준으로 그 이상과 이하에서 뚜렷한 차이를 보인다. 60대 이상에서는 '괴'가 [ö]로 발음되는 비율이 9.8%로 조사되었지만 50대 이하에서는 1.0%에도 미치지 않는다. 그 대신 50대 이하에서는 '괴'가 [we]나 [e]로 발음되는 비율이 높은데, 흥미롭게도 세대가 낮아질수록 '괴'가 [we]로 발음되는 비율이 높아지고 대신 [e]로 발음되는 비율은 낮아진다.

5 계획

이 항목은 초성이 있는 경우의 비어두 'ㅚ'가 어떻게 실현되는지를 조사하기 위한 것이다. 조사 결과는 단모음 체계의 설정, 특히 단모음 'ㅚ'의 설정 여부를 판단하는 데 활용된다.

계획		빈도	퍼센트	유효 퍼센트	누적퍼센트
유효	ö	29	5.7	5.7	5.7
	we	340	67.3	67.3	73.1
	e	118	23.4	23.4	96.4
	기타	18	3.6	3.6	100.0
	합계	505	100.0	100.0	

위의 조사 결과에서 알 수 있듯이 '계획'의 'ㅚ'는 이중 모음인 [we]로 발음되는 비율이 67.3%로 매우 높지만 '외국, 쬐병, 뇌물'의 'ㅚ'와 비교하면 약간 낮은 모습을 보인다. 단모음 [ö]로 나타나는 비율도 5.7%로 매우 낮은 반면 [e]로 실현되는 비율이 23.4%로 높은 편이다. 이러한 양상은 앞서 문장 속에 놓인 '된다'의 'ㅚ'와 상당히 흡사하다. 비어두라는 위치가 'ㅚ'의 실현에 영향을 준 것이라고 생각된다.

지역별로 보면 'ㅚ'를 [ö]로 발음하는 비율은 전북이 17.5%로 가장 높고 충남이 16.0%을 보여 그 다음이다. 'ㅚ'를 [we]로 발음하는 비율은 제주, 강원, 서울 등이 75%를 상회하여 상대적으로 높은 비율을 보인다. 'ㅚ'를 [e]로 발음하는 비율은 경북 66.7%, 경기 42.5%이며 대구와 인천도 30%를 넘어서고 있다. 지역을 방언권별로 묶어서 살필 경우 'ㅚ'를 단모음 [ö]로 발음하는 모습은 서남 방언과 중부 방언에서만 각각 13.3%, 5.8%로 나타날 뿐이다. 'ㅚ'를 [we]로 발음하는 비율은 제주 방언이 90%로 가장 높고 그 다음이 중부 방언의 69.8%, 서남 방언의 63.3%이다. 동남 방언에서 [we]로의 실현 비율이 낮은 이 지역에서 'ㅚ'가 [e]로 실현되는 비율이 59%로 높게 나타나기 때문이다.

성별로는 'ㅚ'의 발음 양상이 남녀 사이에 큰 차이가 없었다. [ö], [we], [e]로의 실현 비율이 전체 평균과 거의 일치한다. 연령별로 보면 60대를 기준으로 그 이상과 이하에서 뚜렷한 차이를 보인다. 60대 이상에서는 'ㅚ'가 [ö]로 발음되는 비율이 18.5%로 조사되었지만 40·50대에서는 4.7%, 그 이하에서는 0%의 비율을 보인다. 그 대신 40·50대에서는 'ㅚ'가 [e]로 실현되는 비율이 40.2%로 매우 높게 나타나고 30대 이하에서는 'ㅚ'가 [we]로 실현되는 비율이 92.0%로 압도적인 모습이다.

(3) 'ㅟ'의 발음

1 위장

이 항목은 초성이 없는 경우의 어두 'ㅟ'가 어떻게 실현되는지를 조사하기 위한 것이다. 조사 결과는 단모음 체계의 설정에 활용된다.

		위장			
		빈도	퍼센트	유효 퍼센트	누적퍼센트
유효	ü	31	6.1	6.2	6.2
	wi	458	90.7	90.9	97.0
	uy	5	1.0	1.0	98.0
	i	8	1.6	1.6	99.6
	기타	2	0.4	0.4	100.0
	합계	504	99.8	100.0	
결측	0	1	0.2		
합계		505	100.0		

위의 조사 결과에서 알 수 있듯이 '위장'의 'ㅟ'는 이중 모음 [wi]로 발음되는 비율이 90.7%로 압도적이다. 그 다음으로 단모음 [ü]로 발음되는 비율이 6.2%이고 [wi]에서 'w'가 탈락한 [i]로 발음되는 비율이 1.6%, 하향 이중 모음인 [uy]로 발음되는 비율이 1.0%이다. 'ㅟ'는 단모음으로 발음하는 것이 원칙이되 이중 모음으로 발음하는 것도 허용한다는 표준 발음법 규정에 비추어 볼 때 허용 발음이 압도적으로 많고 원칙 발음은 소수에 그칠 뿐이다.

지역별로 보면 'ㅟ'를 단모음 [ü]로 온전하게 발음하는 곳은 전북이 30.0%로 가장 높고 전남 23.1%, 강원 10%이다. 대부분의 지역에서는 'ㅟ'가 [wi]로 실현되는 비율이 매우 높으며 [uy]나 [i]로 실현되는 경우는 극소수가 산발적으로 보일 뿐이다. 방언권별로 보면 'ㅟ'가 [ü]로 실현되는 비율은 서남 방언이 22.2%로 제일 높고 동남 방언과 제주 방언은 0%로 나타난다. 그 대신 동남 방언과 제주 방언은 'ㅟ'가 [wi]로 실현되는 비율이 각각 97%와 100%이다. 성별에 따라 보면 'ㅟ'의 실현 양상이 남녀에 따라 별다른 차이를 보이지 않는 모습이다. 연령별로 보면 60대를 기준으로 그 이상과 이하에서 뚜렷한 차이를 보인다. 60대 이상에서는 'ㅟ'를 [ü]로 발음하는 비율이 18.5%로 결코 낮지 않다. 반면 40·50대에서는 그 비율이 5.6%로 급격히 떨어지고 30대 이하에서는 30%로 나타난다. 그 대신 50대 이하는 대부분 'ㅟ'를 [wi]로 발음하는데 이러한 발음 비율은 세대가 낮아질수록 더 높아지는 모습을 보인다.

② 쥐덫

이 항목은 초성이 있는 경우의 어두 음절 'ㅟ'가 어떻게 실현되는지를 조사하기 위한 것이다. 조사 결과는 단모음 체계의 설정에 활용된다.

쥐덫					
		빈도	퍼센트	유효 퍼센트	누적퍼센트
유효	ü	39	7.7	7.7	7.7
	wi	423	83.8	83.9	91.7
	i	41	8.1	8.1	99.8
	기타	1	0.2	0.2	100.0
	합계	504	99.8	100.0	
결측		0	1	0.2	
합계		505	100.0		

위의 조사 결과에서 알 수 있듯이 '쥐덫'의 'ㅟ'는 이중 모음 [wi]로 발음되는 비율이 83.9%로 매우 높다. 그 다음으로 단모음 [ü]로 발음되는 비율이 7.7%이고 [wi]에서 'w'가 탈락한 [i]로 발음되는 비율이 8.1%이다. 초성이 없는 '위장'과 비교할 때 이중 모음으로의 실현 비율은 조금 더 낮고 대신 [i]로 실현되는 비율이 더 높다. 이것은 다른 단어의 경우와 마찬가지로 자음 뒤에서 반모음 'w'가 탈락하기 쉬운 경향을 보여 준다. 그러나 큰 틀에서는 초성의 유무가 'ㅟ'의 실현에 그리 큰 영향을 준다고 보기 어려울 듯하다.

지역별로 보면 'ㅟ'를 단모음 [ü]로 온전하게 발음하는 곳은 강원이 30.0%로 가장 높고 전북 27.5%, 전남 23.1%의 순이다. 대부분의 지역에서는 'ㅟ'가 [wi]로 실현되는 비율이 매우 높다. 또한 'ㅟ'가 [i]로 실현되는 비율은 부산, 대구, 충북, 전남, 경북에서 10%를 넘고 있다. 방언권별로 보면 'ㅟ'가 [ü]로 실현되는 비율은 서남 방언이 21.1%로 제일 높고 반면 동남 방언과 제주 방언은 0%와 5%로 나타난다. 그 대신 동남 방언과 제주 방언은 'ㅟ'가 [wi]로 실현되는 비율이 각각 85%와 95%이다.

성별에 따라 보면 'ㅟ'의 실현 양상이 남녀에 따라 약간 차이를 보인다. 'ㅟ'를 [ü]로 발음하는 비율은 남성이 6.6%이고 여성이 8.8%, 'ㅟ'를 [wi]로 발음하는 비율은 남성이 88.5%이고 여성이 79.6%, 'ㅟ'를 [i]로 발음하는 비율은 남성이 4.5%, 11.5%이다. 'ㅟ'를 [wi]나 [i]로 내는 비율에서 다소 차이가 나고 있다. 연령별로 보면 60대를 기준으로 그 이상과 이하에서 뚜렷한 차이를 보인다. 60대 이상에서는 'ㅟ'를 [ü]로 발음하는 비율이 22.8%로 상당히 높다. 이 비율이 40·50대에 오면 7.9%로 떨어지고 30대 이하에서는 거의 0%에 가까워진다. 50대 이하는 'ㅟ'를 [wi]로 발음하는 비율이 높은데 특히 세대가 내려갈수록 'ㅟ'를 [wi]로 발음하는 비율이 점차 높아진다.

③ 귀족

이 항목은 초성이 있는 경우의 어두 음절 'ㅟ'가 어떻게 실현되는지를 조사하기 위한 것이다. 조사 결과는 단모음 체계의 설정에 활용된다.

	귀족			
		빈도	퍼센트	유효 퍼센트	누적퍼센트

		빈도	퍼센트	유효 퍼센트	누적퍼센트
유효	ü	30	5.9	5.9	5.9
	wi	437	86.5	86.5	92.5
	i	38	7.5	7.5	100.0
	합계	505	100.0	100.0	

위의 조사 결과에서 알 수 있듯이 '귀족'의 'ㅟ'는 이중 모음 [wi]로 발음되는 비율이 86.5%로 매우 높다. 그 다음으로 단모음 [ü]로 발음되는 비율이 5.9%이고 [wi]에서 'w'가 탈락한 [i]로 발음되는 비율이 7.5%이다. 이러한 양상은 '쥐덫'의 'ㅟ'와 거의 비슷한 것으로 변자음인 'ㄱ'과 중자음인 'ㅈ'이 'ㅟ'의 실현에는 별다른 차이를 낳지 못함을 말해 준다.

지역별로 보면 'ㅟ'를 단모음 [ü]로 온전하게 발음하는 곳은 전남이 23.1%로 가장 높고 전북 22.5%, 강원 17.5%의 순이다. 대부분의 지역에서는 'ㅟ'가 [wi]로 실현되는 비율이 매우 높다. 또한 'ㅟ'가 [i]로 실현되는 비율은 부산, 인천, 대전, 경기, 경북에서 10%를 넘고 있다. 방언권별로 보면 'ㅟ'가 [ü]로 실현되는 비율은 서남 방언이 18.9%로 제일 높고 반면 동남 방언과 제주 방언은 0%로 나타난다. 그 대신 동남 방언과 제주 방언은 'ㅟ'가 [wi]로 실현되는 비율이 각각 90%와 95%이다.

성별에 따라 보면 'ㅟ'의 실현 양상이 대체로 비슷하되 다만 'ㅟ'를 [i]로 발음하는 비율이 남성은 4.9%, 여성은 10.0%로 약간 차이를 보인다. 연령별로 보면 60대를 기준으로 그 이상과 이하에서 뚜렷한 차이를 보인다. 60대 이상에서는 'ㅟ'를 [ü]로 발음하는 비율이 19.3%로 낮지 않은 모습이다. 이 비율이 40·50대에 오면 4.7%로 급감하고 30대 이하에서는 0%로 나온다. 50대 이하는 'ㅟ'를 [wi]로 발음하는 비율이 높은데 특히 세대가 내려갈수록 'ㅟ'를 [wi]로 발음하는 비율이 점차 높아진다.

2) 이중 모음의 발음

※표준 발음법의 관련 조항

> 제5항 'ㅑ ㅒ ㅕ ㅖ ㅘ ㅙ ㅛ ㅝ ㅞ ㅠ ㅢ'는 이중 모음으로 발음한다.
> 다만 1. 용언의 활용형에 나타나는 '져, 쪄, 쳐'는 [저, 쩌, 처]로 발음한다.
> 가지어→가져[가저] 찌어→쪄[쩌] 다치어→다쳐[다처]
> 다만 2. '예, 례' 이외의 'ㅖ'는 [ㅔ]로도 발음한다.
> 계집[계 : 집/게 : 집] 계시다[계 : 시다/게 : 시다] 시계[시계/시게](時計)
> 연계[연계/연게](連繫) 몌별[몌별/메별](袂別) 개폐[개폐/개페](開閉)
> 혜택[혜 : 택/헤 : 택](惠澤) 지혜[지혜/지헤](智慧)
> 다만 3. 자음을 첫소리로 가지고 있는 음절의 'ㅢ'는 [ㅣ]로 발음한다.
> 늴리리 닁큼 무늬 띄어쓰기 씌어 틔어 희어 희떱다 희망 유희
> 다만 4. 단어의 첫음절 이외의 '의'는 [ㅣ]로, 조사 '의'는 [ㅔ]로 발음함도 허용한다.
> 주의[주의/주이] 협의[혀븨/혀비] 우리의[우리의/우리에]   강의의[강 : 의의/강 : 이에]

(1) 'ㅖ'의 발음

① 혜택

이 항목은 '예, 례' 이외의 'ㅖ'가 어떻게 실현되는지를 조사하기 위한 것이다. 구체적으로는 어두 음절이면서 'ㄹ'이 아닌 자음 뒤에 놓인 'ㅖ'의 발음을 살펴본다. 표준 발음법에 따르면 [ㅖ]로 발음되는 것이 원칙이고 [ㅔ]로 발음되는 것도 허용한다.

혜택		빈도	퍼센트	유효 퍼센트	누적퍼센트
유효	ㅖ	37	7.3	7.3	7.3
	ㅔ	465	92.1	92.1	99.4
	기타	3	0.6	0.6	100.0
	합계	505	100.0	100.0	

위의 조사 결과에서 알 수 있듯이 '혜택'의 'ㅖ'는 [ㅔ]로 발음하는 비율이 압도적으로 높아서 92.1%를 차지한다. 'ㅖ'를 표기 그대로 발음하는 비율은 7.3%에 불과하다. 표준 발음법에서 원칙으로 삼는 발음의 비율은 매우 낮고 오히려 허용하는 발음의 비율이 대단히 높은 모습이다.

지역별로 보면 'ㅖ'를 표기대로 [ㅖ]로 발음하는 곳은 광주가 29.2%로 가장 높고 경기가 15%, 서울이 14.1%를 나타낸다. 방언권별로 보면 'ㅖ'를 [ㅖ]로 발음하는 방언은 서남 방언이 11.1%, 제주 방언이 10%, 중부 방언이 7.8%이지만 동남 방언은 2%에 그쳤다. 동남 방언의 경우 자음 뒤에서 이중 모음의 실현에 제약이 큰데 이러한 이유와 관련이 있는 듯하다. 성별에 따라 보면 'ㅖ'를 [ㅖ]로 발음하는 비율이 남성은 9.8%, 여성은 5.0%로 약간의 차이가 나타나고 있다. 연령별로 보면 60대 이상에서는 'ㅖ'를 [ㅖ]로 발음하는 비율이 13.7%, 40·50대는 3.1%, 20·30대는 4.8%, 10대 이하는 7.8%로서, 노령대에서의 비율이 높은 것은 사실이지만 다른 세대에 그리 큰 차이를 보인다고 하기는 어렵다.

② 계획

이 항목은 '예, 례' 이외의 'ㅖ'가 어떻게 실현되는지를 조사하기 위한 것이다. 구체적으로는 어두 음절이면서 'ㄹ'이 아닌 자음 뒤에 놓인 'ㅖ'의 발음을 살펴본다. 표준 발음법에 따르면 [ㅖ]로 발음되는 것이 원칙이고 [ㅔ]로 발음되는 것도 허용한다.

계획					
		빈도	퍼센트	유효 퍼센트	누적퍼센트
유효	ㅖ	75	14.9	14.9	14.9
	ㅔ	377	74.7	74.7	89.5
	기타	53	10.5	10.5	100.0
	합계	505	100.0	100.0	

위의 조사 결과에서 알 수 있듯이 '계획'의 'ㅖ'는 [ㅔ]로 발음하는 비율이 '혜택'에 비해서는 낮지만 그대로 74.7%로 여전히 매우 높은 편이다. 'ㅖ'를 표기 그대로 발음하는 비율은 14.9%로서 [ㅔ]로 발음하는 비율에 비하면 1/5에 불과하다.

지역별로 보면 'ㅖ'를 표기대로 [ㅖ]로 발음하는 곳은 울산, 강원, 인천이 30% 이상의 비율을 보여 매우 높게 나타났다. 특히 울산과 강원은 40%가 넘는 비율을 보인다. 방언권별로 보면 'ㅖ'를 [ㅖ]로 발음하는 방언은 제주 방언이 25%, 중부 방언이 20.3%로 매우 높게 나타나고 동남 방언이 9%를 보인다. 반면 서남 방언은 1.1%에 불과하다. 성별에 따라 보면 'ㅖ'를 [ㅖ]로 발음하는 비율이 남성은 16.8%, 여성은 13.0%로 약간의 차이만 나타난다. 연령별로 보면 젊은 층에서 오히려 'ㅖ'를 [ㅖ]로 발음하는 비율이 높아진다는 특징을 보인다.

3 예의

이 항목은 초성이 없이 어두에 놓인 'ㅖ'가 어떻게 발음되는지를 조사하기 위한 것이다. 표준 발음법에 따르면 [ㅖ]로 발음되는 것이 원칙이고 [ㅔ]는 허용하지 않는다.

예의					
		빈도	퍼센트	유효 퍼센트	누적퍼센트
유효	ㅖ	484	95.8	96.2	96.2
	ㅔ	19	3.8	3.8	100.0
	합계	503	99.6	100.0	
결측		0	2	0.4	
합계			505	100.0	

위의 조사 결과에서 알 수 있듯이 '예의'의 'ㅖ'는 '혜택'이나 '계획'과 완전히 달라서 표기대로 발음하는 비율이 96.2%로 매우 높고 [ㅔ]로 발음하는 비율은 3.8%에 불과하다. 표준 발음법에서 [ㅖ]만을 허용하고 [ㅔ]는 인정하지 않는 것과 대체로 일치한다. 'ㅖ' 앞에 초성이 없다는 음운론적 조건이 이런 발음 양상이 나타나는 가장 중요한 원인으로 생각된다.

지역별로 보면 많은 지역에서 'ㅖ'를 표기대로 [ㅖ]로 발음하는데, 표기와 달리 [ㅔ]로 발음하는 곳은 광주가 25%, 전남이 11.5%로 높게 그 비율이 높게 나타났다. 방언권별로 보면 'ㅖ'를 [ㅔ]로 발음하는 방언은 서남 방언이 10%로 가장 높고 중부 방언과 동남 방언이 2% 남짓이다. 성별에 따른 차이는 거의 드러나지 않는다. 연령별로 보면 30대 이하의 젊은 층에서는 100%

에 가깝게 'ㅖ'를 [ㅖ]로 발음하며 40·50대에서 'ㅖ'를 [ㅔ]로 발음하는 비율이 10.3%로 다소 높게 나타났다.

4 사례

이 항목은 비어두의 위치이면서 초성이 'ㄹ'인 경우의 'ㅖ'가 어떻게 발음되는지를 조사하기 위한 것이다. 표준 발음법에 따르면 [ㅖ]로 발음되는 것이 원칙이고 [ㅔ]는 허용하지 않는다.

	사례				
		빈도	퍼센트	유효 퍼센트	누적퍼센트
유효	ㅖ	67	13.3	13.3	13.3
	ㅔ	436	86.3	86.5	99.8
	기타	1	0.2	0.2	100.0
	합계	504	99.8	100.0	
결측	0	1	0.2		
합계		505	100.0		

위의 조사 결과에서 알 수 있듯이 '사례'의 'ㅖ'는 '혜택'이나 '계획'과 마찬가지로 'ㅖ'를 [ㅔ]로 발음하는 비율이 86.5%로 압도적이고 'ㅖ'를 표기대로 발음하는 비율은 13.3%에 지나지 않는다. 표준 발음법에서는 '례'의 'ㅖ'를 '예'의 'ㅖ'와 동일하게 규정하여 [ㅖ]로만 발음하게끔 했으나, 현실 발음에서는 '례'의 'ㅖ'도 초성을 가지는 다른 'ㅖ'와 마찬가지로 [ㅔ]로 발음하는 비율이 대단히 높다.

지역별로 보면 'ㅖ'를 표기대로 [ㅖ]로 발음하는 곳은 서울, 인천, 경기, 광주에서 20% 이상의 비율을 보여 매우 높게 나타났다. 방언권별로 보면 'ㅖ'를 [ㅖ]로 발음하는 방언은 중부 방언이 17.6%로 가장 높고, 동남 방언이 8.1%, 서남 방언이 6.7%이다. 성별에 따라 보면 'ㅖ'를 [ㅖ]로 발음하는 비율이 남성은 15.2%로 여성의 11.5%보다 약간 높게 나타났지만 큰 차이는 아니다. 연령별로 보면 40대를 기준으로 그 이하와 그 이상에서 다소 차이를 보인다. 40대 이하에서는 'ㅖ'를 [ㅖ]로 발음하는 비율이 17.3%이지만 40대 이상에서는 그 비율이 9.2%로 어느 정도의 격차가 드러난다.

5 답례

이 항목은 비어두의 위치이면서 초성이 'ㄹ'인 경우의 'ㅖ'가 어떻게 발음되는지를 조사하기 위한 것이다. 그런데 '답례'의 '례'는 실제로는 음운 현상의 적용을 받아 'ㄹ'이 'ㄴ'으로 바뀐다. 이런 경우에 대한 규정은 표준 발음법에 나오지 않지만 다른 '례'의 경우에 준하여 [ㅖ]로 발음되는 것이 원칙이고 [ㅔ]로 발음하는 것은 허용하지 않는다고 해석할 수 있다.

답례		빈도	퍼센트	유효 퍼센트	누적퍼센트
유효	ㅖ	211	41.8	45.1	45.1
	ㅔ	255	50.5	54.5	99.6
	기타	2	0.4	0.4	100.0
	합계	468	92.7	100.0	
결측	0	37	7.3		
합계		505	100.0		

위의 조사 결과에서 알 수 있듯이 '답례'의 'ㅖ'는 '혜택, 계획, 사례'나 '예의'와는 다른 모습이다. '답례'의 'ㅖ'는 자음이 선행하며 실제 발음상 'ㄹ' 대신 'ㄴ'이 'ㅖ'에 선행하므로 '혜택'이나 '계획'과 비슷한 모습을 보이리라 예측되지만 실제로는 'ㅖ'를 [ㅖ]로 발음하는 비율과 [ㅔ]로 발음하는 비율이 거의 비슷하여 각각 45.1%와 54.5%를 차지하고 있다. '답례'의 'ㅖ'에서 [ㅖ]의 발음 빈도가 높은 이유는 비어두라는 위치보다는 'ㅖ'에 선행하는 'ㄴ'이 음성적 구개음화가 가능하기 점과 관련이 있다고 생각된다. 즉 'ㅖ'의 반모음 'y'가 자음 'ㄴ'에 결합되어 음성적 가치를 그대로 유지할 수 있었던 것이다.

지역별로 보면 'ㅖ'를 표기대로 [ㅖ]로 발음하는 곳은 전북이 100%이고 서울, 경기, 충남, 충북도 50% 이상의 비율을 보인다. 방언권별로 보면 'ㅖ'를 [ㅖ]로 발음하는 방언은 서남 방언이 58.9%, 중부 방언이 50.8%로 매우 높으며 동남 방언도 24%의 비율을 보인다. 반면 제주도는 15%에 그치고 있다. 성별에 따라서는 별다른 차이를 보이지 않는다. 연령별로 보면 'ㅖ'를 [ㅖ]로 발음하는 비율이 60대 이상에서 62.4%로 가장 높고 다른 연령대에서는 35% 안팎으로 동일한 모습을 보인다.

6 관례

이 항목은 비어두의 위치이면서 초성이 'ㄹ'인 경우의 'ㅖ'가 어떻게 발음되는지를 조사하기 위한 것이다. 표준 발음법에 따르면 [ㅖ]로 발음되는 것이 원칙이고 [ㅔ]는 허용하지 않는다.

관례		빈도	퍼센트	유효 퍼센트	누적퍼센트
유효	ㅖ	167	33.1	33.1	33.1
	ㅔ	335	66.3	66.3	99.4
	기타	3	0.6	0.6	100.0
	합계	505	100.0	100.0	

위의 조사 결과에서 알 수 있듯이 '관례'의 'ㅖ'는 '답례'와 유사한 모습이라고 할 수 있다. 'ㅖ'를 표기 그대로 발음하는 비율이 33.1%로 상당히 높은 반면 [ㅔ]로 발음하는 비율은 66.3%

로 '혜택'이나 '계획'과 비교하면 낮은 수치이다. 이러한 양상의 원인도 '답례'와 비슷하다고 생각된다. '관례'는 [괄례]로 발음되며 이 때의 'ㄹ'은 모두 설측음으로서 음성적 구개음화가 가능하다. 그래서 'ㅖ'의 반모음 'y'가 자음 'ㄹ'에 결합되어 음성적 가치를 그대로 유지할 수 있었던 것이다.

지역별로 보면 'ㅖ'를 표기대로 [ㅖ]로 발음하는 곳은 전북이 97.5%이고 서울이 47.1%, 강원이 37.5%, 광주가 33.3%로 높은 편에 속한다. 방언권별로 보면 'ㅖ'를 [ㅖ]로 발음하는 방언은 서남 방언이 52.2%, 중부 방언이 33.9%, 동남 방언이 18%의 비율을 보임에 반해 제주 방언은 10%에 그치고 있다. 성별에 따라서는 별다른 차이를 보이지 않는다. 연령별로 보면 'ㅖ'를 [ㅖ]로 발음하는 비율이 40·50대에서 22.0%로 다소 낮고 나머지 세대는 30~40% 사이를 보인다.

(2) 'ㅢ'의 발음

① 의자

이 항목은 어두에 놓인 'ㅢ'가 어떻게 발음되는지 조사하기 위한 것이다. 표준 발음법에 따르면 [ㅢ]로만 발음해야 한다.

의자		빈도	퍼센트	유효 퍼센트	누적퍼센트
유효	ㅢ	374	74.1	74.1	74.1
	ㅡ	129	25.5	25.5	99.6
	ㅣ	1	0.2	0.2	99.8
	기타	1	0.2	0.2	100.0
	합계	505	100.0	100.0	

위의 조사 결과에서 알 수 있듯이 '의자'의 'ㅢ'는 표기처럼 [ㅢ]로 발음되는 비율이 74.1%로 가장 높고 [ㅡ]로 발음되는 비율이 25.5%를 차지한다. 초성이 없는 어두의 위치에서는 'ㅢ'가 제 음가대로 발음되는 경향이 매우 높음을 알 수 있다.

지역별로 보면 'ㅢ'를 [ㅡ]로 발음하는 비율은 광주(79.1%), 전남(84.6%), 전북(75%)에서 매우 높게 나타난다. 방언권별로 'ㅢ'를 [ㅡ]로 발음하는 비율을 보면 서남 방언이 78.9%로 압도적이며 제주 방언도 60%에 달한다. 반면 중부 방언과 동남 방언은 10%를 약간 상회할 뿐이다. 성별로는 특별한 차이가 보이지 않는다. 연령별로 'ㅢ'를 [ㅡ]로 발음하는 비율은 60대 이상에서 39.5%로 높게 나타나고 그 이하 세대는 공통적으로 약 20% 전후의 비율을 보인다.

② 예의

이 항목은 비어두이면서 초성이 없는 'ㅢ'가 어떻게 발음되는지 조사하기 위한 것이다. 표준 발음법에 따르면 [ㅢ]로 발음하는 것이 원칙이되 [ㅣ]로 발음하는 것도 허용한다.

		예의			
		빈도	퍼센트	유효 퍼센트	누적퍼센트
유효	ㅢ	333	65.9	66.2	66.2
	ㅡ	18	3.6	3.6	69.8
	ㅣ	150	29.7	29.8	99.6
	기타	2	0.4	0.4	100.0
	합계	503	99.6	100.0	
결측		0	2	0.4	
합계		505	100.0		

위의 조사 결과에서 알 수 있듯이 '예의'의 'ㅢ'는 표기대로 [ㅢ]로 발음되는 비율이 66.2%, [ㅣ]로 발음되는 비율이 29.8%를 차지한다. 일반적으로 비어두에서 초성을 지니지 않은 'ㅢ'는 [ㅣ]로 발음되는 경우가 대부분이라고 알고 있지만 실제 조사에서는 [ㅢ]로 발음되는 비율이 매우 높게 나타나 의외의 결과라고 할 수 있다. 아마도 주어진 자료를 그대로 읽는 방식으로 조사했기 때문이 아닌가 한다. 그러나 '의자'에서는 'ㅢ'가 [ㅣ]로 발음되는 비율이 0.2%로 매우 낮았던 반면 '예의'에서는 29.8%로 매우 높게 나타난다는 점에서 비어두이자 초성을 가지지 않는 'ㅢ'가 어두의 '의'와는 차이 나게 발음된다는 점을 확인할 수 있다.

지역별로 보면 'ㅢ'를 [ㅣ]로 발음하는 비율은 부산, 울산, 전북, 전남, 제주에서 40% 이상을 보이고 있다. 방언권별로 'ㅢ'를 [ㅣ]로 발음하는 비율을 보면 제주 방언이 75%, 동남 방언과 서남 방언이 40%를 약간 상회하고 있음에 비해 중부 방언은 17.4%로 상당히 낮게 나타난다. 성별로는 특별한 차이가 보이지 않는다. 연령별로 'ㅢ'를 [ㅣ]로 발음하는 비율도 세대간에 큰 차이는 없어서 40·50대의 36.5%가 다소 높을 뿐 나머지 세대는 모두 30% 정도의 비율을 보이고 있다.

3 합의

이 항목은 비어두이면서 원래는 초성이 없지만 선행 음절의 종성이 연음되는 환경의 'ㅢ'가 어떻게 발음되는지 조사하기 위한 것이다. 표준 발음법에 따르면 [ㅢ]로 발음하는 것이 원칙이되 [ㅣ]로 발음하는 것도 허용한다.

		합의			
		빈도	퍼센트	유효 퍼센트	누적퍼센트
유효	ㅢ	95	18.8	18.8	18.8
	ㅡ	20	4.0	4.0	22.8
	ㅣ	383	75.8	76.0	98.8
	기타	6	1.2	1.2	100.0
	합계	504	99.8	100.0	
결측		0	1	0.2	
합계		505	100.0		

위의 조사 결과에서 알 수 있듯이 '합의'의 'ㅢ'는 [ㅣ]로 발음되는 비율이 76.0%로서 '의자'나 '예의'와는 완전히 다른 모습이다. 반면 'ㅢ'를 [ㅔ]로 발음하는 비율은 18.8%에 불과하다. '합의'의 'ㅢ'는 표기와 달리 연음에 의해 초성에 'ㅂ'을 가지며 비어두에 놓이기 때문에 '의자'나 '예의'와는 다른 양상을 보인다. 여기서 'ㅢ'의 발음에는 위치(어두 : 비어두)와 초성의 유무라는 두 가지 조건이 중요하게 작용함을 확인할 수 있다.

　지역별로 보면 'ㅢ'를 [ㅡ]로 발음하는 경우가 전남(23.1%), 전북(30%)에서 많이 나타나며 'ㅢ'를 [ㅔ]로 발음하는 비율은 대전(68.0%), 인천(52.5%), 강원(40.0%)에서 높게 나타난다. 방언권별로 보면 'ㅢ'를 [ㅡ]로 발음하는 비율은 서남 방언에서 20%로 나타날 뿐 다른 지역은 거의 미미하며 'ㅢ'를 [ㅣ]로 발음하는 비율은 중부 방언에서 24.7%, 동남 방언에서 18.2%로 높게 나타난다. 성별로는 그리 특별한 차이가 보이지 않는다. 연령별로 보면 'ㅢ'를 [ㅡ]로 발음하거나 [ㅣ]로 발음하는 비율은 40대 이상에서 다소 높게 나타난다.

4 띄어쓰기

　이 항목은 어두 음절에서 초성이 선행할 때의 'ㅢ'가 어떻게 발음되는지 조사하기 위한 것이다. 표준 발음법에 따르면 [ㅣ]로만 발음해야 한다.

		\multicolumn{4}{c}{띄어쓰기}
		빈도	퍼센트	유효 퍼센트	누적퍼센트
유효	ㅢ	42	8.3	8.3	8.3
	ㅣ	447	88.5	88.5	96.8
	기타	16	3.2	3.2	100.0
	합계	505	100.0	100.0	

　위의 조사 결과에서 알 수 있듯이 '띄어쓰기'의 'ㅢ'는 [ㅣ]로 발음되는 경우가 88.5%로 압도적이고 [ㅢ]로 발음하는 비율은 8.3%에 지나지 않는다. '띄어쓰기'에서는 'ㅢ'가 어두 음절에 왔음에도 불구하고 '의자'의 'ㅢ'와 다른 모습을 보이는 것은 초성이 'ㅢ' 앞에 온다는 점과 관련이 된다. 이런 경우 표준 발음법에서도 'ㅢ'를 [ㅣ]로만 발음하도록 규정하고 있는데 현실 발음에서도 [ㅣ]가 매우 높은 비율로 나타나고 있다.

　지역별로 보면 'ㅢ'를 [ㅔ]로 발음하는 비율은 서울이 38.9%로 높고 충남이 12%로 다소 높을 뿐 다른 지역은 매우 낮은 편이다. 방언권별로 'ㅢ'를 [ㅔ]로 발음하는 비율을 보면 중부 방언에서 13.9%로 나타나고 다른 지역은 거의 0%에 가깝다. 성별로는 그리 큰 차이가 드러나지 않는다. 연령별로는 40대 이상에서 'ㅢ'를 [ㅔ]로 발음하는 비율이 40대 이하보다 높게 나타났다.

5 흰색

　이 항목은 어두 음절에서 초성이 선행할 때의 'ㅢ'가 어떻게 발음되는지 조사하기 위한 것이다. 표준 발음법에 따르면 [ㅣ]로만 발음해야 한다.

		흰색			
		빈도	퍼센트	유효 퍼센트	누적퍼센트
유효	ㅢ	19	3.8	3.8	3.8
	ㅣ	481	95.2	95.4	99.2
	기타	4	0.8	0.8	100.0
	합계	504	99.8	100.0	
결측		0	1	0.2	
합계			505	100.0	

위의 조사 결과에서 알 수 있듯이 '흰색'의 'ㅢ'는 '띄어쓰기'의 'ㅢ'와 거의 비슷한 모습이다. 'ㅢ'를 [ㅣ]로 발음하는 비율이 95.4%로 대부분을 차지하고 [ㅢ]로 발음하는 경우는 3.8%에 불과하다. '띄어쓰기'의 'ㅢ'와 '흰색'의 'ㅢ'는 선행 자음의 종류만 다를 뿐 음운론적 조건이 동일하다. 그래서 현실 발음의 양상도 비슷하게 나타난다.

지역별로 보면 'ㅢ'를 [ㅢ]로 발음하는 비율은 충남이 24%로 상당히 높고 그 다음으로 서울이 9.4%이다. 나머지 지역은 매우 미미한 수준이다. 방언권별로 보면 'ㅢ'를 [ㅢ]로 발음하는 양상은 중부 방언에서만 6.4%의 비율을 보인다. 성별로는 남성이나 여성 모두 매우 낮은 비율을 보여서 커다란 의미를 부여하기 어렵다. 연령별로도 40·50대에서 다른 연령대보다 'ㅢ'를 [ㅢ]로 발음하는 비율이 약간 높지만 큰 차이가 난다고 볼 수는 없다.

6 동생의

이 항목은 관형격 조사 '의'의 발음을 조사하기 위한 것이다. 표준 발음법에 의하면 [ㅢ]로 발음하는 것이 원칙이되 [ㅔ]로 발음하는 것도 허용한다.

		동생의			
		빈도	퍼센트	유효 퍼센트	누적퍼센트
유효	의	142	28.1	28.2	28.2
	으	51	10.1	10.1	38.4
	이	4	0.8	0.8	39.2
	에	301	59.6	59.8	99.0
	기타	5	1.0	1.0	100.0
	합계	503	99.6	100.0	
결측		0	2	0.4	
합계			505	100.0	

위의 조사 결과에서 알 수 있듯이 '동생의'에서 'ㅢ'는 앞선 자료들과 달리 [ㅔ]로 발음되는 비율이 59.8%로 가장 높고 [ㅢ]가 28.2%, [ㅡ]가 10.1%이다. 이러한 차이는 당연히 '동생의'의 'ㅢ'가 관형격 조사라는 점과 직접적인 관련이 있다. 관형격 조사는 표준 발음법에서 [ㅔ]로 발

음하는 것을 허용하고 있는데 이러한 허용 발음이 실제 현실 발음에서 가장 높은 비율로 나타나고 있다.

지역별로 볼 때 관형격 조사 '긔'를 [ㅔ]로 발음하는 비율은 대구, 대전, 울산, 경북, 경남에서 50% 이상으로 나타나 높은 축에 속한다. '긔'를 [ㅡ]로 발음하는 비율은 광주(33.3%), 전남(50.0%), 전북(32.5%)에서 높게 나타난다. 방언권별로 볼 때 '긔'를 [ㅔ]로 발음하는 비율은 동남 방언이 52.6%로 가장 높고 중부 방언도 26.9%, 제주 방언도 25%를 보인다. 반면 서남 방언은 10%도 되지 않는다. 대신 서남 방언은 '긔'를 [ㅡ]로 발음하는 비율이 상당히 높다. 성별에 따른 차이는 그리 크지 않다. 연령별로 보면 '긔'를 [ㅔ]로 발음하는 비율은 40대 이상에서 약 38% 정도인데 반해 40대 이하에서는 18.5% 정도로 상당히 낮게 나타난다. '긔'를 [ㅡ]로 발음하는 비율도 40대 이상에서 그 이하보다 2배 정도 높게 조사되었다.

7 극한의

이 항목은 관형격 조사 '의'의 발음을 조사하기 위한 것이다. 표준 발음법에 의하면 [ㅢ]로 발음하는 것이 원칙이되 [ㅔ]로 발음하는 것도 허용한다.

		극한의			
		빈도	퍼센트	유효 퍼센트	누적퍼센트
유효	의	95	18.8	18.9	18.9
	에	307	60.8	61.2	80.1
	으	35	6.9	7.0	87.1
	이	5	1.0	1.0	88.0
	기타	60	11.9	12.0	100.0
	합계	502	99.4	100.0	
결측		0	3	0.6	
합계		505	100.0		

위의 조사 결과에서 알 수 있듯이 '극한의'의 '긔'는 '동생의'의 '긔'와 비슷한 모습을 보인다. '긔'가 [ㅔ]로 발음되는 비율이 61.2%로 가장 높고 그 뒤를 18.9%의 [ㅢ]가 뒤따르고 있다. '극한의'의 '긔'와 '동생의'의 '긔'는 모두 관형격 조사라는 공통점을 지니고 있기 때문에 이러한 조사 결과가 나오게 되었다.

지역별로 볼 때 관형격 조사 '긔'를 [ㅔ]로 발음하는 비율은 대전, 울산이 50%에 육박할 정도의 모습을 보이며 부산, 인천, 강원, 충북, 경북도 20% 이상 나타난다. '긔'를 [ㅡ]로 발음하는 비율은 광주(41.7%), 전남(42.3%), 전북(22.5%)에서 높게 나타난다. 방언권별로 볼 때 '긔'를 [ㅔ]로 발음하는 비율은 동남 방언이 34.3%로 가장 높고 제주 방언이 25%, 중부 방언이 17.1%를 보인다. 반면 서남 방언은 10%도 되지 않는다. 대신 서남 방언은 '긔'를 [ㅡ]로 발음하는 비율이 33.3%로 매우 높다. 성별로 보면 '긔'를 [ㅔ]로 발음하는 비율은 남성이 22.7%로 여성의 15.4%보다 다소 높다. '긔'를 [ㅡ]로 발음하는 비율은 남녀 사이에 큰 차이가 없다. 연령별로 보면 '긔'를 [ㅔ]나 [ㅡ]로 발음하는 비율은 40대를 기준으로 뚜렷하게 구분되는 모습이다. 40대 이상에서는 '긔'를 [ㅔ]나 [ㅡ]로 발음하는 비율이 그 아래 세대보다 꽤 높다. 그런 반면 '긔'를 [ㅔ]로 발음하는 비율은 40대 이상이 40대 이하에 비해 절반 정도에 불과하다.

3) 음의 길이

※ 표준 발음법의 관련 조항

> 제6항 모음의 장단을 구별하여 발음하되, 단어의 첫음절에서만 긴소리가 나타나는 것을 원칙으로 한다.
> (1) 눈보라[눈 : 보라] 말씨[말 : 씨] 밤나무[밤 : 나무] 많다[만 : 타] 멀리[멀 : 리] 벌리다[벌 : 리다]
> (2) 첫눈[천눈] 참말[참말] 쌍동밤[쌍동밤] 수많이[수 : 마니] 눈멀다[눈멀다] 떠벌리다[떠벌리다]
>
> 다만, 합성어의 경우에는 둘째 음절 이하에서도 분명한 긴소리를 인정한다.
> 반신반의[반 : 신 바 : 늬/반 : 신 바 : 니] 재삼재사[재 : 삼 재 : 사]
> [붙임]용언의 단음절 어간에 어미 '-아/-어'가 결합되어 한 음절로 축약되는 경우에도 긴소리로 발음한다.
> 보아 → 봐[봐 :] 기어 → 겨[겨 :] 되어 → 돼[돼 :] 두어 → 둬[둬 :] 하여 → 해[해 :]
> 다만, '오아 → 와, 지어 → 져, 찌어 → 쪄, 치어 → 쳐' 등은 긴소리로 발음하지 않는다.

(1) 어두 장음의 발음

① 애국

이 항목은 어두에서 초성을 가지지 않은 음절의 장음이 어떻게 발음되는지를 조사하기 위한 것이다. 장단의 구별 여부 및 그 실현 양상을 판단하는 데 활용된다.

		애국			
		빈도	퍼센트	유효 퍼센트	누적퍼센트
유효	長	36	7.1	7.2	7.2
	短	466	92.3	92.8	100.0
	합계	502	99.4	100.0	
결측		0	3	0.6	
합계			505	100.0	

위의 조사 결과에서 알 수 있듯이 '애국'의 '애'는 원래의 장음을 그대로 유지하는 비율이 7.2%에 불과했다. 지역별로는 경북(38.9%)과 전남(23.1%)에서 장음으로 발음하는 비율이 높았을 뿐 다른 지역에서는 대부분 단음으로 발음했다. 방언권별로는 동남 방언(16.0%)과 서남 방언(9.1%)에서 다른 지역에 비해 장음으로 발음하는 비율이 높았다. 성별에서는 큰 차이가 없었다. 연령별로 장음을 발음하는 비율을 보면 60대 이상이 13.7%, 40·50대가 7.9%, 20·30대가 5.6%, 20대 이하가 1.6%로 연령이 내려갈수록 장음을 유지하는 비율이 낮았다.

② 예의

이 항목은 어두에서 초성을 가지지 않은 음절의 장음이 어떻게 발음되는지를 조사하기 위한 것이다. 장단의 구별 여부 및 그 실현 양상을 판단하는 데 활용된다.

예의		빈도	퍼센트	유효 퍼센트	누적퍼센트
유효	長	89	17.6	17.8	17.8
	短	411	81.4	82.2	100.0
	합계	500	99.0	100.0	
결측		0	5	1.0	
합계			505	100.0	

위의 조사 결과에서 알 수 있듯이 '예의'의 '예'는 원래의 장음을 그대로 유지하는 비율이 17.8%이고 대부분은 단음으로 발음했다. 지역별로는 경북(77.8%), 대구(62.5%), 대전(56.5%), 인천(45.0%)에서 장음의 발음 비율이 높게 나타났다. 방언권별로는 대구와 경북이 포함된 동남 방언에서 35%로 장음의 유지 비율이 높고, 중부 방언도 17.4%에 이른다. 성별에서는 큰 차이가 없었다. 연령별로 장음을 발음하는 비율을 보면 40대 이상에서 20%를 상회하는 모습이지만 40대 이하에서도 10%를 넘기고 있다. '애국'에 비해서는 장음의 유지 비율이 높다.

③ 외국

이 항목은 어두에서 초성을 가지지 않은 음절의 장음이 어떻게 발음되는지를 조사하기 위한 것이다. 장단의 구별 여부 및 그 실현 양상을 판단하는 데 활용된다.

외국		빈도	퍼센트	유효 퍼센트	누적퍼센트
유효	長	76	15.0	15.1	15.1
	短	426	84.4	84.9	100.0
	합계	502	99.4	100.0	
결측		0	3	0.6	
합계			505	100.0	

위의 조사 결과에서 알 수 있듯이 '외국'의 '외'는 원래의 장음을 그대로 유지하는 비율이 15.1%에 불과했다. 지역별로는 인천과 대전, 경북이 40% 내외로 장음의 유지 비율이 높고 광주와 대구도 20~30%의 비율을 보인다. 방언권별 장음 유지 비율은 서남 방언이 18.4%, 중부 방언이 15.3%, 동남 방언이 14%로 비슷한 모습을 보인다. 성별 장음 발음 비율은 남성이 17.7%로 여성의 12.7%보다 약간 높았다. 연령별로 장음을 발음하는 비율을 보면 60대 이상이 25.8%로 가장 높고 젊어질수록 계속 내려가서 10대의 경우 5%도 채 되지 않았다.

④ 개집

이 항목은 어두에서 초성을 가지는 음절의 장음이 어떻게 발음되는지를 조사하기 위한 것이다. 장단의 구별 여부 및 그 실현 양상을 판단하는 데 활용된다.

		개집			
		빈도	퍼센트	유효 퍼센트	누적퍼센트
유효	長	108	21.4	21.5	21.5
	短	394	78.0	78.5	100.0
	합계	502	99.4	100.0	
결측		0	3	0.6	
합계		505	100.0		

위의 조사 결과에서 알 수 있듯이 '개집'의 '개'는 원래의 장음을 그대로 유지하는 비율이 21.5%로 다른 단어에 비해서는 높은 편이다. 지역별로는 광주와 대전에서 장음의 발음 비율이 50%를 넘기고 있으며 인천, 대전, 충남과 충북, 전남, 경북에서도 20%가 넘고 있다. 방언권별로는 서남 방언(28.7%)과 중부 방언(23.4%)의 장음 발음 비율이 높고, 동남 방언(14%)에서도 약간의 경향을 보인다. 성별로는 큰 차이가 없다. 연령별로 장음을 발음하는 비율을 보면 60대 이상은 43.5%로 거의 절반에 가까운 사람들이 장음을 올바르게 발음하고 있었다. 그러나 40·50대로 가면 그 비율이 60대에 비해 반으로 줄어들어서 10대의 경우에는 6.3%만이 장음을 유지할 뿐이다.

⑤ 눈밭

이 항목은 어두에서 초성을 가지는 음절의 장음이 어떻게 발음되는지를 조사하기 위한 것이다. 장단의 구별 여부 및 그 실현 양상을 판단하는 데 활용된다.

		눈밭			
		빈도	퍼센트	유효 퍼센트	누적퍼센트
유효	長	138	27.3	27.5	27.5
	短	364	72.1	72.5	100.0
	합계	502	99.4	100.0	
결측		0	3	0.6	
합계		505	100.0		

위의 조사 결과에서 알 수 있듯이 '눈밭'의 '눈'은 원래의 장음을 그대로 유지하는 비율이 27.5%로 상당히 높은 편이다. 지역별로는 광주에서의 장음 발음 비율이 무려 81.1%에 다다르며 대구, 인천, 충북, 경북에서도 그 비율이 50%를 넘고 있다. 방언권별로는 서남 방언이 36.8%, 동남 방언이 31.0%의 장음 유지 비율을 나타내고 있다. 성별로 장음 유지 비율을 보면

여성이 30.9%로 남성의 23.9%보다는 다소 높게 나타난다. 연령별로 장음을 발음하는 비율을 보면 60대 이상은 41.9%로 가장 높고 연령이 낮아질수록 그 비율이 계속 줄어든다. 다만 10대에서도 14.2%가 '눈'을 장음으로 발음하고 있어서 다른 단어에 비해서는 장음을 유지하는 비율이 높다.

6 말씀

이 항목은 어두에서 초성을 가지는 음절의 장음이 어떻게 발음되는지를 조사하기 위한 것이다. 장단의 구별 여부 및 그 실현 양상을 판단하는 데 활용된다.

말씀					
		빈도	퍼센트	유효 퍼센트	누적퍼센트
유효	長	99	19.6	19.7	19.7
	短	403	79.8	80.3	100.0
	합계	502	99.4	100.0	
결측		0	3	0.6	
합계			505	100.0	

위의 조사 결과에서 알 수 있듯이 '말씀'의 '말'은 원래의 장음을 그대로 유지하는 비율이 19.7%이다. 지역별로는 인천, 광주, 대전, 강원, 경북에서 장음의 발음 비율이 30% 안팎을 보여서 높은 편이다. 방언권별 장음 실현 비율은 서남 방언과 중부 방언이 20% 정도로 다른 방언권에 비해 높게 나타난다. 성별 차이는 드러나지 않는다. 연령별로 장음을 유지하는 비율을 보면 60대 이상이 37.9%로 가장 높고 연령대가 낮아질수록 그 비율이 내려서 10대의 경우에는 6.2%에 불과하다.

7 계장

이 항목은 어두에서 초성을 가지는 음절의 장음이 어떻게 발음되는지를 조사하기 위한 것이다. 장단의 구별 여부 및 그 실현 양상을 판단하는 데 활용된다.

계장					
		빈도	퍼센트	유효 퍼센트	누적퍼센트
유효	長	90	17.8	17.9	17.9
	短	413	81.8	82.1	100.0
	합계	503	99.6	100.0	
결측		0	2	0.4	
합계			505	100.0	

위의 조사 결과에서 알 수 있듯이 '계장'의 '계'는 원래의 장음을 그대로 유지하는 비율이

17.9%이다. 지역별로는 광주에서의 장음 발음 비율이 71.4%에 다다르며 대구, 충북, 전남에서도 그 비율이 40%를 넘고 있다. 방언권별로는 서남 방언이 34.5%, 동남 방언이 25.0%의 장음 유지 비율을 보여 다른 방언에 비해 높은 편이다. 성별로 장음 유지 비율을 보면 여성이 28.9%로 남성의 16.9%보다는 다소 높게 나타난다. 연령별로 장음을 유지하는 비율을 보면 60대 이상, 40·50대, 20·30대가 큰 차이 없이 20%를 약간 넘기고 있다. 10대의 장음 발음 비율도 14.2%에 달해 세대별 차이가 그리 크게 나타나지는 않는다.

8 혜택

이 항목은 어두에서 초성을 가지는 음절의 장음이 어떻게 발음되는지를 조사하기 위한 것이다. 장단의 구별 여부 및 그 실현 양상을 판단하는 데 활용된다.

		혜택			
		빈도	퍼센트	유효 퍼센트	누적퍼센트
유효	長	44	8.7	8.8	8.8
	短	458	90.7	91.2	100.0
	합계	502	99.4	100.0	
결측		0	3	0.6	
합계		505	100.0		

위의 조사 결과에서 알 수 있듯이 '혜택'의 '혜'는 원래의 장음을 그대로 유지하는 비율이 8.8%에 불과하다. 지역별로는 경북에서의 장음 발음 비율이 38.9%로 높게 나타나고 대구, 광주, 전남도 20%가 넘는다. 방언권별로는 서남 방언이 14.9%, 동남 방언이 13.0%의 장음 유지 비율을 보여 다른 방언에 비해 높은 편이다. 성별로 장음 유지 비율을 보면 남성이 12.3%로서 여성보다 그 비율이 두 배 정도 높다. 연령별로 장음을 유지하는 비율을 보면 60대 이상과 그 이하에서 뚜렷한 차이가 나타난다. 60대 이상은 26.6%의 비율이지만 그 이하 세대는 평균 3%도 되지 않는다.

9 사례

이 항목은 어두에서 초성을 가지는 음절의 장음이 어떻게 발음되는지를 조사하기 위한 것이다. 장단의 구별 여부 및 그 실현 양상을 판단하는 데 활용된다.

		사례			
		빈도	퍼센트	유효 퍼센트	누적퍼센트
유효	長	128	25.3	25.5	25.5
	短	374	74.1	74.5	100.0
	합계	502	99.4	100.0	
결측		0	3	0.6	
합계		505	100.0		

위의 조사 결과에서 알 수 있듯이 '사례'의 '사'는 원래의 장음을 그대로 유지하는 비율이 25.5%이다. 지역별로는 대구에서의 장음 발음 비율이 71.9%로 높게 나타나고 대전, 인천, 경북도 50%가 넘는다. 방언권별로는 동남 방언이 36.0%, 중부 방언이 24.4%의 장음 유지 비율을 보이며 서남 방언도 21.8%을 보여 제주 방언을 제외하면 장음 비율이 고르게 나타난다. 성별 장음 유지 비율은 큰 차이가 없다. 연령별로도 전 연령대에서 20~30% 사이의 장음 실현 비율을 나타내서 큰 차이를 발견할 수 없다.

⑩ 귀족

이 항목은 어두에서 초성을 가지는 음절의 장음이 어떻게 발음되는지를 조사하기 위한 것이다. 장단의 구별 여부 및 그 실현 양상을 판단하는 데 활용된다.

		w19-2 음장-귀			
		빈도	퍼센트	유효 퍼센트	누적퍼센트
유효	長	50	9.9	10.0	10.0
	短	452	89.5	90.0	100.0
	합계	502	99.4	100.0	
결측		0	3	0.6	
	합계	505	100.0		

위의 조사 결과에서 알 수 있듯이 '귀족'의 '귀'는 원래의 장음을 그대로 유지하는 비율이 10.0%에 불과하다. 지역별로는 광주와 경북이 30% 이상의 비율로 장음이 나타나고 있다. 방언권별로는 서남 방언이 16.1%, 동남 방언이 13.0%의 장음 유지 비율을 보여 다른 방언에 비해 높은 편이다. 성별로 장음 유지 비율을 보면 남성이 12.8%로서 여성의 7.3%보다는 좀 더 높다. 연령별로 장음을 유지하는 비율을 보면 40대 이상과 이하에서 뚜렷한 차이를 보여서 40대 이상의 경우 16.8%이지만 40대 이하는 3.2%에 불과하다.

(2) 어두 단음의 발음

① 눈썹

이 항목은 어두에서 초성을 가지는 음절의 단음이 어떻게 발음되는지를 조사하기 위한 것이다. 장단의 구별 여부 및 그 실현 양상을 판단하는 데 활용된다.

		눈썹			
		빈도	퍼센트	유효 퍼센트	누적퍼센트
유효	長	47	9.3	9.3	9.3
	短	456	90.3	90.7	100.0
	합계	503	99.6	100.0	
결측		0	2	0.4	
합계		505	100.0		

위의 조사 결과에서 알 수 있듯이 '눈썹'의 '눈'은 원래의 단음을 그대로 유지하는 비율이 90.7%에 달한다. 지역별로는 광주, 경기, 강원에서 단음의 비율이 80% 이하로 낮은 편이다. 방언권별로는 중부 방언과 서남 방언의 단음 실현 비율이 90%를 넘지 않고 있다. 성별로 단음 유지 비율을 보면 남성이 93.0%로서 여성의 88.5%보다는 좀 더 높다. 연령별 단음의 실현 비율은 모든 세대에서 90% 정도로서 거의 차이를 보이지 않는다.

② 말굽

이 항목은 어두에서 초성을 가지는 음절의 장음이 어떻게 발음되는지를 조사하기 위한 것이다. 장단의 구별 여부 및 그 실현 양상을 판단하는 데 활용된다.

		w22-1 음장			
		빈도	퍼센트	유효 퍼센트	누적퍼센트
유효	長	60	11.9	12.0	12.0
	短	441	87.3	88.0	100.0
	합계	501	99.2	100.0	
결측		0	4	0.8	
합계		505	100.0		

위의 조사 결과에서 알 수 있듯이 '말굽'의 '말'은 원래의 단음을 그대로 유지하는 비율이 88.0%에 달한다. 지역별로는 인천과 광주에서 단음의 비율이 60% 이하로 꽤 낮은 편이다. 방언권별로는 중부 방언과 서남 방언의 단음 실현 비율이 85%를 넘지 않고 있다. 성별 단음 유지 비율은 차이가 거의 없다. 연령별 단음의 실현 비율은 40대를 기준으로 그 이상은 76.4%이지만 그 이하는 93.3%로서 상당히 큰 차이를 보인다.

4) 홑받침의 발음

※ 표준 발음법의 관련 조항

> 제8항 받침소리로는 'ㄱ, ㄴ, ㄷ, ㄹ, ㅁ, ㅂ, ㅇ'의 7개 자음만 발음한다.

> 제9항 받침 'ㄲ, ㅋ', 'ㅅ, ㅆ, ㅈ, ㅊ, ㅌ', 'ㅍ'은 어말 또는 자음 앞에서 각각 대표음 [ㄱ, ㄷ, ㅂ]으로 발음한다.
> 닦다[닥따] 키읔[키윽] 키읔과[키윽꽈] 옷[옫] 웃다[욷 : 따] 있다[읻따] 젖[젇] 빚다[빋따] 꽃[꼳] 쫓다[쫃따] 솥[솓] 뱉다[밷 : 따]) 앞[압] 덮다[덥따]

(1) 'ㄷㅆ' 연쇄의 발음

1 있습니다

이 항목은 'ㅆ' 앞의 'ㄷ'이 어떻게 실현되는지를 조사하기 위한 것이다. 표준 발음법에서는 'ㅆ' 앞의 'ㄷ'을 온전히 발음하도록 하고 있으나 현실 발음에서는 'ㄷ'이 탈락한다고 보고되어 왔는데 이것을 확인하는 데 활용된다.

	있습니다	빈도	퍼센트	유효 퍼센트	누적퍼센트
유효	읻씀니다	94	18.6	18.7	18.7
	이씀니다	409	81.0	81.2	99.8
	기타	1	0.2	0.2	100.0
	합계	504	99.8	100.0	
결측		0	1	0.2	
합계		505	100.0		

위의 조사 결과에서 알 수 있듯이 '있습니다'에서는 'ㅆ' 앞에서 'ㄷ'을 유지하는 비율이 18.7%이고 'ㄷ'을 탈락시키는 비율이 81.2%이다. 현실 발음에서는 'ㅆ' 앞에서 'ㄷ'을 탈락시키는 경우가 압도적으로 많은 것이다. 지역별로는 부산, 광주, 전남에서 'ㄷ'을 유지하는 비율이 50%를 넘기고 있다. 방언권별로는 서남 방언에서 43.3%의 비율로 'ㄷ'을 탈락시키고 있으며 나머지 방언은 공통적으로 'ㄷ'의 탈락 비율이 10%를 약간 넘기고 있다. 성별과 세대별로는 'ㄷ'의 탈락 비율에 큰 차이를 보이지 않는다.

2 햇살

이 항목은 'ㅆ' 앞의 'ㄷ'이 어떻게 실현되는지를 조사하기 위한 것이다. 표준 발음법에서는 'ㅆ' 앞의 'ㄷ'을 온전히 발음하도록 하고 있으나 현실 발음에서는 'ㄷ'이 탈락한다고 보고되어 왔는데 이것을 확인하는 데 활용된다.

햇살					
		빈도	퍼센트	유효 퍼센트	누적퍼센트
유효	핻쌀	208	41.2	41.3	41.3
	해쌀	293	58.0	58.1	99.4
	기타	3	0.6	0.6	100.0
	합계	504	99.8	100.0	
결측		0	1	0.2	
합계		505	100.0		

위의 조사 결과에서 알 수 있듯이 사이시옷이 발음되지 않은 [해쌀]이 58.1%로, [ㄷ]으로 발음된 [핻쌀]이 41.3%로 나타난다.

지역별 [해쌀]의 비율은 강원이 100%, 대구가 96.8%, 경북이 94.4%, 서울이 94.1%, 울산이 90.4%로 높은 편이고, 광주가 0%, 전남이 3.8%, 충북이 5%, 부산이 8.6%, 인천이 10%로 매우 낮은 편에 속한다. 전체적으로 동남 방언과 중부 방언이 각각 73.7%와 60.6%로 높은 편이며, 서남 방언과 제주 방언이 각각 40%와 25%로 낮은 편이다. 연령별 [해쌀]의 비율은 20·30대와 40·50대가 각각 65%와 60.6%로 높고, 10대와 60대 이상은 각각 53.1%와 53.6%로 낮다. 성별로는 여성(60.7%)이 남성(55.3%)보다 [해쌀]의 실현율이 약간 높다.

5) 겹받침의 발음

※표준 발음법의 관련 조항

> 제10항 겹받침 'ㄳ', 'ㄵ', 'ㄼ, ㄽ, ㄾ', 'ㅄ'은 어말 또는 자음 앞에서 각각 [ㄱ, ㄴ, ㄹ, ㅂ]으로 발음한다.
> 넋[넉] 넋과[넉꽈] 앉다[안따] 여덟[여덜] 넓다[널따] 외곬[외골] 핥다[할따] 값[갑] 없다[업:따]
> 다만, '밟-'은 자음 앞에서 [밥]으로 발음하고, '넓-'은 다음과 같은 경우에 [넙]으로 발음한다.
> (1) 밟다[밥:따] 밟소[밥:쏘] 밟지[밥:찌] 밟는[밥:는→밤:는] 밟게[밥:께] 밟고[밥:꼬]
> (2) 넓-죽하다[넙쭈카다] 넓-둥글다[넙뚱글다]

> 제11항 겹받침 'ㄺ, ㄻ, ㄿ'은 어말 또는 자음 앞에서 각각 [ㄱ, ㅁ, ㅂ]으로 발음한다.
> 닭[닥] 흙과[흑꽈] 맑다[막따] 늙지[늑찌] 삶[삼:] 젊다[점:따]
> 읊고[읍꼬] 읊다[읍따]
> 다만, 용언의 어간 말음 'ㄺ'은 'ㄱ' 앞에서 [ㄹ]로 발음한다.
> 맑게[말께] 묽고[물꼬] 얽거나[얼꺼나]

(1) 자음군 단순화

① 넓디

이 항목은 겹받침 'ㄼ'에 자음군 단순화가 적용되었을 때 어떤 자음이 탈락하는지를 조사하기 위한 것이다. 'ㄹ'이 탈락하는지 'ㅂ'이 탈락하는지는 방언에 따라 크게 좌우되는 것으로 알려져 왔는데 실제 발음에서는 어떻게 나타나는지를 확인하는 데 활용된다.

		넓디			
		빈도	퍼센트	유효 퍼센트	누적퍼센트
유효	넓	11	2.2	2.2	2.2
	널	406	80.4	80.7	82.9
	넙	85	16.8	16.9	99.8
	기타	1	0.2	0.2	100.0
	합계	503	99.6	100.0	
결측		0	2	0.4	
합계		505	100.0		

위의 조사 결과에서 알 수 있듯이 '넓디'의 겹받침 'ㄼ'은 'ㄹ'이 탈락하는 비율이 16.9%, 'ㅂ'이 탈락하는 비율이 80.7%로 나타난다. 전체적으로 'ㄹ'이 탈락하는 비율이 그 반대의 경우보다 매우 낮다.

지역별로 보면 'ㄹ'의 탈락 비율은 광주, 전남, 전북에서 거의 50%를 상회하는 수준으로 높게 나타난다. 방언권별로 'ㄹ'의 탈락 비율을 보면 서남 방언이 52.2%로 단연 높은 모습을 보이며 제주 방언이 30%, 중부 방언이 10% 정도로 나타난다. 성별로는 'ㄹ'의 탈락 비율에 큰 차이가 없다. 세대별로는 40대 이상에서 'ㄹ'의 탈락 비율이 26.5%로 높은 편임에 반해 40대 이하에서는 7.5%로 상당히 낮게 나타난다.

② 밟고

이 항목은 겹받침 'ㄼ'에 자음군 단순화가 적용되었을 때 어떤 자음이 탈락하는지를 조사하기 위한 것이다. 'ㄹ'이 탈락하는지 'ㅂ'이 탈락하는지는 방언에 따라 크게 좌우되는 것으로 알려져 왔는데 실제 발음에서는 어떻게 나타나는지를 확인하는 데 활용된다.

		밟고			
		빈도	퍼센트	유효 퍼센트	누적퍼센트
유효	밟	11	2.2	2.2	2.2
	발	410	81.2	81.3	83.5
	밥	79	15.6	15.7	99.2
	기타	4	0.8	0.8	100.0
	합계	504	99.8	100.0	
결측		0	1	0.2	
합계		505	100.0		

위의 조사 결과에서 알 수 있듯이 '밟고'의 겹받침 'ㄼ'은 'ㄹ'이 탈락하는 비율이 15.7%, 'ㅂ'이 탈락하는 비율이 81.3%로 나타난다. 전체적으로 'ㄹ'이 탈락하는 비율이 그 반대의 경우보다 매우 낮다.

지역별로 보면 'ㄹ'의 탈락 비율은 광주, 전남, 전북에서 거의 40%를 상회하는 수준으로 높게 나타난다. 방언권별로 'ㄹ'의 탈락 비율을 보면 서남 방언이 46.7%로 단연 높은 모습을 보이며 제주 방언이 30%, 동남 방언이 14% 정도로 나타난다. 성별로는 'ㄹ'의 탈락 비율에 큰 차이가 없다. 세대별로는 40대 이상에서 'ㄹ'의 탈락 비율이 23.2%로 높은 편임에 반해 40대 이하에서는 8.3%로 상당히 낮게 나타난다. 특히 10대는 'ㄹ'의 탈락 비율이 5% 정도에 불과하다.

'밟다가'에 대한 표준 발음으로서의 선호도 조사에서는 [발따가]이 47.2%, [밥따가]가 41.9%, '모두 가능'이 10.9%로 나타났다. 결합된 어미가 다르기는 하지만, 실제의 발음에서 'ㅂ'을 탈락하는 경향이 매우 강함을 알 수 있다.

③ **밟는다**

이 항목은 겹받침 'ㄼ'에 자음군 단순화가 적용되었을 때 어떤 자음이 탈락하는지를 조사하기 위한 것이다. 'ㄹ'이 탈락하는지 'ㅂ'이 탈락하는지는 방언에 따라 크게 좌우되는 것으로 알려져 왔는데 실제 발음에서는 어떻게 나타나는지를 확인하는 데 활용된다.

		밟는다			
		빈도	퍼센트	유효 퍼센트	누적퍼센트
유효	밟는다	41	8.1	8.1	8.1
	발른다	112	22.2	22.2	30.4
	밤는다	335	66.3	66.5	96.8
	기타	16	3.2	3.2	100.0
	합계	504	99.8	100.0	
결측		0	1	0.2	
합계		505	100.0		

위의 조사 결과에서 알 수 있듯이 '밟는다'의 겹받침 'ㄼ'은 'ㄹ'이 탈락하는 비율이 66.5%,

'ㅂ'이 탈락하는 비율이 22.2%이다. 앞서 살핀 '넓디'나 '밟고'와는 정반대로 'ㄹ'의 탈락 비율이 오히려 그 반대보다 매우 높다.

지역별로 보면 'ㄹ'의 탈락 비율은 광주, 전남, 전북, 충북에서 80%를 상회하는 수준으로 높게 나타난다. 인천과 대전도 60%를 넘는다. 방언권별로 'ㄹ'의 탈락 비율을 보면 서남 방언이 93.3%로 압도적인 모습을 보이며 제주 방언도 90%에 다다른다. 중부 방언도 그 비율이 70%를 넘지만 동남 방언은 23.2%에 불과하다. 성별로는 'ㄹ'의 탈락 비율에 큰 차이가 없다. 세대별 'ㄹ' 탈락 비율을 보면 10대를 제외한 나머지 세대는 공통적으로 70%를 조금 넘는 모습이지만 10대는 53.1%에 그쳐서 다소 차이를 보인다.

4 읊고

이 항목은 겹받침 'ㄿ'에 자음군 단순화가 적용되었을 때 어떤 자음이 탈락하는지를 조사하기 위한 것이다. 'ㄹ'이 탈락하는지 'ㅍ'이 탈락하는지는 방언에 따라 크게 좌우되는 것으로 알려져 왔는데 실제 발음에서는 어떻게 나타나는지를 확인하는 데 활용된다.

		읊고			
		빈도	퍼센트	유효 퍼센트	누적퍼센트
유효	읊	59	11.7	11.7	11.7
	을	288	57.0	57.1	68.8
	읖	138	27.3	27.4	96.2
	기타	19	3.8	3.8	100.0
	합계	504	99.8	100.0	
결측		0	1	0.2	
합계		505	100.0		

위의 조사 결과에서 알 수 있듯이 '읊고'의 겹받침 'ㄿ'은 'ㄹ'이 탈락하는 비율이 27.4%, 'ㅍ'이 탈락하는 비율이 57.1%이다. 'ㄹ'의 탈락 비율이 그 반대인 경우와 비교하여 절반에도 미치지 못한다.

지역별로 보면 'ㄹ'의 탈락 비율은 광주와 전북에서 약 60%를 넘는 비율을 보인다. 다소 예외적인 모습도 보이는데 가령 일반적으로 'ㄹ'의 탈락 비율이 낮은 대구에서 그 비율이 46.9%로 매우 높다거나, 'ㄹ'의 탈락 비율이 매우 높은 전남에서 그 비율이 19.2%로 매우 낮다는 사실이 그러하다. 방언권별로 'ㄹ'의 탈락 비율을 보면 서남 방언이 48.9%로 가장 높고 동남 방언도 30% 정도 된다. 중부 방언과 제주 방언도 20%를 넘겨서 방언별 차이가 비교적 적은 편이다. 성별로는 'ㄹ'의 탈락 비율에 큰 차이가 없다. 세대별 'ㄹ' 탈락 비율을 보면 10대에서 35.9%로 가장 높고 연령이 높아질수록 그 비율이 감소하여 60대 이상에서는 20.3%를 보인다.

5 옮는다

이 항목은 겹받침 'ㄿ'에 자음군 단순화가 적용되었을 때 어떤 자음이 탈락하는지를 조사하기 위한 것이다. 'ㄹ'이 탈락하는지 'ㅍ'이 탈락하는지는 방언에 따라 크게 좌우되는 것으로 알려져 왔는데 실제 발음에서는 어떻게 나타나는지를 확인하는 데 활용된다.

		옮는다			
		빈도	퍼센트	유효 퍼센트	누적퍼센트
유효	옮는다	34	6.7	6.7	6.7
	을른다	65	12.9	12.9	19.6
	음는다	382	75.6	75.8	95.4
	기타	23	4.6	4.6	100.0
	합계	504	99.8	100.0	
결측	0	1	0.2		
합계		505	100.0		

위의 조사 결과에서 알 수 있듯이 '옮는다'의 겹받침 'ㄿ'은 'ㄹ'이 탈락하는 비율이 75.8%, 'ㅍ'이 탈락하는 비율이 12.9%이다. '옮고'와 비교하면 같은 단어의 동일한 겹받침임에도 불구하고 'ㄹ'의 탈락 비율이 정반대로 나타난다.

지역별로 보면 'ㄹ'의 탈락 비율은 인천, 광주, 대전, 전북에서 90%를 넘어서고 있다. 반면 부산, 대구, 울산, 강원, 경남은 60%에도 미치지 못한다. 방언권별로 'ㄹ'의 탈락 비율을 보면 서남 방언과 제주 방언이 80%를 넘기며 중부 방언도 76.9%로 높은 편이다. 반면 동남 방언은 59.6%로서 상대적으로 낮은 모습이다. 성별로는 'ㄹ'의 탈락 비율에 큰 차이가 없다. 세대별 'ㄹ' 탈락 비율을 보면 60대 이하에서는 약 80% 정도로 큰 차이를 보이지 않지만 60대 이상에서는 64.2%로 다소 낮은 편이다.

표준 발음으로서의 선호도 조사에서는 [음는다]가 74.6%, [올른다]가 16.9%, '모두 가능'이 8.5%로 나타났는바, 실제의 발음 양상과 크게 다르지 않다고 할 수 있다.

6 긁던

이 항목은 겹받침 'ㄺ'에 자음군 단순화가 적용되었을 때 어떤 자음이 탈락하는지를 조사하기 위한 것이다. 'ㄹ'이 탈락하는지 'ㄱ'이 탈락하는지는 방언에 따라 크게 좌우되는 것으로 알려져 왔는데 실제 발음에서는 어떻게 나타나는지를 확인하는 데 활용된다.

굵던					
		빈도	퍼센트	유효 퍼센트	누적퍼센트
유효	극	14	2.8	2.8	2.8
	글	239	47.3	47.5	50.3
	극	239	47.3	47.5	97.8
	기타	11	2.2	2.2	100.0
	합계	503	99.6	100.0	
결측		0	2	0.4	
합계		505	100.0		

위의 조사 자료에서 알 수 있듯이 '굵던'의 겹받침 'ㄺ'은 'ㄹ'이 탈락하는 비율과 'ㄱ'이 탈락하는 비율이 47.5%로 동일한 모습이다. 다른 겹받침의 경우 어느 한 쪽 자음의 탈락 비율이 다른 쪽 자음의 탈락 비율보다 더 높았지만 '굵던'의 'ㄺ'은 그렇지 않다는 특징이 있다.

지역별 'ㄹ'의 탈락 비율은 광주, 전남, 전북이 80%를 넘어서 매우 높은 편인 반면, 부산, 대구, 경남은 25%를 넘지 않았다. 방언권별 'ㄹ'의 탈락 비율은 서남 방언이 85.6%로 가장 높고 제주 방언 55%, 중부 방언 43.5%이다. 반면 동남 방언은 23.2%에 그쳤다. 성별로는 'ㄹ'의 탈락 비율이 별다른 차이를 보이지 않았다. 연령별 'ㄹ'의 탈락 비율은 60대가 61.0%로 가장 높고 젊은 층으로 올수록 조금씩 하락하여 10대의 경우에는 31.5%에 불과하다.

'굵고'에 대한 표준 발음으로서의 선호도 조사에서는 [글꼬]가 72%, [극꼬]가 17.9%, '모두 가능'이 10.1%로 나타났다. 결합된 어미가 'ㄱ'으로 시작하는 활용형이었다는 점이 탈락 자음의 결정에 영향을 주지 않았나 싶다.

7 **읽습니다**

이 항목은 겹받침 'ㄺ'에 자음군 단순화가 적용되었을 때 어떤 자음이 탈락하는지를 조사하기 위한 것이다. 'ㄹ'이 탈락하는지 'ㄱ'이 탈락하는지는 방언에 따라 크게 좌우되는 것으로 알려져 왔는데 실제 발음에서는 어떻게 나타나는지를 확인하는 데 활용된다.

읽습니다					
		빈도	퍼센트	유효 퍼센트	누적퍼센트
유효	읽	34	6.7	6.8	6.8
	일	233	46.1	46.4	53.2
	익	230	45.5	45.8	99.0
	기타	5	1.0	1.0	100.0
	합계	502	99.4	100.0	
결측		0	3	0.6	
합계		505	100.0		

위의 조사 자료에서 알 수 있듯이 '읽습니다'의 겹받침 'ㄺ'은 'ㄹ'이 탈락하는 비율과 'ㄱ'이 탈락하는 비율이 거의 비슷한 모습이다. 이러한 조사는 앞서 '굵던'의 경우와 크게 다르지 않다.

지역별 'ㄹ'의 탈락 비율은 광주와 전북이 80%를 넘어서 매우 높은 편인 반면, 부산, 대구, 경북은 30%를 넘지 않았다. 방언권별 'ㄹ'의 탈락 비율은 서남 방언이 86.7%로 가장 높고 제주 방언 65%, 중부 방언 41.6%이다. 반면 동남 방언은 17.2%에 그쳤다. 성별로는 'ㄹ'의 탈락 비율이 별다른 차이를 보이지 않았다. 연령별 'ㄹ'의 탈락 비율을 보면 40대를 기준으로 그 이상은 55.4%임에 비해 그 이하는 36.4%로 꽤 차이를 드러낸다.

'읽더라'에 대한 표준 발음으로서의 선호도 조사에서는 [일떠라]가 46.2%, [익떠라]가 43.5%, '모두 가능'이 10.3%로 나타났다. 결합된 어미가 다르기는 하지만, 실제의 발음 양상과 크게 다르지 않다고 할 수 있다.

⑧ **밝게**

이 항목은 겹받침 'ㄺ'에 자음군 단순화가 적용되었을 때 어떤 자음이 탈락하는지를 조사하기 위한 것이다. 'ㄹ'이 탈락하는지 'ㄱ'이 탈락하는지는 방언에 따라 크게 좌우되는 것으로 알려져 왔는데 실제 발음에서는 어떻게 나타나는지를 확인하는 데 활용된다.

밝게		빈도	퍼센트	유효 퍼센트	누적퍼센트
유효	박	477	94.5	94.6	94.6
	박/바	27	5.3	5.4	100.0
	합계	504	99.8	100.0	
결측		0	1	0.2	
합계		505	100.0		

위의 조사 결과에서 알 수 있듯이 '밝게'의 겹받침 'ㄺ'은 'ㄹ'이 탈락하는 비율이 5.4%에 불과한 반면 'ㄱ'이 탈락하는 비율은 94.6%로 압도적이다. 앞서 살핀 '굵던, 읽습니다'의 'ㄺ'과는 완전히 다른 양상인데 이것은 어간 '밝-' 뒤에 오는 어미가 'ㄱ'으로 시작하는 '-게'라는 사실에 기인한다. 용언 어간의 겹받침 'ㄺ'은 'ㄱ'으로 시작하는 어미 앞에서는 일반적으로 'ㄱ'이 탈락하며 표준 발음법에서도 이것을 표준 발음으로 인정하고 있다.

지역별 'ㄹ'의 탈락 비율은 광주, 전북, 전남에서 비교적 높지만 그래도 30%를 넘지는 않는다. 방언권별 'ㄹ'의 탈락 비율은 서남 방언이 21.1%로 가장 높고 나머지 방언은 10%도 되지 않는다. 성별로는 'ㄹ'의 탈락 비율이 별다른 차이를 보이지 않았다. 연령별 'ㄹ'의 탈락 비율을 보면 60대에서 14.6%로 가장 높게 나타나고 다른 연령대에서는 5% 이하로 나타난다.

⑨ **훑는**

이 항목은 겹받침 'ㄾ'에 자음군 단순화가 적용되었을 때 어떤 자음이 탈락하는지를 조사하기 위한 것이다. 'ㄹ'이 탈락하는지 'ㅌ'이 탈락하는지는 방언에 따라 크게 좌우되는 것으로 알려져 왔는데 실제 발음에서는 어떻게 나타나는지를 확인하는 데 활용된다.

s16-2 자음군-훑는		빈도	퍼센트	유효 퍼센트	누적퍼센트
유효	훌른	247	48.9	49.1	49.1
	훈는	210	41.6	41.7	90.8
	기타	46	9.1	9.1	100.0
	합계	503	99.6	100.0	
결측		0	2	0.4	
합계			505	100.0	

위의 조사 결과에서 알 수 있듯이 '훑는'의 겹받침 'ㄾ'은 'ㄹ'이 탈락하는 비율이 41.7%, 'ㅌ'이 탈락하는 비율이 49.1%로 거의 비슷한 모습을 보인다. '훑' 뒤에 'ㄴ'이 아닌 다른 자음으로 시작하는 어미가 오면 대부분의 지역에서 'ㄹ' 대신 'ㅌ'이 탈락한다는 점을 감안할 때 매우 이례적이다.

지역별로 'ㄹ'의 탈락 비율을 보면 광주가 75%로 가장 높고 인천, 충남, 전남도 50% 이상이다. 방언권별 'ㄹ'의 탈락 비율은 서남 방언이 56.7%로 가장 높다. 제주 방언은 55%, 중부 방언은 43.9%이다. 반면 동남 방언은 19.2%에 그쳤다. 성별로는 'ㄹ'의 탈락 비율에 큰 차이가 없었다. 연령별 'ㄹ'의 탈락 비율을 보면 40대를 기준으로 그 이상은 32.4%이지만 그 이하는 51.0%로 적지 않은 차이를 보였다.

6) 'ㅎ'의 발음

※표준 발음법의 관련 조항

제12항 받침 'ㅎ'의 발음은 다음과 같다.
 1. 'ㅎ(ㄶ, ㅀ)' 뒤에 'ㄱ, ㄷ, ㅈ'이 결합되는 경우에는, 뒤 음절 첫소리와 합쳐서 [ㅋ, ㅌ, ㅊ]으로 발음한다.
  놓고[노코] 좋던[조:턴] 쌓지[싸치] 많고[만:코] 않던[안턴] 닳지[달치]
 [붙임 1]받침 'ㄱ(ㄺ), ㄷ, ㅂ(ㄼ), ㅈ(ㄵ)'이 뒤 음절 첫소리 'ㅎ'과 결합되는 경우에도, 역시 두 음을 합쳐서 [ㅋ, ㅌ, ㅍ, ㅊ]으로 발음한다.
  각하[가카] 먹히다[머키다] 밝히다[발키다] 맏형[마텽] 좁히다[조피다] 넓히다[널피다] 꽂히다[꼬치다] 앉히다[안치다]
 [붙임 2]규정에 따라 'ㄷ'으로 발음되는 'ㅅ, ㅈ, ㅊ, ㅌ'의 경우에도 이에 준한다.
  옷 한 벌[오탄벌] 낮 한때[나탄때] 꽃 한 송이[꼬탄송이] 숱하다[수타다]
 2. 'ㅎ(ㄶ, ㅀ)' 뒤에 'ㅅ'이 결합되는 경우에는, 'ㅅ'을 [ㅆ]으로 발음한다.
  닿소[다쏘] 많소[만:쏘] 싫소[실쏘]
 3. 'ㅎ' 뒤에 'ㄴ'이 결합되는 경우에는, [ㄴ]으로 발음한다.
  놓는[논는] 쌓네[싼네]
 [붙임]'ㄶ, ㅀ' 뒤에 'ㄴ'이 결합되는 경우에는, 'ㅎ'을 발음하지 않는다.
  않네[안네] 않는[안는] 뚫네[뚤네→뚤레] 뚫는[뚤는→뚤른]
 4. 'ㅎ(ㄶ, ㅀ)' 뒤에 모음으로 시작된 어미나 접미사가 결합되는 경우에는, 'ㅎ'을 발음하지 않는다.
  낳은[나은] 놓아[노아] 쌓이다[싸이다] 많아[마:나] 않은[아는] 닳아[다라] 싫어도[시러도]

(1) 어간말 'ㅎ'의 발음

① 좋습니다

이 항목은 어간말의 'ㅎ'이 'ㅅ'과 결합할 때 어떻게 발음되는지를 조사하기 위한 것이다. 표준 발음법에 따르면 'ㅎ'과 'ㅅ'이 합쳐져서 [ㅆ]으로 발음해야 하는데 실제 발음은 어떤지를 확인하는 데 활용된다.

	좋습니다				
		빈도	퍼센트	유효 퍼센트	누적퍼센트
유효	졷씀니다	139	27.5	27.6	27.6
	조씀니다	363	71.9	72.2	99.8
	기타	1	0.2	0.2	100.0
	합계	503	99.6	100.0	
결측		0	2	0.4	
합계		505	100.0		

위의 조사 결과에서 알 수 있듯이 '좋습니다'에서 'ㅎ+ㅅ'은 [ㅆ]으로 발음되는 비율이 72.2%로서 매우 높고 [ㄷㅆ]과 같이 'ㅎ'이 [ㄷ]으로 발음되는 비율은 27.6%에 그친다. 이러한 조사 결과는 앞서 살핀 '있습니다'에서 'ㅆ' 앞의 'ㄷ'이 잘 탈락하는 비율과 거의 비슷하다.

지역별로 'ㅎ+ㅅ'이 [ㅆ]으로 발음되는 비율은 서울, 울산, 강원, 전북, 경북이 100%이고 대구, 대전, 경기도 90% 이상이다. 반면 부산(9.1%), 충북(20%), 인천(22.5%), 광주(25%)는 그 비율이 매우 낮다. 방언권별로 'ㅎ+ㅅ'이 [ㅆ]으로 발음되는 비율을 보면 동남 방언이 77.6%, 중부 방언이 74.2%로 높은 편이고 서남 방언과 제주 방언은 60% 안팎에 그쳤다. 성별이나 연령은 'ㅎ+ㅅ'이 [ㅆ]으로 발음되는 비율에 별다른 차이를 일으키지 않았다.

② 놓습니다

이 항목은 어간말의 'ㅎ'이 'ㅅ'과 결합할 때 어떻게 발음되는지를 조사하기 위한 것이다. 표준 발음법에 따르면 'ㅎ'과 'ㅅ'이 합쳐져서 [ㅆ]으로 발음해야 하는데 실제 발음은 어떤지를 확인하는 데 활용된다.

	놓습니다				
		빈도	퍼센트	유효 퍼센트	누적퍼센트
유효	논씀니다	152	30.1	30.3	30.3
	노씀니다	340	67.3	67.9	98.2
	기타	9	1.8	1.8	100.0
	합계	501	99.2	100.0	
결측		0	4	0.8	
합계		505	100.0		

위의 조사 결과에서 알 수 있듯이 '놓습니다'에서 'ㅎ+ㅅ'은 [ㅆ]으로 발음되는 비율이 67.9%로서 매우 높고 [ㄷㅆ]과 같이 'ㅎ'이 [ㄷ]으로 발음되는 비율은 30.3%에 그친다. 이러한 조사 결과는 앞 항목인 '좋습니다'의 발음 양상과 거의 일치한다.

지역별로 'ㅎ+ㅅ'이 [ㅆ]으로 발음되는 비율은 대구, 울산, 강원, 전북이 100%이고 서울과 경북도 90% 이상이다. 반면 부산(13.0%), 인천과 충북(27.5%), 광주(29.2%)는 그 비율이 매우 낮다. 방언권별로 'ㅎ+ㅅ'이 [ㅆ]으로 발음되는 비율을 보면 동남 방언이 76.8%로 높은 편이고 중부 방언이나 서남 방언은 65% 안팎, 제주 방언은 45%에 그쳤다. 성별로 'ㅎ+ㅅ'이 [ㅆ]으로 발음되는 비율을 보면 여성(71.3%)이 남성(64.2%)보다 좀 더 높게 나타난다. 연령은 'ㅎ+ㅅ'이 [ㅆ]으로 발음되는 비율에 별다른 차이를 일으키지 않았다.

(2) 초성 'ㅎ'의 축약

① 꽃 한 송이

이 항목은 장애음과 'ㅎ'이 만났을 때 어떻게 발음하는지를 조사하기 위한 것이다. 방언에 따라 유기음으로 축약되기도 하고 'ㅎ'이 단순히 탈락하기도 한다고 알려져 왔는데, 실제 발음에서는 어떻게 나타나는지를 확인하는 데 활용된다.

		꽃 한 송이			
		빈도	퍼센트	유효 퍼센트	누적퍼센트
유효	꼬탄	331	65.5	65.9	65.9
	꼬단	62	12.3	12.4	78.3
	꼳 한	104	20.6	20.7	99.0
	기타	5	1.0	1.0	100.0
	합계	502	99.4	100.0	
결측		0	3	0.6	
합계		505	100.0		

위의 조사 결과에서 알 수 있듯이 '꽃한송이'에서는 유기음화가 적용되는 비율이 65.9%이다. 유기음화가 적용되지 않는 경우에는 'ㅎ'이 탈락하는 비율이 12.4%, 'ㅎ'이 그대로 발음되는 비율이 20.7%이다.

지역별로 유기음화의 적용 비율을 보면 인천, 대전, 충북, 전북, 제주에서 약 80%를 넘기고 있다. 반면 울산은 23.8%에 불과하다. 방언권별 유기음화의 적용 비율은 제주 방언이 100%로 가장 높고, 중부 방언도 71.7%이지만 서남 방언은 50%, 동남 방언은 45.5%로 낮은 편이다. 성별 유기음화 적용 비율은 여성이 69.5%로 남성의 62.1%보다 약간 높게 나타난다. 연령별 유기음화 적용 비율은 40대를 기준으로 그 이상은 55.0%, 그 이하는 76.7%로 다소 다른 모습이다.

② **육학년**

이 항목은 장애음과 'ㅎ'이 만났을 때 어떻게 발음하는지를 조사하기 위한 것이다. 방언에 따라 유기음으로 축약되기도 하고 'ㅎ'이 단순히 탈락하기도 한다고 알려져 왔는데, 실제 발음에서는 어떻게 나타나는지를 확인하는 데 활용된다.

		육학년			
		빈도	퍼센트	유효 퍼센트	누적퍼센트
유효	유캉년	474	93.9	94.0	94.0
	유강년	28	5.5	5.6	99.6
	기타	2	0.4	0.4	100.0
	합계	504	99.8	100.0	
결측		0	1	0.2	
합계		505	100.0		

위의 조사 결과에서 알 수 있듯이 '육학년'에서는 유기음화가 적용되는 비율이 94.0%로서 압도적이다. 유기음화가 적용되지 않는 경우에는 대부분 'ㅎ'이 탈락하고 있다.

지역별로 유기음화의 적용 비율을 보면 광주가 75%, 전남이 69%로 다른 지역에 비해 상당히 낮게 나타나는 편이다. 방언권별 유기음화의 적용 비율은 전남 방언이 20%로 매우 낮게 나타난다는 특징을 지닌다. 다른 지역은 모두 90% 이상의 비율을 보인다. 성별 유기음화 적용 비율은 거의 차이가 없다. 연령별 유기음화 적용 비율은 60대에서 87.8%로 다른 연령대에 비해 낮게 나타난다. 40대 이하에서는 유기음화가 적용되는 비율이 97.6%로 매우 높다.

③ **만형**

이 항목은 장애음과 'ㅎ'이 만났을 때 어떻게 발음하는지를 조사하기 위한 것이다. 방언에 따라 유기음으로 축약되기도 하고 'ㅎ'이 단순히 탈락하기도 한다고 알려져 왔는데, 실제 발음에서는 어떻게 나타나는지를 확인하는 데 활용된다.

		만형			
		빈도	퍼센트	유효 퍼센트	누적퍼센트
유효	마텽	445	88.1	88.3	88.3
	마뎡	16	3.2	3.2	91.5
	기타	43	8.5	8.5	100.0
	합계	504	99.8	100.0	
결측		0	1	0.2	
합계		505	100.0		

위의 조사 결과에서 알 수 있듯이 '맏형'에서는 유기음화가 적용되는 비율이 88.3%이다. 또한 유기음화가 적용되는 대신 'ㅎ'이 탈락하는 비율은 3.2%에 불과했다.

지역별로 유기음화의 적용 비율을 보면 대부분 지역이 매우 높지만 광주, 대구, 전남, 경북에서는 90%를 넘지 않는다. 방언권별 유기음화의 적용 비율은 동남 방언이 77.8%, 제주 방언이 80%로 다른 방언에 비해 낮은 편이다. 성별 유기음화 적용 비율은 여성이 남성보다 조금 더 높지만 큰 차이는 아니다. 연령별 유기음화 적용 비율은 40대를 기준으로 그 이상은 82.8%, 그 이하는 93.7%로 다소 차이를 보인다.

표준 발음으로서의 선호도 조사에서는 [마텽]이 88.1%, [마명]이 7.2%, '모두 가능'이 4.8%로 나타났는바, 실제의 발음 양상과 크게 다르지 않다고 할 수 있다.

4 가득한

이 항목은 장애음과 'ㅎ'이 만났을 때 어떻게 발음하는지를 조사하기 위한 것이다. 방언에 따라 유기음으로 축약되기도 하고 'ㅎ'이 단순히 탈락하기도 한다고 알려져 왔는데, 실제 발음에서는 어떻게 나타나는지를 확인하는 데 활용된다.

	가득한			
		빈도	퍼센트	유효 퍼센트	누적퍼센트
유효	가드칸	496	98.2	98.4	98.4
	가드간	6	1.2	1.2	99.6
	기타	2	0.4	0.4	100.0
	합계	504	99.8	100.0	
결측		0	1	0.2	
합계		505	100.0		

위의 조사 결과에서 알 수 있듯이 '가득한'에서는 유기음화가 적용되는 비율이 98.4%로 압도적이다. 지역별로 유기음화의 적용 비율을 보면 광주와 전남에서 약 90% 정도로 다른 지역에 비해 조금 낮을 뿐 나머지 지역은 100%에 가깝다. 방언권별 유기음화의 적용 비율 역시 서남 방언에서 94.4%로 다른 지역에 비해 약간 낮다. 성별 유기음화 적용 비율은 차이가 없다. 연령별 유기음화 적용 비율은 60대 이상에서 95.1%로 다른 연령대에 비해 약간 낮을 뿐이다.

5 극한

이 항목은 장애음과 'ㅎ'이 만났을 때 어떻게 발음하는지를 조사하기 위한 것이다. 방언에 따라 유기음으로 축약되기도 하고 'ㅎ'이 단순히 탈락하기도 한다고 알려져 왔는데, 실제 발음에서는 어떻게 나타나는지를 확인하는 데 활용된다.

		극한			
		빈도	퍼센트	유효 퍼센트	누적퍼센트
유효	그칸	494	97.8	98.2	98.2
	그간	3	0.6	0.6	98.8
	극한	1	0.2	0.2	99.0
	기타	5	1.0	1.0	100.0
	합계	503	99.6	100.0	
결측		0	2	0.4	
합계		505	100.0		

위의 조사 결과에서 알 수 있듯이 '극한'은 앞선 '가득한'과 마찬가지로 유기음화가 적용되는 비율이 98.2%로 매우 높다. 지역별로 보면 전남, 방언권별로 보면 서남 방언에서 유기음화가 적용되는 비율이 약간 낮을 뿐이다. 성별 차이는 유기음화 적용에 별다른 변수가 되지 못한다. 연령별 유기음화 적용 비율은 60대 이상에서 94.3%로 약간 낮고 다른 연령대는 100%에 가까운 모습을 보인다.

6 입학

이 항목은 장애음과 'ㅎ'이 만났을 때 어떻게 발음하는지를 조사하기 위한 것이다. 방언에 따라 유기음으로 축약되기도 하고 'ㅎ'이 단순히 탈락하기도 한다고 알려져 왔는데, 실제 발음에서는 어떻게 나타나는지를 확인하는 데 활용된다.

		입학			
		빈도	퍼센트	유효 퍼센트	누적퍼센트
유효	이팍	498	98.6	98.8	98.8
	이박	5	1.0	1.0	99.8
	기타	1	0.2	0.2	100.0
	합계	504	99.8	100.0	
결측		0	1	0.2	
합계		505	100.0		

위의 조사 결과에서 알 수 있듯이 '입학'은 앞서 제시한 '가득한'이나 '극한' 항목과 거의 동일한 모습이고 변수별 양상도 비슷하기 때문에 구체적인 기술을 생략한다.

7 남북한

이 항목은 장애음과 'ㅎ'이 만났을 때 어떻게 발음하는지를 조사하기 위한 것이다. 방언에 따라 유기음으로 축약되기도 하고 'ㅎ'이 단순히 탈락하기도 한다고 알려져 왔는데, 실제 발음에서는 어떻게 나타나는지를 확인하는 데 활용된다.

		남북한			
		빈도	퍼센트	유효 퍼센트	누적퍼센트
유효	남부칸	491	97.2	97.4	97.4
	남부간	5	1.0	1.0	98.4
	기타	8	1.6	1.6	100.0
	합계	504	99.8	100.0	
결측		0	1	0.2	
합계		505	100.0		

위의 조사 결과에서 알 수 있듯이 '남북한'은 앞서 살핀 '가득한, 극한, 입학'과 거의 동일한 모습이고 변수별 양상도 비슷하기 때문에 구체적인 기술을 생략한다.

7) 연음

※표준 발음법의 관련 조항

> 제13항 홑받침이나 쌍받침이 모음으로 시작된 조사나 어미, 접미사와 결합되는 경우에는, 제 음가대로 뒤 음절 첫소리로 옮겨 발음한다.
> 깎아[까까] 옷이[오시] 있어[이써] 낮이[나지] 꽂아[꼬자] 꽃을[꼬츨] 쫓아[쪼차] 밭에[바테] 앞으로[아프로] 덮이다[더피다]

> 제14항 겹받침이 모음으로 시작된 조사나 어미, 접미사와 결합되는 경우에는, 뒤엣것만을 뒤 음절 첫소리로 옮겨 발음한다.(이 경우, 'ㅅ'은 된소리로 발음함.)
> 넋이[넉씨] 앉아[안자] 닭을[달글] 젊어[절머] 곬이[골씨] 핥아[할타] 읊어[을퍼] 값을[갑쓸] 없어[업 : 써]

(1) 체언 어간말 자음의 변화

① 앞에

이 항목은 체언의 어간말 자음이 연음되는 환경에서 어떻게 실현되는지를 조사하기 위한 것이다. 체언 어간말 자음이 어떻게 변화하고 있는지를 확인하는 데 활용된다.

	앞에			
		빈도	퍼센트	유효 퍼센트	누적퍼센트

		빈도	퍼센트	유효 퍼센트	누적퍼센트
유효	아페	494	97.8	98.0	98.0
	아베	1	0.2	0.2	98.2
	기타	9	1.8	1.8	100.0
	합계	504	99.8	100.0	
결측		0	1	0.2	
합계		505	100.0		

위의 조사 결과에서 알 수 있듯이 '앞에'는 'ㅍ'이 그대로 발음되는 비율이 압도적으로 높았다. 지역이나 방언, 성별, 연령별 차이도 거의 나타나지 않았다.

② **부엌에**

이 항목은 체언의 어간말 자음이 연음되는 환경에서 어떻게 실현되는지를 조사하기 위한 것이다. 체언 어간말 자음이 어떻게 변화하고 있는지를 확인하는 데 활용된다.

		빈도	퍼센트	유효 퍼센트	누적퍼센트
유효	부어케	95	18.8	18.8	18.8
	부어게	404	80.0	80.2	99.0
	기타	5	1.0	1.0	100.0
	합계	504	99.8	100.0	
결측		0	1	0.2	
합계		505	100.0		

위의 조사 결과에서 알 수 있듯이 '부엌에'의 'ㅋ'은 표기대로 발음되는 비율이 18.8%에 그치고 대부분은 [ㄱ]으로 발음되었다. 이렇게 되면 '부엌'은 표기와 달리 발음상의 기본형은 '부억'으로 바뀌어 버린 셈이 된다.

'부엌'의 'ㅋ'이 [ㄱ]으로 발음되는 비율을 여러 가지 변수별로 살피면 다음과 같다. 우선 지역별로 볼 때 대구, 광주, 대전, 경기, 전남, 경남, 제주는 90%를 넘지만 경북은 61.1%, 울산은 66.7%, 충북 67.5%, 부산은 69.6%로 다른 지역보다 낮은 편이다. 방언권별로는 제주 방언이 100%, 서남 방언이 87.8%로 높고 동남 방언은 75.8%, 중부 방언은 78.0%로 약간 낮게 나타난다. 성별로는 큰 차이가 없었다. 연령별로는 60대 이상이 67.5%로 가장 낮고 40·50대가 90.6%로 가장 높다.

③ 솔잎을

이 항목은 체언의 어간말 자음이 연음되는 환경에서 어떻게 실현되는지를 조사하기 위한 것이다. 체언 어간말 자음이 어떻게 변화하고 있는지를 확인하는 데 활용된다.

		솔잎을			
		빈도	퍼센트	유효 퍼센트	누적퍼센트
유효	플/풀	376	74.5	74.6	74.6
	블/불	126	25.0	25.0	99.6
	기타	2	0.4	0.4	100.0
	합계	504	99.8	100.0	
결측		0	1	0.2	
합계		505	100.0		

위의 조사 결과에서 알 수 있듯이 '솔잎을'의 'ㅍ'은 표기대로 발음되는 비율이 74.6%에 이르며 [ㅂ]으로 발음되는 비율은 25.0%에 불과하다. '잎'의 말음은 아직 변화하지 않은 모습이 더 많이 나타난다.

'잎'의 'ㅍ'이 [ㅂ]으로 발음되는 비율을 여러 가지 변수별로 살피면 다음과 같다. 지역별로는 전남과 제주에서 50%을 넘으며 전북이 42.5%, 인천, 광주, 경기가 25%로 그 비율이 높은 편이다. 반면 부산에서는 이런 경향이 전혀 안 보이며 대구, 울산, 경북도 10% 안팎의 낮은 비율을 보인다. 방언권별로는 제주 방언이 55%, 서남 방언이 41.1%로 높은 편이고 동남 방언은 9.1%로 매우 낮은 모습이다. 성별에서는 큰 차이가 없다. 연령별로는 40대를 기준으로 그 이상은 33.6%로 그 이하의 16.5%보다 상당히 높게 나타난다.

④ 꽃이

이 항목은 체언의 어간말 자음이 연음되는 환경에서 어떻게 실현되는지를 조사하기 위한 것이다. 체언 어간말 자음이 어떻게 변화하고 있는지를 확인하는 데 활용된다.

		꽃이			
		빈도	퍼센트	유효 퍼센트	누적퍼센트
유효	꼬치	429	85.0	85.1	85.1
	꼬시	71	14.1	14.1	99.2
	꼬티	1	0.2	0.2	99.4
	꼬지	1	0.2	0.2	99.6
	꼬디	1	0.2	0.2	99.8
	기타	1	0.2	0.2	100.0
	합계	504	99.8	100.0	
결측		0	1	.2	
합계		505	100.0		

위의 조사 결과에서 알 수 있듯이 '꽃이'의 'ㅊ'은 표기대로 발음되는 비율이 85.1%에 이르며 [ㅅ]으로 발음되는 비율은 14.1%에 불과하다. '꽃'의 말음은 아직 변화하지 않은 모습이 훨씬 더 많이 나타난다.

'꽃'의 'ㅊ'이 [ㅅ]으로 발음되는 비율을 여러 가지 변수별로 살피면 다음과 같다. 지역별로는 전남이 34.6%, 전북이 32.5%로 가장 높게 나타난다. 반면 부산, 대구, 울산, 충북, 경북은 'ㅊ'이 [ㅅ]으로 발음되는 경우가 거의 없다. 방언권별로는 서남 방언이 28.9%로 가장 높고 동남 방언은 3%도 되지 않을 정도로 미미하다. 성별로는 여성(16.1%)이 남성(11.9%)보다 약간 높은 모습을 보인다. 연령별로는 40·50대에서 24.4%로 가장 높고 10대에서 5.5%로 가장 낮다.

5 낮이면

이 항목은 체언의 어간말 자음이 연음되는 환경에서 어떻게 실현되는지를 조사하기 위한 것이다. 체언 어간말 자음이 어떻게 변화하고 있는지를 확인하는 데 활용된다.

s4-1 마찰음화-낮이면					
		빈도	퍼센트	유효 퍼센트	누적퍼센트
유효	나지면	456	90.3	90.5	90.5
	나시면	25	5.0	5.0	95.4
	나디면	5	1.0	1.0	96.4
	나치면	16	3.2	3.2	99.6
	기타	2	0.4	0.4	100.0
	합계	504	99.8	100.0	
결측		0	1	0.2	
합계		505	100.0		

위의 조사 결과에서 알 수 있듯이 '낮이면'의 'ㅈ'은 표기대로 발음되는 비율이 90.5%로 매우 높으며 [ㅅ]으로 발음되는 비율이 5.0%, [ㅊ]으로 발음되는 비율이 3.2%이다. '낮' 역시 명사의 말음이 아직 변화를 겪지 않은 모습을 많이 보인다.

'낮'의 'ㅈ'이 [ㅈ]이 아닌 다른 자음으로 발음되는 비율을 여러 가지 변수별로 살피면 다음과 같다. 지역별로는 전남이 40.8%, 전북이 22.5%로 다른 지역에 비해 상당히 높은 모습이다. 그 밖의 지역에서는 그 비율이 10%에도 못 미치며 이런 경향이 전혀 나타나지 않는 지역(광주, 대전, 울산, 경북)도 존재한다. 방언권별로는 서남 방언에서 18.9%로 가장 높고 나머지 방언은 10%도 되지 않는다. 성별이나 연령별로는 그리 큰 차이가 나지 않는다.

6 솥이

이 항목은 체언의 어간말 자음이 연음되는 환경에서 어떻게 실현되는지를 조사하기 위한 것이다. 체언 어간말 자음이 어떻게 변화하고 있는지를 확인하는 데 활용된다.

솥이					
		빈도	퍼센트	유효 퍼센트	누적퍼센트
유효	소티	3	0.6	0.6	0.6
	소치	123	24.4	24.4	25.0
	소시	366	72.5	72.6	97.6
	기타	12	2.4	2.4	100.0
	합계	504	99.8	100.0	
결측		0	1	0.2	
합계		505	100.0		

위의 조사 결과에서 알 수 있듯이 '솥이'의 'ㅌ'은 조사 '이'과 결합할 때 구개음화가 적용되어 [ㅊ]으로 발음되는 비율이 24.4%이고 [ㅅ]으로 발음되는 비율이 72.6%이다. 매우 많은 경우에 '솥'의 어간말 자음이 'ㅌ'에서 'ㅅ'으로 바뀌었음을 알 수 있다.

'솥'의 'ㅌ'이 'ㅅ'으로 발음되는 비율을 여러 가지 변수별로 살피면 다음과 같다. 지역별로는 인천, 충남, 전북, 전남, 제주에서 80%가 넘으며 대전, 경기, 강원도 70% 넘는 비율을 보인다. 반면 부산, 울산, 경북은 평균보다 훨씬 낮은 비율을 나타낸다. 방언권별로는 서남 방언이 85.6%로 가장 높고 제주 방언이 80%, 중부 방언이 73.2%이다. 동남 방언은 57.6%고 가장 낮은 비율이다. 성별로는 남성(77.5%)이 여성(68.1%)보다 조금 높게 나타난다. 연령별로는 60대 이하에서 80%에 약간 못 미치는 반면 60대 이상에서는 57.7%로 꽤 낮은 모습을 보인다.

7 밭으로

이 항목은 체언의 어간말 자음이 연음되는 환경에서 어떻게 실현되는지를 조사하기 위한 것이다. 체언 어간말 자음이 어떻게 변화하고 있는지를 확인하는 데 활용된다.

밭으로					
		빈도	퍼센트	유효 퍼센트	누적퍼센트
유효	바트로	355	70.3	70.6	70.6
	바스로	26	5.1	5.2	75.7
	바츠로	118	23.4	23.5	99.2
	기타	4	0.8	0.8	100.0
	합계	503	99.6	100.0	
결측		0	2	0.4	
합계		505	100.0		

위의 조사 결과에서 알 수 있듯이 '밭으로'의 'ㅌ'은 표기대로 발음되는 비율이 70.6%로 가장 높고 [ㅊ]으로 발음되는 비율도 23.5%로 적지 않다. 반면 [ㅅ]으로 발음되는 비율은 5.2%로 매

우 미미하다.

'솥'의 'ㅌ'이 [ㅌ]이 아닌 다른 자음으로 발음되는 비율을 여러 가지 변수별로 살피면 다음과 같다. 지역별로 보면 'ㅌ'이 [ㅅ]으로 발음되는 비율은 10%를 넘는 지역이 한 곳도 없다. 반면 'ㅌ'이 [ㅊ]으로 발음되는 경우는 꽤 많은데 특히 경북이 38.9%, 전북이 37.5%, 부산이 34.8%, 광주가 33.3%로 높은 편이다. 방언권별로 보면 'ㅌ'이 [ㅅ]으로 발음되는 비율은 모든 방언에서 10%가 되지 않지만 'ㅌ'이 [ㅊ]으로 발음되는 비율은 모든 방언에서 20~30%로 나타난다. 성별로는 큰 차이가 없었다. 연령별로 보면 [ㅅ]으로 발음되는 비율은 모든 연령대에서 약 6% 안팎으로 동일한 모습을 보이지만 [ㅊ]으로 발음되는 비율은 연령대가 낮을수록 더 높은 모습을 보인다. 즉 60대 이상은 6.5%에 그치지만 10대에서는 41.4%로 크게 높아지는 것이다.

⑧ 빛을

이 항목은 체언의 어간말 자음이 연음되는 환경에서 어떻게 실현되는지를 조사하기 위한 것이다. 체언의 어간말 자음이 어떻게 변화하고 있는지를 확인하는 데 활용된다.

		빛을			
		빈도	퍼센트	유효 퍼센트	누적퍼센트
유효	비출	407	80.6	80.8	80.8
	비슬	86	17.0	17.1	97.8
	비틀	8	1.6	1.6	99.4
	기타	3	0.6	0.6	100.0
	합계	504	99.8	100.0	
결측		0	1	0.2	
합계		505	100.0		

위의 조사 결과에서 알 수 있듯이 '빛을'의 'ㅊ'은 표기대로 발음되는 비율이 80.8%에 이르며 [ㅅ]으로 발음되는 비율은 17.1%에 불과하다. '빛'의 말음은 아직 변화하지 않은 모습이 훨씬 더 많이 나타나며 이러한 결과는 앞서 살핀 '꽃'과 동일하다.

'빛'의 'ㅊ'이 [ㅅ]으로 발음되는 비율을 여러 가지 변수별로 살피면 다음과 같다. 지역별로는 경기가 30%, 서울이 25.9%로 높은 편이고 대전, 충남, 전북, 전남도 20%를 상회한다. 그러나 부산, 대구, 광주, 경북은 10%도 되지 않는다. 방언권별로는 중부 방언이 20.7%, 서남 방언이 16.7%로 높은 편이고 동남 방언은 7.1%에 불과하다. 동남 방언의 경우 'ㅊ'이 [ㅌ]으로 발음되는 비율도 6.1%로 나타나서 다른 지역보다 높다. 성별로는 여성(18.1%)이 남성(16.0%)보다 근소하게 높은 모습을 보인다. 연령별로는 연령이 높아질수록 그 비율도 증가한다. 10대에서는 [ㅅ]으로 발음되는 비율이 7.8%에 불과하지만 연령대가 높아지면 점차 그 비율이 높아져서 60대 이상에 이르면 27.6%까지 증가한다.

(2) 체언 어간말 자음군의 변화

1 값이

이 항목은 체언의 어간말 자음군이 연음되는 환경에서 어떻게 실현되는지를 조사하기 위한 것이다. 어간말 자음군이 온전히 연음되지 않는 경우가 많은데 실제로 어떤지를 확인하여 체언의 어간말 자음군이 어떻게 변화하고 있는지를 판단하는 데 활용된다.

		값이			
		빈도	퍼센트	유효 퍼센트	누적퍼센트
유효	갑씨	400	79.2	79.4	79.4
	가비	72	14.3	14.3	93.7
	기타	32	6.3	6.3	100.0
	합계	504	99.8	100.0	
결측		0	1	0.2	
합계		505	100.0		

위의 조사 결과에서 알 수 있듯이 '값이'의 경우 겹받침 'ㅂㅅ'이 모두 실현되는 비율이 79.4%로 매우 높다. 반면 [가비]와 같이 겹받침 대신 'ㅂ'으로만 실현되는 비율은 14.3%에 그친다.

'값'의 겹받침이 [ㅂ]으로 실현되는 비율을 변수별로 살펴보면 다음과 같다. 우선 지역별로는 전남에서 42.3%로 가장 높고 제주, 경기, 충북, 경북도 15% 이상의 비율을 보인다. 반면 대전, 강원, 충남, 경남은 평균보다 낮은 비율을 나타낸다. 방언권별로는 서남 방언과 제주 방언에서 20%를 넘는 비율을 보임에 비해 동남 방언은 11% 정도에 그친다. 성별로는 큰 차이를 보이지 않는다. 연령별로는 40대 이상에서 20.4%이지만 40대 이하에서는 8.3%로 40대 이상에 비해 절반에도 못 미친다.

2 흙을

이 항목은 체언의 어간말 자음군이 연음되는 환경에서 어떻게 실현되는지를 조사하기 위한 것이다. 어간말 자음군이 온전히 연음되지 않는 경우가 많은데 실제로 어떤지를 확인하여 체언의 어간말 자음군이 어떻게 변화하고 있는지를 판단하는 데 활용된다.

		흙을			
		빈도	퍼센트	유효 퍼센트	누적퍼센트
유효	홀글	114	22.6	22.6	22.6
	흐글	384	76.0	76.2	98.8
	기타	6	1.2	1.2	100.0
	합계	504	99.8	100.0	
결측		0	1	0.2	
합계		505	100.0		

위의 조사 결과에서 알 수 있듯이 '흙을'의 경우 겹받침 'ㄹㄱ'이 모두 실현되는 비율은 22.6%로 매우 낮다. 반면 [흐글]과 같이 겹받침 대신 'ㄱ'으로만 실현되는 비율이 76.2%로 압도적인 모습을 보인다.

'흙'의 겹받침이 [ㄱ]으로 실현되는 비율을 변수별로 살펴보면 다음과 같다. 우선 지역별로는 전남, 전북이 90%를 넘는 매우 높은 비율을 보이며 인천, 광주, 대전, 충남, 제주도 80%를 상회한다. 반면 울산과 경북은 평균치를 하회한다. 방언권별로 보면 서남 방언이 91.1%로 압도적이고 동남 방언은 65.7%로 가장 낮은 비율을 보인다. 성별에 따른 비율 차이는 나타나지 않는다. 연령별로 보면 10대에서 88.3%로 가장 높고 연령이 높아질수록 그 비율이 조금씩 감소하여 60대 이상에서는 61.8%로 줄어든다.

3 여덟이나

이 항목은 체언의 어간말 자음군이 연음되는 환경에서 어떻게 실현되는지를 조사하기 위한 것이다. 어간말 자음군이 온전히 연음되지 않는 경우가 많은데 실제로 어떤지를 확인하여 체언의 어간말 자음군이 어떻게 변화하고 있는지를 판단하는 데 활용된다.

s6-4 자음군-여덟이나					
		빈도	퍼센트	유효 퍼센트	누적퍼센트
유효	여덜비나	119	23.6	23.6	23.6
	여더리나	319	63.2	63.3	86.9
	여더비나	38	7.5	7.5	94.4
	기타	28	5.5	5.6	100.0
	합계	504	99.8	100.0	
결측		0	1	0.2	
합계			505	100.0	

위의 조사 결과에서 알 수 있듯이 '여덟이나'의 경우 겹받침 'ㄹㅂ'이 모두 실현되는 비율은 23.6%로 매우 낮다. 반면 [여더리나]나 [여더비나]와 같이 겹받침이 아닌 홑받침으로 실현되는 비율이 70.8%이다. 특히 [여더리나]에서 보듯 겹받침 대신 'ㄹ'로 실현되는 비율이 63.3%로 매우 높은 모습이다.

'여덟'의 겹받침이 [ㄹ]로 실현되는 비율을 변수별로 살펴보면 다음과 같다. 우선 지역별로는 대구, 인천, 대전, 충남, 경북에서 70%를 넘는 비율로 나타난다. 반면 광주는 25%로 가장 낮으며 울산, 전북, 제주도 평균치보다 낮게 나타난다. 방언권별로는 동남 방언이 70.1%, 중부 방언이 67.8%로 높은 편이고 서남 방언은 42.2%로 가장 낮게 나타난다. 성별로 보면 남성(67.2%)이 여성(59.6%)보다 약간 높다. 연령별로는 뚜렷한 경향성이 안 나타난다. 20·30대가 79.4%로 가장 높고 60대 이상은 46.3%로 가장 낮다.

4 외곬으로

이 항목은 체언의 어간말 자음군이 연음되는 환경에서 어떻게 실현되는지를 조사하기 위한 것이다. 어간말 자음군이 온전히 연음되지 않는 경우가 많은데 실제로 어떤지를 확인하여 체언의 어간말 자음군이 어떻게 변화하고 있는지를 판단하는 데 **활용된다**.

		외곬으로			
		빈도	퍼센트	유효 퍼센트	누적퍼센트
유효	외골쓰로	75	14.9	14.9	14.9
	외골스로	74	14.7	14.7	29.6
	외고르로	98	19.4	19.5	49.1
	외골로	10	2.0	2.0	51.1
	기타	246	48.7	48.9	100.0
	합계	503	99.6	100.0	
결측		0	2	.4	
합계			505	100.0	

위의 조사 결과에서 알 수 있듯이 '외곬으로'는 기타 발음이 거의 절반 가까이 된다. 이것은 '외곬으로'라는 말을 일상 생활에서는 거의 사용하지 않는 데에서 비롯되었다고 본다. '외곬으로'는 [외골쓰로]와 같이 겹받침이 'ㄹㅆ'으로 발음되는 비율이 14.9%, [외골스로]와 같이 'ㄹㅅ'으로 발음되는 비율이 14.7%이다. [외고르로]와 [외골로]와 같이 홑받침으로 발음되는 비율도 합치면 21.5%로 결코 낮지 않다. 특히 [외고르로]라는 발음은 매우 흥미롭다. 표면상 명사의 형태가 '외골'인데 '외골'에 '-으로'가 붙으면 [외골로]로 발음해야 하지만 [외고르로]로 많이 실현되는 것이다. 많은 화자들이 '외곬'에 대해, 겹받침으로 끝나는 말은 아니지만 그렇다고 해서 'ㄹ'로 끝나는 말이라고 생각하지도 않음을 말해 준다.

'외곬'의 겹받침이 [ㄹ]로 실현되는 비율을 변수별로 살펴보면 다음과 같다. 우선 지역별로는 부산과 충남이 40%를 넘으며 경기, 강원, 충북도 30% 안팎의 꽤 높은 비율을 보인다. 반면 대구와 경북은 0%이며 인천, 전북, 제주도 10%을 넘지 않는다. 방언권별로 보면 중부 방언이 25.2%로 제일 높고 동남 방언도 18% 정도의 비율을 보인다. 반면 서남 방언과 제주 방언은 10%에 불과하다. 성별로는 남성(25.0%)이 여성(18.1%)보다 다소 높게 나타난다. 연령별로 보면 10대에서 37.5%로 가장 높고 그 위로 갈수록 낮아져서 60대 이상에서는 10.6%에 불과하다.

8) 절음

※ 표준 발음법의 관련 조항

> 제15항 받침 뒤에 모음 'ㅏ, ㅓ, ㅗ, ㅜ, ㅟ'들로 시작되는 실질 형태소가 연결되는 경우에는, 대표음으로 바꾸어서 뒤 음절 첫소리로 옮겨 발음한다.
> 밭 아래[바다래] 늪 앞[느밥] 젖어미[저더미] 맛없다[마덥따] 겉옷[거돋] 헛웃음[허두슴] 꽃 위[꼬뒤]
> 다만, '맛있다, 멋있다'는 [마싣따], [머싣따]로도 발음할 수 있다.
> [붙임] 겹받침의 경우에는, 그 중 하나만을 옮겨 발음한다.
> 넋 없다[너겁따] 닭 앞에[다가페] 값어치[가버치] 값있는[가빈는]

(1) 합성어 경계에서의 절음 현상

① 맛있게

이 항목은 '맛'과 '있-'이 결합할 때 선행어의 말음 'ㅅ'이 어떻게 발음되는지를 조사하기 위한 것이다. 이런 환경에서는 절음이 일어나야 하지만 '맛있-'은 '멋있-'과 더불어 예외적인 모습을 보이며 표준 발음법에서도 이 때의 'ㅅ'을 [ㅆ]으로 발음하는 것을 허용하고 있다. 실제 발음에서는 어떤 양상을 보이는지 알아보는 데 활용된다.

		맛있게			
		빈도	퍼센트	유효 퍼센트	누적퍼센트
유효	마싣-	271	53.7	53.8	53.8
	마딛-	43	8.5	8.5	62.3
	기타	190	37.6	37.7	100.0
	합계	504	99.8	100.0	
결측		0	1	0.2	
합계		505	100.0		

위의 조사 결과에서 알 수 있듯이 '맛있게'의 'ㅅ'은 [ㅆ]으로 발음하는 비율이 53.8%로 가장 높고 [ㄷ]으로 발음하는 비율은 8.5%에 그친다. 표준 발음법에서 규정한 원칙 발음의 비율보다 허용 발음의 비율이 훨씬 높은 것이다.

'맛있-'의 'ㅅ'이 [ㅆ]으로 발음되는 비율을 [ㄷ]으로 발음되는 비율과 비교해 보면 다음과 같다. 우선 지역별로 볼 경우 부산, 인천, 대전, 충남, 전북, 전남, 제주는 [ㅆ]이 거의 90% 이상의 비율을 보인다. 방언권별로 보면 제주 방언이 100%, 서남 방언이 88.8%, 동남 방언이 85.7%, 중부 방언이 83.3%로 모든 방언이 비교적 고른 양상을 보인다. 성별에 따라 볼 경우 남성이 82.9%, 여성이 89.7%이다. 연령별로는 세대가 낮을수록 [ㅆ]으로 발음하는 비율이 높았다. 10대에서는 100%, 20·30대는 94.9%, 40·50대는 87.2%, 60대 이상은 62.3%로 뚜렷한 차이를 보이고 있다.

9) 구개음화

※표준 발음법의 관련 조항

> 제17항 받침 'ㄷ, ㅌ(ㄾ)'이 조사나 접미사의 모음 'ㅣ'와 결합되는 경우에는, [ㅈ, ㅊ]으로 바꾸어서 뒤 음절 첫소리로 옮겨 발음한다.
> 곧이듣다[고지듣따] 굳이[구지] 미닫이[미다지] 땀받이[땀바지] 밭이[바치] 벼훑이[벼훌치]
> [붙임] 'ㄷ' 뒤에 접미사 '히'가 결합되어 '티'를 이루는 것은 [치]로 발음한다.
> 굳히다[구치다] 닫히다[다치다] 묻히다[무치다]

1 곧이

이 항목은 'ㄷ'으로 끝나는 어간에 'ㅣ'로 시작하는 접미사가 결합하였을 때 어떻게 실현되는지를 조사하기 위한 것이다. 조사 결과는 파생어에서의 구개음화 실현 여부를 판단하는 데 활용된다.

		곧이			
		빈도	퍼센트	유효 퍼센트	누적퍼센트
유효	고디	28	5.5	5.6	5.6
	고지	467	92.5	92.7	98.2
	기타	9	1.8	1.8	100.0
	합계	504	99.8	100.0	
결측		0	1	0.2	
합계		505	100.0		

위의 조사 결과에서 알 수 있듯이 '곧이'는 92.7%가 [고지]로 발음되어 구개음화가 잘 실현되고 있다. 그러나 구개음화가 적용되지 않은 [고디]가 5.6% 발음되었다는 점도 간과할 수는 없다.

지역별로 보면 모든 지역에서 고르게 [고지]가 강한 우세를 보이고 있다. 연령별로도 약간의 차이를 보인다. 19세 미만에서 8.6%가 [고디]라고 한 반면, 2·30대는 3.2%, 4·50대는 4.7%, 60대 이상은 5.7%가 [고디]라고 발음하였다. 그러나 그 절대적인 수가 매우 적기 때문에 큰 의미를 부여하기는 힘들다. 성별에 따라서는 약간의 차이를 보인다. 남성은 7.8%가 [고디]라고 발음한 반면, 여성은 3.5%만이 [고디]라고 발음한 것이다.

2 벼훑이

이 항목은 'ㅌ'으로 끝나는 어간에 'ㅣ'로 시작하는 접미사가 결합하였을 때 어떻게 실현되는지를 조사하기 위한 것이다. 조사 결과는 파생어에서의 구개음화 실현 여부를 판단하는 데 활용된다.

		벼훑이			
		빈도	퍼센트	유효 퍼센트	누적퍼센트
유효	벼훑티	106	21.0	21.0	21.0
	벼훑치	136	26.9	27.0	48.0
	기타	262	51.9	52.0	100.0
	합계	504	99.8	100.0	
결측		0	1	0.2	
합계		505	100.0		

위의 조사 결과에서 알 수 있듯이 '벼훑이'는 [벼훌티] 또는 [벼훌치]로만 발음되는 것이 아니라 [벼후리], [벼후치] 등 여러 가지 기타 발음으로 조사되었다. 구개음화의 적용 여부에 있어서만 차이를 보이는 두 어형인 [벼훌티]와 [벼훌치]만을 대상으로 할 때, 각각 21%와 27%로서 [벼훌치]가 약간의 우세를 보인다. 이 단어가 사람들에게 익숙하지 않다는 점은 다수의 기타 발음뿐만 아니라 구개음화 비적용 어형이 다수인 점에 영향을 주었다고 여길 수 있다.

지역별로 보면 [벼훌치]가 많이 발음된 곳은 경북(50%), 대구(40.6%), 전남(34.6%)의 순서이며, [벼훌티]가 많이 발음된 곳은 전남(30.8%), 전북(30%), 인천(30%)의 순서이다. 방언권별로 [벼훌티]와 [벼훌치]만의 비율을 보면 서남 방언에서 [벼훌치]가 우세(68%)할 뿐, 나머지 권역에서는 구개음화 적용 어형과 비적용 어형이 비슷한 비율로 나타난다. 성별 차이는 보이지 않는다. 연령별로는 고연령일수록 [벼훌치]의 비율이 줄어드는데, 이는 문장 읽기라는 조사 방법에 기인한 것으로 해석할 수 있다.

10) 유음화

※표준 발음법의 관련 조항

> 제20항 'ㄴ'은 'ㄹ'의 앞이나 뒤에서 [ㄹ]로 발음한다.
> (1) 난로[날 : 로] 신라[실라] 천리[철리] 광한루[광 : 할루] 대관령[대 : 괄령]
> (2) 칼날[칼랄] 물난리[물랄리] 줄넘기[줄럼끼] 핥는지[할른지]
> [붙임] 첫소리 'ㄴ'이 'ㅀ', 'ㄾ' 뒤에 연결되는 경우에도 이에 준한다.
> 닳는[달른] 뚫는[뚤른] 핥네[할레]
> 다만, 다음과 같은 단어들은 'ㄹ'을 'ㄴ'으로 발음한다.
> 의견란[의 : 견난] 임진란[임 : 진난] 생산량[생산냥] 결단력[결딴녁] 공권력[공꿘녁] 동원령[동 : 원녕] 상견례[상견네] 횡단로[횡단노] 이원론[이 : 원논] 입원료[이붠뇨] 구근류[구근뉴]

1 난로

이 항목은 한자어의 'ㄴㄹ' 연쇄 중 그 사이에 문법적 경계가 없다고 판단되는 연쇄가 어떻게 발음되는지를 조사하기 위한 것이다. 조사 결과는 유음화의 적용 여부를 판단하는 데 활용된다.

	난로				
		빈도	퍼센트	유효 퍼센트	누적퍼센트
유효	난로	15	3.0	3.0	3.0
	날로	477	94.5	94.6	97.6
	난노	12	2.4	2.4	100.0
	합계	504	99.8	100.0	
결측		0	1	0.2	
	합계	505	100.0		

위의 조사 결과에서 알 수 있듯이 '난로'는 거의 대부분이 유음화가 적용된 [날로]로 발음된다. [날로]가 94.6%이며, 표기대로 발음한 [난로]가 3%, 치조비음화가 적용된 [난노]가 2.4%로 소수에 지나지 않는다. '난로'가 매우 친숙한 단어라는 점도 [날로]의 실현에 영향을 끼친 것으로 보인다.

지역이나 성별에 따른 차이는 보이지 않는다. 다만 연령별로 볼 때, 20대 이상에서는 거의 나타나지 않는 [난노]가 10대에서는 7%나 나타난다는 점이 특징적이라 할 수 있다.

② **관례**

이 항목은 한자어의 'ㄴㄹ' 연쇄 중 그 사이에 문법적 경계가 없다고 판단되는 연쇄가 어떻게 발음되는지를 조사하기 위한 것이다. 조사 결과는 유음화의 적용 여부를 판단하는 데 활용된다.

		관례			
		빈도	퍼센트	유효 퍼센트	누적퍼센트
유효	ㄴㄹ	19	3.8	3.8	3.8
	ㄹㄹ	420	83.2	83.2	86.9
	ㄴㄴ	66	13.1	13.1	100.0
	합계	505	100.0	100.0	

위의 조사 결과에서 알 수 있듯이 '관례'는 대부분이 유음화가 적용된 [괄례]로 발음되지만, 앞선 '난로'에 비하여 치조비음화가 적용된 [관네]도 많이 13.1%로 실현되고 있다.

지역이나 성별에 따른 차이는 보이지 않는다. 다만 연령별로 볼 때, 60대 이상에서 [관네]가 16.9%나 나타난다는 점이 특징적이다.

③ **춘란**

이 항목은 한자어의 'ㄴㄹ' 연쇄 중 그 사이에 문법적 경계가 없다고 판단되면서 그다지 많이 쓰이지 않는 단어 속의 연쇄가 어떻게 발음되는지를 조사하기 위한 것이다. 조사 결과는 유음화의 적용 여부를 판단하는 데 활용된다.

		춘란			
		빈도	퍼센트	유효 퍼센트	누적퍼센트
유효	춘란	19	3.8	3.8	3.8
	출란	337	66.7	66.9	70.6
	춘난	143	28.3	28.4	99.0
	기타	5	1.0	1.0	100.0
	합계	504	99.8	100.0	
결측		0	1	0.2	
합계		505	100.0		

위의 조사 결과에서 알 수 있듯이 '춘란'은 앞선 두 단어에 비하여 유음화의 적용을 받은 [출란]의 비율이 적음을 알 수 있다. [출란]은 66.9%밖에 되지 않으며 치조비음화가 적용된 [춘난]이 28.4%나 실현된다.

지역별 [출란]의 실현 비율은 부산이 82.6%, 울산이 80.9%, 충남과 제주가 80%로 높은 편이며, 광주가 45.8%, 경북이 55.5%, 대전이 56%, 전남이 57.6%로 낮은 편이다. 방언권별로는 서남 방언이 60%라는 낮은 실현율을 보인다. 연령별로는 [출란]의 실현이 반비례의 양상을 띤다. [출란]은 10대에서 81.2%, 20·30대에서 76.1%, 40·50대에서 55.1%, 60대 이상에서 54.4%로 실현된다. 이를 유음화 자체의 문제로 볼 것인지, 문법적 구성 인식의 문제로 볼 것인지는 알 수 없다. 성별로는 서남 방언 여성에게서 [출란]의 실현율이 50%밖에 되지 않는다는 점 이외에는 특징적인 것이 없다.

4 공권력

이 항목은 한자어에서 형태소 경계를 사이에 둔 'ㄴㄹ' 연쇄가 어떻게 발음되는지를 조사하기 위한 것이다. 조사 결과는 유음화와 치조비음화의 적용 여부를 판단하는 데 활용된다.

		공권력			
		빈도	퍼센트	유효 퍼센트	누적퍼센트
유효	공꿘력	11	2.2	2.2	2.2
	공꿜력	151	29.9	30.0	32.1
	공꿘녁	308	61.0	61.1	93.3
	기타	34	6.7	6.7	100.0
	합계	504	99.8	100.0	
결측		0	1	0.2	
합계		505	100.0		

위의 조사 결과에서 알 수 있듯이 '공권력'은 치조비음화가 적용된 [공꿘녁]이 61.1%, 유음화가 적용된 [공꿜력]이 30%로 나타난다. [공꿜력]이 많이 나타나는 것은 '권력'이라는 단어의 간섭으로 이해될 수도 있다.

지역별 [공꿘녁]의 실현 비율은 서울이 37.6%, 경기가 52.5%, 강원이 55%로 낮은 편이며, 인천이 80%, 부산이 78.2%, 울산이 76.1%, 전북이 75%로 높은 편이다. 방언권별로는 중부 방언에서 [공꿘녁]의 비율이 55.9%로 다소 낮은 편이다. 연령별 [공꿘녁]의 실현 비율은 20·30대와 60대 이상이 각각 65.8%와 61.7%으로 평균 이상이며, 40·50대와 10대가 각각 57.4%와 59.3%로 평균 이하이다. 성별에 따른 특징은 보이지 않는다.

표준 발음으로서의 선호도 조사에서는 [공꿘녁]이 55.1%, [공꿜력]이 35%로 나타났는바, 실제의 발음 양상과 크게 다르지 않다고 할 수 있다.

5 **결단력**

이 항목은 한자어에서 형태소 경계를 사이에 둔 'ㄴㄹ' 연쇄가 어떻게 발음되는지를 조사하기 위한 것이다. 조사 결과는 유음화와 치조비음화의 적용 여부를 판단하는 데 활용된다.

결단력		빈도	퍼센트	유효 퍼센트	누적퍼센트
유효	결딴력	20	4.0	4.0	4.0
	결딸력	44	8.7	8.7	12.7
	결딴녁	430	85.1	85.3	98.0
	기타	10	2.0	2.0	100.0
	합계	504	99.8	100.0	
결측		0	1	0.2	
합계		505	100.0		

위의 조사 결과에서 알 수 있듯이 '결단력'은 치조비음화가 적용된 [결딴녁]이 85.3%, 유음화가 적용된 [결딸력]이 8.7%로 나타난다. 앞선 '공권력'에 비하여 치조비음화의 적용이 우세함을 알 수 있다.

지역별 [결딴녁]의 실현 비율은 부산이 69.5%로 낮은 편이다. 연령별로는 10대에서 72.6%로서 평균 이하로 나타난다. 10대의 [결딸력]은 17.1%로 다른 연령대(20·30대 8.7%, 40·50대 4.7%, 60대 이상 4%)에 비하여 압도적으로 높다. 성별에 따른 특징은 보이지 않는다.

6 **온라인**

이 항목은 외래어의 'ㄴㄹ' 연쇄가 어떻게 발음되는지를 조사하기 위한 것이다. 조사 결과는 외래어에서의 유음화 적용 여부를 판단하는 데 활용된다.

온라인		빈도	퍼센트	유효 퍼센트	누적퍼센트
유효	온라인	19	3.8	3.8	3.8
	올라인	370	73.3	73.4	77.2
	온나인	113	22.4	22.4	99.6
	기타	2	0.4	0.4	100.0
	합계	504	99.8	100.0	
결측		0	1	0.2	
합계		505	100.0		

위의 조사 결과에서 알 수 있듯이 '온라인'은 유음화가 적용된 [올라인]이 73.4%, 치조비음화가 적용된 [온나인]이 22.4%로 나타난다.

지역별 [올라인]의 실현 비율은 경북이 50%, 경남이 60%, 울산이 61.9%, 대전이 64%로 낮은 편이고 제주가 90%, 충남이 84%, 충북이 80%로 높은 편이다. 방언권별로는 동남 방언이 68.6%로 다소 낮은 편이다. [올라인]의 실현은 연령별로 차이가 두드러지는데, 20·30대와 10대가 각각 92.8%와 84.3%로 높은 비율을 보이는 반면, 40·50대와 60대 이상은 각각 56.6%와 59.3%로 낮은 비율을 보인다. 성별에 따른 특징은 보이지 않는다.

표준 발음으로서의 선호도 조사에서는 [올라인]이 59.6%, [온나인]이 29.1%, '모두 가능'이 11.3%로 나타났는바, 실제의 발음 양상과 크게 다르지 않다고 할 수 있다.

7 다운로드

이 항목은 외래어의 'ㄴㄹ' 연쇄가 어떻게 발음되는지를 조사하기 위한 것이다. 조사 결과는 외래어에서의 유음화 적용 여부를 판단하는 데 활용된다.

		다운로드			
		빈도	퍼센트	유효 퍼센트	누적퍼센트
유효	다운로드	106	21.0	21.0	21.0
	다울로드	108	21.4	21.4	42.5
	다운노드	227	45.0	45.0	87.5
	기타	63	12.5	12.5	100.0
	합계	504	99.8	100.0	
결측		0	1	0.2	
합계		505	100.0		

위의 조사 결과에서 알 수 있듯이 '다운로드'는 치조비음화가 적용된 [다운노드]가 45%, 유음화가 적용된 [다울로드]가 21.4%로 나타난다. 정도의 차이는 있지만 이는 앞선 '온라인'과는 반대의 양상이다. 한편 'ㄴ'과 'ㄹ'을 모두 발음한 [다운로드]가 21%나 된다는 점도 특징적이다.

지역별 [다운노드]의 실현 비율은 경북이 11.1%, 부산이 17.3%, 강원이 17.5%로 낮은 편이고, 전북이 87.5%, 대전이 76%, 울산이 66.6%, 전남이 65.3%, 광주가 62.5%로 높은 편이다. 방언권별로는 서남 방언이 74.4%로 가장 높으며 동남 방언이 30.3%로 가장 낮다. [다울로드]는 충남이 52%, 경북이 44.4%, 대구가 43.7%, 울산이 28.5%, 강원이 27.5%로 나타나 높은 실현 비율을 보이는데, 전체적으로 보아도 동남 방언이 38.3%, 중부원이 21%로 높은 반면 제주와 서남 방언은 각각 10%와 4.4%로 낮다.

연령별 양상은 매우 흥미롭다. 각 연령대는 다음과 같은 실현 비율을 보인다.

	[다운로드]	[다울로드]	[다운노드]
10대	19.5	39.0	33.5
20·30대	16.6	23.8	44.4
40·50대	11.8	9.4	63.7
60대 이상	36.5	13.0	38.2

10대는 [다운노드]와 [다울로드]가 비슷한 정도로 실현되고, 20·30대는 둘 중 [다운노드]가 우세한 정도이며, 40·50대는 [다운노드]가 압도적으로 우세한 실현을 보인다. 60대 이상에는 [다운노드]와 [다울로드]가 비슷한 정도로 실현된다.

성별로는 [다운노드]가 남성 42.2%, 여성 47.6%로 실현되고 [다울로드]는 남성 25%, 여성 18%로 실현된다.

⑧ 핫라인

이 항목은 'ㄴㄹ' 연쇄라고 할 수는 없지만, 그와 비슷한 양상을 띨 것으로 기대되는 외래어의 'ㄷㄹ' 연쇄가 어떻게 발음되는지를 조사하기 위한 것이다. 조사 결과는 외래어에서의 유음화 적용 여부를 판단하는 데 활용된다.

		핫라인			
		빈도	퍼센트	유효 퍼센트	누적퍼센트
유효	핫라인	100	19.8	19.8	19.8
	할라인	127	25.1	25.2	45.0
	한나인	254	50.3	50.4	95.4
	기타	23	4.6	4.6	100.0
	합계	504	99.8	100.0	
결측		0	1	0.2	
합계			505	100.0	

위의 조사 결과에서 알 수 있듯이 '핫라인'은 치조비음화가 적용된 [한나인]이 50.4%, 유음화가 적용된 [할라인]이 25.2%, 거의 표기대로 발음한 [핫라인]이 19.8%로 나타난다.

지역별로 [한나인]의 비율은 대전(72%), 전북(70%), 인천(67.5%)에서 높게 나타나고, [핫라인]은 부산(39.1%), 광주(37.5%), 전남(34.6%)에서 높게 나타나며, [할라인]은 경북(44%), 경남(40%), 부산(39.1%)에서 높게 나타난다. 대부분의 지역에서 세 어형 중 [한나인]가 가장 우세하게 나타나지만, 경북과 경남은 [할라인]이 가장 우세하며 부산은 [핫라인]과 [할라인]이 공히 우세하다. 전체적으로 보아 동남 방언을 제외한 지역에서 [한나인]과 [할라인]이 2:1 정도의 비율로 실현되며, 동남 방언은 [한나인]:[할라인]:[핫라인]이 1.5:1:1.5 정도의 비율로 실현된다.

연령별로는 40·50대에서 [한나인]이 70.8%로 매우 우세하게 나타나며, 20·30대와 60대 이상이 [한나인] 46.8%와 47.1%로 비슷한 양상을 띤다. 10대는 [핫라인]이 40.6%로 우세하지만 [한나인]도 36.7%로서 적지 않은 비율을 보인다.

성별 차이는 두드러지지 않는다.

11) 조음 위치 동화

※표준 발음법의 관련 조항

> 제21항 위에서 지적한 이외의 자음동화는 인정하지 않는다.
> 감기[감ː기](×[강ː기]) 옷감[옫깜](×[옥깜]) 있고[읻꼬](×[익꼬]) 꽃길[꼳낄](×[꼭낄]) 젖먹이[전머기](×[점머기]) 문법[문뻡](×[뭄뻡]) 꽃밭[꼳빧](×[꼽빧])

1 친구

이 항목은 치조음-연구개음 연쇄에서 선행 자음이 어디에서 조음되는지를 조사하기 위한 것이다. 조사 결과는 단일어에서의 조음 위치 동화의 적용 여부를 판단하는 데 활용된다.

	친구				
		빈도	퍼센트	유효 퍼센트	누적퍼센트
유효	친구	144	28.5	28.6	28.6
	칭구	357	70.7	71.0	99.6
	기타	2	0.4	0.4	100.0
	합계	503	99.6	100.0	
결측		0	2	0.4	
합계		505	100.0		

위의 조사 결과에서 알 수 있듯이 조음 위치가 동화된 [칭구]가 71%, 동화되지 않은 [친구]가 28.6%로 나타난다.

지역별 [칭구]의 비율은 대구, 전북, 경북이 100%, 전남이 96.1%, 충남이 92%로 높은 편이고, 경기가 15.8%, 충북이 32.5%, 강원이 37.5%로 낮은 편이다. 방언권별로는 서남 방언이 94.4%로 가장 높으며 중부 방언이 61.2%로 가장 낮다. 연령별 [칭구]의 비율은 10대가 77.3%, 20·30대가 73.6%, 40·50대가 66.9%, 60대 이상이 65.8%로서 나이가 어릴수록 [칭구]의 실현율이 높음을 알 수 있다. 성별로는 남성(69.2%)보다 여성(72.5%)의 [칭구] 실현율이 약간 높다.

2 눈밭

이 항목은 치조음-양순음 연쇄에서 선행 자음이 어디에서 조음되는지를 조사하기 위한 것이다. 조사 결과는 합성어에서의 조음 위치 동화의 적용 여부를 판단하는 데 활용된다.

	눈밭				
		빈도	퍼센트	유효 퍼센트	누적퍼센트
유효	눈밭	208	41.2	41.2	41.2
	눔밭	297	58.8	58.8	100.0
	합계	505	100.0	100.0	

위의 조사 결과에서 알 수 있듯이 조음 위치가 동화된 [눔밭]이 58.8%, 동화되지 않은 [눈밭]이 41.2%로 나타난다. 앞선 '친구'에 비하여 조음 위치 동화가 덜 일어난 편이다.

지역별 [눔밭]의 비율은 전북이 92.5%, 전남이 88.4%, 대구가 87.5%로 높은 편이고, 부산이 20.8%, 강원이 27.5%, 울산이 42.8%로 낮은 편이다. 방언권별로는 서남 방언이 75.5%로 높고 나머지 지역은 모두 50%대 중반이다. 연령별 [눔밭]의 비율은 60대 이상에서 51.6%일 뿐, 나머지 연령대에서는 60%대 초반으로 나타난다. 성별 차이는 두드러지지 않는다.

③ 신겨

이 항목은 치조음-연구개음 연쇄에서 선행 자음이 어디에서 조음되는지를 조사하기 위한 것이다. 조사 결과는 파생어에서의 조음 위치 동화의 적용 여부를 판단하는 데 활용된다.

		신겨			
		빈도	퍼센트	유효 퍼센트	누적퍼센트
유효	신겨	169	33.5	33.5	33.5
	싱겨	335	66.3	66.5	100.0
	합계	504	99.8	100.0	
결측		0	1	0.2	
합계			505	100.0	

위의 조사 결과에서 알 수 있듯이 조음 위치가 동화된 [싱겨]가 66.5%, 동화되지 않은 [싱겨]가 33.5%로 나타난다. 둘째 음절의 초성은 [겨]뿐만 아니라 [켜], [꺼]로도 나타나지만 여기서는 첫 음절의 종성만을 고려하였다.

지역별 [싱겨]의 비율은 경남이 100%, 경북이 94.4%, 울산이 95.2%로 높은 편이고, 광주가 25%, 강원이 35%, 전북이 47.5%로 낮은 편이다. 방언권별로는 동남 방언이 가장 높아 87.8%이고, 중부 방언(64%), 제주 방언(60%), 서남 방언(52.2%)의 순서이다. 연령별 [싱겨]의 비율은 10대가 77.3%, 40·50대가 64.5%, 20·30대가 63.4%, 60대 이상이 60.1%로, 대체로 나이가 어릴수록 [싱겨]의 비율이 높음을 알 수 있다. 성별로는 남성(68.4%)이 여성(64.6)보다 [싱겨]의 실현율이 약간 높다.

④ 남과

이 항목은 양순음-연구개음 연쇄에서 선행 자음이 어디에서 조음되는지를 조사하기 위한 것이다. 조사 결과는 곡용형에서의 조음 위치 동화의 적용 여부를 판단하는 데 활용된다.

		남과			
		빈도	퍼센트	유효 퍼센트	누적퍼센트
유효	남과	415	82.2	82.5	82.5
	낭과	71	14.1	14.1	96.6
	기타	17	3.4	3.4	100.0
	합계	503	99.6	100.0	
결측		0	2	0.4	
합계			505	100.0	

위의 조사 결과에서 알 수 있듯이 조음 위치가 동화되지 않은 [남과]가 82.5%, 동화된 [낭과]가 14.1%로 나타난다. 단어 내부와는 달리 곡용에서는 조음 위치 동화가 잘 일어나지 않는 것으로 보인다.

지역별 [남과]의 비율은 전북이 100%, 강원이 97.5%, 서울이 96.4%, 대전이 92%, 충북이 90%로 높은 편이며, 전남이 26.9%, 경남이 40%, 경기가 52.5%로 낮은 편이다. 방언권별로는 중부 방언이 86.3%, 제주 방언이 80%, 동남 방언이 78.7%, 서남 방언이 74.4%로 서남 방언에서 조음 위치 동화의 실현이 가장 활발한 것으로 나타난다. 연령별 [남과]의 비율은 10대와 60대 이상이 각각 84.5%와 83.7%로서 20·30대(81.6%)와 40·50대(80.3%)보다 약간 높은 편이다. 성별 차이는 두드러지지 않는다.

5 안고

이 항목은 치조음-연구개음 연쇄에서 선행 자음이 어디에서 조음되는지를 조사하기 위한 것이다. 조사 결과는 활용형에서의 조음 위치 동화의 적용 여부를 판단하는 데 활용된다.

		안고			
		빈도	퍼센트	유효 퍼센트	누적퍼센트
유효	안꼬	118	23.4	23.4	23.4
	앙꼬	385	76.2	76.4	99.8
	기타	1	0.2	0.2	100.0
	합계	504	99.8	100.0	
결측		0	1	0.2	
합계			505	100.0	

위의 조사 결과에서 알 수 있듯이 조음 위치가 동화된 [앙꼬]가 76.4%, 동화되지 않은 [안꼬]가 23.4%로 나타난다. 곡용형과는 달리 조음 위치 동화가 잘 일어나는 것으로 보인다.

지역별 [앙꼬]의 비율은 전남과 경북이 100%, 부산이 95.6%, 제주가 90%, 충북과 전북이 90%로 높은 편이며, 경기가 52.5%, 강원이 55%, 경남이 60%, 서울이 62.3%로 낮은 편이다. 방언권별로는 중부 방언이 66.7%로 가장 낮고, 서남 방언(88.8%), 동남 방언(89.8%), 제주 방언(95%)의 순서이다. 연령별 [앙꼬]의 비율은 60대 이상이 69.1%로 가장 낮고 나머지는 20·30대가 76.1%, 10대가 79.6%, 40·50대가 80.3%로 나타난다. 성별 차이는 두드러지지 않는다.

6 신고

이 항목은 치조음-연구개음 연쇄에서 선행 자음이 어디에서 조음되는지를 조사하기 위한 것이다. 조사 결과는 활용형에서의 조음 위치 동화의 적용 여부를 판단하는 데 활용된다.

신고		빈도	퍼센트	유효 퍼센트	누적퍼센트
유효	신꼬	219	43.4	43.5	43.5
	싱꼬	285	56.4	56.5	100.0
	합계	504	99.8	100.0	
결측	0		1	0.2	
합계		505	100.0		

위의 조사 결과에서 알 수 있듯이 조음 위치가 동화된 [싱꼬]가 56.5%, 동화되지 않은 [신꼬]가 43.5%로 나타난다. 앞선 '안고'보다는 덜하지만 여전히 조음 위치 동화가 적용된 어형이 많이 쓰인다.

지역별 [싱꼬]의 비율은 전남이 100%, 충남이 84%, 경기가 82.5%, 대전과 경남이 80%로 높은 편이고, 전북이 5%, 대구가 34.3%, 강원이 37.5%, 충북이 40%로 낮은 편이다. 방언권별로는 제주 방언과 중부 방언이 각각 75%와 61.6%인 데 반해 동남 방언과 서남 방언은 49.4%와 43.3%에 지나지 않음이 특징적이다. 연령별 [싱꼬]의 비율은 20·30대가 47.6%로 가장 낮고 40·50대가 56.6%, 10대가 60.1%, 60대 이상이 61.7%의 순서이다. 성별 차이는 두드러지지 않는다.

7 맛있게

이 항목은 치조음-연구개음 장애음 연쇄에서 선행 자음이 어디에서 조음되는지를 조사하기 위한 것이다. 조사 결과는 활용형에서의 조음 위치 동화의 적용 여부를 판단하는 데 활용된다. 둘째 음절 중성부터 표기한다.

맛있게		빈도	퍼센트	유효 퍼센트	누적퍼센트
유효	-읻께	89	17.6	17.7	17.7
	-익께/께	413	81.8	81.9	99.6
	기타	2	0.4	0.4	100.0
	합계	504	99.8	100.0	
결측	0		1	0.2	
합계		505	100.0		

위의 조사 결과에서 알 수 있듯이 조음 위치가 동화된 [익께/이께]가 81.9%, 동화되지 않은 [읻께]가 17.7%로 나타난다. 앞선 항목들과 비교하면 장애음 연쇄에서 조음 위치의 동화가 더 활발한 것으로 보인다.

지역별 [익께/이께]의 비율은 대구와 경북이 100%, 서울이 96.4%, 울산이 95.2%, 전북이 95%, 전남이 92.3%로 높은 편이고, 충북이 50%, 경기가 55%, 인천이 60%로 낮은 편이다. 방언권별로는 중부 방언이 75.9%로 가장 낮고 제주 방언이 85%, 서남 방언과 동남 방언이 각각 90%와 91.9%이다. 연령별 [익께/이께]의 비율은 60대 이상이 71.5%로 가장 낮으며, 10대가 79.6%, 40·50대가 84.2%, 20·30대가 91%로 나타난다. 성별 차이는 두드러지지 않는다.

⑧ 왔구나

이 항목은 치조음-연구개음 장애음 연쇄에서 선행 자음이 어디에서 조음되는지를 조사하기 위한 것이다. 조사 결과는 활용형에서의 조음 위치 동화의 적용 여부를 판단하는 데 활용된다.

	왔구나				
		빈도	퍼센트	유효 퍼센트	누적퍼센트
유효	완꾸나	61	12.1	12.1	12.1
	와꾸나/와꾸나	441	87.3	87.5	99.6
	기타	2	0.4	0.4	100.0
	합계	504	99.8	100.0	
결측	0		1	0.2	
합계			505	100.0	

위의 조사 결과에서 알 수 있듯이 조음 위치가 동화된 [와꾸나/와꾸나]가 87.5%, 동화되지 않은 [완꾸나]가 12.1%로 나타난다. 조음 위치 동화가 적용된 어형이 앞선 '맛있게'보다도 많이 나타난다.

지역별 [와꾸나/와꾸나]의 비율은 서울, 대구, 울산, 경북이 100%로 나타나는 반면, 경기가 52.5%, 전남이 69.2%로 낮은 편이다. 방언권별로는 제주 방언과 동남 방언이 각각 95%와 93.9%로서 높고, 중부 방언과 서남 방언이 각각 85.7%, 84.4%로 다소 낮다. 연령별로는 20·30대의 [와꾸나/와꾸나] 비율이 92%로 가장 높고, 10대(90.6%), 40·50대(89.7%), 60대 이상 (77.2%)의 순서이다. 성별로는 여성(89.2%)이 남성(85.6)보다 [와꾸나/와꾸나]의 실현율이 약간 높다.

12) 활음 첨가

※표준 발음법의 관련 조항

> 제22항 다음과 같은 용언의 어미는 [어]로 발음함을 원칙으로 하되, [여]로 발음함도 허용한다.
> 되어[되어/되여] 피어[피어/피여]
> [붙임]'이오, 아니오'도 이에 준하여 [이요, 아니요]로 발음함을 허용한다.

① 피었다

이 항목은 'ㅣ'와 'ㅓ'의 모음 연쇄에서 두 모음 사이에 반모음 [j]가 첨가되는지를 조사하기 위한 것이다. 조사 결과는 표준 발음법에서 허용되어 있는 발음이 얼마나 실현되는지를 판단하는 데 활용된다.

피었다					
		빈도	퍼센트	유효 퍼센트	누적퍼센트
유효	피언따/피어따	415	82.2	82.3	82.3
	피엳따/피여따	85	16.8	16.9	99.2
	기타	4	0.8	0.8	100.0
	합계	504	99.8	100.0	
결측		0	1	0.2	
합계		505	100.0		

위의 조사 결과에서 알 수 있듯이 반모음이 첨가되지 않은 [피언따/피어따]가 82.3%, 첨가된 [피엳따/피여따]가 16.9%로 나타난다.

지역별 [피언따/피어따]의 비율은 부산과 경북이 100%, 강원이 97.5%, 전남이 96.1%, 울산이 95.2%로 높은 편이며, 광주가 16.6%로 특별하게 낮고 전북이 62.5%, 충남이 68%로 낮은 편이다. 방언권별로는 동남 방언과 제주 방언이 각각 95.9%와 90%로 높고 중부 방언이 84%, 서남 방언이 60%로 매우 낮다. 연령별 [피언따/피어따]의 비율은 60대 이상이 88.8%로 가장 높고, 10대가 75.7%로 가장 낮다. 성별로는 남성(84%)이 여성(80.7%)보다 [피언따/피어따]의 비율이 약간 높다.

② 되었다

이 항목은 'ㅚ'와 'ㅓ'의 모음 연쇄에서 두 모음 사이에 반모음 [j]가 첨가되는지를 조사하기 위한 것이다. 조사 결과는 표준 발음법에서 허용되어 있는 발음이 얼마나 실현되는지를 판단하는 데 활용된다.

되었다					
		빈도	퍼센트	유효 퍼센트	누적퍼센트
유효	되언따/되어따	395	78.2	78.5	78.5
	되엳따/되여따	79	15.6	15.7	94.2
	댄따/돼따	1	0.2	0.2	94.4
	기타	28	5.5	5.6	100.0
	합계	503	99.6	100.0	
결측		0	2	0.4	
합계		505	100.0		

위의 조사 결과에서 알 수 있듯이 반모음이 첨가되지 않은 [되얻따/되어따]가 78.5%, 첨가된 [되옏따/되여따]가 15.7%로 나타난다.

지역별 [되얻따/되어따]의 비율은 울산, 전북, 전남이 100%, 서울이 95.2%, 강원이 92.5%로 높은 편이고, 광주가 20.8%로 특별하게 낮고 경기가 43.5%, 충북이 62.5%, 충남이 64%로 낮은 편이다. 방언권별로는 동남 방언이 83.8%로 가장 높고, 서남 방언(78.8%), 중부 방언(77.5), 제주 방언(65%)의 순서이다. 연령별 [되얻따/되어따]의 비율은 40·50대와 60대 이상이 각각 81.7% 와 79.6%이고, 20·30대가 76.9%, 10대가 75.7%이다. 성별로는 여성(80.6%)이 남성(76.2%)보다 [피언따/피어따]의 비율이 약간 높다.

'되어서'에 대한 표준 발음으로서의 선호도 조사에서는 [되어서]가 81.7%, [되여서]가 11.7%, '모두 가능'이 6.5%로 나타났는바, 실제의 발음 양상과 크게 다르지 않다고 할 수 있다.

13) 경음화

※표준 발음법의 관련 조항

> 제24항 어간 받침 'ㄴ(ㄵ), ㅁ(ㄻ)' 뒤에 결합되는 어미의 첫소리 'ㄱ, ㄷ, ㅅ, ㅈ'은 된소리로 발음한다.
> 신고[신 : 꼬] 껴안다[껴안따] 앉고[안꼬] 닮고[담 : 꼬] 삼고[삼 : 꼬] 더듬지[더듬찌] 없다[언따] 젊지[점 : 찌]
> 다만, 피동, 사동의 접미사 '-기-'는 된소리로 발음하지 않는다.
> 안기다 감기다 굶기다 옮기다

> 제26항 한자어에서, 'ㄹ' 받침 뒤에 연결되는 'ㄷ, ㅅ, ㅈ'은 된소리로 발음한다.
> 갈등[갈뜽] 발동[발똥] 절도[절또] 말살[말쌀] 불소[불쏘](弗素) 일시[일씨] 갈증[갈쯩] 물질[물찔] 발전[발쩐] 몰상식[몰쌍식] 불세출[불쎄출]
> 다만, 같은 한자가 겹쳐진 단어의 경우에는 된소리로 발음하지 않는다.
> 허허실실[허허실실](虛虛實實) 절절-하다[절절하다](切切-)

> 제27항 관형사형 '-(으)ㄹ' 뒤에 연결되는 'ㄱ, ㄷ, ㅂ, ㅅ, ㅈ'은 된소리로 발음한다.
> 할 것을[할꺼슬] 갈 데가[갈떼가] 할 바를[할빠를] 할 수는[할쑤는] 할 적에[할쩌게] 갈 곳[갈꼳] 할 도리[할또리] 만날 사람[만날싸람]
> 다만, 끊어서 말할 적에는 예사소리로 발음한다.
> [붙임]'-(으)ㄹ'로 시작되는 어미의 경우에도 이에 준한다.
> 할걸[할껄] 할밖에[할빠께] 할세라[할쎄라] 할수록[할쑤록] 할지라도[할찌라도] 할지언정[할찌언정] 할진대[할찐대]

> 제28항 표기상으로는 사이시옷이 없더라도, 관형격 기능을 지니는 사이시옷이 있어야 할 (휴지가 성립되는) 합성어의 경우에는, 뒤 단어의 첫소리 'ㄱ, ㄷ, ㅂ, ㅅ, ㅈ'을 된소리로 발음한다.
> 문-고리[문꼬리] 눈-동자[눈똥자] 신-바람[신빠람] 산-새[산쌔] 손-재주[손째주] 길-가[길까] 물-동이[물똥이] 발-바닥[발빠닥] 굴-속[굴 : 쏙] 술-잔[술짠] 바람-결[바람껼] 그믐-달[그믐딸] 아침-밥[아침빱] 잠-자리[잠짜리] 강-가[강까] 초승-달[초승딸] 등-불[등뿔] 창-살[창쌀] 강-줄기[강쭐기]

(1) 용언에서의 경음화

① 안고

이 항목은 비음으로 끝나는 어간 뒤에서 어미의 첫 평장애음이 어떻게 발음되는지 조사하기 위한 것이다. 조사 결과는 경음화의 적용 정도를 판단하는 데 활용된다.

	안고				
		빈도	퍼센트	유효 퍼센트	누적퍼센트
유효	고	2	0.4	0.4	0.4
	꼬	502	99.4	99.6	100.0
	합계	504	99.8	100.0	
결측		0	1	0.2	
합계		505	100.0		

위의 조사 결과에서 알 수 있듯이 거의 대부분 [안꼬]로 발음됨을 알 수 있다. [안고]는 인천과 울산에서 하나씩 조사되었을 뿐이다.

② 신고

이 항목은 비음으로 끝나는 어간 뒤에서 어미의 첫 평장애음이 어떻게 발음되는지 조사하기 위한 것이다. 조사 결과는 경음화의 적용 정도를 판단하는 데 활용된다.

		신고			
		빈도	퍼센트	유효 퍼센트	누적퍼센트
유효	고	3	0.6	0.6	0.6
	꼬	498	98.6	98.8	99.4
	기타	3	0.6	0.6	100.0
	합계	504	99.8	100.0	
결측		0	1	0.2	
합계		505	100.0		

위의 조사 결과에서 알 수 있듯이 거의 대부분 [신꼬]로 발음됨을 알 수 있다. [신고]는 인천에서 둘, 울산에서 하나 조사되었을 뿐이다.

③ 신겨

이 항목은 비음으로 끝나는 어간 뒤에서 접미사의 첫 평장애음이 어떻게 발음되는지 조사하기 위한 것이다. 조사 결과는 경음화가 접미사에까지 적용되는지를 판단하는 데 활용된다.

		신겨			
		빈도	퍼센트	유효 퍼센트	누적퍼센트
유효	겨	126	25.0	25.0	25.0
	켜	35	6.9	6.9	31.9
	껴	341	67.5	67.7	99.6
	기타	2	0.4	0.4	100.0
	합계	504	99.8	100.0	
결측		0	1	0.2	
합계		505	100.0		

위의 조사 결과에서 알 수 있듯이 [신껴]가 67.7%로서 가장 많고 표준 발음인 [신겨]는 25%에 지나지 않는다. [신켜]가 6.9%나 나타나는 것도 흥미롭다.

지역별 [신껴]의 비율은 전북이 95%, 대전이 88%, 전남이 84.6%, 광주가 83.3%로 높은 편이고, [신겨]의 비율은 경남이 80%, 울산이 52.3%, 부산이 47.8%로 높은 편이다. [신켜]는 충북에서 22.5%로 높은 편이다. 방언권별로는 서남 방언과 제주 방언은 [신껴]가 각각 88.8%와 75%로 강세를 보이고 있고, 중부 방언은 [신껴]가 64%, [신겨]가 25.4%, [신켜]가 10.5%이다. 동남 방언은 [신껴]가 57.5%이며 [신겨]가 39.3%나 되어 높은 비율을 보인다. 연령별로 보면 10대는 [신껴]가 82%로 압도적인 강세를 보이고 있고, 그 밖에는 [신껴]가 우세하되 [신겨]도 적지 않게 보고되었다. [신껴]와 [신겨]의 비율은 20·30대가 69.8%와 23.8%, 40·50대가 59%와 32.2%, 60대 이상이 59.3%와 30.8%이다. 성별 차이는 두드러지지 않는다.

(2) 한자어에서의 경음화

① 갈등

이 항목은 한자어 내부의 'ㄹ' 뒤에서 'ㄷ'의 발음을 조사하기 위한 것이다. 조사 결과는 한자어에서만 적용되는 경음화가 적용되는지 판단하는 데 활용된다.

갈등					
		빈도	퍼센트	유효 퍼센트	누적퍼센트
유효	갈등	2	0.4	0.4	0.4
	갈뜽	499	98.8	99.6	100.0
	합계	501	99.2	100.0	
결측		0	4	0.8	
합계		505	100.0		

위의 조사 결과에서 알 수 있듯이 'ㄹ' 뒤에서 'ㄷ'을 경음화시킨 [갈뜽]이 99.6%로 나타난다. [갈등]은 대구와 전남에서 하나씩만 조사되었을 뿐이다.

(3) 관형사형 어미 뒤에서의 경음화

① 떠날 동생

이 항목은 관형사형 어미 '-ㄹ' 뒤의 평장애음이 어떻게 발음되는지를 조사하기 위한 것이다. 조사 결과는 해당 조건에서 경음화가 적용되는지 판단하는 데 활용된다.

떠날 동생					
		빈도	퍼센트	유효 퍼센트	누적퍼센트
유효	동생	503	99.6	100.0	100.0
결측		0	2	0.4	
합계		505	100.0		

위의 조사 결과에서 알 수 있듯이 이 경우에는 경음화가 일어나지 않은 [동생]만이 실현되고 있다.

② 줄 밥

이 항목은 관형사형 어미 '-ㄹ' 뒤의 평장애음이 어떻게 발음되는지를 조사하기 위한 것이다. 조사 결과는 해당 조건에서 경음화가 적용되는지 판단하는 데 활용된다.

		줄밥			
		빈도	퍼센트	유효 퍼센트	누적퍼센트
유효	줄밥	430	85.1	85.3	85.3
	줄빱	73	14.5	14.5	99.8
	기타	1	0.2	0.2	100.0
	합계	504	99.8	100.0	
결측		0	1	0.2	
합계		505	100.0		

위의 조사 결과에서 알 수 있듯이 [밥]이 85.3%로서 우세하지만 경음화가 적용된 [빱]도 14.5% 나타난다.

지역별로 경음화가 적용된 [빱]은 대전(36%), 경기와 인천(22.5%)에서 많이 보인다. 연령별 [밥]의 비율은 10대가 93.7%로 가장 높고 그 다음으로 60대 이상(86.1%), 20·30대(81.7%), 40·50대(79.5%)의 순서이다. 성별로는 남성(83.1%)보다 여성(87.3%)에서 [밥]의 비율이 약간 높다.

(4) 합성어에서의 경음화

① 아침밥

이 항목은 합성어에서 후행 어근의 첫 평장애음이 어떻게 발음되는지를 조사하기 위한 것이다. 조사 결과는 합성어에서의 경음화(사잇소리 현상)가 적용되는지 판단하는 데 활용된다.

		아침밥			
		빈도	퍼센트	유효 퍼센트	누적퍼센트
유효	아침밥	79	15.6	15.7	15.7
	아침빱	424	84.0	84.1	99.8
	기타	1	0.2	0.2	100.0
	합계	504	99.8	100.0	
결측		0	1	0.2	
합계		505	100.0		

위의 조사 결과에서 알 수 있듯이 경음화가 적용된 [아침빱]이 84.1%로, 적용되지 않은 [아침밥]이 15.7%로 나타난다.

지역별 [아침빱]의 비율은 인천이 97.5%, 전북이 95%, 대전이 92%, 제주가 90%로 높은 편이고 부산이 52.1%, 울산이 57.1%, 경남이 60%, 대구가 71.8%로 낮은 편이다. 방언권별로는 동남방언이 64.6%로 매우 낮다. 연령별 [아침빱]의 비율은 대체로 어릴수록 높아서 10대와 20·30대가 각각 92.1%와 94.4%인 반면 40·50대와 60대 이상은 각각 79.5%와 69.9%로 낮은 편이다. 성별 차이는 두드러지지 않는다.

② 김밥

이 항목은 합성어에서 후행 어근의 첫 평장애음이 어떻게 발음되는지를 조사하기 위한 것이다. 조사 결과는 합성어에서의 경음화(사잇소리 현상)가 적용되는지 판단하는 데 활용된다.

김밥					
		빈도	퍼센트	유효 퍼센트	누적퍼센트
유효	김밥	27	5.3	5.4	5.4
	김빱	476	94.3	94.4	99.8
	기타	1	0.2	0.2	100.0
	합계	504	99.8	100.0	
결측		0	1	0.2	
합계		505	100.0		

위의 조사 결과에서 알 수 있듯이 경음화가 적용된 [김빱]이 94.4%로, 적용되지 않은 [김밥]이 5.4%로 나타난다. 이는 표준 발음과는 전혀 다른 양상이다.

표준 발음인 [김밥]은 대전이 16%, 서울이 11.7% 나올 뿐 다른 지역에서는 모두 10% 미만이다. 연령별로는 60대 이상에서 [김밥]이 13%로 많은 실현율을 보이며, 성별 차이는 두드러지지 않는다.

표준 발음으로서의 선호도 조사에서는 [김빱]이 59.6%, [김밥]이 30.3%, '모두 가능'이 10.1%로 나타났는바, 경음화 적용 어형을 표준 발음으로 삼아야 한다는 의식이 강하고, 실제 발음에서는 의식하는 것 이상으로 그러한 발음을 하고 있음을 알 수 있다.

③ 보름달

이 항목은 합성어에서 후행 어근의 첫 평장애음이 어떻게 발음되는지를 조사하기 위한 것이다. 조사 결과는 합성어에서의 경음화(사잇소리 현상)가 적용되는지 판단하는 데 활용된다.

보름달					
		빈도	퍼센트	유효 퍼센트	누적퍼센트
유효	보름달	10	2.0	2.0	2.0
	보름딸	494	97.8	98.0	100.0
	합계	504	99.8	100.0	
결측		0	1	0.2	
합계		505	100.0		

위의 조사 결과에서 알 수 있듯이 경음화가 적용된 [보름딸]이 98%로, 적용되지 않은 [보름달]이 2%로 나타난다. 지역별로 서울, 대구, 울산, 경남에서 매우 적은 제보자만이 [보름달]이라 발음할 뿐이다.

④ 산새

이 항목은 합성어에서 후행 어근의 첫 평장애음이 어떻게 발음되는지를 조사하기 위한 것이다. 조사 결과는 합성어에서의 경음화(사잇소리 현상)가 적용되는지 판단하는 데 활용된다.

산새			빈도	퍼센트	유효 퍼센트	누적퍼센트
유효		산새	191	37.8	38.0	38.0
		산쌔	312	61.8	62.0	100.0
		합계	503	99.6	100.0	
결측			0	2	0.4	
합계			505	100.0		

위의 조사 결과에서 알 수 있듯이 경음화가 적용된 [산쌔]가 62%로, 적용되지 않은 [산새]가 38%로 나타난다. 경음화가 적용되지 않은 어형이 상당수 나타난다는 점이 흥미롭다.

지역별 [산쌔]의 비율은 전남이 80.7%, 서울과 충남이 80%, 충북이 72.5%, 대전이 72%, 경기가 71.7%, 광주가 70.8%로 높은 편이고, 부산이 4.3%, 울산이 14.2%, 경남이 20%, 경북이 44.4%로 낮은 편이다. 전체적으로 동남 방언이 22.2%로 매우 낮은데, 이는 /ㅅ/과 /ㅆ/의 변별이 잘 되지 않는다는 점이 어느 정도 관여한 것으로 판단된다. 한편 제주 방언도 55%로 낮은 편인데, 이는 사잇소리 현상과 직접 관련된 것으로 보인다. 연령별, 성별 차이는 두드러지지 않는다.

⑤ 길가

이 항목은 합성어에서 후행 어근의 첫 평장애음이 어떻게 발음되는지를 조사하기 위한 것이다. 조사 결과는 합성어에서의 경음화(사잇소리 현상)가 적용되는지 판단하는 데 활용된다.

길가			빈도	퍼센트	유효 퍼센트	누적퍼센트
유효		길가	3	0.6	0.6	0.6
		길까	501	99.2	99.4	100.0
		합계	504	99.8	100.0	
결측			0	1	0.2	
합계			505	100.0		

위의 조사 결과에서 알 수 있듯이 경음화가 적용된 [길까]가 99.4%이고, 적용되지 않은 [길가]는 0.6%에 지나지 않는다.

6 테이블보

이 항목은 외래어와 고유어로 이루어진 합성어에서 후행 어근의 첫 평장애음이 어떻게 발음되는지를 조사하기 위한 것이다. 조사 결과는 합성어에서의 경음화(사잇소리 현상)가 적용되는지 판단하는 데 활용된다.

		테이블보			
		빈도	퍼센트	유효 퍼센트	누적퍼센트
유효	테이블보	199	39.4	39.6	39.6
	테이블뽀	282	55.8	56.2	95.8
	기타	21	4.2	4.2	100.0
	합계	502	99.4	100.0	
결측		0	3	0.6	
합계		505	100.0		

위의 조사 결과에서 알 수 있듯이 경음화가 적용된 [테이블뽀]가 56.2%로, 적용되지 않은 [테이블보]가 39.6%로 나타난다.

지역별 [테이블뽀]의 비율은 충북이 75%, 충남이 73.9%, 광주가 70.8%로 높은 편이며, 부산이 17.3%, 경남이 20%, 울산이 33.3%, 대구가 40.6%로 낮은 편이다. 방언권별로는 중부 방언과 서남 방언은 60%대이지만 동남 방언은 34.3%밖에 되지 않으며 제주 방언도 50%에 불과하다. 이는 앞선 '산새'의 경우와 동궤의 현상으로 보이는바, 동남 방언과 제주 방언에서는 사잇소리 현상에 따른 경음화가 다른 지역에 비해 덜 적용된다고 추정할 수 있다. 연령별 [테이블뽀]의 비율은 40·50대와 20·30대가 각각 66.6%와 61.9%로 높은 편에 속하고 10대와 60대 이상은 각각 47.6%와 48.3%로서 낮은 편에 속한다. 흥미로운 것은 성별 차이인데, 남성은 45%만이 [테이블뽀]라고 하였지만 여성은 66.6%가 [테이블뽀]라고 한 점이다. 서남 방언과 중부 방언의 여성의 각각 71.7%와 70.7%가 경음화를 적용하였으며, 동남 방언의 여성도 50%가 경음화를 적용하였다. 중부 방언과 서남 방언 남성의 [테이블] 비율이 각각 52.5%와 52.2%인 것으로 볼 때, 동남 방언이라고 하여도 여성일 경우에는 상당수가 경음화를 적용시킨다고 보아도 좋을 것이다.

14) 음의 첨가

※ 표준 발음법의 관련 조항

> 제29항 합성어 및 파생어에서, 앞 단어나 접두사의 끝이 자음이고 뒤 단어나 접미사의 첫 음절이 '이, 야, 여, 요, 유'인 경우에는, 'ㄴ' 음을 첨가하여 [니, 냐, 녀, 뇨, 뉴]로 발음한다.
> 솜-이불[솜 : 니불] 홑-이불[혼니불] 막-일[망닐] 삯-일[상닐] 맨-입[맨닙] 꽃-잎[꼰닙] 내복-약[내 : 봉냑] 한-여름[한녀름] 남존-여비[남존녀비] 신-여성[신녀성] 색-연필[생년필] 직행-열차[지캥녈차] 늑막-염[능망념] 콩-엿[콩녇] 담-요[담 : 뇨] 눈-요기[눈뇨기] 영업-용[영엄뇽] 식용-유[시굥뉴] 국민-윤리[궁민뉼리] 밤-윷[밤 : 눋].
> 다만, 다음과 같은 말들은 'ㄴ' 음을 첨가하여 발음하되, 표기대로 발음할 수 있다.
> 이죽-이죽[이중니죽/이주기죽] 야금-야금[야금냐금/야그먀금] 검열[검 : 녈/거 : 멸] 욜랑-욜랑[욜랑뇰랑/욜랑욜랑] 금융[금늉/그뮹]
> [붙임 1]'ㄹ' 받침 뒤에 첨가되는 'ㄴ' 음은 [ㄹ]로 발음한다.
> 들-일[들 : 릴] 솔-잎[솔립] 설-익다[설릭따] 물-약[물략] 불-여우[불려우] 서울-역[서울력] 물-엿[물렫] 휘발-유[휘발류] 유들-유들[유들류들]
> [붙임 2]두 단어를 이어서 한 마디로 발음하는 경우에도 이에 준한다.
> 한 일[한닐] 옷 입다[온닙따] 서른여섯[서른녀섣] 3 연대[삼년대] 먹은 엿[머근녇] 할 일[할릴] 잘 입다[잘립따] 스물여섯[스물려섣] 1 연대[일련대] 먹을 엿[머글렫]
> 다만, 다음과 같은 단어에서는 'ㄴ(ㄹ)' 음을 첨가하여 발음하지 않는다.
> 6·25[유기오] 3·1절[사밀쩔] 송별-연[송 : 벼련] 등-용문[등용문]

1 밭일

이 항목은 합성어에서 선행 요소가 자음으로 끝나고 후행 요소가 [i]로 시작할 때 자음이 첨가되어 발음되는지를 조사하기 위한 것이다. 조사 결과는 표준 발음법에 명시된 'ㄴ' 첨가 현상이 어느 정도 적용되는지를 판단하는 데 활용된다.

		밭일			
		빈도	퍼센트	유효 퍼센트	누적퍼센트
유효	바딜	35	6.9	6.9	6.9
	반닐	422	83.6	83.7	90.7
	바틸	2	0.4	0.4	91.1
	기타	45	8.9	8.9	100.0
	합계	504	99.8	100.0	
결측		0	1	0.2	
합계		505	100.0		

위의 조사 결과에서 알 수 있듯이 'ㄴ'이 첨가된 [반닐]이 90.7%로, 첨가되지 않은 [바딜]이

6.9%로 나타난다. 음절말 평폐쇄음화가 적용되지 않은 채 연음된 [바틸]이 0.4% 보인다.

지역별 [반닐]의 비율은 대전이 100%, 충북과 전북이 97.5%, 광주가 95.8%, 전남이 92.3%로 높은 편이며, 경북이 55.5%, 울산이 71.4%, 부산이 73.9%, 경기와 제주가 75%로 낮은 편이다. 방언권별로는 서남 방언이 95.5%로 가장 높고 중부 방언이 84.4%, 제주 방언과 동남 방언이 각각 75%와 72.7%를 보이고 있다. 연령별 [반닐]의 비율은 20·30대와 40·50대가 각각 92%와 89.7%로 높고, 60대 이상과 10대는 78.8%와 74.2%로 낮다. 동남 방언의 10대가 55.5%로서 [반닐]의 비율이 가장 낮으며, 동남 방언 60대 이상이 65%, 제주 방언 10대 60%로 그 뒤를 잇는다. 성별 차이는 두드러지지 않는다.

② **솔잎**

이 항목은 합성어에서 선행 요소가 자음으로 끝나고 후행 요소가 [i]로 시작할 때 자음이 첨가되어 발음되는지를 조사하기 위한 것이다. 조사 결과는 표준 발음법에 명시된 'ㄴ' 첨가 현상이 어느 정도 적용되는지를 판단하는 데 활용된다.

		솔잎			
		빈도	퍼센트	유효 퍼센트	누적퍼센트
유효	소립	7	1.4	1.4	1.4
	솔립	497	98.4	98.6	100.0
	합계	504	99.8	100.0	
결측		0	1	0.2	
합계		505	100.0		

위의 조사 결과에서 알 수 있듯이 'ㄴ'이 첨가되어 유음화를 겪은 [솔립]이 98.6%로, 첨가되지 않은 [소립]이 1.4%로 나타난다.

③ **담요**

이 항목은 합성어에서 선행 요소가 자음으로 끝나고 후행 요소가 [j]로 시작할 때 자음이 첨가되어 발음되는지를 조사하기 위한 것이다. 조사 결과는 표준 발음법에 명시된 'ㄴ' 첨가 현상이 어느 정도 적용되는지를 판단하는 데 활용된다.

		담요			
		빈도	퍼센트	유효 퍼센트	누적퍼센트
유효	다묘	13	2.6	2.6	2.6
	담뇨	473	93.7	93.8	96.4
	기타	18	3.6	3.6	100.0
	합계	504	99.8	100.0	
결측		0	1	0.2	
합계		505	100.0		

위의 조사 결과에서 알 수 있듯이 'ㄴ'이 첨가된 [담뇨]가 93.8%로, 첨가되지 않은 [다묘]가 2.6%로 나타난다. [다묘]라고 발음한 13명 중 12명이 10대와 20·30대이다.

④ 금요일

이 항목은 합성어에서 선행 요소가 자음으로 끝나고 후행 요소가 [j]로 시작할 때 자음이 첨가되어 발음되는지를 조사하기 위한 것이다. 이 단어는 '금'과 '요일'로 이루어졌음에도 'ㄴ' 첨가가 일어나지 않은 [그묘일]이 표준 발음으로 받아들여지고 있다. 조사 결과는 'ㄴ' 첨가 현상이 어느 정도 적용되는지를 판단하는 데 활용된다.

		금요일			
		빈도	퍼센트	유효 퍼센트	누적퍼센트
유효	그묘일	359	71.1	71.2	71.2
	금뇨일	134	26.5	26.6	97.8
	금묘일	3	0.6	0.6	98.4
	기타	8	1.6	1.6	100.0
	합계	504	99.8	100.0	
결측		0	1	0.2	
합계		505	100.0		

위의 조사 결과에서 알 수 있듯이 'ㄴ'이 첨가되지 않은 [그묘일]이 71.2%로, 첨가된 [금뇨일]이 26.6%로 나타난다.

지역별 [그묘일]의 비율은 전남이 96.1%, 대전이 96%, 충북과 전북이 95%, 인천이 92.5%, 광주가 91.6%로 높은 편이며, 경남이 0%, 부산이 8.6%, 울산이 9.5%, 대구가 12.5%, 경북이 22.2%, 강원이 50%로 낮은 편이다. 방언권별로는 동남 방언이 12.1%로 매우 낮다. 이 지역에서는 'ㄴ' 첨가 현상이 활발함을 확인할 수 있다. 연령별 차이는 그다지 크다고 할 수 없는데, 10대가 65.6%로 가장 낮고 60대 이상이 69.9%, 40·50대가 72.4%, 20·30대가 76.9%의 순서이다. 지역과 연령을 모두 고려할 때, 동남 방언에서는 전 연령대에서 [금뇨일]이 우세하다는 것은 당연할 것인바, 중부 방언의 10대가 22.6%나 [금뇨일]이라고 발음한 것이 특징적이다. 성별 차이는 두드러지지 않는다.

⑤ 송별연

이 항목은 한자어에서 선행 요소가 자음으로 끝나고 후행 요소가 [j]로 시작할 때 자음이 첨가되어 발음되는지를 조사하기 위한 것이다. 이 단어는 'ㄴ'이 첨가될 만한 환경을 갖추었으나, 표준 발음법에서 예외적으로 'ㄴ'이 첨가되지 않는다고 명시한 것이다. 조사 결과는 표준 발음법의 예외 조항과 'ㄴ' 첨가 현상 중 어느 쪽이 우세한지를 판단하는 데 활용된다.

송별연					
		빈도	퍼센트	유효 퍼센트	누적퍼센트
유효	송벼련	218	43.2	43.3	43.3
	송별련	281	55.6	55.8	99.0
	기타	5	1.0	1.0	100.0
	합계	504	99.8	100.0	
결측	0	1	0.2		
합계		505	100.0		

 위의 조사 결과에서 알 수 있듯이 'ㄴ'이 첨가되어 유음화를 겪은 [송별련]이 55.8%로, 첨가되지 않은 [송벼련]이 43.3%로 나타난다. 'ㄴ' 첨가가 근소하게 우위에 있다.
 지역별 [송별련]의 비율은 경북이 100%, 울산이 90.4%, 제주가 75%로 높은 편이고 대전이 32%, 경기가 37.5%로 낮은 편이다. 방언권별로는 동남 방언이 75.7%로 매우 높으며, 20명이 조사된 제주 방언에서 75%이고 서남 방언과 중부 방언이 각각 52.2%와 48.8%의 실현율을 보인다. 앞선 '금요일'에서 보았듯이 동남 방언에서 'ㄴ' 첨가 현상이 많이 일어나고 있음을 확인할 수 있다. 동남 방언을 제외한 지역을 대상으로 하면 [송별련]이 50.8%이고 [송벼련]이 48.1%로 두 어형 사이의 차이는 많이 줄어든다. 연령별 차이도 매우 두드러진다. [송별련]의 실현율은 10대와 20·30대가 각각 41.4%와 36.5%로 낮은 편이고, 40·50대는 59%이며, 60대 이상은 86.9%로 매우 높은 편이다. 각 방언권에서 60대 이상의 [송별련] 실현 비율은 매우 높아서 중부 방언이 85.7%, 동남 방언이 95%, 서남 방언이 81.8%, 제주 방언이 100%로 나타난다. 성별로는 남성(58.1%)이 여성(53.4%)보다 [송별련]의 실현율이 약간 높다.
 표준 발음으로서의 선호도 조사에서는 [송별련]이 57.5%, [송벼련]이 34.5%, '모두 가능'이 7.9%로 나타났는바, 실제의 발음 양상과 크게 다르지 않다고 할 수 있다.

6 남유럽

 이 항목은 한자어와 외래어로 이루어진 합성어에서 선행 요소가 자음으로 끝나고 후행 요소가 [j]로 시작할 때 자음이 첨가되어 발음되는지를 조사하기 위한 것이다. 조사 결과는 표준 발음법에 명시된 'ㄴ' 첨가 현상이 어느 정도 적용되는지를 판단하는 데 활용된다.

남유럽					
		빈도	퍼센트	유효 퍼센트	누적퍼센트
유효	나뮤럽	15	3.0	3.0	3.0
	남뉴럽	426	84.4	84.5	87.5
	남뮤럽	14	2.8	2.8	90.3
	기타	49	9.7	9.7	100.0
	합계	504	99.8	100.0	
결측	0	1	0.2		
합계		505	100.0		

 위의 조사 결과에서 알 수 있듯이 'ㄴ'이 첨가된 [남뉴럽]이 84.5%로, 첨가되지 않은 [나뮤럽]이 3%로 나타난다.

지역별 [남뉴럽]의 비율은 부산, 전남, 경남, 제주가 100%, 광주가 95.8%, 전북이 95%, 인천과 충북이 92.5%로 높은 편이고 충남이 44%, 경북이 50%, 강원이 60%로 낮은 편이다. 충남은 [남뮤럽]이라 발음한 사람이 12명으로 48%를 차지하고, 경북과 강원은 [나뮤럽]이 아닌 기타 발음으로 조사된 것으로 보아 이들 지역에서 'ㄴ'이 첨가되지 않은 어형이 많다고 볼 수는 없다. 방언권별로는 제주 방언이 100%, 서남 방언이 96.6%로 [남뉴럽]이 매우 많이 보고되었고, 중부 방언과 동남 방언은 각각 80.6%와 81.8%이다. 연령별 [남뉴럽]의 비율은 30대 이하에서 비교적 높아서 10대와 20·30대가 각각 88.2%와 91.2%이며, 40·50대와 60대 이상이 각각 79.5%와 78.8%이다. 성별로는 여성(87.3%)이 남성(81.5%)보다 [남뉴럽]의 실현율이 약간 높다.

15) 사이시옷의 발음

※ 표준 발음법의 관련 조항

> 제30항 사이시옷이 붙은 단어는 다음과 같이 발음한다.
> 1. 'ㄱ, ㄷ, ㅂ, ㅅ, ㅈ'으로 시작하는 단어 앞에 사이시옷이 올 때는 이들 자음만을 된소리로 발음하는 것을 원칙으로 하되, 사이시옷을 [ㄷ]으로 발음하는 것도 허용한다.
> 냇가[내ː까/낻ː까] 샛길[새ː낄/샏ː낄] 빨랫돌[빨래똘/빨랟똘] 콧등[코뜽/콛뜽] 깃발[기빨/긷빨] 대팻밥[대ː패빱/대ː팯빱] 햇살[해쌀/핻쌀] 뱃속[배쏙/밷쏙] 뱃전[배쩐/밷쩐] 고갯짓[고개찓/고갣찓]
> 2. 사이시옷 뒤에 'ㄴ, ㅁ'이 결합되는 경우에는 [ㄴ]으로 발음한다.
> 콧날[콛날→콘날] 아랫니[아랟니→아랜니] 툇마루[퇻ː마루→퇸ː마루] 뱃머리[밷머리→밴머리]
> 3. 사이시옷 뒤에 '이' 음이 결합되는 경우에는 [ㄴㄴ]으로 발음한다.
> 베갯잇[베갣닏→베갠닏] 깻잎[깯닙→깬닙] 나뭇잎[나묻닙→나문닙] 도리깻열[도리깯녈→도리깬녈] 뒷윷[뒫ː뉻→뒨ː뉻]

① 냇가

이 항목은 사이시옷이 첨가된 합성어 중 후행 요소가 장애음으로 시작할 때 사이시옷이 어떻게 발음되는지를 조사하기 위한 것이다. 표준 발음법에서는 이런 경우 경음 앞의 사이시옷을 발음하지 않는 것을 원칙으로 하고 [ㄷ]으로 발음하는 것을 허용하고 있는데, 이를 통해 현실 발음이 어떠한지를 알 수 있다.

		냇가			
		빈도	퍼센트	유효 퍼센트	누적퍼센트
유효	낻까	178	35.2	35.3	35.3
	내까	325	64.4	64.5	99.8
	기타	1	0.2	0.2	100.0
	합계	504	99.8	100.0	
결측		0	1	0.2	
합계		505	100.0		

위의 조사 결과에서 알 수 있듯이 사이시옷이 발음되지 않은 [내까]가 64.5%로, [ㄷ]으로 발음된 [낻까]가 35.3%로 나타난다.

지역별 [내까]의 비율은 전북, 경북이 100%, 대구가 96.8%, 울산이 90.4%로 높은 편이고, 충북이 12.5%, 인천이 15%, 부산이 17.3%, 제주가 35%로 낮은 편이다. 방언권별로는 서남 방언의 실현율이 84.4%로 가장 높고, 동남 방언 76.7%, 중부 방언 56.2%의 순서이다. 연령별 [내까]의 비율은 40·50대와 60대 이상이 각각 68.5%와 68.2%로 높은 편이고 10대가 63.2%, 20·30대가 57.9%로 나타난다. 성별 차이는 두드러지지 않는다.

표준 발음으로서의 선호도 조사에서는 [낻까]가 45.8%, [내까]가 41.1%, '모두 가능'이 13.1%로 나타났는바, 실제의 발음은 의식하는 것과는 다른 것으로 나타난다. 표기된 받침을 종성으로 발음하는 것이 맞다는 의식에서 비롯된 선호일 수 있다.

16) 모음 연쇄의 발음

1 놓았다

이 항목은 선행 모음이 'ㅗ'인 모음 연쇄에서 활음이 첨가되어 발음되는지를 조사하기 위한 것이다. 표준 발음법에는 활음이 첨가되는 것을 허용하고 있지 않는바 이를 허용할 수 있을지를 판단하는 데 활용된다.

	놓았다			
		빈도	퍼센트	유효 퍼센트	누적퍼센트
유효	노안따/노아따	463	91.7	91.9	91.9
	노완따/노와따	37	7.3	7.3	99.2
	놛:따/놔:따	1	0.2	0.2	99.4
	기타	3	0.6	0.6	100.0
	합계	504	99.8	100.0	
결측		0	1	0.2	
	합계	505	100.0		

위의 조사 결과에서 알 수 있듯이 활음이 첨가되지 않은 [노안따/노아따]가 91.9%로, 첨가된 [노완따/노와따]가 7.3%로 나타난다. 활음화된 [놛:따/놔:따]의 비율이 낮은 것은 '놓았다'로 적힌 것을 읽게 하였기 때문이라 할 수 있다. 이 항목은 지역이나 연령, 성별에 따른 차이가 두드러지지 않게 나타난다.

2 어디에

이 항목은 선행 모음이 'ㅣ'인 모음 연쇄에서 활음이 첨가되어 발음되는지를 조사하기 위한 것이다. 표준 발음법에는 활음이 첨가되는 것을 허용하고 있지 않는바 이를 허용할 수 있을지를 판단하는 데 활용된다.

		어디에			
		빈도	퍼센트	유효 퍼센트	누적퍼센트
유효	어디에	283	56.0	56.2	56.2
	어디예	211	41.8	41.9	98.0
	어뎨	8	1.6	1.6	99.6
	기타	2	0.4	0.4	100.0
	합계	504	99.8	100.0	
결측		0	1	0.2	
합계		505	100.0		

위의 조사 결과에서 알 수 있듯이 활음이 첨가되지 않은 [어디에]가 56.2%로, 첨가된 [어디예]가 41.9%로 나타난다. 곡용에서는 좀처럼 보기 어려운 활음화가 일어난 [어뎨]도 1.6%나 나타난다.

지역별 [어디에]의 비율은 광주, 경기, 전남이 100%, 서울이 94.1%, 강원이 85%로 높은 편이고 부산, 대전, 제주가 0%, 울산이 19%, 충북과 경남이 20%로 낮은 편이다. 방언권별로는 서남 방언이 78.8%로 가장 높고 중부 방언 57.6%, 동남 방언 42.4%의 순서이다. 지역에 따라 실현율이 지나치게 차이 나는 것은 혹 일관되지 못한 전사 탓일 수도 있어 보인다. 연령별 차이는 두드러지지 않으며, 성별로는 여성(58.8%)이 남성(53.2%)보다 [어디에]의 실현율이 약간 높다.

③ 위에

이 항목은 선행 모음이 'ㅟ'인 모음 연쇄에서 활음이 첨가되어 발음되는지를 조사하기 위한 것이다. 표준 발음법에는 활음이 첨가되는 것을 허용하고 있지 않는바 이를 허용할 수 있을지를 판단하는 데 활용된다.

		위에			
		빈도	퍼센트	유효 퍼센트	누적퍼센트
유효	위에	402	79.6	79.9	79.9
	위예	92	18.2	18.3	98.2
	기타	9	1.8	1.8	100.0
	합계	503	99.6	100.0	
결측		0	2	0.4	
합계		505	100.0		

위의 조사 결과에서 알 수 있듯이 활음이 첨가되지 않은 [위에]가 79.9%로, 첨가된 [위예]가 18.3%로 나타난다. 전설 고모음 뒤에서 비교적 활음이 잘 첨가되고 있음을 알 수 있다.

지역별 [위에]의 비율은 대체로 고르지만 충남이 12%, 경북이 55.5%, 대구가 65.6%로 낮다는 점이 특징적이다. 전체적으로도 이들이 포함되지 않은 서남 방언이 90%로 가장 높게 나타나며, 나머지는 중부 방언 77.5%, 동남 방언 77.7%, 제주 방언 80%이다. 연령별 [위에]의 비율은 10대가 89%, 20·30대가 83.3%, 40·50대가 78.7%, 60대 이상이 68%로서, 연령이 높을수록 활음을 첨가하여 발음하는 것으로 나타난다. 성별로는 여성(81.8%)이 남성(77.8%)보다 [위에] 실현율이 약간 높다.

④ 막내에게

이 항목은 선행 모음이 'ㅐ'인 모음 연쇄에서 활음이 첨가되어 발음되는지를 조사하기 위한 것이다. 표준 발음법에는 활음이 첨가되는 것을 허용하고 있지 않은바 이를 허용할 수 있을지를 판단하는 데 활용된다.

	막내에게				
		빈도	퍼센트	유효 퍼센트	누적퍼센트
유효	망내에게	470	93.1	93.3	93.3
	망내예게	34	6.7	6.7	100.0
	합계	504	99.8	100.0	
결측	0	1	0.2		
합계		505	100.0		

위의 조사 결과에서 알 수 있듯이 활음이 첨가되지 않은 [망내에게]가 93.3%로, 첨가된 [망내예게]가 6.7%로 나타난다.

지역별 [망내에게]의 비율은 대체로 고르지만 전북이 65%, 충북이 75%로 낮다는 점이 특징적이다. 전체적으로 서남 방언이 83.3%의 다소 낮은 실현율을 보이며 나머지 지역은 90%대 중반의 실현율을 보인다. 연령별로는 60대 이상에서 활음이 첨가된 [망내예게]가 12.1%로 높은 실현율을 보인다. 성별 차이는 두드러지지 않는다.

17) 외래어의 경음화

① 버스

이 항목은 어두 유성장애음을 지닌 영어가 외래어로 들어와 어떤 어두음으로 실현되는지를 조사하기 위한 것이다. '댐(dam)'이나 '재즈(jazz)' 등을 흔히 '땜', '째즈'라고 발음하는 경향이 얼마나 강한지를 판단하는 데 활용된다. 표에서는 첫 음절만을 표시한다.

버스					
		빈도	퍼센트	유효 퍼센트	누적퍼센트
유효	버-	138	27.3	27.4	27.4
	뻐-	366	72.5	72.6	100.0
	합계	504	99.8	100.0	
결측		0	1	0.2	
합계		505	100.0		

위의 조사 결과에서 알 수 있듯이 어두음을 경음으로 발음한 [뻐-]가 72.6%로, 평음으로 발음한 [버-]가 27.4%로 나타난다. 표기된 것을 읽었다는 점에서 실제 발음보다는 평음으로의 실현율이 높을 것으로 보인다.

지역별 [뻐-]의 비율은 경남이 100%, 제주가 90%, 충남이 88%, 서울이 85.8%, 전남이 84.6%로 높은 편이며 전북이 47.5%, 대구가 65.6%, 경북이 66.6%, 부산이 69.5%로 낮은 편이다. 방언권별로는 제주 방언이 90%, 중부 방언이 75.9%, 동남 방언이 68.6%, 서남 방언이 62.2%로 나타난다. 연령별 [뻐-]의 비율은 20·30대와 60대 이상이 각각 80.1%와 79.6%로 높고, 10대와 40·50대가 각각 61.7%와 69.2%로 낮은 편이다. 성별 차이는 두드러지지 않는다.

② 버스

이 항목은 어말 [s]를 지닌 영어가 외래어로 들어와 '스'로 실현되는지 '쓰'로 실현되는지를 조사하기 위한 것이다. 표에서는 둘째 음절만을 표시한다.

버스					
		빈도	퍼센트	유효 퍼센트	누적퍼센트
유효	-스	65	12.9	12.9	12.9
	-쓰	439	86.9	87.1	100.0
	합계	504	99.8	100.0	
결측		0	1	0.2	
합계		505	100.0		

위의 조사 결과에서 알 수 있듯이 'ㅅ' 경음으로 발음한 [-쓰]가 87.1%로, 평음으로 발음한 [-스]가 12.9%로 나타난다. 앞선 항목과 마찬가지로 표기된 것을 읽은 것이지만 경음으로 발음하는 비율이 상대적으로 높다는 점이 특징적이다.

지역별 [-쓰]의 비율은 인천, 광주, 전북, 전남, 제주가 100%, 대전과 충남이 97%, 충북이 95%, 경기가 92.5%로 높은 편이고, 경북이 55.5%, 경남이 60%, 서울이 71.7%, 강원이 72.5%로 낮은 편이다. 전체적으로 서남 방언과 제주 방언은 모두 [-쓰]로 발음하며, 중부 방언과 동남 방언이 각각 85.7%와 76.7%로 나타난다. 연령별 [-쓰]의 비율은 20·30대에서 94.4%로 가장 높고, 나머지는 80%대로 별 차이를 보이지 않는다. 서울의 10대는 23명 중 21명이 [-스]라고 하여 지나친 편중을 보이는데, 이것이 실제 발음을 반영한 것이라 여겨지지는 않는다. 성별 차이는 두드러지지 않는다.

3. 요약
1) 단모음의 발음
(1) 'ㅔ'와 'ㅐ'의 구별
- 조사 항목: 애국, 개집, 때수건, 에누리, 게장, 떼거지

	[ɛ]	[e]	[E]
애국	10.3	1.2	87.9
개집	8.1	3.0	88.9
때수건	7.7	3.6	88.7
계	8.7	2.6	88.5

	[ɛ]	[e]	[E]
에누리	1.6	10.7	87.7
게장	1.4	10.9	87.3
떼거지	0.4	11.5	87.9
계	1.1	11.0	87.7

- 결과 분석: 60대 이상에서는 'ㅔ'와 'ㅐ'를 비교적 구별하는 편이지만, 그 이하에서는 거의 구별하지 못하고 있다. 'ㅐ'의 경우 전체 평균과 비슷한 양상을 보이는 집단은 전국의 40·50대이다([ɛ] 5.0%, [e] 1.8%, [E] 92.9%).

(2) 'ㅚ'의 발음
- 조사 항목: 외국, 쬐병, 뇌물, 된다, 계획

	[ö]	[we]	[e]
외국	6.9	87.7	4.6
쬐병	5.5	84.8	8.5
뇌물	5.1	77.2	17.0
된다	2.8	65.5	30.2
계획	5.7	67.3	23.4
계	5.2	76.5	16.7

- 결과 분석: 대부분이 이중 모음으로 실현되는데, 서남 방언과 중부 방언에서 그리고 60대 이상에서 단모음으로 발음되는 일이 상대적으로 많다.

(3) 'ㅟ'의 발음
- 조사 항목: 위장, 쥐덫, 귀족

	[ü]	[wi]	[uy]	[i]
위장	6.2	90.9	1.0	1.6
쥐덫	7.7	83.9		8.1
귀족	5.9	86.5		7.5
계	6.6	87.1	0.3	5.8

- 결과 분석: 대부분이 이중 모음으로 실현되는데, 서남 방언과 강원 지역에서 그리고 60대 이상에서 단모음으로 발음되는 일이 상대적으로 많다. 전체 평균과 비슷한 양상을 보이는 집단은 전국 40·50대이다([ü] 6.1%, [wi] 84.7%, [uy] 0.3%, [i] 0%).

2) 이중 모음의 발음

(1) 'ㅖ'의 발음
- 조사 항목: 예의, 혜택, 계획, 사례, 답례, 관례

	[ye]	[e]
예의	96.2	3.8

	[ye]	[e]
혜택	7.3	92.1
계획	14.9	74.7
사례	13.3	86.5
계	11.8	84.4

	[ye]	[e]
답례	45.1	54.5
관례	33.1	66.3
계	38.8	60.6

- 결과 분석: '혜택, 계획'의 'ㅖ'는 단모음으로 발음하는바, 10대의 이중 모음 발음은 표기대로 발음하고자 한 것으로 볼 수 있다. '사례'의 'ㅖ'는 [ㅔ]가 매우 많은데, 40대 이하에서 이중 모음 발음이 상대적으로 많다. '답례'의 'ㅖ'는 [ㅔ]와 [ㅖ]가 비슷한 정도를 보이는데, 60대 이상에서 이중 모음으로 발음하는 일이 많다. '관례'는 [ㅔ]가 [ㅖ]의 2배 정도이다. '혜택, 계획, 사례'의 경우 전체 평균과 비슷한 양상을 보이는 집단은 중부권의 40·50대이다([ye] 10.2%, [e] 83.8%). '답례, 관례'의 경우 전체 평균과 비슷한 양상을 보이는 집단은 전국의 10~30대이다([ye] 38.4%, [e] 61.2%).
- 제언: '사례'는 치조탄설음과 이중 모음의 연쇄이고, '답례'와 '관례'는 경구개음과 이중 모음의 연쇄이다. 후자는 자음의 조음 위치가 후행하는 활음과 같고, 경구개에서의 폐쇄 기간도 길기 때문에 'ㅖ'를 [경구개음-ㅖ] 연쇄로 발음하기가 쉽다. 그러나 전자는 자음과 활음의 조음 위치도 다르고 탄설음의 폐쇄 기간도 매우 짧기 때문에 [례]를 그대로 발음하기가 매우 어렵다. 따라서 '사례'와 같이 '례'라고 하여도 모음 뒤에 있을 경우에는 단모음으로의 발음을 허용하는 것도 좋을 듯하다.

(2) 'ㅢ'의 발음
- 조사 항목: 의자, 예의, 합의, 띄어쓰기, 흰색, 동생의(동생+의), 극한의(극한+의)

	[ɯi]	[ɯ]	[i]
의자	74.1	25.5	0.2
예의	66.2	3.6	29.8
계	70.1	14.6	15.0

	[ɯi]	[ɯ]	[i]
합의	18.8	4.0	76.0
띄어쓰기	8.3		88.5
흰색	3.8		95.4
계	10.3	1.3	86.6

	[ɰi]	[ɯ]	[i]	[e]
동생의	28.6	10.1	0.8	59.8
극한의	18.9	7.0	1.0	61.2
계	23.6	8.6	0.9	60.5

- 결과 분석: '의자'의 '-의'는 대체로 [-l]로 발음되지만, '예의'에서도 [-l]가 많은 것은 읽기 방법에 기인한 것으로 보인다. '합의, 띄어쓰기, 흰색'에서는 모두 [ㅣ]가 우세하다. 조사 '-의'는 [ㅔ]로 발음되는 일이 많다. '의자, 예의'의 경우 전체 평균과 비슷한 양상을 보이는 집단은 전국의 40·50대이다([ɰi] 67.2%, [ɯ] 14.3%, [i] 18.2%). '합의, 띄어쓰기, 흰색'의 경우 전체 평균과 비슷한 양상을 보이는 집단은 중부권의 10대이다([ɰi] 9.8%, [i] 89.8%). '동생의, 극한의'의 경우 전체 평균과 비슷한 양상을 보이는 집단은 중부권이다([ɰi] 22%, [ɯ] 3.1%, [i] 10.2%, [e] 63.7%).

3) 음의 길이

(1) 어두 장음의 발음

- 조사 항목: 애국, 예의, 외국, 개집, 눈밭, 말씀, 게장, 혜택, 사례, 귀족

	애국	예의	외국	개집	눈밭	말씀	게장	혜택	사례	귀족	계
장음	7.2	17.8	15.1	21.5	27.5	19.7	17.9	8.8	25.5	10.0	17.1
단음	92.8	82.2	84.9	78.5	72.5	80.3	82.1	91.2	74.5	90.0	82.9

- 결과 분석: 대부분 단모음으로 발음되지만, 연령이 높을수록 장음을 유지하는 경우가 상대적으로 많다. '눈밭'의 '눈'은 비교적 장음이 많은데 이는 교육의 효과라 할 만하다. 전체 평균과 비슷한 양상을 보이는 집단은 중부권 40·50대이다(장음 17.0%, 단음 83.0%).

(2) 어두 단음의 발음

- 조사 항목: 눈썹, 말굽

	눈썹	말굽	계
장음	9.3	12.0	10.7
단음	90.7	88.0	89.3

- 결과 분석: 단모음으로 발음한다.

4) 홑받침의 발음

(1) 'ㄷㅆ' 연쇄의 발음

- 조사 항목: 있습니다(있-습니다), 햇살

	ㄷㅆ	ㅆ
있습니다	18.7	81.2
햇살	41.3	58.1
계	30.0	69.6

- 결과 분석: 둘 모두 'ㄷ'을 발음하지 않는 발음이 많지만, 그 비율은 '있습니다'가 81.2%에 달하는 반면 '햇살'은 58.1%에 그친다. '햇살'은 [핻쌀]과 [해쌀]이 모두 표준 발음으로 인정되지만, '있습니다'는 [읻씀니다]만이 인정되고 있다.
- 제언: 보다 정밀한 조사와 전사를 통하여야 할 것이지만 'ㄷㅆ'은 자연스럽게 발음할 수 있는 연쇄는 분명히 아니다. 적어도 허용 조항으로라도 [이씀니다] 등이 표준 발음으로 추가될 필요가 있다.

5) 겹받침의 발음
(1) 자음군 단순화
- 조사 항목: 넓디(넓-디), 밟고(밟-고), 읊고(읊-고), 밟는다(밟-는다), 읊는다(읊-는다), 훑는(훑-는), 긁던(긁-던), 읽습니다(읽-습니다), 밝게(밝-게)

	ㄹㅂ	ㄹ	ㅂ
넓디	2.2	80.7	16.9
밟고	2.2	81.3	15.7
읊고	11.7	57.1	27.4
계	5.4	73.1	20.0

	ㄹㅁ	ㄹ	ㅁ
밟는다	8.1	22.2	66.5
읊는다	6.7	12.9	75.8
계	7.5	17.6	71.1

	ㄹㄹ	ㄴㄴ
훑는	49.1	41.7

	ㄹㄱ	ㄹ	ㄱ
긁던	2.8	47.5	47.5
읽습니다	6.8	46.4	45.8
밝게		94.6	5.4
계	3.1	62.9	32.9

- 결과 분석: '넓디, 밟고, 읊고, 밝게'는 'ㄹ'이 남고, '밟는다, 읊는다'는 'ㄹ'이 탈락하는 일이 많다. 후자의 경우 'ㄹ'이 남는다면 유음화를 겪게 되어 어미의 발음마저 바뀐다는 점이 관여하였을 수 있다. '긁던, 읽습니다'는 'ㄹ'이 남기도 하고 'ㄱ'이 남기도 한다. '훑는'은 흥미롭게도 [훌른]과 [훈는]인 반반이다. '넓디, 밟고, 읊고'의 경우 전체 평균과 비슷한 양상을 보이는 집단은 전국의 20·30대이다([ㄹㅂ] 7.1%, [ㄹ] 74.6%, [ㅂ] 17.2%). '긁던, 읽습니다, 밝게'의 경우 전체 평균과 비슷한 양상을 보이는 집단은 전국의 20·30대이다([ㄹㄱ] 5%, [ㄹ] 64.8%, [ㄱ] 29.4%).
- 제언: 탈락하는 자음에 대하여 허용 조항을 둔다고 하여도 '-는다'와 같은 어미와의 결합에서는 허용을 제한할 필요가 있다.

6) 'ㅎ'의 발음

(1) 어간말 'ㅎ'의 발음

- 조사 항목: 좋습니다(좋-습니다), 놓습니다(놓-습니다)

	ㄷㅆ	ㅆ
좋습니다	27.6	72.2
놓습니다	30.3	67.9
계	29.0	70.0

- 결과 분석: [조씀니다], [노씀니다]가 많지만 'ㄷ' 종성이 있는 발음도 조사되었다. 표기를 의식한 발음으로 보인다.

(2) 초성 'ㅎ'의 축약

- 조사 항목: 꽃 한 송이, 육학년, 맏형, 가득한(가득하-ㄴ), 극한, 입학, 남북한

	꽃한송이	육학년	맏형	가득한	극한	입학	남북한	계
격음	65.9	94.0	88.3	98.4	98.2	98.8	97.4	91.6
평음	12.4	5.6	3.2	1.2	0.6	1.0	1.0	3.5

- 결과 분석: 대체로 축약된 어형이 많다. '꽃 한 송이, 육 학년'과 같은 명사구는 특히나 서남 방언과 동남 방언에서 축약되지 않은 어형이 다소 보이지만, '가득한, 극한, 입학, 남북한' 등의 단어 내부에서는 거의 다 축약된 어형이다. 전체 평균과 비슷한 양상을 보이는 집단은 전국의 40·50대이다(격음 89.2%, 평음 4.2%).

7) 연음

(1) 체언 어간말 자음의 변화

- 조사 항목: 앞에(앞+에), 부엌에(부엌+에), 솔잎을(솔잎+을), 꽃이(꽃+이), 낮이면(낮+이-면), 솥이(솥+이), 밭으로(밭+으로), 빛을(빛+을)

	격음	평음
앞에	98.0	0.2
부엌에	18.8	80.2
솔잎을	74.6	25.0
계	63.8	35.1

	ㅊ	ㅅ	ㅌ
꽃이	85.1	14.1	0.2
빛을	80.8	17.1	1.6
계	82.9	15.6	0.9

	ㅈ	ㅌ	ㅅ	ㅊ	ㄷ
낮이면	90.5		5.0	3.2	1.0
솥이		0.6	72.6	24.4	
밭으로		70.6	5.2	23.5	

- 결과 분석: '앞에, 솔잎을, 밭으로'은 어간말 격음을 유지하고 있지만, '부엌에'는 평음 'ㄱ'으로 재구조화된 어형이 많다. '밭으로'는 [바츠로]가 꽤 있다. '꽃이, 나지면, 빛을'는 'ㅊ, ㅈ'이 유지된 어형이 매우 많고 'ㅅ'으로 재구조화된 어형이 조금 있다. '솥이'는 어간말음이 'ㅅ'으로 재구조화된 어형이 많다. '꽃이, 빛을'의 경우 전체 평균과 비슷한 양상을 보이는 집단은 중부권이다([ㅊ] 81.9%, [ㅅ] 17.3%, [ㅌ] 0.5%).

(2) 체언 어간말 자음군의 변화
- 조사 항목: 값이(값+이), 흙을(흙+을), 여덟이나(여덟+이나), 외곬으로(외곬+으로)

	자음1자음2	자음1	자음2
값이	79.4	14.3	
흙을	22.6		76.2
여덟이나	23.6	63.3	7.3
외곬으로	14.9		19.5

- 결과 분석: '값이'의 겹자음은 대체로 모두 발음되지만, '흙을'은 [흐글]로, '여덟이나'는 [여더리나]로의 발음이 우세하다. '외곬으로'를 '외골로'로 읽는 경우는 거의 없다. 그러나 [외골쓰로/외골스로]로 발음한 것도 30%가 미처 되지 못한다. 거의 쓰이지 않는 단어임이 드러난다.

8) 절음
(1) 합성어 경계에서의 절음 현상
- 조사 항목: 맛있게

	마신	마딛
맛있게	53.8	8.5

- 결과 분석: 반 이상이 [마신-]이며, [마딛-]은 거의 발음되지 않는다.

9) 구개음화
- 조사 항목: 곧이, 벼훑이.

	디/티	지/치
곧이	5.6	92.7
벼훑이	21.0	27.0

- 결과 분석: 친숙한 단어인 '곧이'는 구개음화 적용 어형이 다수이지만, 낯선 단어일 수 있는 '벼훑이'는 [벼훌티]와 [벼훌치]가 모두 조사되었다.

10) 유음화

- 조사 항목: 난로, 관례, 춘란, 공권력, 결단력, 온라인, 다운로드, 핫라인

	ㄴㄹ	ㄹㄹ	ㄴㄴ
난로	3.0	94.6	2.4
관례	3.8	83.2	13.1
춘란	3.8	66.9	28.4
계	3.5	81.6	14.6

	ㄴㄹ	ㄹㄹ	ㄴㄴ
공권력	2.2	30.0	61.1
결단력	4.0	8.7	85.3
계	3.1	19.3	73.2

	ㄴㄹ	ㄹㄹ	ㄴㄴ
온라인	3.8	73.4	22.4

	ㄴㄹ/ㄷㄹ	ㄹㄹ	ㄴㄴ
다운로드	21.0	21.4	45.0
핫라인	19.8	25.2	50.4
계	20.4	23.3	47.7

- 결과 분석: '난로, 관례, 춘란' 모두 유음화 적용 어형이 다수이지만, 정도의 차이는 있어서 '관례, 춘란'은 치조비음화 적용 어형도 나타난다. 단어의 친숙도과 관련된 듯하다. '공권력'은 '결단력'에 비해 유음화 적용 어형이 많은데 이는 '권력'이라는 유음화 적용 어형과의 관련성 때문일 수 있다. '온라인'은 유음화 적용 어형이 치조비음화 적용 어형의 3배 정도이지만, '다운로드'는 치조비음화 적용 어형이 유음화 적용 어형의 2배 정도이다. '다운하다, 다운받다' 등의 어간이 쓰이면서 '다운'이라는 어형을 고정하고자 하는 것은 아닌가 한다. '핫라인'은 치조비음화 적용 어형이 유음화 적용 어형의 2배 정도이다. '난로, 관례, 춘란'의 경우 전체 평균과 비슷한 양상을 보이는 집단은 전국의 40·50대이다([ㄴㄹ] 2.6%, [ㄹㄹ] 80.8%, [ㄴㄴ] 16.3%). '다운로드, 핫라인'의 경우 전체 평균과 비슷한 양상을 보이는 집단은 전국의 20·30 대이다([ㄴㄹ/ㄷㄹ] 17.9%, [ㄹㄹ] 26.6%, [ㄴㄴ] 45.6%).
- 제언: 외래어의 경우 표준 발음을 정하기 위해서는 보다 정밀한 조사가 요구된다.

11) 조음 위치 동화

- 조사 항목: 친구, 눈밭, 신겨(신기-어), 남과(남+과), 안고(안-고), 신고(신-고), 맛있게(맛있-게), 왔구나(오-았-구나)

	친구	눈밭	신겨	남과	안고	신고	계
비동화	28.6	41.2	33.5	82.5	23.4	43.5	42.1
동화	71.0	58.8	66.5	14.5	76.4	56.5	57.2

	맛있게	왔구나	계
비동화	17.7	12.1	14.9
동화	81.9	87.5	84.7

- 결과 분석: 곡용형인 '남과'를 제외하고는 모두 조음 위치 동화 적용 어형이 우세하다. 문장 읽기 방법이었음에도 조음 위치 동화는 활발하게 일어나고 있음을 알 수 있다. 장애음들의 연쇄에서는 선행하는 치조음이 동화되기가 더욱 쉽다. '친구, 눈발, 신겨, 남과, 안고, 신고'의 경우 전체 평균과 비슷한 양상을 보이는 집단은 전국의 40·50대이다(비동화 41.5%, 동화 57.2%).
- 제언: 조음 위치 동화가 아무리 많이 일어난다고 하여도, 화자와 청자 모두 동화의 적용 여부를 쉽게 알아챌 수 없다는 점을 생각해 보면, 그런 발음을 표준 발음으로 굳이 허용할 필요는 없어 보인다.

12) 활음 첨가

- 조사 항목: 피었다(피-었-다), 되었다(되-었-다)

	비첨가	첨가
피었다	82.3	16.8
되었다	78.5	15.7
계	80.4	16.3

- 결과 분석: 두 항목 모두 활음 [j]가 첨가되지 않은 발음이 매우 우세하다. 전체 평균과 비슷한 양상을 보이는 집단은 전국의 20·30대이다(비첨가 80.6%, 첨가 15.1%).
- 제언: 활음이 첨가된 발음을 허용하는 조항을 굳이 둘 필요가 있는지 의심스럽다. 이는 구어에서는 활음화가 일어난 '폈다, 됐다'가 많이 쓰이고 있고, 문어에서는 이 조사 결과와 같이 표기대로 읽는 경향이 강하기 때문이다.

13) 경음화

(1) 용언에서의 경음화

- 조사 항목: 안고(안-고), 신고(신-고), 신겨(신기-어)

	-고	-꼬
안고	0.4	99.6
신고	0.6	98.8
계	0.5	99.2

	-겨	-껴	-켜
신겨	25.0	67.7	6.9

- 결과 분석: 활용에서는 거의 경음화 어형뿐이다. '신겨'는 [신껴]가 많이 조사되었는데, [신켜]가 공존하는 것으로 보아, 단순히 파생에서도 경음화를 적용한 것이라고 볼 수 없다. 여느 파생어에서도 이러한 경음화를 보이지 않는다는 점에서도 그러하다.

(2) 한자어에서의 경음화
- 조사 항목: 갈등

	갈등	갈뜽
갈등	0.4	99.6

- 결과 분석: 거의 모두 경음화된다.
- 제언: 없음. 다만 여기에서 조사되지는 않았지만, '몰지각, 골다공증' 등과 같은 3음절 이상 되는 단어에서는 특히나 경음화가 일어나지 않는 경우가 있다.

(3) 관형사형 어미 뒤에서의 경음화
- 조사 항목: 떠날 동생, 줄 밥

	평음	경음
떠날 동생	100	0
줄 밥	85.3	14.5

- 결과 분석: 경음화가 잘 일어나지 않는다. 사용 빈도가 높지 않은 명사구인 데다가 문장 읽기 방법이 관여한 것으로 보인다.
- 제언: 단어보다 큰 문법 단위에 대한 발음을 굳이 규정에 정해 놓을 필요는 없을 듯하다. 규정에서와 같이 끊어서 말하지 않더라도 경음화가 일어나지 않는 경우가 많다.

(4) 합성어에서의 경음화
- 조사 항목: 아침밥, 김밥, 보름달, 산새, 길가, 테이블보

	아침밥	김밥	보름달	산새	길가	테이블보	계
평음	15.7	5.4	2.0	38.0	0.6	39.6	16.8
경음	84.1	94.4	97.8	62.0	99.4	56.2	82.4

- 결과 분석: 모든 항목에서 경음화(사잇소리 현상) 적용 어형이 다수를 차지한다. 동남 방언과 제주 방언에서 경음화의 정도가 다소 약한 듯해 보인다. 전체 평균과 비슷한 양상을 보이는 집단은 전국의 40·50대이다(평음 15.9%, 경음 83.6%).
- 제언: '김밥'은 [김빱]도 허용할 만하다. 외래어 합성어에 대한 정밀한 조사가 요구된다.

14) 음의 첨가
- 조사 항목: 밭일, 솔잎, 담요, 금요일, 송별연, 남유럽

	밭일	솔잎	담요	송별연	남유럽	계	금요일
비첨가	6.9	1.4	2.6	43.3	3.0	11.4	71.2
첨가	83.7	98.6	93.8	55.8	84.5	83.8	26.6

- 결과 분석: '금요일'을 제외하고는 'ㄴ' 첨가 적용 어형이 우세하다. '송별연'은 비교적 'ㄴ' 비첨가 어형도 많이 보인다. 특히 동남 방언에서 그 우세함이 두드러진다. 외래어 합성어인 '남유럽' 역시 적극적으로 'ㄴ'을 첨가시키고 있다.
- 제언: 외래어 합성어에 대한 정밀한 조사가 요구된다.

15) 사이시옷의 발음

- 조사 항목: 냇가

	낻까	내까
냇가	35.3	64.5

- 결과 분석: [내까]가 [낻까]의 2배 정도이다.

16) 모음 연쇄의 발음

- 조사 항목: 놓았다(놓-았-다), 어디에(어디+에), 위에(위+에), 막내에게(막내+에게)

	비첨가	첨가
놓았다	91.9	7.3
어디에	56.3	41.9
위에	79.9	18.3
막내에게	93.3	6.7
계	80.3	18.6

- 결과 분석: 모든 항목에서 활음이 첨가되지 않은 채 그대로 발음되는 것이 우세하다. 다만 '어디에'는 선행 모음 'ㅣ'의 영향으로 [j]가 첨가된 어형이 다수 보인다.
- 제언: '피어'에서의 활음 첨가와 마찬가지로 이 역시 굳이 허용 조항을 둘 필요는 없을 듯하다.

17) 외래어의 경음화

- 조사 항목: 버스

	평음	경음
버(스)	27.4	72.6
(버)스	12.9	87.1

- 결과 분석: [뻐쓰]가 가장 많다.
- 제언: 외래어의 표준 발음 관련 문제 중 가장 심각한 경우이다. 첫 음절은 '버'로 할 수 있다고 하여도, 둘째 음절을 '쓰'로 발음하는 것은 원어와 멀어지기에 좋지 못하다.

VI. 표준 발음법의 내적·외적 문제점

1. 표준 발음법의 법적 지위

여기서는 '표준 발음법'이 들어 있는 **'문교부고시 제88-2호 표준어규정'의 법적인 지위**에 대해 살펴보기로 한다.

1) 고시의 법규로서의 효력

(1) 고시의 의의

<u>고시는 행정규칙의 일종으로 행정청 내부에서의 지침사항을 자체적으로 정하는 경우에 활용되며, 한편으로는 상위법령의 위임을 받아 그 위임받은 내용을 정하는 경우도 있다.</u>

(2) 고시의 성격

고시의 성격에 관하여 구체적으로 판시한 헌법재판소 결정 예시의 검토를 통해 고시가 일반 국민에 대한 대외적 구속력 혹은 법규적 효력을 지니는지 여부를 검토할 수 있다.

<u>고시는 행정규칙으로서 일반적으로 행정조직 내부에서만 효력을 가지는 것이고 일반 국민에 대해 대외적인 구속력을 갖지 않음이 원칙이지만, 법령(法令)의 직접적인 위임(委任)에 따라 위임행정기관(委任行政機關)이 그 법령(法令)을 시행하는데 필요한 구체적 사항을 정한 경우에는 그것이 상위법령(上位法令)의 위임한계(委任限界)를 벗어나지 아니하는 한, 상위법령(上位法令)과 결합(結合)하여 대외적(對外的)인 구속력(拘束力)을 갖는 법규명령(法規命令)으로서 기능하게 된다고 보아야 한다.</u>

다음은 고시가 상위 법령과 관련하여 일반 국민에게 구속력이 있는지 여부를 판단한 헌법재판소의 결정이다. 헌법재판소의 결정에서 보듯이 고시는 상위법령의 위임에 따라 상위법령의 내용을 보충할 구체적인 사항을 정한 경우에 일반 국민에 대한 구속력을 갖는다.

예시 1) '교육위원회의 인사관리원칙'과 관련한 고시의 법규적 효력을 부정한 헌법재판소의 결정(헌법재판소 1990. 9. 3. 선고 90헌마13 결정)

"행정규칙은 일반적으로 행정조직 내부에서만 효력을 가지는 것이고 대외적인 구속력을 갖는 것이 아니다. 다만, 행정규칙이 법령의 규정에 의하여 행정관청에 법령의 구체적 내용을 보충할 권한을 부여한 경우, 또는 재량권 행사의 준칙인 규칙이 그 정한 바에 따라 되풀이 시행되어 행정관행이 이룩되게 되면 평등의 원칙이나 신뢰보호의 원칙에 따라 행정기관은 그 상대방에 대한 관계에서 그 규칙에 따라야 할 자기구속을 당하게 되는 경우에는 대외적인 구속력을 가지게 된다."라고 판시하면서 이 사건에서 그 법규적 효력이 문제된 **'교육위원회의 인사관리원칙'**은 중등학교 교원 등에 대한 임용권을 적정하게 행사하기 위하여 그 기준을 일반적·추상적 형태로 제정한 **조직 내부의 사무지침에 불과하여 일반 국민에 대한 구속력이 없**다고 판단하였다.

예시 2) '게임의 경품 제공' 관련한 고시의 법규적 효력을 인정한 헌법재판소의 결정(헌법재판소 1998. 4. 30. 선고 97헌마141 결정)

"고시의 법적 성질은 일률적으로 판단될 것이 아니라 고시에 담겨진 내용에 따라 구체적인 경우마다 달리 결정된다. 즉, 고시가 일반·추상적 성격을 가질 때에는 법규명령 또는 행정규칙에 해당하지만, 고시가 구체적인 규율의 성격을 갖는다면 행정처분에 해당한다."라고 판시하면서 **게임 제공업을 영위하는 자가 게임이용자에게 제공할 수 있는 경품의 종류와 지급방법 등에 관한 기준을 정하고 있는 이 사건 고시**는 특정인에 대한 개별적·구체적인 처분의 성격을 지닌 것이라기보다는 게임제공업소의 경품제공 일반에 관한 일반적·추상적인 규정의 성격을 지닌 것이라 봄이 상당하다. 나아가 이 사건 고시는 이 사건 **모법조항의 위임에 의하여 제정된 것으로서 국민의 기본권을 제한하는 내용을 담고 있으므로 상위법령과 결합하여 대외적 구속력을 갖는 법규명령으로 기능**하고 있는 것이라 볼 수 있으므로 헌법소원의 대상이 된다."라고 하여 고시가 상위법령의 위임을 받아 제정된 경우에는 **일반국민에 대한 구속력이 있다**고 판단하였다.

2) '국어의 로마자표기법' 관련 헌법재판소 결정

앞에서 보았듯이 고시는 상위법령의 위임 여부에 따라 일반국민에 대한 구속력 여부가 결정된다. 여기서는 어문규범 중 '국어의 로마자표기법'에 대한 헌법재판소의 판단을 살펴보기로 한다.

(1) 「문화관광부고시 제2000-8호 국어의 로마자표기법」에 대한 위헌확인을 청구한 사안에 대해 헌법재판소가 각하한 2000헌마573 결정

[사건의 개요와 심판의 대상]
가. 사건의 개요

청구인은 ○○학회 회장으로서 수십년간 국어의 로마자표기법을 연구하여 왔고, ○○대학교 국제경영학과 명예교수로서 학생들에게 무역학을 가르치는 사람이다.

문화관광부장관은 문화예술진흥법 제7조 제2항의 규정에 의하여 2000. 7. 7. 문화관광부고시 제2000-8호로 국어의 로마자표기법(문교부고시 제84-1, 1984. 1. 13.)을 개정하여 새로운 국어의 로마자표기법을 고시하였다.

이에 청구인은 위 고시가 실용성이 없고 현실에 맞지 않는 것으로서 청구인의 인간으로서의 존엄과 가치, 행복추구권, 인간다운 생활을 할 권리를 침해하는 것이라고 주장하면서, 2000. 9. 6. 이 사건 헌법소원심판을 청구하였다.

나. 심판의 대상

이 사건 심판의 대상은 2000. 7. 7. 문화관광부장관이 '문화관광부고시 제2000-8호'로 고시한 '국어의 로마자표기법'(이하 "이 사건 고시"라 한다)이 헌법에 위반되는지 여부이며, 그 규정내용 및 관련조항은 다음과 같다.

ⅰ) 이 사건 고시

　문화예술진흥법 제7조 제2항의 규정에 의하여 국어의 로마자표기법을 다음과 같이 고시합니다.
　2000년 7월 7일 문화관광부장관

　국어의 로마자표기법(문교부고시 제84-1, 1984. 1. 13.)을 다음과 같이 개정한다.

　국어의 로마자표기법
　제1장 표기의 기본 원칙
　제1항 국어의 로마자 표기는 국어의 표준 발음법에 따라 적는 것을 원칙으로 한다.
　제2항 로마자 이외의 부호는 되도록 사용하지 않는다.

　제2장 표기 일람　　　　　　　　내용생략
　제3장 표기상의 유의점　　　　　내용생략

　부　칙
　① (시행일) 이 고시는 고시한 날부터 시행한다.
　② (표지판 등에 대한 경과조치) 이 표기법 시행당시 종전의 표기법에 의하여 설치된 표지판(도로, 광고물, 문화재 등의 안내판)은 2005. 12. 31.까지 이 표기법을 따라야 한다.
　③ (출판물 등에 대한 경과조치) 이 표기법 시행당시 종전의 표기법에 의하여 발간 된 교과서 등 출판물은 2002. 2. 28.까지 이 표기법을 따라야 한다.
　ⅱ) 관련조항
　문화예술진흥법 제7조(어문규범) ① 국가는 한글맞춤법, 표준어규정, 외래어표기법, 국어의 로마자표기법 등 국어사용에 필요한 사항(이하 "어문규범"이라 한다)을 국어심의회의 심의를 거쳐 정한다.
　② 제1항의 규정에 의하여 어문규범을 정한 때에는 그 내용을 관보에 고시하여야 한다.

[판단]
　직권으로 이 사건 심판청구의 적법여부에 관하여 살펴본다.
　헌법재판소법 제68조 제1항 본문은 "공권력의 행사 또는 불행사로 인하여 헌법상 보장된 기본권을 침해받은 자는……헌법재판소에 헌법소원심판을 청구할 수 있다"고 규정하고 있는바, 이는 공권력의 행사 또는 불행사로 인하여 헌법상 보장된 자신의 기본권을 현재 직접적으로 침해당한 자만이 헌법소원심판을 청구할 수 있다는 뜻이고, 따라서 법령으로 인한 기본권침해를 이유로 헌법소원을 청구하려면 당해법령 그 자체에 의하여 자유의 제한, 의무의 부과, 권리 또는 법적 지위의 박탈이 생긴 경우여야 한다.
　문화예술진흥법은 제8조 제1항에서 **"국가 및 지방자치단체는 공문서 기타 서류를 작성함에 있어 어문규범을 준수하여야 한다"**고 하고, 같은 조 제2항에서 **"교육 또는 공공용에 제공하기 위한 인쇄물, 방송광고물 등을 작성함에 있어서 예술창작을 위하여 불가피한 경우를 제외하고는 어문규범을 준수하여야 한다"**고 함으로써, 국어의 로마자표기법을 비롯한 어문규범의 준수에 관한 규정을 두고 있으며, 이 사건 고시는 부칙 **제2조 및 제3조에서 표지판**

(도로, 광고물, 문화재 등의 안내판)은 2005. 12. 31.까지, 교과서 등 출판물은 2002. 2. 28.까지 새로운 표기법을 따라야 한다고 규정하고 있다. 위 규정들에 의하여 살피건대, 이 사건 고시가 그 자체만으로 청구인에 대하여 자유의 제한, 의무의 부과, 권리 또는 법적 지위의 박탈을 가져오는 것으로 보기는 어렵다고 할 것이므로, 이 사건 심판청구는 자기관련성 또는 직접성이 결여되었다고 할 것이다.

[결론]
따라서 이 사건 심판청구는 부적법하므로 이를 각하하기로 한다.

(2) 어문규범에 대한 헌법재판소의 판단

위의 헌법재판소 판단은 '국어의 로마자표기법'이 실용성이 없고 현실에 맞지 않는 것으로서 청구인의 인간으로서의 존엄과 가치, 행복추구권, 인간다운 생활을 할 권리를 침해하는 것이라고 주장에 대해 고시가 그 자체만으로 청구인에 대하여 자유의 제한, 의무의 부과, 권리 또는 법적 지위의 박탈을 가져오는 것으로 보기는 어렵다는 판단이다. 이는 <u>**상위법인 문화예술진흥법에서 '국어의 로마자표기법'이 구속력을 가지는 범위를 제시하고 있으며, '국어의 로마자표기법'이 일반국민의 일상적인 언어생활을 구속하지 않는 고시**</u>이기 때문이다.

3) '표준 발음법'의 법적 구속력

(1) 문화예술진흥법과 어문규범

2000. 9. 6. 심판을 청구하여 2000. 9. 27. 결정이 선고된 2000헌마573결정 당시 적용되던 문화예술진흥법은 2000. 1. 12. 일부 개정된 법률 제6132호로서, 2000. 7. 13.부터 시행되고 있던 법률이었고, 당시의 문화예술진흥법은 제5조부터 제8조까지 다음과 같은 규정을 두었다.

제5조 (국어발전등 계획수립) 국가는 국어의 발전 및 보급을 위한 계획을 수립·시행하여야 한다.

제6조 (국어심의회)
① 문화관광부장관의 자문에 응하여 국어발전 및 보급을 위한 제반시책을 심의하게 하기 위하여 문화관광부에 국어심의회를 둔다. <개정 2000.1.12>
②국어심의회의 조직과 운영에 관하여 필요한 사항은 대통령령으로 정한다.

제7조 (어문규범)
① 국가는 한글맞춤법, 표준어규정, 외래어표기법, 국어의 로마자표기법등 국어사용에 필요한 사항(이하 "어문규범"이라 한다)을 국어심의회의 심의를 거쳐 정한다.
②제1항의 규정에 의하여 어문규범을 정한 때에는 그 내용을 관보에 고시하여야 한다.

제8조 (어문규범의 준수)
① 국가 및 지방자치단체는 공문서 기타 서류를 작성함에 있어 어문규범을 준수하여야 한다.
② 교육 또는 공공용에 제공하기 위한 인쇄물, 방송광고물 등을 작성함에 있어서 예술창작을

위하여 불가피한 경우를 제외하고는 어문규범을 준수하여야 한다.

문화예술진흥법에 의하면 국가 및 지방자치단체는 공문서 기타 서류를 작성할 때 어문규범을 준수하여야 하며, 교육 또는 공공용에 제공하기 위한 인쇄물, 방송광고물 등을 작성할 때 예술창작을 위하여 불가피한 경우를 제외하고는 어문규범을 준수하여야 한다. 이는 공적인 언어생활에서 어문규범을 지켜야 한다는 것이므로 일반 국민의 일상적인 언어생활을 구속하는 법령이라고는 할 수 없을 것이다.

한편 **2005.1.27. 개정되어 2005.7.28. 시행된 문화예술진흥법(법률 제7368호)에서는 위의 제5조부터 제8조까지의 규정이 모두 삭제되었다. 그러나 어문규범과 관련된 상위 법령으로 '국어기본법(법률 제7367호)'이 제정되어 어문규범의 법적 구속력을 규정하고 있다.**

(2) 국어기본법과 어문규범

국어기본법에 들어 있는 '어문규범' 관련 조항들은 다음과 같다.

제3조 (정의) 이 법에서 사용하는 용어의 정의는 다음과 같다.
3. "어문규범"이라 함은 제13조의 규정에 의한 국어심의회의 심의를 거쳐 제정한 한글맞춤법, 표준어규정, 표준어발음법, 외래어표기법, 국어의 로마자표기법 등 국어사용에 필요한 규범을 말한다.
4. "공공기관"이라 함은 국가기관, 지방자치단체, 정부투자기관관리기본법 제2조의 규정에 의한 정부투자기관 그 밖에 법률에 의하여 설립된 특수법인을 말한다.

제11조 (어문규범의 제정 등)
문화체육관광부장관은 제13조의 규정에 의한 국어심의회의 심의를 거쳐 어문규범을 제정하고, 그 내용을 관보에 고시하여야 한다. 이를 개정하는 경우에도 또한 같다.

제14조 (공문서의 작성)
① 공공기관의 공문서는 어문규범에 맞추어 한글로 작성하여야 한다. 다만, 대통령령이 정하는 경우에는 괄호 안에 한자 또는 다른 외국문자를 쓸 수 있다.
② 공공기관이 작성하는 공문서의 한글사용에 관하여 그 밖에 필요한 사항은 대통령령으로 정한다.

제15조 (국어문화의 확산)
② 신문·방송·잡지·인터넷 등의 대중매체는 국민의 올바른 국어사용에 이바지하도록 노력하여야 한다.

제18조 (교과용 도서의 어문규범 준수)
교육과학기술부장관은 초·중등교육법 제29조의 규정에 의한 교과용 도서를 편찬하거나 검정 또는 인정하는 경우에는 어문규범을 준수하여야 하며, 이를 위하여 필요한 경우 문화체육관광부장관과 협의할 수 있다.

부칙 <제7367호,2005.1.27>
제3조 (공문서의 작성에 관한 적용례) 제14조의 규정은 이 법 시행 후 최초로 작성하는 공문서부터 적용한다.
제4조 (어문규범에 관한 경과조치) 이 법 시행 당시 종전의 문화예술진흥법 제7조의 규정에 의한 어문규범은 제11조의 규정에 의한 어문규범으로 본다.
제5조 (국어심의회에 관한 경과조치) 이 법 시행 당시 종전의 문화예술진흥법 제6조의 규정에 따라 설치된 국어심의회는 제13조의 규정에 따라 설치된 국어심의회로 본다.
제6조 (다른 법률의 개정) 문화예술진흥법 중 다음과 같이 개정한다.
　　제2장(제5조 내지 제8조)을 삭제한다.

이상의 내용을 살펴볼 때 고시에 해당하는 '어문규범(한글맞춤법, 표준어규정, 표준어발음법, 외래어표기법, 국어의 로마자표기법)'은 그 상위법령인 국어기본법에서 법령시행에 필요한 구체적인 사항을 정하도록 위임을 받았기 때문에 구속력이 있다고 하겠다. 그러나 그 구속력의 범위는 다음과 같이 한정적으로 규정되어 있다.

제14조 (공문서의 작성)
① **공공기관의 공문서는 어문규범에 맞추어 한글로 작성**하여야 한다. 다만, 대통령령이 정하는 경우에는 괄호 안에 한자 또는 다른 외국문자를 쓸 수 있다.
② 공공기관이 작성하는 공문서의 한글사용에 관하여 그 밖에 필요한 사항은 대통령령으로 정한다.

제15조 (국어문화의 확산)
② **신문·방송·잡지·인터넷 등의 대중매체는 국민의 올바른 국어사용에 이바지하도록 노력**하여야 한다.

제18조 (교과용 도서의 어문규범 준수) 교육과학기술부장관은 초·중등교육법 제29조의 규정에 의한 **교과용 도서를 편찬하거나 검정 또는 인정하는 경우에는 어문규범을 준수**하여야 하며, 이를 위하여 필요한 경우 문화체육관광부장관과 협의할 수 있다.

결국 **어문규범은 국가기관, 지방자치단체, 정부투자기관관리기본법 제2조의 규정에 의한 정부투자기관 그 밖에 법률에 의하여 설립된 특수법인 등의 공공기관의 공문서 작성, 교과용 도서 편찬에 법률적인 구속력을 가지고 있다**고 하겠다. 또한 신문·방송·잡지·인터넷 등의 대중매체는 국민의 올바른 국어사용에 이바지하도록 노력하여야 한다는 규정은 공공기관의 공문서 작성이나 교과용 도서 편찬만큼의 구속력은 없는 것으로 보인다.
이상의 법률적 검토를 통해 볼 때 문교부고시 제88-2호 **'표준어 규정'의 '표준 발음법'은 일반인에 대한 대외적 구속력이 있는 고시라고 보이지는 않는다.** 즉, 일반 국민이 이를 준수하여야 할 법적 의무가 있는 것은 아니며, 위반하더라도 제재는 없다고 볼 수 있다.
이상에서 살펴본 바와 같이 **'표준어 규정'이 일반인에 대한 구속력을 갖는 것은 아니고 공공기관 등에서의 내부지침 정도의 효력**만 있다. 그러나 표준 발음법을 통해 표준 발음 등에 관한 원칙을 밝히는 것은 공문의 표기 및 발음의 통일성을 위해 필요하므로 표준 발음법이 어문규정이라는 고시의 일부로 들어가 있는 것은 적절한 상태라고 하겠다.

2. 표준 발음법 규정 내의 문제
1) 표준 발음법의 용어 문제

표준 발음법의 조항에 사용된 용어 중에는 수정이 필요한 것들이 있다. 항목의 순서에 따라 제시하면 다음과 같다.

① 제6항 [붙임]: '한 음절로 축약되는 경우에도'
  ㉠ '축약'은 현재 특정한 학술적 의미로 쓰이고 있지만 규정에서 사용된 '축약'은 형태가 줄어드는 일체의 현상을 가리키는 다소 광범위한 의미를 지니고 있어서 이것이 역으로 학교 문법에 부정적인 영향을 주고 있다.
  ㉡ **'축약'이라고 하지 않고 '한 음절로 줄어드는 경우에도'로 표현**해도 아무런 문제가 없다.

② 제15항: '실질 형태소'
  ㉠ 이 용어는 학교 문법에서도 나오지만 이에 대립되는 '형식 형태소'라는 용어는 표준 발음법에 나오지 않으며 '형식 형태소' 대신 '조사, 어미, 접미사'와 같이 풀어서 설명하고 있다.
  ㉡ **'실질 형태소'라는 용어 대신 '단어'라는 용어를 써도 무방**할 듯하다. '단어'는 매우 일반화되어 있고 다른 표준 발음법 조항에 쓰이고 있으며 제15항을 이해하는 데도 아무런 지장이 없다.

③ 제27항: '관형사형 -[으]ㄹ'
  ㉠ '관형사형'이라고만 표현하는 것은 부정확하다.
  ㉡ **'관형사형 어미'라고 정확하게 명시하거나 포괄적으로 '어미'라고만 제시** 할 수 있을 것이다.

④ 제28항: '관형격 기능을 지니는 사이시옷'
  ㉠ '관형격 기능을 지니는 사이시옷'이라는 표현만으로는 제시되어 있는 경음화가 언제 적용되는지를 충분히 제한하지 못하며 '관형격 기능'이라는 것도 매우 모호하다.
  ㉡ 이 조항은 표준 발음법의 원리로서는 아무런 역할을 하지 못한다.
  ㉢ **이 조항은 향후 없애는 것을 신중히 고려**할 필요가 있다.

2) 표준 발음법 규정 내의 충돌

표준 발음법의 규정 중에는 수정을 요구하는 조항들이 적지 않다.

① **제9항의 경우 제시된 예 중 일부를 교체해야 한다.**

  ㉠ 'ㅋ'이 'ㄱ'으로 발음되는 예로 '키읔[키윽], 키읔과[키윽꽈]'가 포함되어 있는데 제16항에 나오듯 '키읔'은 뒤에 모음으로 시작하는 조사가 올 때 말음 'ㅋ'이 '[ㄱ]'으로 발음된다.
  ㉡ 따라서 음운론적으로는 '키읔'의 말음이 'ㅋ'이라고 할 수 없다.
  ㉢ 이런 점들을 감안할 때 **'ㅋ'이 종성에서 'ㄱ'으로 발음되는 예는 '키읔'이 아닌 다른 단어로 바꾸어야만 한다.** '키읔' 이외에 'ㅋ'으로 끝나는 체언으로는 '녘'과 '부엌'이 있다.

② **'ㄼ'의 발음 규정에 일관성이 떨어진다.**

㉠ **제10항**에 따르면 **겹받침 'ㄼ'은 종성에서 'ㄹ'으로 발음하는 것이 대원칙**이며 예외적으로 '밟-'이나 '넓죽하다, 넓둥글다' 등은 'ㅂ'으로 발음하도록 규정하고 있다.

㉡ 그런데 다른 조항을 보면 'ㄼ'을 전혀 다르게 다루고 있다.

- **제18항**을 보면 **'ㄼ'은** 'ㅍ, ㄿ, ㅄ'과 함께 **비음 동화의 적용을 받아서 'ㅁ'으로 발음한다고 규정**되어 있다. 그런데 'ㄼ'은 종성에서 'ㄹ'로 발음하는 것이 원칙이므로 비음 동화가 적용될 수 없다.
- **제20항**을 보면 활용형에서 **순행적 유음화**가 적용되는 경우로 'ㅀ, ㄾ'만 제시되고 **'ㄼ'은 빠져 있다.** 'ㄼ'이 종성에서 'ㄹ'로 발음된다면 그 뒤에 'ㄴ'으로 시작하는 어미가 올 때 순행적 유음화가 적용되어야 하는데도 규정에서는 이 부분을 간과했다.

③ **받침 'ㅎ'의 발음을 다룬 제12항에서는 'ㅎ'이 종성에서 어떻게 발음되는지가 규정되지 않았다는 문제를 지적할 수 있다.**

- 받침으로 표기된 'ㅎ'은 후행 요소에 따라 다양한 교체를 하는데 'ㅎ'이 탈락하거나 유기음화가 일어나지 않는 환경, 즉 'ㅎ'이 'ㄱ, ㄷ, ㅈ' 이외의 자음으로 시작하는 어미와 결합할 때에는 'ㅎ'이 종성에 놓이며 이 때 'ㅎ'이 어떻게 발음되는지를 표준 발음법에서는 규정해야만 한다.

④ **제15항은 이 현상을 일으키는 실질 형태소의 모음 목록을 'ㅏ, ㅓ, ㅗ, ㅜ, ㅟ'로 한정할 수 없다는 문제가 있다.**

㉠ 이 조항의 바로 아래에 제시된 '맛있다[마딛따], 멋있다[머딛따]'를 비롯하여 '밑인방[미딘방], 밑음[믿음]' 등을 보면 'ㅏ, ㅓ, ㅗ, ㅜ, ㅟ'가 아닌 모음 앞에서도 평파열음화가 적용되고 있다.

㉡ 제15항은 예시 자료의 문제점도 지니고 있다.

- '밭 아래, 꽃 위, 넋 없다, 닭 앞에'와 같은 **구 구조의 자료는 제외**하는 것이 좋다.
- 제15항에서는 모음으로 시작하는 실질 형태소 앞에서 평파열음화나 자음군 단순화가 적용되는 경우를 다루는데 이와 같은 **구는 실질 형태소 앞이 아닌 휴지 앞에서 평파열음화나 자음군 단순화가 적용된 것이기 때문에 적절한 예시 자료가 될 수 없다. 합성어에서 적절한 예를 찾아야만 한다.**

⑤ **구개음화를 다룬 제17항에서는 받침 'ㄷ, ㅌ'이 먼저 'ㅈ, ㅊ'으로 바뀐 후 후행 음절로 연음된다고 설명하고 있다. 이 설명대로라면 연음이 되기 전에 먼저 구개음화가 일어나게 된다.**

㉠ 구개음화는 음절의 초성에 놓인 자음에 적용되므로 순서상 구개음화보다 연음이 먼저 일어나야만 한다.

㉡ 그러므로 **현재와 같은 설명은 정확하다고 볼 수 없다.**

⑥ 비음 동화에 대한 규정인 제18항에서는 '[붙임]'의 내용에 대해 살펴야 한다.

 ㉠ **'[붙임]'에는 구에서 적용되는 비음 동화의 예가 있다.** 그런데 유음화를 다룬 제20항을 보면 '잘 날다, 부를 노래' 등과 같이 단어와 단어 사이에서 순행적 유음화가 적용되는 예를 전혀 제시하지 않았다.
 ㉡ <u>음운 현상의 종류에 따라 구의 발음을 언급하기도 하고 그렇지 않기도 하는 것은 일관된 방식이라 하기 어렵다.</u>

⑦ 제21항은 다른 조항과 달리 표준 발음이 아닌 경우를 규정하고 있다.

 ㉠ 이 자체만으로도 제21항은 다른 조항과 크나큰 차이가 있다.
 ㉡ <u>표준 발음으로 인정할 수 없는 현상은 제21항에 나온 것 이외에도 매우 많다.</u>
 ㉢ 굳이 위치동화라는 현상만을 대상으로 표준 발음이 아니라는 점을 **독립된 조항으로 밝힐 필요는 없어 보인다.**

VII. 요약 및 제언

1. 표준 발음 및 표준 발음법에 대한 인지도 및 수용도

1) 인지도

① 일반인의 경우 <u>표준 발음이 사용되고 있다는 것은 알고 있지만 그것이 규정에 의한 것이라는 점을 잘 인지하지 못하고 있다.</u> 1988년 표준 발음법 제정 이후 20여년간 교육과 홍보가 이루어졌지만, 그 효과는 높지 않음을 알 수 있다.

② 표준 발음법에 대한 인지도는 젊은 세대일수록 낮은 편이다. 학교 교육 현장에서 교육을 하고 있으며 젊은 세대일수록 학교 교육 시기와 가까운데도 이러한 현상이 일어난 것으로 볼 때 <u>표준 발음법 자체에 대한 교육과 홍보를 확대하는 것보다는 현실적으로 자신의 발음과 표준 발음을 병행해서 사용할 수 있는 교육 방식을 채택</u>해야 할 것이다.

2) 수용도

① 일반인 상대의 설문 결과 표준 발음 사용 의향이 낮은 편으로 나타났다. <u>표준 발음은 표준어를 사용하는 공적 상황의 발음에 대한 기준이라는 사실을 교육하고 홍보</u>할 필요가 있다.

② 연령이 낮을수록 수용도가 낮은 편이다. 이는 표준 발음 중 <u>현실 발음과 동떨어진 발음이 있어서, 학교 교육 현장에서 표준 발음법과 표준 발음을 주입식으로 교육</u>할 수밖에 없는 현실에서 비롯된 현상이다. 표준 발음에 현실 발음이 적극적으로 수용되어야 하며, 학교 교육 현장에서도 표준 발음법의 제정 의의를 명확하게 전달하는 교육이 이루어져야 한다.

2. 표준 발음법 및 표준 발음

1) 각국의 표준 발음법 및 표준 발음 정책

대한민국의 표준 발음법은 1988년 표준어 규정에서 '표준어의 실제 발음을 따르되, 국어의 전통성과 합리성을 고려하여 정함'이라 하여 근본 원칙과 더불어 조건을 함께 명시하고 있고 그러한 원칙에 따라 표준 발음의 기준이 되는 각 항목이 제시되었다. 이와 유사한 사례는 북한에서 찾아볼 수 있다. 북한의 경우 1954년에 이미 표준 발음법을 제정하고 1987년의 '조선말규범집'에서 1966년의 '표준 발음법' 개정과 동시에 '문화어발음법'이라고 명칭을 변경하였다.

그러나 아래의 표에서 보듯이 <u>국가 차원에서 남북한과 같은 표준 발음법을 제정하여 그것을 기준으로 표준 발음을 정하고 보급하는 국가는 흔치 않다.</u>

<외국의 표준 발음 정책 및 현황 비교>

	표준어 공용어 여부	표준 발음의 규정 여부	표준 발음 지역어	표준 발음 규정 수단	표준 발음 총괄 기관	표준 발음 명칭
일본	×	×	방송용어	NHK일본어발음 악센트사전	×	공통어
중국	○	○	북경어	한어병음 · 표준어 異讀詞 심음표(普通話異读词审音表)	국가언어 문자공작 위원회 (國家語言文字工作委員會)	보통화 (普通話)
미국	×	×	중부방언 (Midland Dialect)	방송, 언론, 학교, 문법서, 활용서 등	×	표준 영어 (General American)
프랑스	○	×	×	×	×	×
스페인	○	×	×	×	×	×
독일	○	○	하노버 지역의 독일어	표준 발음 사전 (DUDEN 발음 사전)	×	표준 발음 (Standard-ausprache)
영국	×	×	BBC영어	BBC 방송 (BBC발음부) 영국식 영어사전	×	RP (Recieved Pronunciation)

위의 표와 조사 자료를 통해 각 국가의 표준 발음은 다음과 같이 정리할 수 있다.

① **일본**: 동경 방언을 근간으로 하는 '방송용어'가 보급되게 되었고, 이러한 **방송언어가 일본어 발음의 실질적인 표준으로서 자리 잡음으로써 공통어가 성립**되었다.

② **중국**: 표준 발음에 관한 통일된 규정 확립의 일환으로 '**한어병음방안(漢語拼音方案)**'이 중요한 위치를 차지함. 그러나 이 '방안'은 다르게 발음되는 수많은 **글자들의 발음을 규정**해 놓은 것이다.

③ **미국**: 미국 영어의 표준 발음은 공식적으로 규정되어 있지 않다. 미국 영어 발음의 표준은 정부나 주 기관에서 명시하지 않고 **방송, 신문 등의 언론이나 주요 사전 등을 통해 제시되고 이를 대중들이 암묵적으로 인정**하는 방식으로 정해지고 있다. 미국에서는 이처럼 표준 발음이 암묵적으로 인정되는 반면, **현장에서의 발음 교육은 비교적 예민하게 이루어지고 있다.**

④ **프랑스**: 표준 발음에 관한 규정은 언어학자들의 연구에 국한되어 있을 뿐, 관련 법률이 따로

명시되어 있지는 않다. 그리고 학교 교육에서 **발음 교육은 의무가 아니고 교사 재량**에 달려 있다.

⑤ **스페인**: 스페인 한림원(Real Academia Española)을 중심으로 구성된 스페인어권 21개국의 스페인어 한림원 연합회(Asociación de Academias de la Lengua Española)는 스페인어에 관한 **표준 발음에 대해서는 규정을 별도로 명시하고 있지 않다.** 스페인어 발음의 **지역별 변이형을 그대로 인정**하는 동시에 철자법 규정에도 이를 명시하고 있다. 즉, 특정 지역의 발음만을 표준 발음으로 규정하고 있지 않은 점이 주목할 만하다.

⑥ **독일**: 독일중앙방송국 ARD의 **뉴스방송에서 사용되는 발음이나 표현을 표준어로 준용하고 있는 것이 사회적 통념**이다. 독일인들은 일반 언어생활에서 표준어에 대한 준용입장을 따르기 보다는 개별 지역어에 대한 자부심을 중시하고 있는 실정이다. 한편 1898년 『독일무대발음(Deutsche Bühnenaussprache)』이란 제목의 무대 발음 지침서인 **'무대 발음 사전'을 출간되었고 이것이 지속적으로 교육 등의 현장에서 표준 독일어 발음 규범으로 통용**되고 있다.

⑦ **영국:** BBC 영어는 아나운서들이 사용하는 표준 악센트로서, **BBC 영어는 영국 영어의 대표적 표준 악센트인 RP(Received Pronunciation)와 밀접한 관련이 있다.** 공영 방송국인 BBC를 지원하는 **BBC 발음부는 방송인들을 대상으로 영어 발음에 대한 자문을 제공하며, 사전에 인증되어 널리 사용되는 변종발음의 사용을 인정하고 표준을 규정하기 보다는 국민들이 현재 구사하는 살아있는 언어를 반영하고 있다.** 영어 발음의 자문을 담당하는 권위 있는 영국의 영어 사전들 역시 올바른 발음을 처방하거나 결정하기보다는 기술언어학을 목표로 비표준 발음도 기술하고 있다.

이상에서 보듯이 국가에서 제정한 표준 발음법을 토대로 표준 발음을 정하고 표준 발음법 자체를 홍보하고 교육하는 국가는 조사 대상 국가에는 없다. 이러한 점을 고려하여 표준 발음법 자체의 사회적 의미에 대한 재고가 필요하다. 즉 일반인에게 표준 발음법 자체를 전파하는 교육 및 홍보는 지양되어야 한다. 필요에 따라 **표준 발음법과 표준** 발음 사전**을 보완적으로 참조하면 된다는 사실을 홍보할 필요가 있다.**

2) 표준 발음법의 필요성

일반인의 설문과 전문가 심층 면담 결과를 볼 때, 여타 국가의 현실과 관계없이 표준 발음 및 표준 발음법 자체는 필요하다는 것이 일반적인 의견이다. 그러나 표준 발음법 자체가 가지고 있는 경직성을 고려한다면 그 보완책으로서 표준 발음 사전의 편찬이 필요하다. 단, **표준 발음법에서 복수 표준 발음을 인정할 수 있는 유연한 자세가 필요**하다.

3) 표준 발음 사전의 필요성

① 국외 사례에서 보듯이 **표준 발음 사전을 편찬하여 그것을 토대로 표준 발음의 홍보와 교육을 해 나갈 필요**가 있다.

② 표준 발음법과 표준 발음 사전은 상호 보완적인 관계로 **표준 발음 사전이 편찬된다고 하여도 사전 편찬의 기준으로 표준 발음법**은 필요하다.
③ 표준 발음 사전은 필요하나 접근성과 편리성이 전제되어야 함.
- 표준 발음 사전을 잘 만드는 일도 중요하지만 일반인이 쉽게 접근하여 쓰기 편하게 만들어야 하며, **표준 발음 사전을 찾아보아야겠다는 의지를 불러일으켜질 수 있는 방안을 마련할 필요**가 있다.

④ 표준 발음 사전의 필요성과 관련하여 다음과 같은 의견이 제시되었다.
  ㉠ 전자사전 형태로 외국인용 표준 발음 사전이 필요함.
  ㉡ 새 단어의 발음에 대해서 표준 발음을 결정하는 지침이 필요함.
  ㉢ 표준 발음법에 대한 예외 용례집이 필요함.

3. 표준 발음법 규정의 개정
1) 표준 발음법의 법적 지위
① 표준 발음법은 '문교부고시 제88-2호 표준어규정'에 포함되어 있다.

② 고시는 행정규칙의 일종으로 행정청 내부에서의 지침사항을 자체적으로 정하는 경우에 활용되며, 한편으로는 상위법령의 위임을 받아 그 위임받은 내용을 정하는 경우도 있다.

  ㉠ **고시는 행정규칙으로서 일반적으로 행정조직 내부에서만 효력을 가지는 것이고 일반국민에 대해 대외적인 구속력을 갖지 않음이 원칙**이지만, 법령(法令)의 직접적인 위임(委任)에 따라 위임행정기관(委任行政機關)이 그 법령(法令)을 시행하는데 필요한 구체적 사항을 정한 경우에는 그것이 상위법령(上位法令)의 위임한계(委任限界)를 벗어나지 아니하는 한, **상위법령(上位法令)과 결합(結合)하여 대외적(對外的)인 구속력(拘束力)을 갖는 법규명령(法規命令)으로서 기능**하게 된다.
  ㉡ 표준 발음법이 들어 있는 **'어문규범'은 그 상위법령인 국어기본법에서 법령시행에 필요한 구체적인 사항을 정하도록 위임을 받았기 때문에 구속력이 있다고 하겠다. 그러나 그 구속력의 범위는 다음과 같이 한정적으로 규정되어 있다.**
- 제14조 (공문서의 작성): 공공기관의 공문서는 어문규범에 맞추어 한글로 작성하여야 한다. 다만, 대통령령이 정하는 경우에는 괄호 안에 한자 또는 다른 외국문자를 쓸 수 있다.
- 제15조 (국어문화의 확산): 신문·방송·잡지·인터넷 등의 대중매체는 국민의 올바른 국어사용에 이바지하도록 노력하여야 한다.
- 제18조 (교과용 도서의 어문규범 준수) 교육과학기술부장관은 초·중등교육법 제29조의 규정에 의한 교과용 도서를 편찬하거나 검정 또는 인정하는 경우에는 어문규범을 준수하여야 하며, 이를 위하여 필요한 경우 문화체육관광부장관과 협의할 수 있다.

③ **어문규범**은 국가기관, 지방자치단체, 정부투자기관관리기본법 제2조의 규정에 의한 정부투자기관 그 밖에 법률에 의하여 설립된 특수법인 등의 **공공기관의 공문서 작성, 교과용 도**

서 편찬에 법률적인 구속력을 가지고 있다.
- 신문·방송·잡지·인터넷 등의 대중매체는 국민의 올바른 국어사용에 이바지하도록 노력하여야 하므로 포괄적인 구속력의 테두리에 든다고 할 수 있다.

④ 문교부고시 제88-2호 '표준어 규정'의 **'표준 발음법'은 일반인에 대한 대외적 구속력이 없는 것**으로 해석할 수 있다.
- 표준 발음법을 통해 표준 발음 등에 관한 원칙을 밝히는 것은 공문의 표기 및 발음의 통일성을 위해 필요하므로 표준 발음법이 고시로 제정되어 있는 상황은 적절하다.

2) 표준 발음법 규정 개정의 필요성

① 전문가 심층 면담 결과와 일반인 대상 설문 조사 결과를 볼 때 **표준 발음법을 개정할 필요성이 제기**된다.
  ㉠ 일반인 대상 설문 조사를 보면 표준 발음법 개정의 필요성은 **중부 이외의 지역에서 높은 편**이다.
  ㉡ **젊은 세대일수록** 표준 발음법을 **개정에 대해 긍정적**으로 답변을 하고 있다.

② 일반인 대상 설문조사 결과를 볼 때 표준 발음 제정 원칙 자체는 높은 이해도를 보이나 **세부 규정에 대해서는 편차가 크다.**
  ㉠ 이는 규정의 난이도에 따른 결과이므로 **규정을 쉽게 만들어야 한다.**
  ㉡ 규정이 이렇게 어렵게 받아들여지는 전문가 면담에서도 지적되듯이 예외 규정이 복잡하게 많다는 데 이유가 있다. 이러한 **예외를 줄이는 방향으로 표준 발음법이 개정되어야 한다.**

3) 표준 발음법 규정 개정 방향

① 쉽고 명확해야 함.
  ㉠ 일반인이 이해하기 쉽도록 간략하게 개정해야 함.
  ㉡ **용어나 서술을 쉽게 바꿀 필요가 있음.**
  - 제6항 [붙임]: 한 음절로 축약되는 경우에도
    → '축약'이라고 하지 않고 '한 음절로 줄어드는 경우에도'로 표현할 수 있음.
  - 제15항: 실질 형태소
    →'실질 형태소'라는 용어 대신 '단어'라는 용어를 써도 무방함.
  - 제27항: 관형사형 -[으]ㄹ
    → '관형사형 어미'라고 정확하게 명시하거나 포괄적으로 '어미'라고만 제시.
  - 제28항: 관형격 기능을 지니는 사이시옷
    → 이 조항은 표준 발음법의 원리로서는 아무런 역할을 하지 못하므로 향후 없애는 방안을 신중하게 고려할 필요가 있음.
  ㉢ **가능하면 예외에 대한 서술을 줄여야 함.**
  - '붙임'이나 '다만'과 같이 예외에 의해 규정을 복잡하게 만들어 놓은 항목은 수정할 필요가 있음. 10항의 겹받침 발음 관련 규정, 29항의 'ㄴ' 첨가 관련 규정
  - 한글 자모의 명칭: 한글 자모의 명칭을 바꾸는 방법이 있으나, 이는 혼란을 불러일으킬 수

있음. 현실적으로는 해당 항목을 표준 발음법에서 제외하고 예외의 항목들만 별도로 제시하는 방식으로 규정을 개정할 수 있음.
  ㉣ **기준이 확실하지 않아 혼란을 주는 항목들은 수정해야 함.**
  - **28항** "표기상으로는 사이시옷이 없더라도, 관형격 기능을 지니는 사이시옷이 있어야 할(휴지가 성립되는) 합성어의 경우에는, 뒤 단어의 첫소리 'ㄱ, ㄷ, ㅂ, ㅅ, ㅈ'을 된소리로 발음한다."

② **규정 내부에서 충돌**하는 설명은 수정할 필요가 있음.
  ㉠ **제9항**의 경우 제시된 예 중 '키읔'은 교체해야 함.
  - 'ㅋ'이 'ㄱ'으로 발음되는 예로 '키읔[키윽], 키읔과[키윽꽈]'가 포함되어 있는데 제16항에 나오듯 '키읔'은 뒤에 모음으로 시작하는 조사가 올 때 말음 'ㅋ'이 '[ㄱ]'으로 발음되므로 '키읔'이 아닌 다른 단어로 바꾸어야만 함.(넋, 부엌 등)
  ㉡ **'ㄼ'의 발음 규정**에 일관성이 떨어짐.
  - **제10항**에 따르면 겹받침 'ㄼ'은 종성에서 'ㄹ'로 발음하는 것이 대원칙이나 **제18항**의 'ㄼ'은 비음 동화의 적용을 받아서 'ㅁ'으로 발음한다고 규정되어 있음. 또한 **제20항**에는 순행적 유음화가 적용되는 경우로 'ㅀ, ㄾ'만 제시되고 'ㄼ'은 빠져 있음.
  ㉢ 받침 'ㅎ'의 발음을 다룬 **제12항**에서는 'ㅎ'이 종성에서 어떻게 발음되는지 규정되지 않았음.
  - 'ㅎ'이 'ㄱ, ㄷ, ㅈ' 이외의 자음으로 시작하는 어미와 결합할 때 'ㅎ'이 어떻게 발음되는지를 표준 발음법에서는 규정해야 함.
  ㉣ **제15항**은 이 현상을 일으키는 실질 형태소의 모음 목록을 'ㅏ, ㅓ, ㅗ, ㅜ, ㅟ'로 한정할 수 없다는 문제가 있음.
  - 이 조항의 바로 아래에 제시된 '맛있다[마딛따], 멋있다[머딛따]'를 비롯하여 '밑인방[미딘방], 밑음[미듬]' 등을 보면 'ㅏ, ㅓ, ㅗ, ㅜ, ㅟ'가 아닌 모음 앞에서도 평파열음화가 적용되고 있음.
  ㉤ **제15항**은 **예시 자료**의 문제가 있음.
  - '밭 아래, 꽃 위, 넋 없다, 닭 앞에'와 같은 구 구조의 자료는 제외하는 것이 좋음.
  - 제15항에서는 모음으로 시작하는 실질 형태소 앞에서 평파열음화나 자음군 단순화가 적용되는 경우를 다루는데 이와 같은 구는 실질 형태소 앞이 아닌 휴지 앞에서 평파열음화나 자음군 단순화가 적용된 것이기 때문에 적절한 예시 자료가 될 수 없음. 합성어에서 적절한 예를 찾아야만 함.
  ㉥ 구개음화를 다룬 **제17항**에서는 받침 'ㄷ, ㅌ'이 먼저 'ㅈ, ㅊ'으로 바뀐 후 후행 음절로 연음된다고 설명하고 있는데 이 설명대로라면 연음이 되기 전에 먼저 구개음화가 일어나게 되므로 현재와 같은 설명은 정확하다고 볼 수 없음.
  ㉦ 비음 동화에 대한 규정인 **제18항의 '[붙임]'**에 구에서 적용되는 비음 동화의 예가 있으나 유음화를 다룬 제20항을 보면 '잘 날다, 부를 노래' 등과 같이 단어와 단어 사이에서 순행적 유음화가 적용되는 예를 전혀 제시하지 않았음.
  - 음운 현상의 종류에 따라 구의 발음을 언급하기도 하고 그렇지 않기도 하는 것은 일관된 방식이라 하기 어려움.
  ㉧ **제21항**은 다른 조항과 달리 표준 발음이 아닌 경우를 규정하고 있다.
  - 표준 발음으로 인정할 수 없는 현상은 제21항에 나온 것 이외에도 매우 많다.
  - 굳이 위치동화라는 현상만을 대상으로 표준 발음이 아니라는 점을 독립된 조항으로 밝힐 필요는 없어 보인다.
③ 사례 중심이 되어서는 안 됨.

- 규범은 큰 원칙을 제시하고, 사례는 용례집이나 표준 발음 사전에서 담당하도록 해야 한다.
③ 권위적인 느낌을 주는 표현을 수정해야 함.
- '허용한다'와 같은 권위적인 표현은 표준 발음에 대한 오해를 불러일으킬 수 있으므로 "표준 발음에서는 다음과 같이 발음한다."와 같이 바꾸어야 함.

4) 논란이 많은 표준 발음

(1) 장단
① 현실 생활에서 장단은 비변별적임.
  ㉠ 표준 발음법에 장단음이 있어야 한다는 견해와 표준 발음법에서 장단을 규정하는 데 대해 회의적인 견해가 대립하고 있으며, 장단음이 있으면 언어 유산을 이어받는다는 장점이 있기는 하지만 강요할 수는 없다는 견해가 제시됨.
  ㉡ 규정 자체에서는 장단의 존재를 인정하고, 규정의 해설이나 사전의 일러두기에서 현실적인 발음에서는 장단의 구별이 의사소통에서 변별력을 잃고 있음을 설명한 후, 일반인들에게 강제하지 않는 방향으로 정책을 제시할 필요가 있음.
  ㉢ 한국어교육 현장에서는 장단에 대한 교육을 제외시킬 수 있다
  ㉣ 표준 발음의 장단 규정을 전면에 내세우는 교육은 지양되어야 할 것이다.

② 일반인의 설문 결과 장단에 대한 수용도는 부정적임.
  ㉠ 음의 길이에 대한 규정에 부정적인 견해는 방언권과 무관하게 나타난다.
  ㉡ 음장에 대한 규정의 수용도는 세대에 따른 편차가 커서 나이가 어린 세대일수록 수용도가 낮다.
③ 실태조사 결과를 보면 연령이 높을수록 장음을 유지하는 경우가 많다.
  - 젊은 세대는 장음을 대개 짧게 발음하지만 '눈밭'의 '눈'은 비교적 장음이 많은데 이는 교육의 효과라고 할 만하다.
④ 고유명사의 발음
  - 지명의 경우 현지인의 발음과 외지인의 장단 발음이 다른 경우가 있다. 이 문제에 대한 조사와 표준 발음 설정 원칙이 필요하다.

(2) 단모음 'ㅚ, ㅟ'
① 전문가 심층 면담 결과 들은 'ㅚ, ㅟ'의 현실음을 인정하여 규정을 간명화할 필요성이 제기되었다.
  ㉠ 'ㅚ, ㅟ'는 단모음의 목록에서 제외하자는 의견이 다수임.
  ㉡ 외래어의 [we]를 표기할 때 외래어 표기법을 통해 외국어의 단모음을 '외'로 적는 현재와 같은 방법을 유지할 수 있음.
② 발음 실태 조사 결과를 보면 'ㅚ, ㅟ'는 대부분이 이중 모음으로 실현된다.
  - 서남 방언과 중부 방언에서 그리고 60대 이상에서 단모음으로 발음되는 일이 상대적으로 많다.

(3) 경음화
① 표준 발음법을 따랐을 때와 현실발음대로 발음했을 때의 괴리가 있다.
  ㉠ '관건, 교과서, 김밥, 몰상식, 볶음밥, 비빔밥, 홀대, 효과'와 같은 단어의 발음이 문제가 됨.

ⓒ 교육 현장에서 언어는 변화하는 것으로 가르치면서 **표준 발음을 암기하도록 가르칠 수밖에 없다는 문제가 있음.**
　　ⓒ **규범에서는 원칙만 제시하고 사전에서 두 가지 발음 모두 인정할 수 있음.**
② 복수 표준 발음의 인정
　　㉠ 실태 조사 결과를 보면 '**아침밥, 김밥, 보름달, 산새, 길가, 테이블보**' 등 모든 조사 항목에서 **경음화(사잇소리 현상) 적용 어형이 다수**를 차지한다.
　　ⓒ 전문가 의견과 실태 조사 결과를 볼 때 '김밥'은 [김빱]도 **복수 표준 발음으로 인정**할 필요가 있다.
③ 어두 경음화의 인정
　　- '쑥맥'과 같은 **어두 경음화 발음을 인정할 필요가 있다.**
④ 고유명사의 발음
　　- 지명 등 고유명사에서 이러한 문제가 발생할 경우에는 하나로 통일을 해야 한다.

(4) 겹받침 발음

① **겹받침 발음은 표기와 달리 의사소통에 결정적인 지장을 주는 것이 아니므로 표준 발음법은 맞춤법보다 유연하게 할 필요가 있다는 의견**이 지배적임.
② **전문가 의견에서 'ㄹ'계 겹받침의 표준 발음에 대한 문제 제기가 많이 이루어졌으며 실태조사 결과에서도 동일한 문제가 제기된다.**
　　㉠ '넓디(넓-디), 밟고(밟-고), 밟는다(밟-는다), 읊고(읊-고), 읊는다(읊-는다), 긁던(긁-던), 읽습니다(읽-습니다), 밝게(밝-게), 훑는(훑-는)'의 조사 결과는 다음과 같다.
　　㉠ '넓디, 밟고, 읊고, 밝게'는 'ㄹ'이 남고, '밟는다, 읊는다'는 'ㄹ'이 탈락하는 일이 많다.
　　ⓒ '밟는다, 읊는다'의 경우 'ㄹ'이 남는다면 유음화를 겪게 되어 어미의 발음마저 바뀐다는 점이 관여하였을 수 있다.
　　ⓒ '긁던, 읽습니다'는 'ㄹ'이 남기도 하고 'ㄱ'이 남기도 한다.
　　㉣ '훑는'은 흥미롭게도 [훌른]과 [훈는]인 반반이다.
③ **복수 표준 발음을 인정**할 필요가 있다.
　　㉠ 자음군의 발음은 변인에 따라 매우 혼란스러운 상황
　　ⓒ 젊은 세대일수록 자음군 발음에 혼란이 많고 복수 발음 인정 경향이 높다.
　　ⓒ 탈락하는 자음에 대하여 인정하는 조항을 둔다고 하여도 '**-는다'와 같은 어미와의 결합에서는 제한할 필요**가 있다.

(5) 유음화와 치조비음화

① [ㄴㄴ]과 [ㄹㄹ]을 모두 인정하자는 견해가 강하다.
　　㉠ 일반인 설문 조사 결과를 볼 때 '**ㄴㄹ' 연쇄의 발음은 매우 혼란스러운 상황** 전문가의 견해도 이러한 상황을 반영하고 있다.
　　ⓒ 이 문제에 대해서는 지금보다 조금 더 면밀한 검토를 거쳐 원칙을 제정하고 **규정을 현실에 맞게 운용할 필요**가 있다.
② **발음과 표기의 선후가 뒤바뀐 경우**는 바로잡아야 한다.
　　㉠ '**선릉**'의 '릉'은 하나의 표기 원칙을 세움으로써 문제가 발생한 경우에 해당함. '**능**'을 표기 자체에서 인정했다면 이러한 발음 문제가 제기되지는 않았을 것이다.

ⓒ 지명 등 고유명사는 현재와 같이 **'선릉, 태릉' 등의 표기를 유지한다면 공식 표기를 위한 발음과 함께 현실 발음 모두를 인정하려는 자세가 필요함.**
③ '난로, 관례, 춘란, 공권력, 결단력, 온라인, 다운로드, 핫라인'을 대상으로 한 실태조사 결과는 다음과 같다.
　　㉠ '난로, 관례, 춘란' 모두 유음화 적용 어형이 다수이지만, 정도의 차이는 있어서 '관례, 춘란'은 치조비음화 적용 어형도 나타난다.
　　ⓒ 유음화 문제는 단어의 친숙도과 관련된 듯하다. '공권력'은 '결단력'에 비해 유음화 적용 어형이 많은데 이는 '권력'이라는 유음화 적용 어형과의 관련성 때문일 수 있다.
④ 외래어의 경우 표준 발음을 정하기 위해서는 보다 정밀한 조사가 요구된다.
　　㉠ '온라인'은 유음화 적용 어형이 치조비음화 적용 어형의 3배 정도이지만, '다운로드'는 치조비음화 적용 어형이 유음화 적용 어형의 2배 정도이다. '다운하다, 다운받다' 등의 어간이 쓰이면서 '다운'이라는 어형을 고정하고자 하는 것으로 보인다.
　　ⓒ '핫라인'은 치조비음화 적용 어형이 유음화 적용 어형의 2배 정도이다.

(6) 'ㄴ' 첨가
① **의사소통에 문제가 없는 한에서 두 가지 발음을 인정할 필요가 있다.**
　- '눈요기, 산양, 송별연, 설익다' 등이 문제 단어로 제시되었다.
② '밭일, 솔잎, 담요, 금요일, 송별연, 남유럽'을 대상으로 한 **실태조사 결과**는 다음과 같다.
　- '금요일'을 제외하고는 **'ㄴ' 첨가 적용 어형이 우세**하다.
③ **설문조사 결과**는 다음과 같다.
　　㉠ **'ㄴ' 첨가는 한자어에서는 강하지 않다.** 한자어를 문자로 접한 세대에서 그러한 경향이 강한 것으로 보인다.
　　ⓒ 동남 방언권의 'ㄴ' 첨가 비율이 높고 젊은 세대들의 'ㄴ' 첨가는 혼란스러운 상황이다.
④ 실태 조사 결과와 설문 조사 결과에 차이가 난다. **발음과 문자에 대한 인식 차이인 것으로 보이므로 면밀한 조사가 필요하다.**

(7) 재구조화된 단어의 발음
① 체언 어간말 자음의 변화
　- '앞에, 솔잎을, 밭으로'은 어간말 격음을 유지하고 있지만, '부엌에'는 평음 'ㄱ'으로 재구조화된 어형이 많다. '밭으로'는 [바츠로]가 꽤 있다. '꽃이, 나지면, 빛을'는 'ㅊ, ㅈ'이 유지된 어형이 매우 많고 'ㅅ'으로 재구조화된 어형이 조금 있다. '솥이'는 어간말음이 'ㅅ'으로 재구조화된 어형이 많다.
② 체언 어간말 자음군의 변화
　- "값이(값+이), 흙을(흙+을), 여덟이나(여덟+이나)"의 경우 '값이'의 겹자음은 대체로 모두 발음되지만, '흙을'은 [흐글]로, '여덟이나'는 [여더리나]로의 발음이 우세하다.
③ 재구조화된 단어의 발음은 표준어를 바꿀 수 있는 경우와 복수표준 발음을 인정하는 경우로 나누어 접근할 수 있다.
　　㉠ **'닭, 무릎, 부엌'의 경우는 문자 생활에 혼란을 초래할 수도 있으므로** '닭이'와 같은 표기의

발음에 대해 [달기]와 [다기]를 **복수 표준 발음으로 처리**해야 할 수 있음.
ⓒ 실태조사 결과 **'외곬으로'를 '외골로'로 읽는 경우는 거의 없다**는 점을 고려하고, 이 **단어의 사용빈도를 고려**할 때 표준어 자체의 **표기를 바꿀 수 있다.**

(8) 'ㅐ/ㅔ'의 혼동

① **60대 이상에서는 'ㅔ'와 'ㅐ'를 비교적 구별**하는 편이지만, 그 이하에서는 거의 구별하지 못하고 있다.
② **모음 'ㅔ'와 'ㅐ'의 발음 혼동을 그대로 인정하여 모음 체계에서 받아들이면 문자 생활에서 많은 혼란**이 일어난다.
③ 가장 문제가 많은 단어의 변화를 인정하면 된다.
 - 표준 발음을 바꾸는 것이 아니라 **'네'라는 어형의 변이형으로 주격 조사 앞의 'ㄴ'를 인정하는 것이므로 '일상대화체'라는 전제가 있다면 큰 문제를 일으키지 않는다. 이는 복수표준어를 설정하는 방식이다.**

(9) 기타 발음

① 이중 모음의 발음
 ㉠ 'ㅖ'의 발음
 - 혜택, 계획'의 'ㅖ'는 단모음으로 발음하는바, **10대의 이중 모음 발음은 표기대로 발음하고자 한 것**으로 볼 수 있다.
 - '사례'의 'ㅖ'는 [ㅖ]가 매우 많은데, 40대 이하에서 이중 모음 발음이 상대적으로 많다. '답례'의 'ㅖ'는 [ㅖ]와 [ㅔ]가 비슷한 정도를 보이는데, **60대 이상에서 이중 모음으로 발음하는 일이 많다.** '관례'는 [ㅖ]가 [ㅔ]의 2배 정도이다.
 - '사례'와 같이 '례'라고 하여도 **모음 뒤에 있을 경우에는 단모음으로의 발음을 인정할 필요가 있다.**
 ㉡ 'ㅢ'의 발음
 - '의자'의 'ㅢ'는 대체로 [ㅢ]로 발음되지만, '예의'에서도 [ㅢ]가 많은 것은 읽기 방법에 기인한 것으로 보인다.
② 'ㄷㅆ' 연쇄의 발음
 ㉠ 'ㄷㅆ'은 자연스럽게 발음할 수 있는 연쇄는 아니다.
 - "있습니다(있-습니다), 햇살" 둘 모두 'ㄷ'을 발음하지 않는 발음이 많지만, 그 비율은 '있습니다'가 81.2%에 달하는 반면 '햇살'은 58.1%에 그친다.
 - '햇살'은 [핻쌀]과 [해쌀]이 모두 표준 발음으로 인정되지만, '있습니다'는 [읻씀니다]만이 인정되고 있다.
 ㉡ **허용하는 조항으로라도 [이씀니다] 등이 표준 발음으로 추가될 필요가 있다.**
③ 활음 첨가
 ㉠ "피었다(피-었-다), 되었다(되-었-다)" 두 항목 모두 활음 [j]가 첨가되지 않은 발음이 매우 우세하다.
 - **활음이 첨가된 발음을 허용하는 조항을 굳이 둘 필요가 있는지 의심스럽다.**
 ㉡ "놓았다(놓-았-다), 어디에(어디+에), 위에(위+에), 막내에게(막내+에게)" 모든 항목에서 활음이 첨가되지 않은 채 그대로 발음되는 것이 우세하다.

- '피어'에서의 활음 첨가와 마찬가지로 이 역시 굳이 **허용 조항을 둘 필요는 없을 듯하다.**
④ 기타 현실 발음: 방송 등 현장에서 **구어체의 현실 발음을 인정**할 수밖에 없는 경우가 있다.
  - "-고/-구, -요/-여, 도/두" 등이 제시되었다.
⑤ 현행 복수 표준 발음 실태 조사 결과
  - '맛있게'의 경우 반 이상이 [마신-]이며, [마딛-]은 거의 발음되지 않는다.

4. 표준 발음 및 현실 발음의 관계

1) 현실 발음의 반영

① 설문 조사 결과를 보면 규정이 현실과 동떨어져 있다는 의식이 강하므로 표준 발음법을 현실에 맞게 개정할 필요가 있다.
② **현실 발음의 반영**
  - 표준 발음법이 현실 발음을 어느 정도는 반영해야 한다.

2) 복수 표준 발음의 필요성

① 복수 표준 발음의 인정
  ㉠ 복수 표준어가 인정되듯이 복수 표준 발음이 인정되어야 한다.
  ㉡ **현재의 맞춤법 규정에 어긋나지 않는 복수표준 발음의 인정**이 필요하다.
② 일반인의 복수표준 발음 수용도
  ㉠ 복수 표준 발음의 필요성에 대해서는 **상대적으로 낮은 반응**을 보인다.
  ㉡ **젊은 세대**는 복수 표준 발음 **인정을 요구**하는 경향이 나타난다.
  ㉢ 복수 표준 발음에 대해 **중부 방언권의 화자들은 부정적 인식**을 하고 있다. 방언의 발음이 표준 발음으로 인정되는 것을 꺼리는 경향이라고 하겠다.
  ㉣ **복수 표준 발음이 필요한 이유에 대한 홍보**가 이루어져야 한다.

3) 외국의 현실 발음 반영 사례

① 스페인 한림원(Real Academia Española)에서는 **스페인어 발음의 지역별 변이형을 그대로 인정**한다.
② 독일은 **현실발음들이 표준 발음으로 인정**받게 되어 'Duden 발음 사전'의 제2판(1974) 및 제3판(1990)에 다수 수용되었다.
③ 독일에서는 다양한 **비표준 변이형태도 교육내용에 포함시켜야 한다는 주장**이 제기되고 있다.
④ 대표적인 **영국의 영어 사전들**은 표준 발음을 처방·규정하기보다는 **기술언어학을 목표로 비표준 발음도 기술하고 있다.** 또한 BBC 발음부에서는 방송인들의 비규정 발음은 지양하게 하되, 사전에 인증되었거나 사회에서 인정받는 **변종발음에 대해서는 일관성을 위해 자연스럽게 쓰던 발음을 계속 사용하도록** 하고 있다. 즉 **BBC 발음부는 표준 발음을 인위적으로 규정하기보다 현재 국민들이 구사하는 살아있는 언어, 국민의 언어를 반영하고 있다.**

5. 외래어의 발음
1) 외래어 발음의 문제점
① 외래어 발음은 원어의 발음, 국어의 음운체계, 기존의 외래어 발음 등이 복합적으로 작용하기 때문에 원칙을 정하기가 쉽지 않다.
② 현행 외래어 발음에서 문제가 되는 것은 외래어 표기대로 발음되지 않는 경우이다. 그런데 **외래어 표기대로 발음되지 않는다고 해서 모두 문제가 되는 것은 아니다.** 대부분은 한글 표기를 발음할 때 적용하는 원칙을 따르면 별 문제가 없기 때문이다.

2) 외래어 발음의 실태
외래어 발음에서 문제가 되는 것은 두 가지 경우로 나눌 수 있다.

① 된소리
  - '버스'를 '뻐쓰'로 발음하는 경우에서 보듯이 표기는 평음으로 되어 있지만 실제 발음은 된소리로 하는 경우가 다수이다.

	평음	경음
버(스)	27.4	72.6
(버)스	12.9	87.1

  - 외래어의 경음화는 단어에 따라 달리 실현되는데, 이러한 현상은 대개 새로운 단어보다는 일상적으로 많이 사용해 오던 단어에서 발견된다.
  - **일반적으로 경음으로 발음해 오던 것을 외래어표기법에서 평음으로 표기함으로써 문제가 발생하였다.**

② 'ㄴㄹ'의 연쇄
  - 외래어 표기에 있는 'ㄴㄹ'을 'ㄹㄹ'로 발음할지 'ㄴㄴ'으로 발음할지를 정하기가 쉽지 않다.

	ㄴㄹ/ㄷㄹ	ㄹㄹ	ㄴㄴ
온라인	3.8	73.4	22.4
다운로드	21.0	21.4	45.0
핫라인	19.8	25.2	50.4
계	20.4	23.3	47.7

  - 이는 표준 발음법에서조차 'ㄴㄹ'을 어느 경우에 'ㄴㄴ'으로 발음해야 하고 어느 경우에 'ㄹㄹ'로 발음해야 할지 명확하지 않기 때문에 필연적으로 발생할 수밖에 없는 문제이다.
  - 외래어의 **'ㄴㄹ'의 연쇄는 단어에 따라 실현되는 발음의 비율에 큰 차이가 있다.**

3) 외래어 발음 문제의 해결 방안

외래어 발음의 문제를 해결하는 방안으로는 다음의 세 가지를 생각할 수 있다.

(1) 외래어 표기법에 따라 발음하는 방안

① **현행 외래어 표기법에 따라 표기대로 발음하는 방안**
  ㉠ 외래어 표기를 정할 때 현재와 같이 실제의 발음대로 표기하고 그 표기대로 발음하도록 유도한다면 외래어의 발음과 관련된 문제는 발생하지 않을 것이다.
  ㉡ 단, 국어의 발음 원칙에 따라 아무런 문제가 없는 경우에는 발음대로 표기하지 않는 것으로 한다.
② 외래어의 원 발음을 따를 때 발생하는 문제
  ㉠ 일반적인 **국어의 발음 원칙과 어긋나는 발음을 유도한다**는 문제점이 있다.
  - 국어에서는 '온라인'의 '온'과 '라' 사이에 휴지를 두어야 '온라인'의 발음을 [온라인]으로 발음할 수 있다.
  ㉡ 외래어 표기법의 대원칙 중 일부를 수정해야 하는 상황이 올 수 있다.
  - 경음을 외래어표기법에서 전면적으로 인정해야 한다는 문제점이 있다.

(2) 외래어 발음법을 제정하는 방안

① 표준 발음법과 같이 **외래어 발음법을 만들어서 일률적으로 적용**하는 방안
  ㉠ **외래어 발음법이 필요한 경우는 일부에 불과하다.**
  ㉡ 실제 발음에 존재하는 예외의 문제를 피하기 어렵다.
  ㉢ '외래어 발음법'은 외래어 표기법과 밀접한 관련이 있는 것이어서 외래어 표기법의 개정이 이루어질 때 함께 논의할 수 있는 문제로 규정 제정은 **시급한 사안이 아니다.**
② 표준 발음법의 부속 조항으로 외래어 발음의 원칙을 제시하는 방안
  ㉠ '외래어 발음법' 제정 없이 문제가 되는 외래어 발음에 대해서 원칙을 제시할 수 있다.
  ㉡ 이 방법을 따르면 일부 외래어 발음에 대해서만 규정에 넣게 되므로 **규정 자체의 완결성에 문제**가 발생한다.
  ㉢ 이 방법 역시 실제 발음에 존재하는 예외에 대해서는 다시 **단서 조항으로 단어들을 열거해야 하는 문제**를 피하기 어렵다.

(3) 단어에 따라 발음 정보를 달리 제시하는 방안

① 각종 규범은 현재의 방식을 유지하되 각 외래어마다 발음을 따로 제시하여 공개하는 방안
  ㉠ 이것은 **표기와 발음의 불일치를 인정**하는 대신 외래어마다 실제 발음을 부여하여 필요한 사람들에게 제공하는 방법이다.
  ㉡ **사전에 발음 정보를 실어 주는 방식**으로 문제를 해결할 수 있다.
  ㉢ 현실발음을 반영한 **복수표준 발음을 인정하는 쪽으로 정책 방향을 바꿀 수 있다.**
② 외래어 발음의 결정
  ㉠ 새로 들어오는 외래어나 **전문어**는 '외래어심의위원회'와 같은 **전문가 집단이 한 가지 발음으로 결정을 하여 보급**을 해도 문제가 없다.

- 새로 들어오는 외래어나 **전문어 발음의 심의를 위한 원칙은 마련**되어 있어야 향후의 언어 정책이 일관성을 유지할 수 있다.
ⓛ **빈도가 높고 오랜 기간 사용되어 온 단어**는 일반인 발음의 조사를 토대로 결정되어야 한다. 이 경우 **현실 발음을 최대한 인정**하고, 필요한 경우에는 **복수표준 발음을 인정**할 수 있다.
ⓒ 복수 외래어 발음이 제시될 경우 이 문제에 대해 민감한 방송 등에서는 필요하다면 자체적으로 복수의 발음 중 한 가지를 내부 규정에 따라 선택할 수도 있을 것이다.

6. 표준 발음법 개정 및 표준 발음 결정 절차

1) 표준 발음법 개정

① 표준 발음법 규정에 대한 일반인의 직접적인 의견 반영은 어려움.
 - 표준 발음법 자체가 어렵기 때문에 일반인들은 표준 발음법의 각 조항 자체를 이해하지 못하고 있기 때문에 이들에게 규정 자체에 대한 의견을 묻기는 어려움.
 - 규정의 제정 및 개정은 민간의 의식 및 발음 실태에 바탕을 두어야 하는 것은 당연하므로 현재의 조사에 나타난 결과를 충실히 반영할 필요가 있음.
 - 현재의 규정에 대해 낮은 인지도, 이해도, 수용도를 보이고 있다는 점을 감안하면 규정 자체에 대한 의견보다는 개별 어형에 대한 반응을 통해 간접적으로 민간의 의식과 발음 실태를 반영할 수 있음.
② 표준 발음법 자체의 개정은 전문가 집단의 의견을 참조할 필요가 있음.
 - 이번 조사 결과로 제시된 문제점을 개정할 필요가 있음.
 - 차후에는 표준 발음법의 규정에 대한 이해도가 높은 전문가 집단의 의견 반영으로 표준 발음법을 개정해야 함.
③ 표준 발음법을 개정할 경우 일반 국민의 언어생활을 규제하기보다는 소통이라는 측면에서 접근하면서 맞춤법 등의 규정보다는 유연하게 접근해야 함.

2) 표준 발음 결정

① 절차
 - **연령, 성별, 계층 등을 고려**하여 발음 모델 그룹을 안정적으로 구축하고, **발음을 수집**하여 안을 정한 후 **전문가 집단에서 최종적인 검증**을 하는 과정을 거치는 방안이 제시되었음.
② 실태 조사
 ⓞ 설문과 실태 조사 결과를 종합해 볼 때 전체 통계와 가장 가까운 그룹을 찾는 것은 다소 어려움이 있음.
 ⓛ 표준어가 서울말을 기준으로 하고 있으므로 발음 결정이 표기에 혼란을 가져올 수 있는 **중부 이외 지역의 발음은 받아들이지 않는 것이 좋음.**
 ⓒ 중부방언권의 중년 여성(40-59세)
 - **전체 통계와 가장 가깝거나 향후 표준 발음 개정 시 기준으로 삼을 만한 집단은 중부방언권의 중년 여성(40-59세)이라 판단됨.**
 - 여성들은 인지도, 이해도, 수용도가 상대적으로 높은 편이고 여러 문항에서 어느 정도의 경향을

보이고 있음.
  - 대부분의 문항에서 집단별 결과가 들쭉날쭉한 데 비해 중부방언권의 중년 여성은 그 편차가 작고 전체 평균과 근접한 결과를 보여주고 있음.
  ㉣ 인구비례추출법의 문제
  - **젊은 세대(19세 이하)의 경우 표준 발음법 및 표준 발음에 대한 조사 결과 전체 통계에서 많이 동떨어진 결과를 보임.**
  - 표준 발음 결정을 위한 실태 조사 대상에서 제외하는 방안을 생각할 수 있음.
  - 또한 젊은 세대는 인지도, 수용도, 세부 규정 수용도 등에서 다른 집단에 비해 부정적인 반응, 현행 표준 발음을 거부하는 반응을 보이고 있음.
  - 젊은 세대는 표준 발음법이 보다 유연해지고 현실성을 갖추기를 바라고 있음.
  - 교육 홍보 등 향후 정책 결정에서 대비할 필요가 있음. 또한 향후 변화를 고려할 때 복수표준 발음에 대한 전향적인 태도가 필요함.
  ㉤ 각 지역의 발음 실태
  - **각 지역의 발음 실태는 전문가를 통해 간접적으로 조사할 수 있음.**
  - 지역 방송사 아나운서에게 표준 발음과 관련하여 각 지역의 발음 실태에 대한 의견을 구하는 방안이 있음. 각 지역방송사의 아나운서는 '규범 발음'을 바탕으로 '현지 발음'에 대한 이해도 있는 집단임.
③ 표준 발음 결정의 주체
  ㉠ 조사가 이루어진 후에는 전문가들이 이론을 바탕으로 큰 원칙을 정하고 **언중의 현실발음을 살펴 예외를 인정해야 함.**
  - 전문가 집단은 **복수표준 발음을 유연하게 받아들일 수 있는 자세**를 가지고 있어야 하며 **표준 발음 선정도 '허용'의 관점이 아니라 현실 수용의 관점에서 이루어져야 함.**
  ㉡ **외국의 사례를 참조할 때 장기적으로는 표준 발음의 선정을 방송 관련 전문가들의 협의에 맡기는 방안**을 고려할 수 있음.
  - '표기'와 달리 '발음'은 전파 매체를 통해 전파되는 게 가장 큰 힘을 지니기 때문임.
  - 조사 대상의 외국 사례를 볼 때 방송이 표준 발음 전파와 교육의 중심에 서 있음.
  ㉢ 표준 발음 선정위원회(가칭)
  - **장기적인 방안으로 가기 전 단계로 의견 조율을 위해 '정부언론외래어심의위원회'와 유사한 기구를 설치할 수 있음.**
  - 표준 발음 선정위원회(가칭)의 위원은 15명 안팎으로 구성.
  - 아나운서연합회를 실무적인 중심으로 하되, 학계 및 교육계(국어학 및 국어교육, 한국어교육), 실용언어전문그룹(성우,배우), 국어관련 시민단체를 포함시키고, **국립국어원에서는 정책 방향의 일관성 유지를 위한 의견 조율을 해야 함.**

7. 향후 조사를 위한 제언

① 표준 발음법의 인지도, 이해도, 수용도 조사
　㉠ 표준 발음의 각 규정에 대한 인지도, 이해도, 수용도를 직접적으로 조사하는 것은 원하는 결과를 얻기 어렵다.
　- 조사 대상자가 규정 자체를 이해하지 못한 상태에서 이에 대한 각 요소의 결과를 추출해 낸다는 것 자체가 어렵기 때문이다.
　㉡ 표준 발음법 각 조항에 대한 직접적인 조사는 배제할 필요가 있다.
　- 만약 각 조항에 대한 인지도, 이해도, 수용도를 알고자 한다면 해당 어형에 대한 조사를 통해 간접적으로 조사하는 것이 바람직할 것이다.
　㉢ 일반인에 대한 간접 조사 역시 어형에 따라 편차가 심할 것으로 예상된다.
　- 현행 규정에 대한 **인지도, 이해도, 수용도는 일반인을 배제하고 전문가 집단을 대상으로** 하는 것이 훨씬 더 정확한 결과를 낼 것으로 생각된다.
② 제보자 선정
　㉠ 30대 미만의 제보자를 구하는 것이 어렵다.
　- 농촌 지역에 거주하는 사람들이 대부분 60대 이상의 노인들이 많고 젊은 사람이 있어도 바빠서 조사에 응한 사람이 많지 않았기 때문이다.
　㉡ 10대의 경우 여학생의 조사가 어렵다.
　- 남학생은 그나마 괜찮았지만 여학생의 경우에는 조사에 대해 자세하게 설명을 한 후에 인터뷰에 응할 수 있는지 물어도 설문에 응하지 않으려는 경향이 있다.
③ 설문을 통한 조사
　㉠ 발음에 대한 조사를 서면으로 한다는 것의 한계를 극복할 필요가 있다.
　- 개별 표준어에 대한 선호도는 인쇄된 선택지 중에서 하나를 고르는 방식으로 이루어졌다. 그런데 이 방식은 응답자들이 **표기에 이끌려 응답을 할 가능성**이 매우 높다.
　㉡ 청음을 통한 조사가 함께 이루어지는 것이 바람직할 것이다.
　- 개별 표준어의 **다양한 발음을 녹음한 후 이를 듣고 선택하도록 하는 방식을 병행하면 조사 결과의 신빙성을 높일 수 있을 것이다.**
　㉢ 단어 및 문장에 대한 발음 역시 인쇄된 자료를 보고 읽는 형식으로 이루어졌는데 이 또한 표기에 이끌린 발음이 나올 가능성이 크다.
　- 다소 시간이 걸릴지라도 **중요한 항목은 전통적인 방언조사의 질문법을 활용**할 수도 있을 것이다.
　㉣ 조사 항목의 경우에 문장이 너무 많고 문어적이어서 연령이 높을수록 문장 읽는 것을 힘들어 한다.
　- **문장을 좀 더 구어적으로 바꾸고 조사하고자 하는 단어를 문장의 중간 앞쪽에 배치하여 필요한 정보를 정확하게 수집**할 필요가 있다.
　㉤ 10대나 20대의 경우에는 말을 할 때에는 자연스럽게 방언을 사용하는데 읽을 때에는 표준어를 구사하려고 더 노력하는 경향이 있다.
　- 간단한 이야기를 하게 하거나 물건의 사용법을 설명하게 하고 **자연발화를 녹취**할 필요가 있다.
④ 항목 선정
　다양한 요소를 고려하여 조사 항목을 선정하였지만, 많은 항목을 조사할 만한 시간적, 인적 조건이 갖추어져 있지 않아 불만족스러운 면이 남아 있다. 다음은 조사 결과를 토대로 드러난

항목 선정의 문제점들이다.
　㉠ 자음군의 경우 자음군의 종류와 어미의 종류를 치밀하게 따져서 항목을 선정하여야 한다. 또한 같은 **자음군이라고 해도 단순화의 방향이 다를 수 있음을 고려**하여야 한다.
　- 이번 조사에서 제외된 '낡다'는 차후에 조사가 이루어져야 한다.
　㉡ 어간말 자음의 발음 조사를 할 경우 **유사 유형의 음에 대해서는 동일한 수의 단어들을 조사할 필요**가 있다.
　- 체언 어간말 자음의 변화는 'ㅊ' 말음은 '꽃'과 '빛'의 두 단어를 조사한 반면 'ㅈ' 말음은 '낮'만을 선정하였다는 문제가 있다.
　㉢ 명사 말음을 조사할 경우 **동일한 문법형태소의 결합형을 조사**하여야 한다.
　- 'ㅌ' 말음의 경우 '솥'은 '-이'와의 결합형, '밭'은 '-으로'와의 결합형을 선정하였다는 문제가 있다.
　㉣ 자음 동화를 조사할 때 **조사 대상 현상을 균질적으로 배치**할 필요가 있다.
　- 조음 위치 동화의 경우 치조음-연구개음 연쇄에 치우친 경향이 있다.
　㉤ 국어의 발음 현상이 용언의 활용에서 역동적이기는 하지만 **곡용형에 대한 배려**가 필요하다.
　- 곡용형에 대한 배려가 부족했다.
　㉥ **자연스러운 발음을 유도할 수 있는 문장 구조의 제시**가 필요하다
　- 관형사형 어미 뒤에서의 경음화의 경우, 보다 자연스럽게 경음을 유도할 수 있는 문장 구조를 제시하였어야 했다.
　㉦ 익숙한 단어의 제시 필요
　- 표준 발음법에 제시된 단어를 조사하다보니 일반인에게 익숙하지 않은 단어가 제시되었다.
　- **익숙하지 않은 단어들 예컨대 '벼훑이, 외곬으로' 등과 같은 발음은 예상하지 못한 엉뚱한 발음이 나오므로 제외하는 것이 좋다.**
　㉧ 어원 의식이 약해지는 한자어 발음 조사
　- '숙맥'과 같이 **어원 의식이 약해지는 한자어의 발음을 조사**할 필요가 있다.
　㉨ 발화속도 차이에 대한 조사가 이루어질 필요가 있다.
　- 발화속도에 따라 달리 실현되는 발음을 조사하여 표준 발음 또는 **표준 발음법이 전혀 영향을 끼치지 못하였는지, 아니면 영향을 끼쳤지만 발화 속도에 따라 그 실현 양상이 다른 것인지 조사**할 필요가 있다.

표준발음 관련 참고논저

강병구(1997), "초등 학교 발음 지도에 관한 연구", 초등국어교육 7, 서울교대 국어교육과.
강병윤(1998), 발음 지도를 위한 음성독본, 장원출판.
강석근 외(2001), "한국어의 음운현상이 영어 발음 습득에 미치는 영향에 관한 연구", 언어 26-3, 한국언어학회.
강성원(2002), "표준발음과 고교생의 현실발음에 대한 비교 연구", 가톨릭대 석사학위논문.
강영숙(1995), "현대국어의 음장운소와 발음교육-고유어의 발음을 중심으로", 국어교육연구 7, 인하대 사범대.
고가 사토시(1999), "김두봉의 『소리갈』 연구: 『말의 소리』와 『시화음자 발음학』과의 비교를 중심으로", 연세대 석사학위논문.
고승오 외(1998), "비인강 폐쇄부전 환자에서 발음보조장치의 치료 효과", 음성과학 3, 한국음성과학회.
곡향봉(2005), "중국인을 위한 한국어 발음 교육 방안", 신라대 석사학위논문.
공정호(1981), "발음교육과 Transcription", 어문학논총 1, 국민대 어문학연구소.
곽충구(2001), 북한의 표준발음과 북한의 방언, 언어치료연구 10-1, 한국언어치료학회.
구정연(2005), "초등학교 이중모음 발음 지도 방안 연구", 광주교대 석사학위논문.
국립국어연구원(2001), 외래어 발음 실태 조사, 연구보고서.
국립국어연구원(2002), 표준 발음 실태 조사(담당자: 최혜원), 연구보고서.
국립국어연구원(2003), 표준 발음 실태 조사 2(담당자: 최혜원), 연구보고서.
국어연구소(1987ㄱ), "한글 맞춤법 및 표준어 개정안 주요 내용", 국어생활 9, 국어연구소.
국어연구소(1987ㄴ), 표준어 규정안-표준어 사정 원칙・표준 발음법.
국어연구소(1989), 남북한 언어 차이 조사 1: 발음・맞춤법편, 국어연구소.
권경안(1981), "성인의 음성모형 제시 및 음성환경이 아동의 발음에 미치는 영향", 선청어문 11・12, 서울사대 국어교육과.
권인한(1993), "'표준발음법'과 '문화어발음법' 규정", 새국어생활 3-1, 국립국어연구원.
권인한(1996), "표준 발음법", 국어문화학교 교재(국어반), 국립국어연구원.
권인한(1998), "표준 발음의 사전적 처리: 체언과 용언의 발음 변화에 대한 처리 문제를 중심으로", 새국어생활 8-1, 국립국어연구원.
권인한(2000), "표준 발음", 새국어생활 10-3, 국립국어연구원.
권인한(2002), "발음법의 통일 방안 모색", 국제고려학회 서울지회 논문집 3, 국제고려학회 서울지회.
권인한(2006), "국어사전의 발음 표시에 대하여", 이병근선생퇴임기념 국어학논총, 태학사.
권현주(1997), "일본인 학습자를 대상으로 한 한국어 발음 교수법 연구 3: 받침법칙을 중심으로", 한국어교육 7차 학회 발표 모음, 국제한국어교육학회.
김 현(2008), "/ㅓ/의 음성 실현과 그 실현 조건", 국어학 52, 국어학회, 3~25.
김계원(1982ㄱ), "말・글 다루기: 우리말 표준 발음에 관한 문제점", 한글새소식 117, 한글학회.
김계원(1982ㄴ), "말・글 다듬기: 우리말 표준 발음에 관한 문제점 2", 한글새소식 118, 한글학회.

김규선(1991), "발음 교육의 내용과 방법", 초등교육논총 3, 대구교대.
김덕길(2002), 미국식 영어발음 올바른 한글표기법, 꽝야.
김무림(1989), "남·북한의 표준 발음법", 북한의 어학혁명: 민족어의 이질화를 극복하기 위하여, 백의.
김민수(1973), 국어정책론, 고려대 출판부.
김민수(1985), "[서평] 남광우 저 한국어의 발음 연구", 국어국문학 93, 국어국문학회.
김민수(1985), 북한의 국어연구, 고려대학교 출판부.
김병남(1995), 우리말의 장단음, 해동.
김봉국(2008), "음운론적 관점에서 본 [표준어 규정(제2부 표준 발음법)]의 문제점", 열린정신 인문학 연구 9권 1호, 원광대 인문학연구소.
김빅토리아(2004), "러시아어권 학습자를 위한 한국어 발음교육 연구", 경희대 석사학위논문.
김상준(1987), "발음 교육이 필요한 국어의 혼란", 국어생활 11, 국어연구소.
김상준(1993), "외래어 표기와 발음: 경음도 수용해야", 말과 글 57, 한국교열기자회.
김상준(1994), "방송언어와 표준발음", 말글생활 1, 말글사.
김상준(1996), "외래어와 발음 문제", 새국어생활 6-4, 국립국어연구원.
김상준(1996), "표준 발음법 해설", 국어문화학교 교재(국어반), 국립국어연구원.
김상준(1996), "한국어 표준 발음법에 대한 고찰", 음성학과 언어학, 서울대학교 출판부.
김상준(2000), "한국어 합성어 'ㄴ, ㄹ'의 발음에 대한 고찰", 서울말 연구 1, 박이정.
김상준(2001), "방송언어와 표준발음", 방송언어 교수법 교재 교안, KBS 한국어연구회.
김석득(1987), "방송언어의 발음 교육", 방송언어변천사, KBS 한국어연구회.
김선미 외(1998), "외래어 발음에서 나타난 영어와 한국어의 운율적 차이", 말소리 35·36, 대한음성학회.
김선정(1999), "영어 모국어 화자를 위한 한국어 발음 교육 방안", 한국어교육 10-2, 국제한국어교육학회.
김선철 외(2004), "표준 발음법 분석과 대안", 말소리 50, 대한음성학회.
김선철(2003ㄱ), "표준 발음법의 원리", 새국어소식 60, 국립국어연구원.
김선철(2003ㄴ), "이중모음(二重母音)의 발음법", 새국어소식 62, 국립국어연구원.
김선철(2003ㄷ), "단모음(單母音)의 발음법", 새국어소식 61, 국립국어연구원.
김선철(2003ㄹ), "겹받침의 발음", 새국어소식 63, 국립국어연구원.
김선철(2004ㄱ), "표준 발음법의 이해: 연음 법칙의 예외", 새국어소식 66, 국립국어원.
김선철(2004ㄴ), "표준 발음법의 이해: 표준 발음법의 전제", 새국어소식 67, 국립국어원.
김선철(2004ㄷ), "표준 발음법의 이해: 'ㄹ'의 발음", 새국어소식 68, 국립국어원.
김선철(2004ㄹ), "표준 발음법의 이해: 서울말의 억양", 새국어소식 69, 국립국어원.
김선철(2004ㅁ), "표준 발음법의 이해: 방언들의 모음 차이", 새국어소식 70, 국립국어원.
김선철(2004ㅂ), "표준 발음법의 이해: '불법[불법]'과 '설법[설뻡]'", 새국어소식 71, 국립국어원.
김선철(2004ㅅ), "표준 발음법의 이해: 발음과 표기", 새국어소식 72, 국립국어원.
김선철(2004ㅇ), "표준 발음법과 언어 현실", 새국어생활 14-1, 국립국어원.
김선철(2004ㅈ), "표준 발음법 분석과 대안", 말소리 50, 대한음성학회.
김선철(2004ㅊ), "국어 발음 사전의 현황과 과제", 한말연구 15, 한말연구학회.
김선철(2005), 국어 억양의 음운론, 경진문화사.
김선철(2006), 중앙어의 음운론적 변이 양상, 경진문화사.

김선희(1980), "한국 아동의 발음 오류연구", 말소리 1, 대한음성학회.
김선희(1996), "어린이 발음에 대한 연구", 음성학과 언어학, 서울대학교 출판부.
김선희(2003ㄱ), "자동 발음열 생성을 위한 한국어 음운현상의 계량적 연구", 언어학 37, 한국언어학회.
김선희(2003ㄴ), "한국어 자동 발음열 생성 시스템을 위한 예외 발음 연구", 말소리 48, 대한음성학회.
김선희(2003ㄷ), "한국어 자동 발음열 생성을 위한 예외발음사전 구축", 음성과학 10-4, 한국음성과학회.
김성규(1998), "한국어 표준 모음 발음에 대한 비선형 분석", 새물리 38, 대한물리학회.
김성규(1999), "빠른 발화음에서 음절 수 줄이기", 애산학보 23, 애산학회.
김성규(2006), "음장의 변화 방향: 1음절 용언 어간을 중심으로", 이병근선생퇴임기념 국어학논총, 태학사.
김성련(1996)," 한국어 표준발음의 한 고찰", 한국말교육 7, 국제한국어교육학회.
김성렬(1994), "표준발음에 대하여", 국어학연구(남천 박갑수 선생 화갑 기념 논문집), 간행위원회.
김성렬(1996), "한국어 표준 발음의 한 고찰", 한국말 교육 7, 국제한국어교육학회.
김성환(1992), "표준발음 지도 내용(Ⅰ): 자음을 중심으로", 대구교대 논문집 27, 대구교대.
김성환(1997), "표준발음 지도 내용(Ⅱ): 모음을 중심으로", 대구교대 논문집 32, 대구교대.
김성환(1999), "표준발음 지도 내용(Ⅲ)", 대구교대 논문집 34, 대구교대.
김세중(2004), "표준어 정책에 대하여", 새국어생활 14-1, 국립국어원.
김수형(2001), 현대 국어의 음장, 역락.
김승호(1993), "한자어 발음의 실태와 문제점", 말과 글 55, 한국교열기자회.
김영선(2004), "베트남인 학습자의 한국어 경음화 발음 교육 방안 연구", 한국어교육 15-2, 국제한국어교육학회.
김영송(1981), "한국어와 불어의 발음 비교", 말소리 2, 대한음성학회.
김영현(1997), "중학생의 국어발음 오류에 관한 연구", 한국교원대 석사학위논문.
김옥란(2002), "중국인에게 한국어 발음을 가르칠 때의 몇 가지 방법: 자음 /ㅅ/의 발음 훈련을 중심으로", 한글새소식 359, 한글학회.
김윤경(2002), "일본인의 한국어 발음에 나타난 모어 악센트의 간섭 현상 연구", 연세대 석사학위논문.
김은주(1999), "한국의 중부·동남·서남 지방의 일본어 학습자의 발음에 관한 연구: 일본 동경 방언과 비교하여", 동국대 석사학위논문.
김은태(1984), "경북방언의 모음발음 교정지도 연구", 영남대 석사학위논문.
김인택(2000), "웹 기반 한국어 발음 교육 코스웨어 설계", 우리말연구 10, 우리말학회.
김정숙(2000), "외국어로서의 한국어 발음 교육 방법", 외국인을 위한 한국어교육연구 3, 서울대.
김준배(1992), "국어 발음 바로 내기를 위한 학습 지도 방안: 새로 제정된 「표준발음법」에 근거하여", 한양대 석사학위논문.
김준호(1979), "우리말의 장음(長音)과 자음(子音) 발음", 어문연구 7-2(통권 22), 일조각.
김지혜(2005), "중국어권 학습자를 위한 한국어 종성 발음 교육 방안", 고려대학교 석사학위논문.
김청구(1991), "'ㄹ'로 시작되는 접미사가 'ㄴ' 받침으로 끝난 말에 붙는 경우의 발음", 한글새소식 227, 한글학회.

김청구(1995), "겹홀소리 'ㅢ'의 발음", 한글새소식 273, 한글학회.
김태곤(1997), "우리말 표준 발음 지도법(1)", 백록어문 14, 백록어문학회.
김태순(2004), "초등학생의 표준발음 지도 방안 연구", 한국교원대 석사학위논문.
김평원(2004), "포먼트(formant) 및 <표준 발음법>을 통한 국어 발음 교육 연구", 서울대 석사학위논문.
김현숙(2004), "러시아어 화자의 한국어 발음 습득과 관련한 몇 가지 문제", 연세대 석사학위논문.
김혜영(2005), "초등 학교 국어과 발음 분야의 내용 구성 개선 방안 연구", 서울교대 석사학위논문.
김효숙(1980), "국어발음사전 편찬을 위한 설문", 어문연구 8-3(통권 27), 한국어문교육연구회.
김홍수(2001), "외래어의 표기와 발음법", 방송언어 교수법 교재 교안, KBS 한국어연구회.
남광우(1967), "한국에서의 한자음 성조 변천 연구: 문교부 제정 상용한자 일천자를 중심으로 표준어발음 확립을 위한 시도", 국어국문학 34·35, 국어국문학회.
남광우(1978), "서울말의 발음경향과 표준말의 문제점", 어문연구 20, 한국어문교육연구회.
남광우(1979), "서울말의 발음 경향과 표준말 재사정 시안의 문제점", 국어순화와 교육, 한국정신문화연구원.
남광우(1980), "표준발음의 검토: 지나친 규제를 지양하고 현실발음을 존중하는 방향으로", 어문연구 27, 한국어문교육연구회.
남광우(1983), "현대 국어의 발음 양상과 표준 국어 발음", 어문연구 11-1·2, 한국어문교육연구회.
남광우(1984ㄱ), "잘못 발음되고 있는 우리말 (1)", 국어생활 1, 국어연구소.
남광우(1984ㄴ), 한국어 표준 발음 사전, 한국정신문화연구원.
남광우(1984ㄷ), 한국어의 발음 연구 1: 순우리말과 한자말의 훈음 발음을 중심으로, 일조각.
남광우(1985), "잘못 발음되고 있는 우리말 (2)", 국어생활 2, 국어연구소.
남광우 외(1982), "표준국어발음사전 간행을 위한 조사연구", 어문연구 33, 한국어문교육연구회.
노금송(2000), "중국어 화자가 발음하기 어려운 한국어 음운 지도 방안", 부산한글 19, 한글학회 부산지회.
노대규(1986), "한국어의 발음교육에 관한 연구: 외국어로서의 한국어의 발음교육을 중심으로", 매지논총 2, 연세대 매지학술연구소.
노명완(1987), "교육과정에 반영된 국어발음 교육", 한국어연구논문 17, KBS 한국어연구회.
리의도(2000), "바로잡아야 할 방송언어(2): "빛이"와 "밭으로"의 발음", 미디어 춘천MBC 70, 춘천문화방송.
리의도(2002), "'외곬으로 베풂을'의 발음", 미디어 춘천MBC 95, 춘천문화방송.
문승재(1996), "영어와 국어 발음의 비교 분석: 영어발음 교육을 위한 제언", 인문논총 7, 아주대 인문과학연구소.
문연희(2002), "중국 대학생들을 위한 한국어 발음 교육", 경기대 석사학위논문.
문한종(1974), "발음상에 미치는 종성 "ㅈ, ㅊ, ㅋ, ㅌ" 음의 오류 조사 연구: 종성 "ㅈ, ㅊ, ㅋ, ㅌ" 음이 연모음에 미치는 연음 발음의 오류", 새국어교육 18~20, 한국국어교육학회.
문화관광부·한국어세계화재단(2001), 한국어 발음 교육 개발 최종보고서, 연구보고서.
민병준(1995), "한자어의 음운론적 문제: 현대 국어의 발음을 중심으로", 국어교육연구 7, 인하대 사범대.
민현식(1995), "정서법에서의 발음과 표기의 상관성 연구", 성곡논총 26, 성곡학술문화재단.
민현식(1999), 국어정서법 연구, 태학사.

박갑수(1984), "[서평] 남광우 저 『한국어의 발음 연구 1』", 어문연구 12-4, 한국어문교육연구회.
박갑수(1985), "[서평] 남광우, 이철수, 유만근 공저 『한국어 표준 발음 사전』", 어문연구 13-1, 한국어문교육연구회.
박경현(1990), "사이시옷의 표기와 발음에 대한 고찰: 국어과 학습지도상의 문제점을 중심으로", 경찰대 논문집 9, 경찰대.
박기영(2001), "일본어 모어 화자의 한국어 발음 오류에 대한 일고찰", 관악어문연구 26, 서울대 국어국문학과.
박병학(1995), "맞춤법과 실제 발음", 말과 글 63, 한국교열기자회.
박시균(1998ㄱ), "영어화자가 제대로 발음하지 못하는 한국어 음운과 한국어 음운 교육 개선 방안", 한글 242, 한글학회.
박시균(1998ㄴ), "한국어 음운 체계와 발음교육이 영어 음운 습득에 미치는 영향", KBS 한국어 연구논문집 49, KBS 한국어연구회.
박시균 외(2003), "남북한 언어에 대한 비교 연구: 발음과 어휘를 중심으로", 국어문학 38, 국어 문학회.
박영미(2002), "멀티미디어를 활용한 표준발음 지도법 연구", 경성대 석사학위논문.
박영순(1985), "한국어 복자음 발음에 대한 사회 언어학적 연구", 어문논집 24·25, 고려대 국어국문학연구회.
박진원(2001), "한·중 여성화자의 한국어 발음의 실험음성학적 대조분석", 연세대 석사학위논문.
박해연(2004), "중국어권 학습자를 위한 한국어 발음 교육 연구", 서울대 석사학위논문.
박현홍(1993), "한영모음의 비교 연구: 한국인 영어학습자의 발음문제 중심으로", 서울여대 석사학위논문.
밝상태(1982), "틀린 발음을 바로 잡자", 한글새소식 123, 한글학회.
배정환(2001), "웹 기반 국어 표준발음학습시스템의 설계 및 구현", 진주교대 석사학위논문.
배주채(2003), 한국어의 발음, 삼경문화사.
배주채(2006), 표준발음법의 이상, 어문연구 34권 3호, 한국어문교육연구회.
백경미(2004), "초등학교 저학년의 발음 오류 분석", 한양대 석사학위논문.
백문식(2005) 품위 있는 언어 생활을 위한 우리말 표준 발음 연습, 박이정.
변광수(1987), "스웨덴어 발음 학습에 미치는 국어 음운 체계의 영향", 한글 197, 한글학회.
사회과학원 언어학연구소(1971), 『조선말규범집』해설, 사회과학출판사.
서경식(1990), "우리말 모음 발음시 연구개운동과 조음위치에 관한 연구", 연세대 석사학위논문.
서덕현(1994), "말하기 교육의 기초적 연구: 발음 지도를 중심으로", 선청어문 22(제효 이용주 교수 정년퇴임 기념 논문집), 서울사대 국어교육과.
서재원(1986), "복합어 및 파생어에 있어서 발음문제", 한국어연구논문 11, KBS 한국어연구회.
서정범(1984), "[서평] 남광우 저 한국어의 발음 연구 (1)", 국어국문학 92, 국어국문학회.
성낙수(2004), "초등학생들의 표준 발음 실태 및 지도 방안", 한국어문교육 13, 한국교원대 한국어문교육연구소.
성낙일(2001), "발음지도에 나타나는 문제점과 그 개선방안에 관한 연구", 상명대 인문과학연구 10, 상명대 인문과학연구소.
성회세(2001), "외국인의 한국어음운의 발음과 교육 방법 연구", 한밭한글 6, 한글학회 대전지회.
소지영(1999), "발음을 활용한 듣기 지도 방법 연구", 한국외대 석사학위논문.

손영애(1993), "제6차 교육 과정에서의 발음 지도", 한국어연구논문 37, KBS 한국어연구회.
손중선(2000), "발음지도", 초등영어교육의 이론과 실체, 한국초등영어교육학회 대구지회.
송기중(1993), "미국과 영국의 언어정책", 세계의 언어정책, 태학사.
송정은(2004), "중학생 발음 오류 분석", 한양대 석사학위논문.
송철의(1993ㄱ), "북한 사전의 발음", 새국어생활 3-4, 국립국어연구원.
송철의(1993ㄴ), "자음의 발음", 새국어생활 3권 1호, 국립국어연구원.
송철의(1996ㄱ), "우리말 발음의 문제점과 그 극복방안", 한글사랑 1, 한글사.
송철의(1996ㄴ), "표준어, 표준발음과 국어생활의 실제", 새국어생활 6-2, 국립국어연구원.
송철의(1998), "표준 발음법", 우리말 바로 알기, 문화관광부.
송향근(2004), "핀란드 어 모국어 화자를 위한 한국어 발음 교육 방안", 이중언어학 25, 이중언어학회.
송향근(2011), "음운 이론과 한국어 발음 교육", 한국어학 50, 한국어학회.
신순용(1995), "중학교 국어과 발음교육 실태 연구", 건국대 석사학위논문.
신숭용(2003), "표준발음의 실제와 표준발음법 교육의 필요성: 중등교육을 중심으로", 어문연구 31-2, 한국어문교육연구회.
신정애(2005), "베트남인 학습자를 대상으로 한 한국어 발음 교육을 위한 기초 연구", 경기대 석사학위논문.
신지영(2006), "표준 발음법에 대한 비판적 검토", 한국어학 30, 한국어학회.
신지영(2011), "음운론과 어문 규범", 한국어학 50, 한국어학회.
신호철(2003), "한국어 유음(流音)의 발음 교육에 대한 연구-중국어 모어 화자를 중심으로-", 국어교육학연구 16, 국어교육학회.
심지영(1994), "국민학생의 표준 발음 실태 조사 연구", 국어교육연구 9, 춘천교대 국어교육학회.
안상철(1993), "발음 사전의 특성과 활용 방안", 새국어생활 3-1, 국립국어연구원.
안순례(2005), "표준발음 형성을 위한 국어 음운지도 방안 연구", 공주대 석사학위논문.
안주희(2000), "외국인을 위한 한국어 발음 교육 연구", 숙명여대 석사학위논문.
양순임(2003), "유기음화와 관련된 한국어 발음 교육", 이중언어학 22, 이중언어학회.
양순임(2004), "한국어 음절 초성의 발음 교육 방안", 국어교육 113, 한국어교육학회.
양옥선(2000), "초등학생 발음 오류 현상의 분석", 아주대 석사학위논문.
양태식(1991), "국민학교 발음 지도의 기본 과제", 전환기의 한국 교육, 예지각.
오대환(1999), "한국어 발음 교수를 위한 개괄", 말 23·24, 연세대 한국어학당.
오대환(2003), "일본대학에서의 한국어 발음 교육: 나고야 상과대학의 예를 중심으로", 외국어로서의 한국어교육 28, 연세대 언어연구교육원 한국어학당.
오명심(2004), "초등학교의 발음 지도 내용 요소 선정을 위한 실태 조사 연구", 공주교대 석사학위논문.
오문경(2004), 외국인 학습자의 한국어 발음에 대한 이론적 고찰과 교육 방안, 한국외국어대학교 교육대학원 석사학위논문.
오문경(2005ㄱ), "외국어로서의 한국어 발음 교육 방안 연구: 연극 기법을 중심으로", 언어와 문화 1-2, 한국언어문화교육학회.
오문경(2005ㄴ), "외국인 학습자의 한국어 발음에 대한 이론적 고찰", 한국어문학연구 22, 한국외국어대학교 한국어문학연구회.

오영애(1999), "보령 지역 중학생의 발음에 대한 연구: 표준 발음법과의 비교를 중심으로", 한국교원대 석사학위논문.
오정은(2003), "외국어로서의 한국어 교육 연구: 발음 오류를 중심으로", 인천대 석사학위논문.
왕단(2004), "중국인 학습자를 위한 한국어 발음 교재 개발 방안: 한국어 발음 교재의 비교 분석을 중심으로", 이중언어학 26, 이중언어학회.
우민주(2001), "국어 사전의 발음 정보 표시 방법에 관한 연구", 연세대 석사학위논문.
우인섭(1963), "한자어 교육문제 (1): 발음의 실제를 중심으로", 국어교육 5, 한국어교육학회.
우인섭(1982), "한자음 오용발음 문제 (3-2)", 국제대 논문집 10, 국제대 인문사회과학연구소.
유만근(1980), "외래어의 국자(國字) 표기와 그 발음", 어문연구 8-3(통권 27), 한국어문교육연구회.
유만근(1981), "표준말 발음 지도를 위한 표기 1", 어문연구 9-3・4, 한국어문교육연구회.
유만근(1982), "표준말 발음 지도를 위한 표기 2", 어문연구 10-1, 한국어문교육연구회.
유만근(1983), "국어 발음 지도 자료 (1-1)", 어문연구 10-3, 한국어문교육연구회.
유만근(1984), "국어 발음 지도 자료 (1-2)", 어문연구 12-2・3, 한국어문교육연구회.
유만근(1989), "표준말 발음과 그 보급 문제", 한국어연구논문 23, KBS 한국어연구회.
유만근(1993), "발음 중시 국어교육론", 말 18, 연세대 한국어학당.
유만근(1994), "발음중시 국어교육 재론", 한국어연구논문 38, KBS 한국어연구회.
유만근(1995), "우리 나라 방송 언어 발음 문제", 새국어생활 5-4, 국립국어연구원.
유만근(1995), "우리말 동철이음어 발음고찰(2): 서울말/표준말 발음 정밀표기안", 대동문화연구 30, 성균관대학교 대동문화연구원.
유만근(1997), "방송언어 발음 문제", 말과 글 73, 한국교열기자회.
유만근(1997), 서울말 발음 독본, 성균관대학교 출판부.
유만근(2003), "문명인과 표준어 발음", 경기인 77, 경기도민회.
유재원(2001), "한국어 표준발음법의 문제점과 개선 방향", KBS 한국어연구논문집 52, KBS 한국어연구회.
유풍천(1992), "표준어 발음 관심 갖자", 어문연구 20-4(76), 한국어문교육연구회.
윤명숙(1996ㄱ), "청주지역 중・고등학교의 발음에 대한 조사연구", 한국교원대 석사학위논문.
윤명숙(1996ㄴ), "청주지역 중고등학생의 발음에 대한 고찰: /ㅔ/와 /ㅐ/의 사회적 변이를 중심으로", 청람어문학 15, 청람어문학회.
윤애선(1998), "외국인을 위한 한국어 발음 코스웨어의 설계", 1998 추계 학술 발표대회, 한국멀티미디어언어교육학회.
이 향(2002), "중국어권 학습자를 위한 발음 교재 개발 방안", 이화여대 석사학위논문.
이경희 외(1999), "일본인을 위한 한국어 파열음의 발음 및 인지 교육", 한국어교육 10-2, 국제한국어교육학회.
이계영 외(2003), "한국어 표준발음법의 전산화 및 응용", 언어와 정보 7-2, 한국언어정보학회.
이관규(1995), "학교문법, 한글 맞춤법, 표준 발음법, 외래어 표기법, 국어의 로마자 표기법에 나타난 상치점", 새국어교육 51, 한국국어교육학회.
이근영(1999), "초등학교 교사의 발음교육 자질에 관한 연구", 교육논총 1, 대진대 교육대학원.
이근영(1999), "초등학교 발음지도의 문제점 연구", 교육논총 2, 대진대 교육대학원.
이기문(2000), "현대 한국어의 변화들에 대한 단상", 서울말 연구 1, 박이정.
이기화(1993), "발음 지도의 실제적 방안: 4-1「말하기・듣기」교재를 중심으로", 국어교육논지

19, 대구교대 국어과.
이남희(1999), "외국어로서의 한국어 발음교육: 인도네시아어 화자를 대상으로", 동아대 석사학위논문.
이돈주(1995), "국어의 표준 발음법", 광주 MBC저널 1, 광주문화방송.
이동석(2004), "효과적인 표준 발음 교육", 말소리 51, 대한음성학회.
이동은(2002), "일본인 학습자를 위한 한국어 한자 발음 교재 개발 방안 연구", 이화여대 석사학위논문.
이문규(2000), "발음 교육의 개념과 방향", 어문학교육 22, 한국어문교육학회.
이문규(2003), "국어 지식 영역 음운 관련 단원의 내용 검토", 어문학교육 27, 한국어문교육학회.
이문숙(2001), "교사들의 표준 발음 실태 연구", 한남대 석사학위논문.
이병근(1988), "표준 발음법 해설", 표준어 규정 해설, 국립국어연구원.
이병만(2000), "발음 평가표 활용을 통한 음소의 발음 지도", 진주교대 석사학위논문.
이봉원(1997), "북한 표준 발음의 실태", 김정일 시대의 북한언어, 태학사.
이봉원(2003), "남북한 어문 규범과 그 통일 방안: 남북 표준 발음의 통일 방안", 우리어문연구 20, 우리어문학회.
이삼경(1996), "국어의 받아쓰기 및 발음 학습을 위한 멀티미디어 CAI 타이틀의 설계 및 구현", 한국교원대 석사학위논문.
이상민(1992), "말하기·듣기의 언어 지식에 대하여-발음 및 음운 현상을 중심으로", 어문학교육 14, 한국어문교육학회.
이상필 외(2004), "한국인의 외국어 발화오류 검출을 위한 음성인식기의 발음 네트워크 구성", 말소리 49, 대한음성학회.
이수미(1999), "발음 평가표 작성에 관한 연구", 국어교육연구 11, 광주교대 초등국어교육학회.
이수연(2005), "겹받침 체언의 표준 발음 교육에 관한 연구", 성균관대 석사학위논문.
이숭녕(1959), "현대 서울말의 accent의 고찰: 특히 condition phonétique와 Accnet의 관계를 주로 하여", 서울대학교논문집 9, 서울대, 105~154.
이숭녕(1985), "[서평] 남광우 저『한국어의 발음 연구 2』", 어문연구 13-1, 한국어문교육연구회.
이숭재(1993), "모음의 발음", 새국어생활 3-1, 국립국어연구원.
이숭재(1998ㄱ), "'선룽'의 발음", 새국어소식 1, 국립국어연구원.
이숭재(1998ㄴ), "'생선두 싫구 고기두 싫구'가 표준 발음인가요?", 새국어소식 5, 국립국어연구원.
이운영(2001), "로마자 표기법은 발음을 따라 적는 것이 원칙", 로마자표기법소식 9, 국립국어연구원.
이은정(1990), "남북한의 발음 규범 비교 검토", 한국어연구논문 25, KBS 한국어연구회.
이은정(1992), 표준 발음법에 따른 우리말 발음 사전, 백산출판사.
이은정(1994), 우리말 발음 사전, 백산출판사.
이응백(1968), "국어 모음의 음가에 대하여", 국어교육 14, 한국국어교육연구회.
이응백(1986ㄱ), "'사이 ㅅ'의 발음", 미원 우인섭 선생 화갑 기념 논문집, 간행위원회.
이응백(1986ㄴ), "올바른 국어발음", 한국어연구논문 13, KBS 한국어연구회.
이응백(1987), "외래어의 표기와 발음 문제", 국어교육 59, 한국국어교육연구회.
이응백(1988), "올바른 국어발음", 한국어연구논문 21, KBS 한국어연구회.
이정원(1995), "기본모음 및 국어의 음운규칙", 제23회 표준발음연수회초청강연, 대한음성학회.

이종은(1997), "한국어 발음 교수 방법과 모형", 교육한글 10, 한글학회.
이주행(2002), "한국어의 발음 교육 방법: 중국인 학습자를 대상으로", 이중언어학 20, 이중언어학회.
이주행(2003), "남한과 북한의 '표준 발음법'의 통일 방안에 대한 고찰", 언어와 진실, 국학자료원.
이주행(2004), 한국어발음사전: 표준, 지구문화사.
이지혜(2001), "중학생의 국어발음 실태 조사 연구: 청주지역 중학생을 중심으로", 세명대 석사 학위논문.
이진호(2008), 국어 표준 발음법의 제정 과정, 어문학 100, 한국어문학회, 173~203.
이진호(2009), 국어 음운 교육 변천사, 박이정.
이진호(2012), 한국어의 표준 발음과 현실 발음, 아카넷.
이천화(1991), "고학년 '말하기-듣기' 교과서에 나타난 발음 학습의 계열성에 관한 연구", 국어 교육연구 5, 춘천교대 국어교육학회.
이철수(1986), "표준발음", 표준방송언어, 방송문화연구소.
이철수(1993), "발음 교육의 이모저모", 새국어생활 3-1, 국립국어연구원.
이철수(1999), "발음교육론 서설", 선청어문 27, 서울사대 국어교육과.
이현복(1979), "표준말의 재사정에 따른 문제점", 한글 163, 한글학회.
이현복(1981), "/의/의 표준발음", 말소리 2, 대한음성학회.
이현복(1982ㄱ), "[발음교실 (3)] 한국어모음 /에/와 /애/의 구별, 영어 중앙모음, 불어 모음 /oe/의 발음", 말소리 4, 대한음성학회.
이현복(1982ㄴ), "[발음교실 (4)] 한국어/으/의 표준 발음, 영어 밝은 l과 어두운 l", 말소리 5, 대한음성학회.
이현복(1983ㄱ), "한국어 표준발음의 현황과 음성 교육의 필요성", 한국어연구논문 3, KBS 한국 어연구회.
이현복(1983ㄴ), "표준발음의 필요성과 보급을 위한 대책", 한국어연구논문 4, KBS 한국어연구회.
이현복(1984), 한국어의 표준발음, 대한음성학회.
이현복(1985), "발음 교실", 말소리 9·10, 대한음성학회.
이현복(1986), "방송언어와 표준발음", 한국어연구논총 4, KBS 한국어연구회.
이현복(1987ㄱ), "국어발음의 문제점과 방송의 역할", 한국어연구논문 17, KBS 한국어연구회.
이현복(1987ㄴ), "한국어 표준발음 실태 조사", 말소리 11~14, 대한음성학회.
이현복(1987ㄷ), "한국어의 순화와 표준발음교육", 한국어연구논문 18, KBS 한국어연구회.
이현복(1988), "우리말의 표준발음": KBS(바른말)방송강좌, 탐구당.
이현복(1989), 한국어의 표준발음, 교육과학사.
이현복(1989), "북한말의 발음에 관한 음성학적 고찰", 새국어교육 45, 한국국어교육학회.
이현복(1989), 한국어의 표준발음: 음성학적 이론과 실제, 교육과학사.
이현복(1992), "말하기·듣기 교과서와 발음 교육", 교육한글 5, 한글학회.
이현복(1993ㄱ), "방송 언어와 표준 발음", 새국어생활 3-1, 국립국어연구원.
이현복(1993ㄴ), "표준 발음의 교육 방법에 관하여", 한국어연구논문 37, KBS 한국어연구회.
이현복(1998), "중국에서의 한국어 교육과 서울 표준 발음: 한국어 교육의 과제와 발전 방향 연 토회에 다녀와서", 한글새소식 306, 한글학회.
이현복(2000), "남북한 언어의 발음 차이에 관하여", 교육한글 13, 한글학회.
이현복(2000), 한국어의 표준발음(개정판), 교육과학사.

이현복(2002), 한국어 표준 발음 사전: 발음·강세·리듬, 서울대학교 출판부.
이현복·김선희(1991), 한국어 발음 검사 안내, 서울국제출판사.
이현복 외(1981ㄱ), "[발음교실 (1)] 한국어/의/의 발음, 영어 긴 /iː/와 짧은 /i/, 불어 비모음", 말소리 2, 대한음성학회.
이현복 외(1981ㄴ), "[발음교실 (2)] 한국어긴 /어ː/의 표준발음, 영어 긴 /uː/와 짧은 /u/, 불어 모음 /y/의 발음", 말소리 3, 대한음성학회.
이현복 외(1983), "[발음교실 (5)] 한국어긴 /이ː/ 모음, 영어 군더더기 모음 첨가, 불어 자음 /v/의 발음", 말소리 6, 대한음성학회.
이현복 외(1984), "[발음교실 (6)] 한국어모음 /외/의 소리값, 영어 /ts/의 발음법, 불어 E muet", 말소리 7·8, 대한음성학회.
이호영(1996), 국어음성학, 태학사.
이호영(2000), "서울말과 표준발음법", 서울말 연구 1, 박이정.
이호영(2003), "[서평] 이현복 선생의『한국어 표준 발음 사전』", 한글새소식 366, 한글학회.
이훈종(1976), "국어 발음지도에 관하여", 어문연구 4-3(통권 13), 일조각.
임미화(2002), "영어권 화자의 한국어 발음 교수법 연구: 발음 간섭 현상 개선을 중심으로", 건국대 석사학위논문.
임성규(1996), "언어지식을 이용한 발음지도 방법 연구", 한국초등국어교육 12, 한국초등국어교육학회.
임성규(1997), "발음 교육을 위한 교재 개발 시론", 국어교육연구 9, 광주교대 국어교육과.
임수희(2004), "한국어의 음절구조에 의한 철자와 발음 교육", 한양대 석사학위논문.
임점식(1993), "발음 교육의 이모저모", 새국어생활 3-1, 국립국어연구원.
임홍빈(1993ㄱ), "국어 억양의 기본 성격와 특징", 새국어생활 3-1, 국립국어연구원.
임홍빈(1993ㄴ), "북한의 언어정책", 세계의 언어정책, 태학사.
임 환(1959), "발음표기의 장래", 어문논집 3, 민족어문학회.
장향실(2002), "중국어 모국어 화자의 한국어 학습시 나타나는 발음상의 오류와 그 교육 방안", 한국어학 15, 한국어학회.
장현옥(2004), "영어발음 습득에 미치는 한국어 음운 간섭현상", 대구가톨릭대 박사학위논문.
전나영(1993), "외국인을 위한 한국어발음지도", 말 18, 연세대 한국어학당.
전미순(2001), "일본어 모어 학습자를 위한 한국어 발음 교육 방안 연구", 경희대 석사학위논문.
전병선(2000), 조선말표준발음법사전편찬에서의 몇 가지 문제: 조선말표준발음법사전(1999편)을 중심으로, 중국조선어문 5, 길림성민족사무위원회.
전수태(1993), "남북한의 맞춤법·발음 비교", 북한연구 13, 대륙연구소.
전수태·최호철(1989), 남북한 언어비교: 북한시대의 민족 통일을 위하여, 녹진.
전영우(1984), 표준한국어 발음 사전, 한국방송사업단.
전영우(1992), 한국어 발음 사전, 집문당.
전영우(1995), "발음을 정확히 익혀 쓰자", 사학 74, 대한사립중고등학교장회.
전영우(1997), "'마딛따'는 원칙 발음, [마싣따]는 허용 발음", 사학 80, 대한사립중고등학교장회.
전영우(1997), 한국어 발음 사전(표준), 집문당.
전영우(2000), "발음사전 편찬에 대하여", 어문연구 28-2, 한국어문교육연구회.
전영우(2001), 표준 한국어 발음 사전(신판), 민지사.

전원해(2005), "중국 학생들의 한국어 발음 오류 연구: 자음을 중심으로", 성균관대 석사학위논문.
정명숙(2002), "한국어 발음 교육을 위한 음성 DB 구축 방안", 말소리 47, 대한음성학회.
정민화 외(2004), "한국어 연속음성인식 시스템 구현을 위한 형태소 단위의 발음 변화 모델링", 말소리 49, 대한음성학회..
정옥룡(2000), "남북한 어문 규범 비교 연구: 한글 맞춤법, 띄어쓰기, 문장부호, 표준 발음법을 중심으로", 홍익대 석사학위논문.
정용수(1983), "우리말 겹받침 발음의 실태와 그 문제점", 국어교육 44, 한국국어교육연구회.
정은모(2003), "한국어 학습자의 발음과 철자의 상관성 연구: 자음을 중심으로 그리고 중국어권과 일본어권 화자를 대상으로", 고려대 석사학위논문.
정재도(1988), "맞춤법·표준말 규정·발음법: 문교부 규정들(1988)의 문제점", 한글새소식 189, 한글학회.
정준섭(1992), "말하기·듣기 교과서와 발음 교육", 교육한글 5, 한글학회.
정준섭(1993), "국민학교 국어 교과의 발음 교육 현황", 한국어연구논문 37, KBS 한국어연구회.
정희원(2002ㄱ), "외래어 표기법의 이해: 영어 발음 망치는 외래어 표기법?", 새국어소식 44, 국립국어연구원.
정희원(2002ㄴ), "외래어 표기법의 이해: 외래어 표기는 현지 발음과 가깝게", 새국어소식 45, 국립국어연구원.
조경훈(2000), "영어 화자의 한국어 발음에 관한 연구", 안동대 석사학위논문.
조성문(2000), "효율적인 한국어 발음 교육을 위한 연구: 일본인 학습자를 대상으로", 한민족문화연구 6, 한민족문화학회.
조성심(1992ㄱ), "국민학교 어린이의 발음 교육 실태 연구: 5학년 말하기·듣기 교재를 중심으로", 건국대 석사학위논문.
조성심(1992ㄴ), "국민학교 어린이의 발음 교육 실태 연구-5학년 말하기·듣기 교과서를 중심으로", 교육한글 5, 한글학회.
조성심(1992ㄷ), "국민학교 어린이의 발음교육 실태 연구", 교육논총 18, 건국대 교육대학원.
조창규(1996), "국어의 표준발음법과 그 교육", 원광대 논문집 17, 원광대.
조현숙(1995), "중학생의 국어발음오류에 관한 분석적 연구", 한국교원대 석사학위논문.
櫛部榮次(1998), "일본인의 한국어 자음동화 발음현상에 관한 연구", 조선대 석사학위논문.
지민제(1993), "소리의 길이", 새국어생활 3-1, 국립국어연구원.
지인영(1999), "한국어 표준 발음법", 한국어정보학 1, 국어정보학회.
지준모(1969), "사전론: 의미와 발음과 품사를 중심으로", 어문학 20, 한국어문학회.
차재은(2007), "외래어 표준 발음 문제에 대한 고찰", 한국어학 35, 한국어학회.
최낙구 외(1992), "한국말 발음을 로마자로 적기", 한글새소식 243, 한글학회.
최병림(2003), "탐구 학습을 통한 국어 발음 지도 방안 연구", 동아대 석사학위논문.
최병선(1996), "국어 음절간 자음군의 발음연구", 한국학논집 28, 한양대 한국학연구소.
최병선(1999), "표기법과 발음 교육", 한국어교육 14, 국제한국어교육학회.
최연희(1994), "말하기 교재 모형 연구: 언어적 표현: 발음, 어휘, 통사면을 중심으로", 숙명여대 석사학위논문.
최용기(1999), "방송 언어와 겹받침의 발음", 새국어소식 17, 국립국어연구원.
최용기(1999), "표준어와 표준 발음", 국어문화학교 교재, 국립국어연구원.

최용기(2003), 남북한 국어정책 변천사 연구, 박이정.
최윤환(1995), "이·목·구 훈련을 위한 체계적 표준 발음 지도 방안", 교육한글 8, 한글학회.
최은정(2002), "일본어 모국어 학습자를 위한 한국어 종성 발음 교육 방안", 고려대 석사학위논문.
최정미(2004), "초등학교 국어과 발음지도 연구", 부산교대 석사학위논문.
최진근(1991), "서울 지역어의 발음 실태 연구", 대구어문논총 9, 대구어문학회.
최진근(1994), "대구와 서울지역어의 발음실태 대조 연구", 우리말의 연구(외골 권재선 박사 화갑 기념 논문집), 간행위원회.
최혜원(1999), "받침의 발음", 새국어소식 9, 국립국어연구원.
최혜원(2000ㄱ), "'노근리'의 발음", 새국어소식 18, 국립국어연구원.
최혜원(2000ㄴ), "'온리 유(Only You)'의 발음", 새국어소식 22, 국립국어연구원.
최혜원(2001ㄱ), "표준 발음: 이중 모음의 단모음화", 새국어소식 32, 국립국어연구원.
최혜원(2001ㄴ), "표준 발음법의 이해: 한글 자모의 발음", 새국어소식 35, 국립국어연구원.
최혜원(2004ㄱ), "표준 발음법의 이해: 숫자의 발음", 새국어소식 73, 국립국어원.
최혜원(2004ㄴ), "표준 발음법의 이해: '신다'와 '신(靴)도", 새국어소식 74, 국립국어원.
최혜원(2004ㄷ), "표준 발음법의 이해: 단어와 단어 사이에 나타나는 발음 현상", 새국어소식 75, 국립국어원.
최혜원(2004ㄹ), "표준 발음법의 이해: 모음과 모음이 만날 때", 새국어소식 75, 국립국어원.
최혜원(2004ㅁ), "표준 발음법의 이해: 느낌대로 길게 말하기", 새국어소식 76, 국립국어원.
최혜원(2004ㅂ), 표준발음 실태 조사 3, 국립국어원.
최호철(2002), "남북한 통일 표준 발음법 시안", 남북의 언어 어떻게 통일할 것인가, 국학자료원.
최희선(2005), "국어의 표준 발음 지도 방안 연구", 국민대 석사학위논문.
추이진단(2002), "중국어권 학습자에 대한 한국어 발음 교육", 이중언어학 20, 이중언어학회.
편집부(1982), "발음 진단서 본보기", 말소리 4, 대한음성학회.
하세가와 유키코(1997ㄱ), "일본 학습자에 대한 한국어 발음 지도법: 입문 단계를 중심으로", 한국어교육 8, 국제한국어교육학회.
하세가와 유키코(1997ㄴ), "일본에서의 한국어 교육 현황에 바탕을 둔 한글 자모와 그 발음 지도에 대해", 한국어교육 7차 학회 발표 모음, 국제한국어교육학회.
학회자료(1963), "질의 응답란: "값어치" 발음", 국어교육 7, 한국어교육학회.
한국방송공사(1993), 표준 한국어발음대사전, 어문각.
한국방송협회(2000), 방송인을 위한 발음교정 연습프로그램 개발에 관한 연구, 한국방송협회.
한국어문화연수부(1991), 한국어 발음연습 1(표준), 고려대 민족문화연구소.
한국어문화연수부(1999), 한국어 발음연습 2(표준), 고려대 민족문화연구소.
한재영 외(2003), 한국어 발음 교육, 한림출판사.
한재영(2001), "한국어 발음 교육의 현황과 문제점", 제2차 한국어세계화 국제학술대회 발표 논문집, 한국어세계화추진위원회.
허만길(1994), 한국 현대 국어 정책 연구, 국학자료원.
허삼복(1996), "음성학과 음운론을 이용한 발음교정 시론", 웅진어문학 4, 웅진어문학회.
허 용(2001), "우리말 발음에 대한 한국어교육적 접근", 교육논총 17, 한국외대 교육대학원.
허 용(2002), "한국어 발음 교육을 위한 음운론적 고찰", 21세기 한국어교육학의 현황과 과제, 한국문화사.

허　용(2003), "한국어 발음교육을 위한 음운론: 자음을 중심으로", 남북의 언어와 한국어교육, 태학사.
허　춘(2001), "방송 언어의 발음 문제", 인문학연구 8, 제주대 인문과학연구소.
허　춘(2001), "우리말 '표준 발음법' 보완", 어문학 74, 한국어문학회.
홍혜정(1999), "음운경계(phonological boundaries)와 한국어 발음교육", 1999 한국어교육 9차 학회 발표 모음, 국제한국어교육학회.
황인권(1999), "남북한 표준발음법에 대한 음운현상 고찰", 한남어문학 24, 한남어문학회.

표준발음 관련 신문기사

젊을수록 세게 발음…부드럽게 말하자, 세계일보 040218:32, 세계일보사.
강희석(1994), 중국 발음 표기 원칙 뭔가, 조선일보 1004:13, 조선일보사.
강희철(1996), 정확한 발음교육 시급하다, 한겨레신문 0121, 한겨레신문사.
고정애(2005), 쌔, ㅉ 발음하기가 어려워요, 중앙일보 0523:30, 중앙일보사.
권영민(1995), 대통령의 발음, 동아일보 0822:15, 동아일보사.
권용우(2005), 발음전문 성우도 못지키면 장단음 규정 그자체가 문제, 한겨레 0218:18, 한겨레신문사.
김선열 외(1994), 일본 사람 이름 제목 표기 한자보다 발음대로 쓰자, 동아일보 0508:19, 동아일보사.
김성한(1993), '四川' 발음 '스추안', 조선일보 1112:13, 조선일보사.
김영석(1993), 현지 원음식 발음 따라야 「외래어 표기법」에 맞아, 동아일보 1027:19, 동아일보사.
김영태(1994), 六月 十月 발음 잘못 많다 유월 시월로 읽어야 옳아, 동아일보 0825:18, 동아일보사.
김웅작(1993), 고유 발음 우리식으로 표기하자, 중앙일보 0909:12, 중앙일보사.
김준광(2004), 새 우리말 바루기: '학여울'의 발음은?, 중앙일보 0917:15, 중앙일보사.
김창진(2004), 표준발음법 필요성 인식부족 방송인·교육자도 엉터리 발음, 경향신문 1110:23, 경향신문사.
김창진(2005), 수능 듣기평가 발음 틀린 부분 너무 많아, 중앙일보 1130:29, 중앙일보사.
김효정(1995), 중국 고유명사 한글 표기 현지 발음으로 쓰지 말자, 동아일보 0812:21, 동아일보사.
木田淸人(1994), 日TV도 한국식 발음 사용, 조선일보 0625:19, 조선일보사.
박갑수(1994), 바른말 고운말: '맑다'의 발음은 [막따], 동아일보 0421:17, 동아일보사.
박갑수(1996), 바른말 고운말: 된소리 발음 성행, 동아일보 0625:31, 동아일보사.
박상희(1993), TV방송 진행·출연자 정확한 발음 구사해야, 중앙일보 0610, 중앙일보사.
박환규(1994), 인삼 영문 표기 '진셍' 일본 아닌 중국어 발음서 유래, 동아일보 1215:19, 동아일보사.
배주채(2004), 표준발음도 시대 따라 변화해야, 세계일보 0218:32, 세계일보사.
백승찬(2004), 속어·외국어 남발…부정확한 발음 FM심야프로 '막말' 쏟아낸다, 경향신문 0218:05, 경향신문사.
백태종(1993), 한글 된소리 자음은 한자 발음보다 우리말로 읽어야, 동아일보 0203:15, 동아일보사.
신종권(1994), 방송인 부정확한 발음 많다, 중앙일보 0721:35, 중앙일보사.
엄민용(2004), 'buzzer' 우리말 발음은 버저, 굿데이 0901:20, 굿데이신문사.
유만근(1992), 나의 의견: 한글 맞춤법 보완하자, 音韻 표기 잘 안 돼 엉터리 발음 많아", 동아일보 1009:15, 동아일보사.
유만근(1995), 국어 발음 교육 강화하자, 한국일보 0615:19, 한국일보사.
유만근(1998), 우리 이름 외국 발음 수용해야, 동아일보 0727, 동아일보사.
유상근(1993), 외래어 발음 현지 원음식으로 하지 말자, 동아일보 1019:19, 동아일보사.
유지온(1993), 중국 인명·지명 표기 현지 발음 주장 이견, 동아일보 0420:19, 동아일보사.
이낙연(1992), 해외 비즈니스: 中國 진출 日本 기업 社名 한자 표기 고심, 발음·뜻·이미지 살린 中國式 찾으려 애써", 동아일보 0509:21, 동아일보사.
이병철(1992), 교육 방송 강의 국어 발음 엉망, 한국일보 0214:9, 한국일보사.

이수열(2004), 말이 올라야 나라가 오른다: 발음교육, 한겨레 0204:25, 한겨레신문사.
이학섭(2005), 열차안 지명 중국어 발음 문제, 세계일보 1214:30, 세계일보사.
정재환(2004), '의혹;'발음 제대로 할 수 있나요?, 동아일보 0110:A7, 동아일보사.
정창우(1994), 외국어 발음 표기 개선을, 조선일보 1208:13, 조선일보사.
조남호(1999), 표준 발음법, 조선일보 1110, 조선일보사.
차형수(2005), 표준발음 무시하는 방송사, 국민일보 0311:22, 국민일보사.
최문경(1992), 방송의 일기 예보 밀리 등 발음 틀려, 조선일보 0926:16, 조선일보사.
최인호(2005), 말이 올라야 나라가 오른다 - 현지발음 거품, 한겨레 0218:15, 한겨레신문사.
한정남(1994), 중국인 인명 표기는 현지 발음대로 해야, 세계일보 0219:13, 세계일보사.
황성동(1994), 영어 발음 한글 표기 무리, 조선일보 0127:13, 조선일보사.

<Abstract>

An Evaluation of the Application of the Standard Pronunciation Rules

This study aims to be incorporated in the Korean Language Standards Policy, by evaluating the influence use of the Fundamental Law of the Korean Language on the public's language and its practicality and rationality under Article 12 of the Fundamental Law of the Korean Language. This study includes:

1. A survey of the policies of other nations' Standard Pronunciation on language use

2. A survey of the general public's attitude on current Korean Standard Pronunciation Rules

3. An in-depth interview with experts in this field

4. A survey on the individual contents of the Standard Pronunciation Rules and establishment of the data

5. Elicitation of an improvement plan regarding management strategies of Korean Standard Pronunciation Rules

The first part of the study examined policy, system, law and enforcement ordinances upon standard pronunciation of the other countries such as U.S.A., Japan, China, Germany, France, Spain, England, and others. We also looked at the specifics of each country's pronunciation education. Unlike South and North Korea, no other country legislate Standard Pronunciation at a national level on the basis of the Pronunciation Rules. The social meaning of the Korean Pronunciation Rules needs to be reconsidered. In other words, education and promotion for propagating the Korean Pronunciation Rules itself should be eschewed.

A survey of the second part was conducted on 505 people of all ages and both sexes all over the country. The results are as follows. First, people know that standard pronunciation is used; however, in most cases they are not aware of its being statutory. Thus, education for parallelism between the individual pronunciation and standard pronunciation on language use should be adopted, rather than for propagating the Rules itself. Second, people showed a low inclination to use the standard pronunciation. With this in mind, promotion of the fact that the standard pronunciation is the criterion for formal circumstances is needed.

The third part was conducted on 70 experts - 45 high school teachers and professors, 5 Korean language education experts, 20 of news anchors, reporters, actors and voice actors. Experts urged the need of a standard pronunciation dictionary as well as the need of the Standard Pronunciation Rules. But, they also emphasized that the replacement of unfamiliar terms and descriptions, reduction of description on the exceptions as long as possible, reflection of the real-word pronunciation for controversial pronunciations, and admission of multiple standard pronunciations are needed.

The fourth part was conducted on 505 people of all ages and both sexes all over the country. It turned out that objects cannot distinguish the monophthong 'ㅔ' from 'ㅐ', and vowel length. The objects revealed varieties of phonological phenomena across the board, while they frequently violated the simplification of consonant cluster starting with 'ㄹ' and the assimilation of the place of articulation. It is also suggested that stem-final consonant of nouns underwent great changes.

The followings are the results of part five. Since the Korean Standard Pronunciation Rules is a notification of the Ministry, it is not legally binding. But, since criteria for standard pronunciation are still necessary, its existence as a notification is appropriate. However, the regulations of the standard pronunciation rules should not only refer to fundamental principles, but also be easy and clear. In addition, it must be revised without internal inconsistency. Lastly, a method for solving the problem of standard loanword pronunciation is urgently needed.

Keywords: Notification of the Ministry, Fundamental Law of the Korean Language, Korean language policy, Phonological phenomenon, Korean Standard Pronunciation, Korean Standard Pronunciation Rules.